한국 현대소설의 형이상학

한 점 돌 지음

새미

머 리 말

대학에 입학하여 국어국문학을 공부한 지 어언 27년, 그리고 많은 선학들의 가르침에 힘입어 국문학의 파라다임을 흉내내면서 후학들을 가르친 지도 이제 15년을 바라보게 되었다. 새삼 세월의 빠름을 절감하지 않을 수 없고 이에 맞서 치열하게 살아내지 못한 정신의 안이함이 느껴져 부끄러움을 감추기 어렵다.

이러한 마음의 짐을 다소나마 덜고 또 선학에게 그동안 빚진 것을 만분의 일이라도 갚아 보고자 그동안 관심을 가졌었던 것들을 다듬어 미흡하나마 책으로 묶어 보았다. 한 자리에 정신적 궤적을 모아 놓으니 호랑이를 그리려다 고양이를 그려 놓은 것처럼 초라함이 더욱 두드러지지만 이를 계기로 더욱 분발해 보리라 스스로 다짐해 본다.

책의 제목에 거창하게 형이상학이라는 말을 넣은 것이 좀 주제넘은 짓이 아닐까 하는 생각도 들었으나 90년대 시대정신의 한 단면을 드러내 보이고 싶은 생각에서 그대로 두기로 하였다. 물론 이 말이 변증법적 사유에 대해 필자가 어떤 선입견을 가지고 있음을 뜻하는 것은 아니다. 그럼에도 불구하고 모든 담론의 거멀못이 되어 줄 만한 메타담론을 발견하기가 어려워진 현 상황을 가볍게 도외시할 수도 없어 작은 원리들을 찾아 모아 보다 큰 틀을 구성하는 초석으로 삼아보자는 소박한 생각에서 그렇게 되었음을 말하고 싶다.

제1부 「한국 현대소설의 구조 원리」는 명실상부한 이 책의 핵심 부분으로서 한국 근현대소설사에서 주요한 위치를 점하는 11 작가들의 작품 세계를 검토하여 그 구조 원리를 찾아보고자 하였다. 형이상학이라는 말

은 통상 시공을 초월하여 항존하는 진리를 지칭하지만 본서에서는 공시적으로 찾아지는 원리뿐만 아니라 통시적으로 보아 의미있다고 보여지는 것들도 주목해 보고자 노력하였다. 여기서 찾아진 작품 원리가 유일하거나 가장 중요한 것은 아닐지 모르겠지만 해당 작가들의 작품 세계를 일정 부분 이해하는 데 도움이 되기를 바라마지 않는다.

제2부 「한국 현대소설의 역사적 지평」은 보다 더 역사적 조망을 가미한 글들로 꾸며 보았다. 그러나 역사성의 퇴조라는 시대적 추이를 감안하여 '역사성을 상실한 시대의 역사성'이라는 역설적 명제로 요약될 수 있는 글들을 중심으로 하였다. 그리고 서평 2편과 소설원론에 해당하는 글을 모아 부록으로 실음으로써 참고할 수 있도록 하였다.

완성된 원고를 놓고 보니 소위 지천명의 나이를 바로 앞에 두고 인생은 그만두더라도 그 좁은 전공 분야마저 알고 있는 것이 별로 없음을 만천하에 공표하는 듯해 씁쓰레한 마음이 드는 것을 어쩔 수 없다. 강호제현의 많은 가르침이 있기를 기대해 본다.

이 책이 나오기까지는 많은 분들의 과분한 은혜를 입었다. 특히 어느면 하나 변변하지 못한 필자가 학문의 체계를 그나마 갖추도록 지도해 주신 서울대 김윤식 선생님, 늘 지켜보아 주시고 격려해 주신 한계전, 구인환 선생님은 평생을 두고 잊지 못할 분들이시다. 또 어려운 상황을 마다않고 흔쾌히 출판을 허락해 주신 새미 정찬용 사장님, 귀찮은 워드 작업을 도와준 정하준 군과 새미 한봉숙 선생에게도 고마운 마음을 전한다. 끝으로 이 책은 1997년도 호서대학교 학술연구조성비에 의하여 작성되었음을 밝히며 평소 아껴 주시고 또 지원을 결정해 주신 강석규 총장님께 감사드리는 바이다.

1997. 12. 24.
태화산 자락에서 한점돌 적음

한국 현대소설의 형이상학

목 차

제1부 한국 현대소설의 구조 원리

1. 이광수 소설과 우유부단의 미학 —————— 9
2. 양백화 소설과 모순의 미학 —————— 40
3. 김동인 초기소설과 비극성의 미학 —————— 62
4. 염상섭 초기소설의 미학에 관한 두 테제 —————— 75
5. 현진건 단편소설과 '사랑'의 변증법 —————— 98
6. 나도향 소설과 파멸의 미학 —————— 139
7. 최서해 소설과 그 내적 논리 —————— 154
8. 전영택 소설의 형이상학 —————— 188
9. 한설야 소설과 프로 리얼리즘 미학 —————— 216
10. 심훈 소설의 미학과 과정적 유토피아 —————— 246
11. 황석영 소설과 실향의 미학 —————— 268

제2부 한국 현대소설의 역사적 지평

1. 한국 현대소설의 지향성의 한 양상 ──────── 287
2. 한국 전후소설의 계보학과 현실인식 ──────── 301
3. 90년대 소설과 자기반영성의 미학 ──────── 322
4. 90년대 소설과 일상성의 미학 ──────── 337
5. 90년대 소설과 원형성의 미학 ──────── 350
6. 문학사와 정신사 ──────── 362

부록1. 급변하는 시대와 소설 쓰기의 의미 ──────── 383
부록2. 에로스의 생리와 윤리 ──────── 386
부록3. 소설의 역할 ──────── 392

◇찾아보기 ──────── 412

제1부 한국 현대소설의 구조 원리

이광수 소설과 우유부단의 미학

I

춘원 이광수(1892-?)는 최초의 본격 근대소설 「무정」을 씀으로써 항상 한국근대문학사의 첫머리에 등장하는 문학사적 영예를 안고 있으면서도 식민지 기간에 보인 일련의 친일행각으로 인하여 그 문학적 공적을 전면적으로 다루는 것이 논자들에게 부담으로 작용하는 작가이다. 긍정론과 부정론으로 양극화되어 나타나면서도 끊임없이 이광수론이 씌어지는 이유 중의 하나가 다 이러한 이광수의 아이러니칼한 위상에서 말미암는다고 볼 수 있다.

본고도 이러한 사정에서 전적으로 자유로울 수 없을 것임은 물론이지만 이광수의 문학활동 기간 중 특히 의미있는 시기인 10년대는 아직 친일을 하지 않았다는 것, 이광수의 10년대 문학성과는 개인의 산물만이 아니라 그 시대의 산물이기도 하다는 것, 엥겔스의 「발자크론」이 보여준 것처럼 작품은 작가의 정치적 입장과는 관계없이 진보성을 성취할 수도 있다는 점을 위안으로 삼고 「무정」을 주축으로

하여 한국소설사가 성취한 근대성의 실체를 구명해 보고자 하는 것이 본고의 목적이다.

II

주지하다시피 이광수는 1905년과 1915년 두 차례 일본 유학을 하는 바 1차 유학을 통하여 근대세계에 대한 일정한 식견을 갖추고 귀국한 그는 교사 생활을 하면서 접촉한 국내 준비론운동의 영향으로 준비론사상을 가지게 되었고 그 뒤 2차 유학 중 배운 진화론 논리로 그것을 한층 보강하여 민족의 새로운 이상으로서의 신문화 산출을 주창하게 된다.

그러면 이광수가 민족의 이상으로 설정한 신문화로서의 근대문명이란 무엇인가? 그에 의하면 "인류사회로 하여금 이상적 복락향을 현출"1)하도록 하는 것을 이상으로 하는 근대문명은 일체의 속박으로부터의 해방을 그 본질적 특색으로 하는 바, 이것은 "인류의 역사의 방향"으로서 "살아가려면, 잘 살아가려면 그러하지 아니치 못할"2)것이라 한다.

그런데 이러한 근대문명 사회로 가기 위해서는 전대의 정체사회로부터 진보적 근대사회로 이행하지 않으면 안 되는 바 그러기 위해서는 비판의식이 요구된다. 비판의식이란 "자기라는 주체의 자각이 분명하고 그 분명한 자기의 눈으로 정밀히 관찰하고 그 정밀한 관찰로써 얻은 재료를 자기의 이성으로 엄하게 판단한 연후에야 비로소 선

---

1) 이광수,「숙명론적 인생관에서 자력론적 인생관에」,『학지광』17호, 1918.8, 우신사판『이광수 전집』(이하『전집』이라 함)10, p.48.
2) 이광수,「자녀중심론」,『청춘』15호, 1918.9,『전집』10, p.34.

악진위를 안다"³⁾하는 의식이라 할 때 이러한 비판의식은 확고한 개인의식을 전제하지 않으면 불가능한 것이다.

따라서 이광수는 '개인의식의 자각'을 가져다 준 야소교를 긍정적으로 보는 반면⁴⁾ 개인부재의 전래적 유교에 대해서는 통렬히 공격하였다. 또한 이광수는 근대문명은 과학문명이고 근대교육의 진수는 자연과학이라 보고, ⁵⁾ 실생활을 무시한 교육을 실시하여 조선쇠퇴의 원인을 만들었다 하여 유교를 비난하였다.⁶⁾ 그러므로 "진화의 천리를 순종"⁷⁾하여 유교적 인습 일체와 결별하고 도덕과 제도를 고쳐야 하는 것이 우리의 의무라는 것이다.

이러한 진화론적 문명관에 입각해 볼 때 한일합병 이후의 상황은 "말세가 된 것이 아니라 신세"⁸⁾가 된 것이며, 과거의 사서오경과 제자백가보다 나은 새로운 사서오경과 제자백가가 있는 "일본을 배우고 서양을 배"⁹⁾워야 한다는 것이다. 그리하여 각 방면에 "장기 즉 천재"¹⁰⁾를 가진 이가 양산되면 그의 "사업의 집적"¹¹⁾으로 "우리도 남과 같이 부하고 행복하고 문명하고 귀할 수 있"¹²⁾게 되리라고 이광수는 기대하는 것이다.

그런데 정체된 구습에 복종하지 않고 진보와 향상을 지향하다 보면 번민과 갈등에 빠지게 되는 바, 이러한 번민이란 "정신적 자각의

---

3) 이광수,「신생활론」,『매일신보』1918.9.6-10.19,『전집』10, p.329.
4) 이광수,「야소교의 조선에 준 은혜」,『청춘』9호, 1917.7,『전집』10, p.19.
5) 이광수,「신생활론」, 앞 책, p.342.
6) 이광수,「교육가 제씨에게」,『매일신보』1916.11.26-12.13,『전집』10, p.50.
7) 이광수,「혼인에 관한 관견」,『학지광』12호, 1917.4, p.33.
8) 이광수,「농촌계발」,『매일신보』1916.11.26-1917.2.18,『전집』10.p.93.
9) 위의 책, p.94.
10) 이광수,「천재」,『소년』3년6권, 1910.6,『전집』1, p.530.
11) 이광수,「천재야!천재야!」,『학지광』12호, 1917.4,『전집』10, p.39.
12) 이광수,「신생활론」,『전집』10, p.341.

조짐"이기 때문에 "愚者의 안정보다 知者의 번민"이 소중하다고 이광수는 말한다.13) 그리하여 번민하는 인간, "우유부단"14)한 인간이 근대적 인간의 전형으로 파악되기에 이르는 것이다.

III

다른 한편 신문화의 일환으로서 신문학건설을 표방한 이광수는 전대소설을 비판하고 전대소설의 부정적 요소들을 극복한 것이 곧 신문학이라 생각하였다. 그리하여 재래로 소설이라 불리어 온 '재담'이나 '이야기'를 "簡易한, 輕한, 무가치한 것"으로 치부하고,15) 「춘향전」, 「심청전」, 「놀부흥부전」 등을 전설적 문학이라 평가절하하며16) 「구운몽」, 「창선감의록」, 「사씨남정기」, 「옥루몽」 등은 재료와 사상 감정이 중국적이며 한자를 사용했으므로 조선문학이 될 수 없다고 매도한다.17) 또한 조선문학에 속할 수 있는 조선인 창작의 국문소설도 중국적 재료와 유교 도덕의 속박에서 벗어나지 못했음을 비판한다.18)

특히 이광수가 역점을 두어 비판하면서 그것의 극복을 자신의 근대소설이 달성해야 될 사명으로 인식한 것은 고대소설이 갖는 교훈서적 특징이었다. 종래 조선에서는 문학을 '유교식 도덕을 고취하는

---

13) 이광수, 「부활의 서광」, 『청춘』 12호, 1918.3, 『전집』 10, p.31.
14) 이광수, 「현상소설고선여언」, 『청춘』 12호, 1918.3, p.101.
15) 이광수, 「문학이란 하오」, 『전집』 1, p.551.
16) 위의 책, p.555.
17) 「부활의 서광」, 『전집』 10, pp.25-6.
18) 「문학이란 하오」, 『전집』 1, p.555.

자', '권선징악을 풍유하는 자'로 생각하여 문학의 발달이 저해되었는 바, 그러한 천편일률적인 도덕으로는 우주의 삼라만상과 같이 복잡다양한 인정을 律할 수 없었기 때문이라는 것이다.[19] 따라서 그러한 소설은 현실과는 거리가 먼 "이상적"인 것이 될 수 밖에 없었다는 것이다.[20] 따라서 조선에서 장차 신문학을 건설하려면 "교훈적이라는 구투를 완전히 탈각"함으로써 "혁신의 제일보"를 내디뎌야만 한다고 역설한다.[21]

그리고 당대에 산출된 신소설에 대해서 이광수는 사람들이 "항상 경멸과 조롱으로" 대하지만 "조선문학의 신흥의 예고"[22]를 해 주었고 "한글을 보급시킨 공과 독서욕을 좀 늘여준 공"[23]을 들어 그 의의를 약간 인정하였다. 나중에 이광수는 신소설에서 구미풍 소설의 효시로서 조선어로 현대의 조선생활을 그려보였다는 긍정적 측면과, 현대적 사상적 배경의 근거가 없었다는 부정적 측면을 다같이 인식하기에까지 이른다.[24]

이처럼 신문화의 일환으로서의 근대소설은 전대소설이 지닌 이상주의적 교훈성을 탈피하고 현대사상에 입각하여 현실생활을 묘사해야 한다고 이광수는 보고 있는 것이다. 그런데 이러한 교훈성의 탈피는 문학의 본질과 관련하여서도 필수적인 것으로 요청된다. 문학은 영원성을 지녀야만 진정한 문학인데 "교훈이 사회상태를 따라 변함과 같이 그것을 생명으로 하는 문학도 사회를 따라 변할 것이니, 이런 것은 진정한 의미로 문학이라 할 수가 없"다는 것이다.

---

19) 위의 책, p.549.
20) 이광수, 「현상소설고선여언」, 『전집』 10, p.571.
21) 「현상소설고선여언」, 『전집』 10, pp.570-1.
22) 「문학이란 하오」, 『전집』 1, p.555.
23) 「부활의 서광」, 『전집』 10, p.30.
24) 「조선의 문학」, 『삼천리』, 1933.3, 『전집』 10, p.466.

그러므로 진정한 문학, 즉 영원성을 지닌 문학이 되려면 "亘萬世히 一樣"인 정을 다루어야 한다고 주장된다.25) 따라서 문학은 정의 만족을 목적으로 해야 하는데, 정의 만족이란 곧 흥미26)이기 때문에 문학의 재료는 우리에게 최대의 흥미를 주는 '우리 자신에 관한 일'에서 찾아야 한다는 것이다. 그러므로 最好한 문학은 최호한 재료인 평범 무미치 아니한 인사현상, 즉 연애라든가 분원, 비애, 惡恨, 희망, 勇壯을 最正, 最精하게 묘사한 것이어야 하는 것이다.

그런데 이광수가 정을 만족시키는 인사현상 가운데 특히 관심을 가진 부분은 연애이다. 그리하여 다음과 같은 창작법이 예시되는데 이것은 이광수소설 미학의 한 지침으로 보여 주목을 요한다.

> 문학적 걸작은 마치 인생의 모 방면, 가령 연애라 하고 연애 중에도 상류 사회, 상류 사회 중에도 유교육자, 유교육자 중에도 재모 유한 자, 재모 유한 자 중에도 부모의 허락을 득키 불능한 자의 연애를 과연 여실하게, 진인 듯하게 묘사하여 何人에 독하여도 수긍하리 만한 자를 謂함이니 여차한 자라야 비로소 심각한 흥미를 與하는 것이다.27)

이처럼 전대소설의 교훈성 탈각을 근대소설의 한 지표로 이해하고 그 방법을 인성의 영원한 흐름인 '정'에서 구하려 한 이광수는 특히 평범 무미치 아니한 연애소설의 작법을 예시하고 있는데, 이것은 일견 교훈주의적 계몽작가라고 인식되는 이광수에 대한 통설적 평가와는 배치되는 주장같이 보인다. 그러나 작가가 교훈적 의도로 작품을 쓰는 것과 독자가 작품을 교훈적으로 이용하는 것은 다른 문제임을

---

25) 「현상소설고선여언」, 『전집』 10, p.570.
26) 「문학이란 하오」, 『전집』 1, pp.548-9.
27) 위의 책, p.549.

지적하면서 조선문단에서 교훈적 구투를 완전히 탈각한, 시대의 충실한 기록으로서의 소설 예로서 자신의 「무정」을 들고 있는 것을 보면 이광수 나름대로 일관성을 유지하고 있다.28)

이밖에 이광수는 「무정」과 「개척자」를 쓴 시점에서 근대소설의 요건을 제시하여 그의 소설관의 면모를 엿볼 수 있게 한다. 그것은 '시문체', '정성', '교훈 탈피', '이상 대신 현실', '신사상의 맹아'로서 요약될 수 있는데 특히 그의 현실관은 그의 소설미학과 깊은 관계가 있어 보인다.

> 현대인은 결코 가공적 이상세계로써 만족하지 못합니다.(…)그러므로 우리의 문학과 예술은 현실에 즉한 것이라야 됩니다. 주군의 「농가」 중에 있는 2청년의 태도는 실로 현실적이외다. 하나가 혼인문제에 대하여 우유부결하는 것도 현실적이요, 그것을 보는 또 한 청년이 처음에는, 「그것은 자네의 자유로 결정할 것이 아닌가」하고 이상적으로 충고하다가, 「참 그럴 듯도 하다」하고 자기도 우유부단하게 되는 등 실로 현실적이외다. 만일 재래의 필법대로 쓰면, 「부모의 명령을 쫓는 것이 효자니까」하고 쾌하게 결단하든지, 「혼인은 내 일이요, 부모의 일이 아니니까, 내 자유로 하지」 할 것이언마는 현실은 결코 그렇게 단순하게 가는 것은 아니외다.29)

여기에서 우리는 현실적 인간, 즉 근대인상을 전통적 가치와 새로운 가치사이에서 번민하는 인간, 상대적 가치론 속에서 우유부단을 특징으로 하는 인간으로 파악하고 있는 이광수의 생각을 엿볼 수 있다. 그러기에 이광수가 탈교훈적 근대소설로 자처하는 「무정」의 주인공 이형식이 "바람에 기울거리는 갈대와 마찬가지"30)의 인물로 나

---

28) 「현상소설고선여언」, 『전집』 10, p.570.
29) 「현상소설고선여언」, 『전집』 10, pp.571-2.

타나는 것은 우연이 아니라 일정한 근거 아래 그렇게 그려진 것임을 알 수 있다.

이상에서 우리는 이광수가 「무정」을 발표하기 전후에 쓴 글들을 통하여 그의 사상적 특성과 문학관을 살펴 보았다. 그 결과 합방 이후 나아갈 방향성을 잃은 민족에게 신문화건설이라는 새로운 이상을 제시한 이광수는 근대문명을 인류역사의 필연적 방향으로 파악하고, 정체되고 부패한 전대적 유교문화 대신에 개인주의에 입각한 서구적 근대문명을 이룩할 것과 이를 위하여 일본과 서구를 배울 것을 역설하고 있음을 보았다. 또한 신문화의 일환인 근대소설은 전대소설의 교훈성을 극복해야 한다고 주장하고 그 방법으로 인류의 영원한 본성인 인정, 그 중에서도 비범한 연애를 취급할 것과 이상이 아닌 현실적 인간, 즉 번민하고 우유부단한 근대인을 그려낼 것을 제안하고 있음도 알았다. 그러면 이러한 사상과 문학관을 지니고 있던 이광수가 「무정」이라는 작품 실천에서는 어떠한 양상을 드러내고 있는가를 살펴보기로 한다.

IV

「무정」(『매일신보』, 1917.1.1.- 6.14.)은 한국문학사상 최초의 근대소설이라고 고평되기도 하고 아직 근대성에는 이르지 못한 설교적 계몽소설이라고 평가절하되기도 하며 심지어는 역사의식의 이름 아래 민중을 오도한 그 피상적 역사인식이 준엄하게 단죄되기도 한다. 이처럼 논자에 따라 다양한 평가를 하면서도 실상 근대소설이나 근대

---

30) 김동인, 「춘원연구」, 『김동인전집』 6, 삼중당, p.88.

성의 본질에 대해서는 별다른 기준을 제시하지 않는 것이 대부분이고, 올바른 역사의식과 소설적 가치 사이의 관계도 깊이있게 숙고되는 것 같지는 않다.

또한 근대소설이라는 것이 반드시 훌륭한 소설이라는 미학적 가치의 보증서인가도 생각해 볼 문제이다. 근대에 씌어졌다고 모두 근대소설이 아니듯이 근대소설이라고 모두 미학적으로 등가의 가치를 갖는 것도 아닐 터이기 때문이다. 따라서 「무정」이 근대소설이냐 아니냐가 논의의 결론이어서는 안 되고 그것이 근대소설이라면 어떻게 근대성을 구현하고 있고, 따라서 얼마만한 가치와 의미를 지니는가를 검토하는 것이 보다 중요한 문제라고 생각된다.

그런데 근대소설의 본질과 관련하여 우리는 '소설에서의 근대성'과 '소설의 근대성'을 구분할 필요가 있다. 전자는 소설과 근대사회의 필연적 관련성을 상정하지 않는 이론체계 내의 한 질문방식이고, 후자는 소설을 근대사회의 필연적 소산으로 보는 이론체계 내의 본질적 질문방식이기 때문이다. 다시 말하면 전자는 소설을 근대 이전이나 이후에 나타난 작품들을 통칭하는 포괄적인 명칭으로 사용하면서 그 하위범주의 하나로 근대소설을 설정하려는 의도를 갖는 질문이고, 후자는 소설은 곧 근대소설이라고 보고 그 일정한 속성들을 근대사회와의 연관선상에서 이해하고자 하는 질문인 것이다.

위의 설명 중에 시사된 바와 같이 소설에 관한 논의체계는 이처럼 양분되어 있다. 대체로 서구의 소설이론은 일찌기 헤겔이나 루카치가 근대 시민사회와의 관계 속에서 그 본질을 해명한 이래 소설이 "근대적 인간과 더불어 태어나 그의 성장과 평행해서 발전해 왔다"[31]는 인식을 근간으로 하고 있으며, 그런 의미에서 "동키호테의

---

31) R.M.Albérés, 민희식 역, 『현대소설의 역사』, 정음사, 1982, p.16.

출현 이래로 근대 소설예술에 관해 이야기하는 것이 가능하다"32)고 보고 있다. 여기서 동키호테가 구현하고 있는 소설의 근대성이란 "끊임없이 스스로를 찾아 나섬으로써 스스로에게 질문하고 스스로를 문제삼고 그 자신의 메시지에 대해서 자신의 의문과 믿음으로 자신의 이야기의 주제를 삼고 있는"33) 움직임을 말한다.

한편 한국을 포함한 동양에서는 특별히 근대라는 시대관념을 의식하지 않은 채 소설이 논의되고 있으며, 서구 소설에 관한 이론 중에서도 바흐찐의 이론 같은 것은 그리스 소설이나 라블레의 작품을 대상으로 하고 웃음의 미학과 민중성을 그 본질로 봄으로써34) 앞의 이론체계와는 다른 양상을 보이기도 한다. 그런데 이러한 입장에는 긍정적인 측면와 더불어 보완되어야 할 측면도 있음을 간과해서는 안 된다.

동양이 서양의 모델을 따라 역사발전을 하는 것이 아니라 자신의 조건에 따라 독자적인 발전을 하였다는 주체적 사관을 견지할 수 있다는 점이나, 근대소설만을 소설로 봄으로써 소설의 장래에 대해 비관적 견해에 빠지는 서구소설론과 달리 바흐찐의 소설론이 낙관성을 보인다는 점은 긍정적인 측면이다. 그러나 시간적인 등차는 있을지언정 보편적 삶의 방식으로서의 근대화가 전세계적으로 진행되어 왔다는 점 또한 부정하기 어렵다는 사실과, 바흐찐의 열려진 이론체계가 주로 초창기적 소설에 촛점이 맞추어진 결과 소설의 그 후의 발전과정을 설명하기에는 부족한 점이 있다는 사실도 묵과될 수 없는 것이다.

---

32) Karl Migner, Theorie des modernen Romans, Kröner Verlag, 1970, s.8.
33) Marthe Robert, 김치수 역, 「기원의 소설, 소설의 기원 - 왜 소설인가」, 『예술과 비평』 창간호, 1989. 봄, p.268.
34) T.Todorov, 최현무 역, 『바흐찐:문학사회학과 대화이론』, 까치, 1987, pp.241-2.

그러므로 소설의 기원을 근대 이전에 설정하는 이론체계에서는 소설의 발전과정을 고려한 하위분류가 요청되는 바, 이 때 비로소 '소설에서의 근대성'이 문제되는 것이다. 한국소설사에서 이행기적 소설이니 본격적 근대소설이니 하는 문제가 발생하는 것도 그러한 사정에 기인하는 것이다. 이 때 우리는 '소설에서의 근대성'을 확정하기 위한 하나의 시금석을 '소설의 근대성'에서 구해 볼 수 있을 것이다.

그러면 소설의 근대성이 어떻게 규정되고 있는지 살펴 보기로 하자. 이미 헤겔이 그의 『미학』에서 소설의 과제를 "객체의 총체성(Totalität des Objekts)의 회복"35)으로 보고 있지만 특히 루카치는 총체성과의 관련하에서 소설론을 전개하고 있다. 총체성의 개념은 결코 간단하지 않으나, 소설은 "초월적 고향 상실의 표현(Ausdruck transzendentale Heimatlosigkeit)"36)이라고 보고 있는 루카치의 소설론을 상기해 보면 짐작하기 어렵지 않다.

그것은 중세적 보편주의를 붕괴시키면서 출발한 근대사회가 필연적 귀결로서 도달한 공동체의 와해, 신의 부재, 가치론적 상대주의라는 혼돈상태에 대한 반대개념으로 이해되어 크게 틀리지 않을 것이다. 그러므로 루카치는 소설을 "생의 외연적 총체성이 더 이상 직접적으로 주어지지 않고 생의 의미의 내재성이 문제가 된 시대, 그러나 아직 총체성에 대해 생각하는 시대의 서사시"37)라고 규정하기도 하고 신학적인 어투로 "신에 의해 버림받은 세계의 서사시"38)라고도 부연하고 있는 것이다.

---

35) Reinhold Grimm ed., Deutsche Romantheorien, Athenäum Verlag, 1968, s.408.
36) 위의 책, s.410.
37) G.Lukács, The Theory of the Novel, The Mit Press, 1975, p.56.
38) 위의 책, p.88.

이렇게 볼 때 근대사회의 역사철학적 특성은 총체성의 상실로서 규정되고 그러한 사회의 소산인 소설은 잃어진 총체성의 내면적 회복에의 열망으로 특징지워 지고 있는 것이다. 그러기에 소설의 주인공은 현실에 안주하지 않고 현실과 맞서게 되며, 이로 인하여 "인물과 그의 운명이나 상황이 일치하지 않는다"39)는 것이 내적인 중심주제로 되게 되는 것이다.

그러면 소설의 주인공이 추구하는 생의 의미의 내재성이란 무엇인가? 루카치에 의하면 그것은 본질적으로 이질적이고 개인에게 무의미한 현실 속의 우둔한 수인(囚人)의 상태를 벗어나 명확한 자기인식을 획득하는 것이며 그를 위해 소설의 주인공은 자신을 향한 여행의 도정에 오르는 것이다.

이상에서 논의한 바에 의하면 소설의 근대성은 행위의 준거체계로서의 총체성의 상실과 그에서 유래하는 영혼의 내적인 의미추구로 요약해 볼 수 있을 것이다. 달리 말하면 근대소설은 근대인이 나타나는 소설, 즉 우리 자신과 정신적 동시대인으로서 "심리학적 미분화"와 "우리 자신의 신경 속에 살아 있는 감수성"을 구현하고 있는 인물이 나타나는 소설인 것이다.40)

그런데 "절대적 가치라고 하는 지주를 잃어 버린 우주의 무의미함과 직면"41)한 인간이 "자신의 인생을 인도해 주는 그런 의미의 광명을 계속 탐구"42)하는 것이 비극이라 한다면 근대소설의 상황은 비극적인 것으로 볼 수 있다. 그 광명을 신이라 부르건, 총체성이라 부르

---

39) 바흐찐, 「서사시와 소설」, 토도로프, 앞의 책, p.255.
40) Arnold Hauser, The Social History Of Art, V.4, Routledge & Kegan Paul Ltd., 1968, p.2.
41) C.I.Glicksberg, 이경식 역, 『20세기 문학에 나타난 비극적 인간상』, 종로서적, 1983, p.185.
42) 위의 책, p.96.

건, 정신의 절대적 지주라 부르건 그것이 나타난 바로 그 순간에야 "인간은 비극적이기를 그친다"[43]고 볼 때, 현실이 제기하는 모든 근원적인 문제에 대해 "'예'와 동시에 '아니오'"[44]라고 대답할 수밖에 없는 상황이 계속되는 한 비극은 그 존재를 계속하는 것이다.

V

행위의 준거체계로서의 총체성 상실과 그로 인한 영혼의 비극적 방황 및 심리의 미분화가 근대소설의 지표로서 이해될 수 있다면 「무정」은 이와 관련하여 어떤 의미를 지닐 수 있을 것인가를 우리는 검토해 볼 수 있고 그를 근거로 근대성 여부를 점쳐 볼 수도 있을 것이다. 그런데 앞에서 우리는 이광수가 인류의 역사의 방향성을 근대화로 보고 있고, 현대인의 특성을 번민과 우유부단으로 파악하면서 신문학은 이러한 현대인을 묘사할 것을 요구하고 있음을 본 바 있다. 그러므로 그것에 대한 가치부여 여부는 다른 문제이므로 유보하더라도 논리적 차원에서만 본다면 그는 근대성의 본질에 육박하고 있음을 알 수 있다.

그러나 「무정」의 결말 부분을 연상하고 이상주의적 계몽작가로서의 이광수상을 생각해 보면 그러한 주장이 일관성을 잃고 있든가, 아니면 관념과 실제의 괴리로 보일지도 모른다. 그럼에도 불구하고 이광수 자신은 근대소설이 고대소설의 교훈성, 이상성을 탈피할 것을 주장하고, 그러한 구투를 벗은 소설은 「무정」, 「부르짖음」, 「의심

---

43) L.Goldmann, The Hidden God, Routledge & Kegan Paul Ltd., 1964, p.37.
44) 위의 책, p.11.

의 소녀」뿐이라고 말하고 있는 것을 보면 근대성에 대한 인식이 나름대로 확고하게 서 있었음을 알 수 있다. 「부르짖음」이 인생의 의미에 대한 회의를 표백하고 있는 작품임을 염두에 둔다면 그 근대성의 좌표는 위에서 언급된 주장에서 멀지 않음을 짐작하기 어렵지 않을 것이다.

그런데 우리가 고찰한 바에 의하면 근대화론으로 요약될 수 있는 이광수의 준비론은 처음부터 확정된 사상이 아니라 근대주의자 이광수가 국내의 준비론운동과 접촉하고 대학에서 배운 진화론으로 논리를 보강한 후 확립된 사상이다. 따라서 초기의 단편소설에서 주로 근대인의 비관주의를 반영하던 이광수가 자신과 민족이 나아갈 방향성으로 준비론을 정립하게 된 시점에서 쓴 「무정」은 어떠한 양상을 지니고 있으며, 그것이 갖는 소설사적 의의는 무엇인지 정밀하게 검토될 필요가 있다.

여기서 우리는 먼저 이광수의 「무정」이 준비론사상을 형상화하고 있다는 문학사적 통설은 인정하되, 그것을 기준으로 「무정」의 근대성 혹은 근대성 미달을 평가하려는 태도는 지양되어야 한다는 입장을 밝혀 두고 싶다. 「무정」은 단지 준비론사상을 형상화했기 때문에 근대소설이라거나 훌륭한 소설로 평가할 수는 없다. 마찬가지로 준비론소설이기 때문에 전근대적 계몽소설이고 훌륭하지 못한 소설이라고 기계적으로 평가되어서도 안 될 것이다.

「무정」은 계몽주의적 준비론 사상을 형상화했음에도 불구하고 근대소설적 특성을 구비하고 있을 뿐 아니라 준비론사상을 소설 미학에 훌륭히 원용한 걸작이라고 보고자 하는 것이 우리의 입장이다. 이러한 입장은 똑같은 사상을 구현한 「개척자」의 실패와 「무정」의 성공 이유를 밝히는 데에도 참고가 될 수 있을 것으로 생각한다.

근대소설이란 근대인의 본원적 상황인 무규범적 비극성에서 출발하여 생의 의미의 내재성을 추구하는 과정을 보여주는 소설이라고 할 때, 「무정」이 근대소설이라는 것은 결말에서 도달된 준비론의 사상내용보다는 그 모색과정에서 드러나는 주인공의 고뇌와 그 깊이에 보다 더 관련이 있는 것이다. 춘원이 그 고뇌를 뒤로 가면서 포기하고 준비론사상의 사도로서 패를 차고 나설 때 그는 그만큼 근대소설로부터 멀어지는 사실이 이를 증명한다. 그러면 이제 주인공 이형식의 의식변모 과정을 중심으로 「무정」의 작품구조를 살펴보기로 한다.

「무정」의 첫 장면은 경성학교 영어교사 이형식이 김장로의 딸 선형에게 영어교수를 해 주기 위해 가는 것으로부터 시작되는데, 우리는 작품을 읽는 순간부터 이형식의 내면의식이 지면을 꽉 채우고 있음을 발견하게 된다. 이러한 현상은 이전의 소설에서는 거의 찾아볼 수 없는 것이어서 당시의 독자에게 얼마나 이질적이고 새로운 느낌을 주었을 것인가는 짐작하기 어렵지 않다. 그 양상의 일단을 보이기 위해 대표적 신소설인 「혈의루」에서 거의 유일한 의식묘사 부분과 「무정」의 첫 장면의 의식묘사를 비교해 보기로 한다.

㉠ 병정이 인력거 둘을 불러서 저도 타고 옥련이도 태우니 그 인력거들이 살같이 가는지라. 옥련이가 길에서 아장아장 걸을 때에는 인해 중에 넘어질까 조심되어 아무 생각이 없더니 인력거 위에 올라 앉으매 새로이 생각만 난다.
　인력거야 천천히 가고 지고. 이 길만 다 가면 남의 집에 들어가서 밥도 얻어 먹고 옷도 얻어 입고 마음도 불안하고 몸도 불편할 터이로구나.
　인력거야 어서 바삐 가고 지고. 궁금하고 알고자 하는 일은 어서 바삐 눈으로 보아야 시원하다. 가품 좋고 인정있는 사람인지 집안에서 찬 기운나고 사람에게서 독기가 똑똑 떨어지는 집이나 아닌지 내 운수가 좋으려면 그 집 인심이 좋으련마는 조실부모하고 만리타국에 유리하는 내 운수에……

그러한 생각에 눈물이 비오듯 하며 흑흑 느끼며 우는데 인력거는 벌써 정상 군의 집 앞에 와서 내려 놓는데……(이인직, 「혈의루」, 『신소설·번안소설』 1, 아세아문화사, pp.39-40.)

ⓒ 형식은 여러 가지 생각을 한다.

우선 처음 만나서 어떻게 인사를 할까. 남자 남자 간에 하는 모양으로,

「처음 보입니다. 저는 이형식이올시다.」

이렇게 할까.

그러나 잠시라도 나는 가르치는 자요, 너는 배우는 자라. 그러면 미상불 무슨 차별이 있지나 아니할까. 저편에서 먼저 내게 인사를 하거든 그제야 나도 인사를 하는 것이 마땅하지 아니할까. 그것은 그러려니와 교수하는 방법은 어떻게나 할는지.

어제 김장로에게 그 부탁을 들은 뒤로 지금껏 생각하건마는 무슨 묘방이 아니 생긴다. 가운데 책상을 하나 놓고, 거기 마주 앉아서 가르칠까. 그러면 입김과 입김이 서로 마주치렷다. 혹 저편 히사시가미가 내 이마에 스칠 때도 있으렷다. 책상 아래서 무릎과 무릎이 가만히 마주 닿기도 하렷다.

이렇게 생각을 하고 형식은 얼굴이 붉어지며 혼자 빙긋 웃었다. 아니아니, 그러다가 만일 마음으로라도 죄를 범하게 되면 어찌하게. 옳다, 될 수 있는 대로 책상에서 멀리 떠나 앉았다가 만일 저편 무릎이 내게 닿거든 놀라며 내 무릎을 치우리라. 그러나 내 입에서 무슨 냄새가 나면 여자에게 대하여 실례라. 점심 후에는 아직 담배는 아니 먹었건마는, 하고 손으로 입을 가리고 입김을 후후 내어 불어 본다. 그 입김이 손바닥에 반사되어 코로 들어가면 냄새의 유무를 시험할 수 있음이다.

형식은, 아뿔싸! 내가 어찌하여 이러한 생각을 하는가, 내 마음이

이렇게 약하던가, 하면서 두 주먹을 불끈 쥐고 전신에 힘을 주어 이러한 약한 생각을 떼어 버리려 하나 가슴 속에는 이상하게 불길이 확확 일어난다.(우신사판, 『이광수전집』 1, p.15)

「혈의루」에서는 옥련이 인력거에 타면서 생각에 잠긴다. 걸을 때에는 생각이 아니 나더니 인력거에 오르니 생각이 일어난다는 서술은 하우저가 근대인의 내면성과 교통기관 발달의 상관성을 지적한 것과 더불어 흥미있는 진술이다. 「무정」에서는 이형식이 기차 속에서 한없는 생각에 잠기는 것은 물론이고, 그 도가 지나쳐 위의 인용에서와 같이 길을 걸으면서도 생각에 잠기는 것이다. 이러한 의식과잉을 주인공은 자신의 약함으로 이해하고 있는데 「무정」의 큰 특징 가운데 하나는 주인공이 매 순간 이러한 과잉의식 속에 빠져 헤어나지 못하고 번민하는 것이다.

우리는 이광수가 현대문학은 현대인을 그려야 하는데, 그 현대인은 우유부단하고 번민하는 인간이라고 말한 것을 기억한다. 그러므로 우유부단과 번민하는 내면의식은 등가이며 그것이 바로 현대인의 징표로 이광수는 이해하고 있음을 알 수 있다. 이러한 내면의식은 수많은 공상을 불러 일으켜 「무정」을 의식으로 뒤덮어 버리기도 하지만, 그것이 가장 두드러지며 작품과 주인공의 특징으로 부각되는 때는 어떤 선택의 순간에서이다. 그럴 때 주인공은 결정의 표준을 찾지 못해 딜레머에 빠지는 것이다. 몇 가지 경우만 예로 들어 본다.

㉠ 일찍 동경에 있을 때에 어떤 여자가 주인 노파를 통하여 형식에게 사랑을 구한 적이 있었다. 그때에 형식은 주저함도 없이 그 청구를 거절하였다. 그 후에도 두어 번 청구가 있었으나 여전히 거절하였다.
그러나 형식의 마음이 이처럼 깨끗하였던가. 형식의 양심의 힘이

과연 이렇게 굳세었던가.「그게 말이 되오?못하지요!」하고 굳세게 거절한 뒤에 형식의 마음은 도리어 이 거절한 것을 후회하였다.「내가 못생겼다. 왜 거절을 하여?」하고 다시 청구를 하거든 슬그머니 못 견디는 체하리라 하였다. 즉 청구를 거절한 것은 형식의 마음이 아니요, 형식의 입이었다.(『전집』 1, p.84.)

ⓛ 형식은 힘써 얼굴에 괴로운 빛을 나타내려 한다. 그 뿐더러 일부러 마음이 괴로와지려 한다. 형식은 이러한 때에는 머리 속이 착란하여 어찌할 줄을 모른다. 그는 욱하고 무엇을 작정할 때는 전후도 돌아보지 아니하고 작정하건마는, 또 어떤 때에는 이럴까 저럴까 하여 어떻게 결단할 줄을 모른다.
길을 가다가도 갈까말까 갈까말까 하고 수십 분이나 주저하는 수가 있다. 이것은 마음 약한 사람의 특징이다. 그가 얼른 결단하는 것도 약한 까닭이요, 얼른 결단하지 못하는 것도 약한 까닭이다. 지금 형식은 이럴까 저럴까 어떻게 대답하여야 좋을 줄을 모른다.누가 곁에서 자기를 대신하여 대답해 주는 이가 있었으면 좋겠다 한다.(『전집』 1, p.135.)

ⓒ 대체 자기는 누구를 사랑하는가. 선형인가, 영채인가. 영채를 대하면 영채를 사랑하는 것 같고, 선형을 대하면 선형을 사랑하는 것 같다. 아까 남대문에서 차를 탈 때까지는 자기는 오직 선형에게 몸과 마음을 다 바친 듯하더니, 지금 또 영채를 보매 선형은 둘째가 되고 영채가 자기의 사랑의 대상인 듯도 하다.
그러다가 또 앞에 앉은 선형을 보매「이야말로 내 아내, 내 사랑하는 아내」라는 생각도 난다. 자기는 선형과 영채를 둘 다 사랑하는가. 그렇다 하면 동시에 두 사람을 다 같이 사랑할 수가 있을까?남들이 하는 말을 듣거나, 자기가 지금껏 생각하여 온 바로 보건대, 참된 사랑은 결코 동시에 두 사람 이상에 향할 수 없는 것이어늘, 지금 자기의 마음은 어떠한 상태에 있나. 아무렇게 해서라도, 어떠한 표준을 세워서라도 선형과 영채 양인 중에 한 사람을 골라야 하겠다. 오래

생각한 후에 형식은 이러한 결론에 달하였다……(『전집』1, pp.191-2.)

위의 인용문들에 다같이 나타나 있듯이 주인공은 자신의 행위에 지침이 되어줄 수 있는 규범이 없다. 그것이 바로 근대인의 본질이지만 그로 인해 근대인은 번민하지 않을 수 없고 '어떠한 표준'에 대한 필요성을 절감하고 또 동경하게 되는 것이다. 이러한 의미에서 「무정」의 주인공 이형식은 근대인의 전형이다. 그러나 「무정」은 근대인의 우유부단과 번민만을 드러내고 끝나는 소설은 아니다. 만약 그랬다면 「무정」은 심리소설로 끝나고 말았을 것이다. 그러나 「무정」은 갈대와 같이 "흔들리기 쉽고 줏대가 없는 주인공 이형식"45)이 '어떤 표준'을 찾게 되고, 그 과정이 소설내적 필연성에 의해 뒷받침되고 있기 때문에 일정한 미학적 성공을 거두고 있는 것이다. 그러면 그 과정을 주요 사건을 중심으로 작품구조의 측면에서 살펴보기로 하자.

VI

고아출신으로 동경유학까지 하고 온 경성학교 영어교사 이형식은 갑부 김장로의 딸 선형에게 영어를 교수하면서 그녀에게 마음이 끌리는데, 그의 앞에 옛날 자신을 거두워 주던 은사 박진사의 딸 영채가 나타난다. 개화파 지식인이었던 박진사는 사재를 털어 교육사업을 하던 중 가난한 스승을 위하여 강도짓을 한 제자 때문에 아들들과 투옥되는 불행을 당한다. 그 바람에 학생들은 흩어지고 형식과

---

45) 김동인, 「춘원연구」, 『김동인전집』 6, 삼중당, p.88.

영채도 헤어지게 되었던 것인데, 부친과 오빠의 옥바라지를 위해 기생이 된 영채는 자신 때문에 박진사가 자결하고 오빠들도 세상을 떠나버려 사고무친의 신세가 되자 부친이 정해준 약혼자 형식을 찾아 이제껏 찾아 다녔던 것이다.

영채의 내력을 들은 이형식은 이제부터는 그녀를 자기가 구해야 하겠다고 생각하지만 그녀가 돌아가자 기생인 그녀가 불결하게 느껴지는 등 일관성 없는 생각과 공상에 잠긴다. 이에 반하여 선형은 순결미로 인하여 그의 마음을 사로잡는다. 이리하여 형식은 영채와 선형 사이에서 방황하면서 행동의 결정을 하지 못한다. 형식과 영채를 묶는 끈은 옛 스승에 대한 의리라는 심정적 측면과 조혼이라 구습 등 주자학적 질서이다. 반면 선형과의 관계는 자유연애라는 선진사상에 약혼 후 미국유학을 갈 수 있다는 현실적 이해타산까지 가미된 근대적 질서와 연관되어 있다.

이 양자 중 어느 하나가 행위의 지침으로 확립되어 있다면 별 어려움을 느끼지 않고 선택할 수 있었을 것이다. 그러나 주자학적 질서는 이미 낡아서 "조선에 있어서는 가장 진보한 사상을 가진 선각자"로 자처하는 이형식이 따르기 어렵고, 근대적 질서도 아직은 확립되지 못한 과도기가 당대였다.46) 아니 근대성 자체가 무규범 바로 그것이기도 하였다. 그러기에 형식은 딜레머에 빠져 번민한다.

　　㉠영채는 나의 은사의 따님이요, 또 은사가 내 아내로 허락하였던 여자라. 설혹 운수가 기박하여 일시 더러운 곳에 몸이 빠졌다 하

---

46) 이광수는 당대를 낡은 도덕이 깨어지고 새도덕이 서지 못한 상태가 아니라, 한 단계 더 나아가 도덕의 근원인 도의심이 마비된 상태로서 보고, 한국인을 무도덕상태의 난민으로 규정하며 전대적 윤리상실을 '공화국의 멸망'으로 명명했다.(「공화국의 멸망」, 『학지광』 5호, 1915.5.)

더라도 나는 그를 건져낼 책임이 있다. 내가 먼저 그를 찾아다니지 못한 것이 도리어 한이 되고 죄송하거늘, 이제 그가 나를 찾아왔으니 어찌 모르는 체하고 있으리오. 나는 그를 구원하리라. 구원하여서 사랑하리라. 처음에 생각하던 대로, 만일 될 수만 있으면 나의 아내를 삼으리라.(『전집』 1, p.39.)

ⓒ선형과 나와 약혼한다는 말은 말만 들어도 기뻤다.(…)게다가 미국 유학! 형식의 마음이 아니 끌리고 어찌하랴. 사랑하던 미인과 일생에 원하던 서양 유학! 이 중에 하나만이라도 형식의 마음을 끌 만하거든, 하물며 둘을 다! 형식의 마음 속에는 내게 큰 복이 돌아왔구나 하는 소리가 아니 발할 수가 없다.(『전집』 1, p.135.)

그리하여 형식은 "영채를 대하면 영채를 사랑하는 것 같고, 선형을 대하면 선형을 사랑하는 것 같다." 이처럼 딜레머에 빠져 헤어나지 못하고 또 매 순간의 행동에 일관성이 결여된 형식을 두고 김동인은 '줏대없는 주인공'이라 부르며 작품의 치명적 결함으로 본 바 있고, 김우종은 나름대로 그것에 일관성이 있으므로 하나의 성격으로 파악할 수 있다고 보면서도 '주책바가지 성격'이라고 부정적으로 명명하고 있으나,[47] 이것은 우연이나 실수에서 기인하는 것이 아니라 이광수의 '우유부단하고 번민하는 인간'이라는 현대인관에서 유래한 것으로 보아야 할 것이다.

이러한 상황이 계속되는 한 「무정」은 한 발자국도 나아갈 수가 없을 것이다. 어떠한 선택도 할 수 없는 무방향성은 자아의 내적 고뇌를 유발하고 따라서 자아가 파멸하거나 도피하는 비관주의의 작품으로 끝낼 수 밖에 없게 할 것이다. 그러나 그 때 영채가 강간당하는 사건이 돌발하고 유서를 남기고 대동강으로 간 그녀가 죽은 것으로

---

47) 김우종, 『한국현대소설사』, 성문각, 1978, p.84.

믿어지자 어떤 선택의 순간에는 남이 결정을 내려주기를 기대하기까지 하는 우유부단한 형식은 주자학적 질서에 결별을 선언하고 근대적 자아각성으로 결연히 선회한다. '어떤 표준'이 비로소 생긴 것이고 그것은 곧 번민의 극복이요 기쁨의 획득이다.

> 자기가 지금껏 「옳다」, 「그르다」, 「슬프다」, 「기쁘다」 하여 온 것은 결코 자기의 지(知)의 판단과 정의 감동으로 된 것이 아니요, 온전히 전습을 따라, 사회의 관습을 따라 하여 온 것이었다. 예로부터 옳다 하니 자기도 옳다 하였고 남들이 좋다 하니 자기도 좋다 하였다. 다만 그뿐이다. 그러나 예로부터 옳다 한 것이 자기에게 무슨 힘이 있으며, 남들이 좋다 하는 것이 자기에게 무슨 상관이 있으랴. 내게는 내 지가 있고 내 의지가 있다. 내 지와 내 의지 사이에 비추어 보아 「옳다」든가, 「좋다」든가, 「기쁘고 슬프다」든가 하는 것이 아니면 내게 대하여 무슨 상관이 있으랴.
> 나는 내가 옳다 하던 것도 예로부터 그르다 하므로, 또는 남들이 옳지 않다 하므로 더 생각하지도 아니하여 보고 그것을 내어 버렸다. 이것이 잘못이다. 나는 나를 죽이고 나를 버린 것이로다. 자기는 이제야 자기의 생명을 깨달았다. 자기가 있는 줄을 깨달았다.
> (…)그리고 형식은 더 할 수 없는 기쁨을 깨달았다. 형식은 웃으며 차창으로 내다본다.(『전집』 1, p.118.)

일찍이 한국문학사상 이렇게 명쾌하게 자아각성을 설파한 작품은 없었다. 자기의 이성을 바탕으로 선악진위를 안다는 소위 비판의식을 형식은 비로소 가지게 된 것이다. 물론 이것은 형식 스스로 선택한 것이 아니고 구질서적 요소가 스스로 사라져 줌으로써 수동적으로 얻게 된 것이기는 하지만 어쨌든 삶의 방향에 '어떤 표준'은 획득된 것이다. 이제 그가 할 일은 그 방향타가 가리키는 대로 나아가기만 하면 된다. 그 길은 그에게 선형과의 순조로운 결합과 성공과 행복만을 안겨주게 될 것이다.

> 선형은 아내가 되었다. 마음껏 사랑할 수 있는 내 것이 되었다. 그리고 미국에 가서 대학교에 들어가 학자가 되고 박사가 될 수 있다.
> 사랑스러운 선형과 한 차를 타고 같이 미국에 가서 한 집에 있어서 한 학교에서 공부할 수가 있다. 아아, 얼마나 즐거울는지. 그리고 공부를 마치고 나서는 선형과 팔을 곁들고 한데로 한차로 본국에 돌아와서 만인의 부러워함과 치하함을 받을 수가 있다. 아아, 얼마나 즐거울는지. 그리고 경치도 좋고 깨끗한 집에 피아노 놓고 바이올린 걸고 선형과 같이 살 것이다. 늘 사랑하면서 늘 즐겁게 - 아아, 얼마나 기쁠는지.(『전집』 1, p.146.)

그러나 「무정」은 이 지점에서 다시 원점으로 회귀한다. 죽은 줄 알았던 영채가 도미유학을 떠나는 형식 일행과 다시 기차 속에서 만나게 되었기 때문이다. 그리하여 형식은 다시 처음의 딜레머에 빠져 번민을 헤어나지 못한다. 그가 개인의 차원에 머무는 한 그는 영채나 선형 중 누구를 택하거나 자신의 파멸로 나아가는 길 외에 다른 방도는 없었을 것이다. 이러한 사면초가의 상황 중에 삼랑진 역의 수해는 해결의 실마리를 열어 주게 된다.

개인적인 감정의 회오리에 휘말려 어색한 관계가 되었던 형식, 영채, 선형은 수재민의 구호활동을 하는 중에 동료애를 회복하고 보다 큰 자아를 발견함으로써 자신들을 승화시키게 된 것이다. 그리하여 자신들이 지금 가고자 하는 유학의 의의가 한층 더 분명해진다. 그것은 외국유학으로 실력을 쌓아 힘이 없기 때문에 불행을 당하는 민족을 구원해야 한다는 것이다. 이리하여 이 작품은 비극적 결렬 일보 직전에서 대회전하여 낙관적 미래상을 제시하면서 대단원의 막을 내리는 것이다.

아아, 우리 땅은 날로 아름다와간다. 우리의 연약하던 팔뚝에는 날로 힘이 오르고 우리의 어둡던 정신에는 날로 빛이 난다. 우리는 마침내 남과 같이 번쩍하게 된 것이로다.(…)
해마다 각 전문학교에서는 튼튼한 일군이 쏟아져 나오고 해마다 보통학교 문으로는 어여쁘고 기운 찬 도련님, 작은 아가씨들이 들어가는구나! 아니 기쁘고 어찌하랴.
어둡던 세상이 평생 어두울 것이 아니요 무정할 것이 아니다. 우리는 우리 힘으로 밝게 하고, 유정하게 하고, 즐겁게 하고, 가멸케 하고, 굳세게 할 것이로다.(『전집』 1, p.209.)

이러한 해결은 개인적 근대주의로서는 상상도 할 수 없는 절묘한 해결이다. 그러기에 춘원에 대해 사사건건 비판하던 김동인도 이 부분에서의 민족애에 대해서만은 "춘원의 전작품을 통하여 유일의 적절한 삽입이었다"[48]라고 찬탄하기를 아끼지 않고 있는 것이다. 그러나 이 감탄은 준비론에서 분비된 이러한 낙관적 민족주의가 현대인의 무방향성이라는 테제를 거쳤기에 작품에서 그 안티 테제로서 멋있게 작용했다는 뜻 이상도 이하도 아니다.
그러므로 만일 이러한 구성법이 끌리쉐에 떨어진다면 그 의의는 사라질 것이 명백하다. 그 실례를 우리는 「어린 벗에게」의 구조적 파탄에서 확인할 수 있다. 따라서 준비론사상 아래 우유부단을 속성으로 하는 현대인이 통일된 감정과 총체성을 회복하는 과정을 보여줌으로써 대서사극을 연출한 「무정」은 준비론사상의 문학적 결실의 최고작이라는 영예를 안을 수 있게 된 것이다. 그러나 근대주의자 김동인은 근대의 속성과 관련하여 다음과 같은 의문을 제기하는 것도 잊지 않고 있음은 주목할 만하다.

---

48) 김동인, 「춘원연구」, 『김동인전집』 6, p.95.

단지 우리가 그냥 의심하고 믿지 못할 것은, 이때의 순간적 심리로 인하여 네 사람이 같은 감정 아래서 행동하였다 하나, 이 감동이 언제까지나 계속될까 하는 것이다. 우리는 형식과 같은 줏대없는 인물에 있어서 이 감동이 단 일일을 갈지가 의문이다.[49]

준비론이 조국의 근대문명화를 기치로 내세우며 민족 전체의 통일적 행동을 낙관적으로 표방했지만 근대 자체의 파편적 속성으로 그 통일성의 지속 여부가 의문시된다는 것인데, 더구나 근대문명에 내재된 파편성과 비극성은 준비론운동의 성과 축적과 더불어 더욱 심화될 수 밖에 없을 터이기에 위의 인용은 정곡을 찌르고 있는 지적으로 이해된다.

그러나 작품은 작품외적 외연에서 그 정당성 여부가 가려질 수는 없을 것이다. 준비론사상이 그 일정한 의의와 더불어 한계 또한 가지고 있다는 것은 누구라도 알 수 있는 것이다. 그러나 그것이 10년대의 여건에서 사회적으로 상승하던 세계관임은 부정할 수 없는 사실이다. 그러므로 「무정」은 이러한 준비론적 세계관을 단지 관념의 차원이 아니라 과도기에 처하여 방향을 찾지 못하고 있는, 또는 피상적 근대인이 되어 허무주의에 빠져있는 당대인이 사건 전개의 필연적 논리에 의하여 삶의 지표로 채택하게 되는 과정을 구체적으로 보여줌으로써 심리가 미분화된 근대인을 묘사하고 나아가 그러한 근대인이 생의 방향과 의미를 찾는다는 근대의 시대적 과제마저 해결하여 소설미학상 근대소설의 한 전형을 이룩한 것으로 평가될 수 있다.

이제까지 우리는 주로 주인공 이형식의 의식구조를 중심으로 작품

---

49) 위의 책, 같은 곳.

구조를 살펴왔지만 기타 주요 인물들도 전근대적 의식이나 혹은 불철저하고 개인지향적 근대의식으로부터 민족지향적 근대화의식으로의 변화과정을 겪게 된다. 영채의 경우, 유교의식에 젖어 있던 그녀는 동경 유학생 병욱의 감화로 이전의 사고방식을 청산하고 동경유학을 하게 되고, 처음의 개인적 유학 동기가 수해현장에서의 형식에 의한 감화로 민족적 동기로 승화되게 된다. 동경유학생 병욱도, 여학교 동창인 선형도 개인지향적 근대의식에서 민족지향적 근대화론에 동감하게 된다. 세상을 장난으로 살아가던 신우선도 새 사람으로 태어날 것을 선언한다. 이처럼 「무정」은 모든 인물들이 민족을 근대화하여 문명사회를 건설해야 한다는 준비론의 논리에 다같이 화창하는 결말을 향하여 작품이 진행되고 있는 것이다.

이러한 「무정」은 1차유학으로 피상적 근대주의자가 되어 비관주의에 감염되었던 이광수가 민족현실과 2차유학을 경험한 뒤 준비론으로 자신의 진로를 확립한 과정을 그린 '정직한 자서전'이고, 또한 그대로가 '당시 지식인 청년들의 자서전'이기도 하였던 것이다. 그러므로 「무정」은 오직 가르치고 배우는 일만이 가장 정결하고 신성한 것으로 인식된 10년대의 준비론적 이슈를 형상화한 기념비적 근대소설[50]로 평가될 수 있는 것이다.

VII

「무정」으로 일약 문명을 얻게 된 이광수는 「개척자」(『매일신보』 1917.11.10-1918.3.15.)라는 후속 장편을 발표하지만 그에 대한 문학사

---

50) 김윤식, 「무정의 문학사적 성격」, 『한국근대문학사상사』, p.52.

적 평가는 대개 실패작으로 보고 있다. 그리하여 "「개척자」는 「무정」의 이삭줍기에도 미치지 못하는 것"51)이라 혹평되기도 하고, "춘원의 이데올로기를 소설 형식으로 억지로 빚어 놓으려고, 성격도 없는 허수아비를 몇 개 만들어 놓고 부자연한 언행을 행하게 한 문학의 濫費"52)라고 비판받기도 한다. 그러면 거의 같은 시기에 씌어진 「개척자」와 「무정」이 이다지 격차를 드러내는 이유는 어디에 있을까?

우리는 「무정」을 논하는 가운데 「무정」의 미점이 준비론사상 자체에서 유래하기보다는 주인공이 거기에 도달하게 되는 과정의 소설 미학적 성과에 기인한다고 지적한 바 있다. 준비론사상만을 가지고 말하자면 「개척자」도 하등의 차이가 없다. 그러나 「무정」이 준비론사상을 상승적 세계관으로 그리고 있다면 「개척자」는 화자의 당위적 설교가 역설로 들릴 정도로 하강적으로 그려지고 있는 것은 사실이다. 그리하여 「무정」이 유학하기 전의 과정을 그리면서 유학 후의 장래를 낙관적으로 그리는 데 반하여 「개척자」는 유학 후의 고난이 그려지고 있는 "슬픈 이야기"53)인 것이다.

또 작품 구성상 「개척자」는 「무정」과 마찬가지로 이광수의 소설 미학, 즉 남녀 간의 연애를 그리되 부모의 허락을 득치 못하는 유교육자의 평범 무미치 아니한 이야기를 기본으로 하고 있다. 그러나 또 하나의 조건, 우유부단하고 번민하는 현실적 인간은 사라지고 대신 김동인의 지적대로 이념의 화신인 듯한 소위 '평면적 인물'이 나타나고 있어 작품은 설교성을 강하게 드러낸다. 그 결과 화자도 자신의 존재를 거리낌없이 드러내기도 하고 준비론사상을 장황하게 설교하기도 한다. 이처럼 화자가 불필요하게 자신을 드러내고, 준비론

---

51) 김윤식, 「무정의 문학사적 성격」, 『한국근대문학사상사』, p.79.
52) 김동인, 「춘원연구」, 『김동인전집』 6, 삼중당, p.97.
53) 이광수, 「개척자」, 『전집』 1, p.300.

의 당위성을 작품으로 형상화하여 보여 주는 대신 화자가 관념적으로 설득하고자 하는 모습이 역력한「개척자」는 추상성을 면하지 못하고 있는 것이다.

「개척자」의 의도는 신문화를 이룩하고자 하는 세 명의 개척자를 설정하고 그들이 고난과 어려움을 극복하면서 희생적으로 애쓰는 모습을 그리려 한 데 있는 것으로 보인다. 그 세 사람이란 화학자 김성재, 화가 민, 김성재의 여동생 김성순이다. 그러나 화자가 김성재의 화학 실험, 민의 그림에 대해 중요성을 부여하고자 함에도 불구하고 실질적으로「개척자」의 중심주제는 성순과 민 사이의 사랑이다. 화가인 민은 기혼자이고 고등보통학교 졸업생인 성순은 자신의 의사에 반하여 변이란 청년과 혼약한 몸이다. 따라서 이 작품도 부모의 허락을 득키 어려운 유교육자의 연애를 다루어야 한다는 이광수소설의 소설 미학과 궤를 같이 하고 있는 것이다.

그러나 이것이「무정」과 결정적으로 다른 점은 성순이 일동들보다 자신의 선각을 깨닫고 자기만족으로 끝날 뿐이지 일동과 하등의 정신적 교감이 없다는 점이다. 그러므로 선각자는 고독한 개인의 차원에 머물고 마는 것이다. 또한 성순의 정신적 지주인 민은 그녀가 결혼을 서두르는 가족에 의하여 "진퇴 유곡한 처지에 있어서 차마 견딜 수 없는 고통"을 당하지마는 자신들이 이상에만 치우쳐 경제라는 중요한 것을 몰랐다는 이유를 들어 그녀에게 변과의 결혼을 권하기까지 하는 등 스승으로서의 역할을 포기한다. 이에 정신적 사랑으로 만족하며 부인과의 이혼은 반대한다면서 뛰쳐 나간 성순은 변과의 결혼준비를 서두르는 가족에게 자신은 처녀가 아니라며 결혼을 거부한다. 정신적 순결성이 없다는 성순의 이야기를 곡해한 가족들은 한바탕 소동을 벌이고 절망한 성순은 성재의 연구실에서 약병을 꺼내

음독 자살한다.

「개척자」에는 처음부터 현실에 타협한 부정적 인물이나 무능력한 인물로 가득차 있을 뿐 아니라 미래의 전망을 지니고 있던 긍정적 인물들마저 모두 현실의 장애에 부딪혀 좌절하고 발광하고 죽고 만다. 그러기에 「개척자」에는 이상을 가지라는 화자의 강변 이외에는 모두가 하강하는 '슬픈 이야기'인 것이다. 「무정」을 성공으로 이끈 것이 단순히 상승적 이야기이기 때문은 아닌 것처럼, 물론 「개척자」를 실패로 이끈 것이 단지 하강적 이야기이기 때문은 아니다. 「무정」은 역사의 격동기를 온몸으로 체험한 광대한 이광수의 체험내용이 그대로 당대의 시대정신 및 당대인의 전형과 일치함으로써 상승적 효과를 얻을 수 있었고, 그리하여 준비론을 형상화한 소설의 최고봉이 될 수 있었다. 그러나 「무정」에서 그러한 자전적 진실이 전소된 마당에 준비론이라는 당위적 관념만으로 집필된 「개척자」는 그만큼 공허할 수 밖에 없었을 것이다.

작품이란 개인적 진실이 사회적 공감을 얻을 때 그 효과가 증폭될 수 있는 것이라면 그런 점에서 「개척자」는 이미 이광수에게서 개인적 진실이 약화되고 이념만이 남게 되어 상투성에 빠지게 되는 징후를 미리 보여 주고 있다고 볼 수 있을 것이다. 여기에 이르면 준비론을 형상화한 소설은 작품미학적으로 하나의 전형을 확립하고 그 한계를 드러내기 시작한 것으로 볼 수 있고, 시대정신으로서의 준비론 사상도 조만간 회의에 직면하게 될 것임을 암시받을 수 있게 된다.

VIII

이상에서 우리는 언필칭 한국문학사상 최초의 본격적 근대소설이라고 평가되는 이광수의 「무정」을 대상으로 하여 그 근대성의 실체를 검토해 보았다. 그 과정에서 이 작품은 10년대의 시대정신인 준비론을 근간으로 하고 있다는 통설이 재확인되었지만 우리는 이 사실이 「무정」의 근대성 여부와는 별 관계가 없다는 입장을 견지하였다. 민족해방의 방략으로서 도도한 낙관주의를 지향하는 준비론 자체는 오히려 소설의 근대성에 방해가 된다고 보았기 때문이다.

이광수 자신도 우유부단을 특징으로 하는 번민의 근대인상을 그려야 근대소설이 된다는 인식을 가지고 있었던 만큼 신념에 찬 준비론자의 제시만으로는 근대성에 크게 미달하는 것이었다. 이 지점이 「무정」의 성공과 「개척자」의 실패가 갈라지는 곳이기도 하다. 소설의 근대성을 문제삼는 루카치가 소설을 "생의 외연적 총체성이 사라지고 생의 의미의 내재성이 문제가 된 시대, 그럼에도 불구하고 총체성에 대해 생각하는 시대의 서사시"라고 규정했듯이 근대소설의 근대소설된 소이연은 총체성 상실로 인한 우유부단의 무규범 현상을 통과하여 삶의 지향성을 복원하는 데 있다고 할 때 두 작품의 결정적 차이는 우유부단의 유무이다.

직접 무매개적으로 준비론을 설파하는 「개척자」가 근대성에 미달하는 계몽소설로 느껴지는 반면 번민하고 방황하다가 준비론에서 길을 찾는 「무정」은 준비론이라는 계몽사상에도 불구하고 우유부단이라는 근대인의 초상을 형상화하고 더 나아가 삶의 방향성을 정립해야 하는 근대인의 정신적 과제까지 깨우쳐 줌으로써 본격적 근대소설로 느껴지는 것이다. 바로 이 점이 「무정」을 우리와 동시대의 감수성이 구현된 작품으로 두고두고 논의될 수 있게 하는 원동력이자 근대성의 실체라 생각된다.

양백화 소설과 모순의 미학

I

　　백화 양건식(1889.5~1944.2)은 기존의 문학연구에 있어 많이 다루어진 작가는 아니다. 그러나 최근 북한의 국문학 연구성과가 소개되고 그 중에 양백화의 소설 「슬픈 모순」이 10년대를 대표하는 비판적 사실주의 작품이라고 고평받고 있음이 알려지면서 양백화를 재조명하려는 움직임이 보인다.

　　그것은 한편으로는 지양사에서 펴낸 『양백화문집1』(박재연·김영복 편, 1988)이 대표하는 양백화에 대한 실증적 복원작업과, 다른 한편으로는 양문규가 「1910년대 한국소설 연구」(1991년도 연대 박사논문)에서 시도하고 있는 바와 같이 양백화에게 문학사적 의의를 부여하려는 논의로 요약될 수 있다. 특히 양문규는 「슬픈 모순」을 비판적 사실주의로 규정하는 북한 학계의 논조에 적극 찬동할 뿐 아니라, 더 나아가 이러한 범주에 들 수 있는 작품의 목록을 더 추가하면서 기존의 문학사가 10년대를 부르주아적 계몽 시기로 한정하던 것을 비판하고 오히려 비판적 사실주의에 더 비중을 두어야 한다고 주장하기까지 한다.

이처럼 문학사적으로 재조명을 받으며 나아가 일부 논자에 의해 10년대의 진보적 문학성을 대표한다고까지 평가되는 양백화는 과연 어떠한 문학적 궤적을 그린 작가이며 그의 작품의 총체성의 양상은 어떠한지, 그러한 총체성과 「슬픈 모순」은 어떤 관계망을 형성하며 그의 작품들의 구조원리로서의 소설미학은 존재하는지, 아울러 「슬픈 모순」은 정말 10년대의 대표작으로 간주해도 좋은지, 이러한 여러 문제점들의 검토를 본고는 목적으로 한다.

II

양건식은 여러가지 호를 사용해서 작품활동을 했지만 백화(白華)와 국여(菊如)가 대표적이다. 그의 생애에 대해서는 정확히 알려져 있지는 않지만 『양백화문집1』에 실려 있는 김영복의 「백화의 문학과 그의 일생」에 의해 어느 정도 추정해 볼 수 있다.

윗 글에 의하면 양백화는 1900년을 전후해 한성관립학교를 다니면서 신교육을 받았다는 점, 1912~4년을 전후해 독실한 불교신자가 되었다는 점, 중국유학을 한 듯하다는 점, 불교잡지를 통해 불교적 소설을 썼다는 점, 중국문학통으로 알려질 정도로 20년대 이후에는 중국문학 소개에 주력하였으며 30년대 후반기부터는 생활고로 중국 야담을 주로 쓰게 되었다는 점 등을 알 수 있다.

양백화는 1915년『불교진흥회월보』1호에 소설「석사자상」을 발표한 것을 시작으로 소설, 평론, 수필, 번역, 번안, 야담 등 여러가지 글을 30년대 말까지 꾸준히 발표하지만 한국을 배경으로 한 순수창작품은 10년대에 집중되어 있어 그의 문학사적 의미는 10년대에 놓여 있다고 할 수 있다. 먼저 1910년대를 전후하여 발표된 양백화의 소설을 보면 아래와 같다.

(1) 「석사자상」, 『불교진흥회월보』 1호, 1915.3.
(2) 「미(迷)의 몽(夢)」, 『불교진흥회월보』 2~3호, 1915. 4~5.
(3) 「귀거래(歸去來)」, 『불교진흥회월보』 6호, 1915. 8.(미완)
(4) 「파경탄(破鏡歎)」, 『불교진흥회월보』 7호, 1915. 9.(미완)
(5) 「한일월(閑日月)」, 『조선불교계』 1호, 1916.4.
(6) 「아(我)의 종교」, 『조선불교계』 3호, 1916.7.
(7) 「슬픈 모순」, 『반도시론』 10호, 1918.2.
(8) 「오(悟)!」, 『유심』 1~2호, 1918. 9~10.
(9) 「도야지 주둥이」, 『동명』, 1923.1.1

이 중 「귀거래」와 「파경탄」은 미완된 작품이고, 「한일월」, 「아의 종교」, 「오!」는 소위 불립문자의 세계인 선승의 경지를 그리고 있는 불교소설들로서 근대소설로 논의하기 어려우므로 이들을 제외한 작품들을 중심으로 살펴보기로 한다.

그러면 이처럼 「석자사상」, 「미의 몽」, 「슬픈 모순」, 「도야지 주둥이」 이상 4편만이 양백화의 소설 중 문학사적 의미망 속에 포괄될 수 있다고 할 때 이들 작품들은 어떠한 의미망을 형성하는가? 이 작품들의 의미를 추출하는 방법은 여러가지가 있을 수 있겠지만 본고는 그의 작품들은 그 당시 그가 가지고 있던 사상내용과 구조적으로 대응할 것이라는 전제하에 그 당시의 그의 사상적 특징을 보여준다고 판단되는 두 편의 수필과 소설들을 대응시켜 양백화 소설의 미학적 구조분석을 위한 한 지표로 삼고자 한다.

양백화의 대표작으로 거론되는 작품의 제목도 「슬픈 모순」으로서 '모순'이라는 말이 들어 있지만 그가 쓴 두 편의 수필 「타산한 생」(『청춘』 14호, 1918.6)과 「지이록」(『개벽』4호, 1920.9)은 모순에 관한 언급이 중심을 이루고 있다. 그러므로 우리는 양백화의 10년대 전후의 사상에 있어 모순문제가 대단히 중요한 위치를 차지하고 있음을 짐작할 수 있다. 따라서 이 두 수필을 분석해 본다면 우리는 양백화가 모순에 관심을 갖게 된 계기나 모순에 대한 그의 자세를 알 수 있을 것으로 생각된다.

III

A. '너는 매일 무엇을 하고 있느냐?' 이와같이 나는 나를 물어 보고 싶다. 필연 나의 '나'는 함묵하리라. 나는 그 때 나의 공허한 생임을 웃으리로다. 웃음받는 나는 여기 번민이 일어난다.
이렇게 '나'와 나의 '나'와는 항상 맹렬한 충돌을 한다.(…)
사상과 실생활의 모순은 물과 기름과 같아 늘 서로 이반하나니 사상은 실생활의 기본된 타산을 초월치 아니치 못하리로다. 그러나 타산이 없고는 생존의 방도가 없나니 어떻게 할까.
(「타산한 생」, 『청춘』14호, 1918. 6. p.110)

B. 사람의 일생이 전후 모순이 있다고 말을 말지어다. 모순은 실로 이 인생의 면목이니 무슨 개인의 모순됨이 아니로다. 일생의 전후 모순이 있는 듯이 뵈이는 사람은 이 곳 그 사람이 허(虛) 아님을 뵈이는 소이니라.

사람의 일생이 좌우 통일이 없다고 말을 말지어다. 산만은 실로 이 세간의 실상이니 무슨 개인의 산만함이 아니니라. 일생의 좌우 통일이 없는 듯이 뵈이는 사람은 이 곳 그 사람이 편(偏) 아님을 나타내는 소이니라.
조그마한 지혜와 조그마한 사려로써 조화 통일을 하고자 함은 졸악한 기예로써 자연의 대미(大美)에 부착을 가하려는 자라 그 우치가 도리어 가엾도다. 우리는 이를 원하지 아니 하노라. 조그마한 지혜로 모순이라 탄하며 조그마한 사려로 산만이라 놀라는 곳에 실은 '숨은 참의 조화'가 있나니라. 아 — 시방(十方)에 편재하시며 만겁을 조감하시는 신이 홀로 이를 아시나니 조그마한 사람은 이에 참여치 못하나니라. (「지이록」, 『개벽』4호, 1920.9, p.114)

A는 1918년에 쓰여진 글이고, B는 1920년에 쓰여진 글로서 두 글 사이에는 2 년이라는 시간적 간격이 있는데 이러한 시간적 간격에 못지 않게 사상의 내용 사이에도 차이가 있음을 발견할 수 있다. 즉 A에서는 현실존재로서의 '나'와 의미존재로서의 '나의 나'사이의 간극, 타산성으로서의 실생활과 초월성으로서의 사상 사이의 모순으로 인하여 자아가 딜레마에 빠져 번민하는 양상을 보이고 있다. 물론 단장 형식의 글인 이 글의 다른 장에서 화자는 '생코자 하는 의지'의 선험적 절대성을 자각하고 타산적 생인 현실의 구가자가 될 것을 권고하기도 한다. 그러나 사상과의 관계는 유보된 것에 불과하지 해결된 것은 아니며 원초적 조건성에 주의한 것에 지나지 않는다. 그러므로 A에서는 작가가 인생의 모순적 현상에 주목하고 번민하고 있다는 점에 중점이 놓일 것이다.
반면에 B에서는 인생의 전후 좌우가 모순되고 통일이 없는 것이 무슨 개인의 모순, 산만의 결과가 아니라, 이 모순, 산만이야말로 이 인생의 면목이고 세간의 실상이라고 주장하고 있다. 모순과 산만은 조그마한 인간의 지혜와 사려의 차원에서 볼 때 나타나는 것으로서 만겁을 조감하는 신의 차원에서는 '숨은 참의 조화'가 존재한다는 것이다. 그리하여 이어지는 글에서 작가는 불완전한 인식적 차원이 아니라 의욕과 신념이라는 차원에서 모순의식을 넘어설 것을 권고하고 있다. 이처럼 B에서는 이미 인생의 묘리를 터득한 득도의 자세가 보이거니와 문체 또한 A와는 달리 훈계조의 교술적 문체로 되어 있어 1920년을 지나면서 양백화의 사상이 이전의 불안정성을 벗어나 확고한 균형감각을 확보하고 있었음을 알 수 있다.

그러면 이러한 현상은 어떻게 설명될 수 있을까? 양백화 개인의 전기적 사실을 고려해 볼 때 그 이유의 일단을 우리는 어렵지 않게 추정해 볼 수 있을 듯하다. 앞에서 우리가 주목한 바와 같이 양백화는 일찌기 신교육을 받은 일이 있고, 1912~4년을 전후해 독실한 불교신자가 되었으며『불교진흥회월보』,『조선불교계』,『조선불교총보』등 불교잡지 발간에 간여했다. 이러한 사실로 미루어 볼 때 1910년대를 전후하여 양백화는 신교육의 영향과 불교의 영향을 아울러 받고 있었음을 알 수 있다. 그러므로 이 시기의 양백화의 내면풍경은 신교육을 통해 배운 사상내용과 불교를 통해 알게 된 사상내용이 그 어떤 조정국면에 들어갔으리라고 생각해도 크게 틀리지 않을 것이다.

그런데 주지하다시피 개화기에 시작되고 애국계몽기에 크게 일어난 신교육운동은 그 목표를 문명개화와 국권회복에 두었으며 그 교육사상의 철학적 기반은 사회진화론으로서 생존경쟁과 우승열패를 만고불변의 진리로 간주하였다. 그러기에 약육강식은 죄악이 아니고 제국주의는 어쩔 수 없는 것이며 열패자인 한국인은 강자가 되기 위해 노력하는 수밖에는 다른 길이 없다고 가르쳤다. 양백화가 배운 교육내용도 이것과 크게 다르지 않았을 것이다.
 그러나 불교의 교리내용은 이와 상당히 다른 것이었을 것이다. 불교에 문외한인 우리로서 깊이 알기는 어렵다 해도 보시라든가 중생의 개념만 두고 보더라도 그것은 투쟁이나 경쟁보다는 자비라는 사랑의 원리에 의거해 있음을 알기 어렵지 않다. 그러므로 양백화가 불교에 기울어졌다는 것은 그가 사랑의 원리를 받아들이게 되었음을 의미한다고 볼 수 있는 바, 그것이 이미 교육을 통해 배운 바 있는 우주의 원리로서의 약육강식적 진화론과는 양립하기 어려운 갈등을 야기했을 것으로 생각된다.
 그러므로 양백화는 불교에 입문하고 난 후에도 상당기간 진화론의 원리와 불교의 원리 사이에서 내면적 갈등을 겪은 것으로 이해할 수 있다. 더우기 두 원리가 현실을 전면적으로 설명하지 못하여 이기적 현실의 한 측면을 드러내는 데에는 사회진화론이 유용하고 당위적 행위규범으로서 인간의 지향성을 밝혀주는 데에는 불교가 공감을 불러일으킨다고 볼 때 그 갈등은 해결하기가 쉽지 않았을 것이다. 아마도「타산한 생」을 쓰던 1918년까지 양백화는 그러한 심한 갈등상태에 있었던 듯하다. 이것을 그는 사상과 실생활의 모순, '나'와 '나의 나'의 충돌이라 표현했던 것이다. 그럼에도 불구하고 아직은 '타산한 생으로 현실의 구가자가 되어라'라고 함으로써 현실의 원리에 보다 가까운 진화론을 완전히 청산하지는 않고 있다.
 그러나 1920년에 쓴「지이록」에서는 모순을 인생의 원리라고 주장함으로써 불교적 사유법에 크게 기울어져 있음을 알 수 있다. 무분별 지와 연기론을 불교적 사유의 한 특징이라 할 때 인생의 모순과 산만을 헤아리려 하지 않고 보다 높은 차원에서의 조화로 모든 것을 파악하는 태도는 이전의 태도와 다르다. 사상과 현실의 모순에 괴로와하던 백화는 불교적 인식이 깊어지면서 그러한 모순조차도 조화 속에서 파악할 수 있는 경지를 이해하게 되었던 것이라고 볼 수 있을 것이다.

이상에서 살펴본 바와 같이 양백화의 1910년대 전후의 사상은 모순의식의 변증법적 발전과정으로 규정될 수 있다. 1915년 이전은 자료가 없어 단언하기 어려우나 신교육의 영향하에 사회진화론을 견지하였을 양백화는 불교도가 되면서 경쟁적 진화론과 보시적 불교교리 사이에서 일관된 사상적 체계를 형성하지 못해 번민하면서 내면적 모순을 절감하다가 20년대 경에 모순율이라 할 수 있을 불교적 사유로 생의 진리가 모순 그 자체임을 발견하고 방향을 찾게 된 것이 그 구체적 내용이었다. 그러면 이제 모순의 사상이라 부를 수 있을 사상내용을 보여준 양백화의 소설양상을 검토하기로 한다.

Ⅳ

양백화가 1910년대를 전후하여 쓴 소설 중에서 우리는 「석사자상」(1915), 「미의 몽」(1915), 「슬픈 모순」(1918), 「도야지 주둥이」(1923)만이 문학사적 의미를 가지는 것으로 보아 이 작품들만 논의하기로 한 바 있다. 그러면 이제 이 작품들의 구체적 양상과 그 구조원리로서의 미학을 살펴보기로 한다. 그런데 양백화는 위의 소설들을 썼던 1910년대에 사상적으로 모순의식에 빠져 있었음을 우리는 앞에서 살펴본 바 있다. 사상이 양백화의 내면의식을 개념의 형태로 표출한 것이라 하면 소설은 그것을 형상적으로 표출한 것일 터인 바, 양자 사이에는 양백화의 내면적 총체성이라는 차원에서 구조적으로 대응되어 있을 것임을 예측할 수 있다. 그러므로 우리는 모순구조라는 원리를 준거로 하여 위의 소설들의 체계적 설명 가능성을 검증하고 그 의미를 찾아 보려 한다.

「석사자상」과 「미의 몽」은 다 같이 1915년에 발표되었다. 그러므로 두 작품 사이에는 특히 어떠한 구조적 유사성이 예견되고 그것은 양백화에게 있어 하나의 출발점이자 회귀단위로서 기능할 가능성을 지니고 있으리라고 보여진다. 먼저 그의 처녀작이라 할 수 있는 「석사자상」을 보기로 한다.

「석사자상」은 무슨 커다란 사건이나 흥미로운 인물을 보여 주고 있는 작품은 아니어서 일견 평범한 작품 내지 습작 정도로 보이기까지 한다. 아마도 이러한 점이 이 작품으로 하여금 별로 주목을 받지 못하게 했는지도 모른다. 그러나 관점을 정신사 내지 사상사라는 차원에 놓고 보면 의외에도 이 작품은 많은 의미를 함축하고 있다.

「석사자상」의 주요 등장인물은 부부인 김재창과 영자, 그리고 걸인이다. 날이 아직 추워 사람들이 종종걸음을 치는 어느 이른 봄 밤, 외투 입은 남자와 망토 두르고 눈빛 같은 버선을 신은 여자가 이야기를 나누며 서십자각 편으로부터 궁장을 끼고 광화문 쪽으로 걸어온다. 그 차림새로 보아 인생에 성공한 사람들이 분명하다. 이들은 김재창 부부인데 지금 김재창은 자신이 천애고아로 독립독행하는 분투를 하여 오늘날 성공했다는 성공담을 자신있는 눈빛으로 하고 있는 중이다. 이처럼 자수성가한 김재창은 자신의 인생관을 다음처럼 피력한다.

　　약자라는 것은 생존상에 적당치 못한 물건이니 자연 멸명(滅命)하는 수밖에 무슨 다른 도리없는 것이오.(…) 그러기에 나는 자선도 아니하고 보시도 아니하여 남을 위하는 일은 무슨 일이든지 결단코 아니할 결심이오. 받지 않는 동시에 또 주지도 아니 하는 것이, 이것이 내 주의라. 아무리 보시를 하나 자선을 하나 약자는 자연 멸망하는 것이니까. 말하자면 자선이나 보시가 모두 무효한 일이야…… (『양백화문집1』, p.137)

위의 인용문은 생존경쟁에 성공한 김재창이 사회진화론을 철칙으로 확신하고 보시나 자선같은 불교교리를 부정하는 사상을 가지고 있음을 보여준다. 이것은 아내에게 들려준 이야기이므로 김재창의 의식의 표면에 나타나 있는 자각적 사상이다. 그 아내도 이의를 제기하지 않음으로써 이에 묵시적 동조를 한다.

그런데 그들이 광화문 석사자상이 있는 곳에 이르러 보니 손가락이 하나도 없는 참혹한 늙은 걸인이 추위에 떨면서 처창한 소리로 구걸을 한다. 이를 본 영자의 눈에는 눈물이 돌며 품속에서 돈주머니를 꺼내어 김재창에게 넘겨 준다. 보시나 자선의 무효성을 강변하던 "김재창은 무의식으로 오십원짜리 은전을 그 걸인 앞에 던져 준다." (『양백화문집』1, p.137) 묵묵히 걷던 김재창은 "무슨 생각을 하였던지 돈 주던 곳을 다시 돌아다보니 사람은 희미하여 보이지 아니하고 다만 말없는 석사자상만 엄연히 높"(p.138)다.

의식의 차원에서 진화론적 생존경쟁을 신봉하는 주인공이 무능하고 무력한 걸인을 보자 무의식적으로 자선의 행위를 하게 되고 이 행동이 자신의 소신과 모순적임을 뒤늦게 깨닫는다는 것을 이 작품은 보여 준다. 그러므로 얼핏 보면 이 작품은 진화론사상에 대한 양백화의 불교사상적 비판이라 보아질 수도 있을 것이다. 그러나 그의 사상에 있어서 모순문제가 중심 문제였음에 비추어 볼 때 이 소설은 사상과 현실(행위)의 모순, 의식과 무의식의 모순적 양상을 제시하고 있는 것으로 보는 편이 더 정합적일 것이다.

그리고 앞에서 우리는 이 작품이 정신사적 의의를 가지고 있음을 암시한 바 있는데 그에 대한 자세한 언급은 본 논문의 범위를 넘어서는 것으로 보아 후일을 기하려 한다. 다만 1910년대의 시대정신인 준비론사상은 그 핵이 진화론인 바 그에 대한 일정한 비판이 제기되기 시작하는 징후의 일단을 이 작품이 보여준다는 것만을 말하고자 한다.

한편 「미의 몽」에서는 원래 부유하고 선하던 김일오가 친구들을 돌봐주다가 가산을 탕진하나 그들로부터 등돌림을 당하자 세상의 이기적 본성을 절감하고 이만을 쫓는 도둑이 된다. 그리하여 세상에서 자선가, 덕망가로 행세하면서 밤에는 도적생활을 한 지 십여 년에 딸의 애인 박태정에게 들켜 그와 논란을 벌인다. 태정이 딸 정임과 영별을 선언하고 딸이 애원하자 김일오는 그간의 사정을 털어 놓는다. 그는 친구들의 배신으로 인하여 세상의 본성을 다음과 같이 이해하게 되었다는 것이다.

> 가만히 보니 세상이 어떠한가, 도도한 무수한 인류 중에 나는 단지 이끝 쫓는 고기 덩어리밖에 다른 것은 아무 것도 보지 못 하였네. (…) 나는 다만 그자들의 강자가 그저 포악질만 하는 것을 보았고 그 자들의 우자(優者)가 어디까지 내심만 채우려 함을 보았네.
> 나는 비로소 그자들에게 배웠네. (…) 차라리 우리들의 우자가 하는 것을 배우리라 하여 비로소 그자들이 제일 귀하게 아는 그 이(利)라는 것을 존중히 알았으며 그자들이 제일 수단으로 여기는 그 슬기를 공경하여 이와 같이 나는 신세계로 들어왔으며, 이와 같이 나는 마침내 도적이 되었네! (『양백화문집』1, p.145)

이처럼 "이 세상에서 희롱되었었는 고로 돌이켜 세상을 희롱"하던 김일오는 "어떤 큰 힘으로 인연하여" 깨달음을 얻게 되었다고 술회한다.

> 아 — 몰랐네, 몰랐었네. 나는 그 일을 스스로 당하면서도 몰랐었더니 나는 지금에야 비로소 알았네. 세상이라는 것은 마침내 선으로만도 가지 못하는 것이요 또 악으로만도 서지 못하는 것이라!
> 나는 뜻을 돌렸네. 혹시 지금부터 그 선악을 뛰어넘은 한 걸음 높은 사람이 될는 지….(p.146)

이렇게 말한 김일오는 정임을 태정에게 부탁하고 육혈포로 자결한다.

이상에서 살펴본 바와 같은 이 작품은 본래 도덕적 선을 지향하던 주인공이 현실의 이기적 본성에 좌절한 후 그 보복으로 철저히 현실의 원리를 따르다가 딸로 말미암아 선을 지향하는 태정과 현실적 이기성을 지향하는 자신이 충돌을 일으키자 새로운 각성을 하는 것으로 되어 있다. 그 각성이란 세상의 본질이 선과 악의 모순적 공존임을 알게 된 것이다. 이 작품에 악으로 표상된 것은 현실의 이기적 본성이고 우자, 강자라는 용어로 볼 때 거기에 진화론적 현실관이 반영되어 있음은 이해하기 어렵지 않다. 그러나 태정이나 정임의 지향성으로 볼 수 있는 선의 내용항목이 꼭 불교적이라 보기는 어렵다. 다만 김일오가 회심하면서 인연이란 용어를 씀으로써 불교적 냄새가 약간 있을 뿐이다.

이처럼 「미의 몽」은 세상을 진화론적으로만 이해하는 태도도 배격하지만 소박하게 윤리적 선으로만 이해하는 태도도 일면적임을 지적함으로써 선악의 공존이 세상의 실상임을 주장하고 있다. 그러나 "선악을 뛰어 넘은 한걸음 높은 사람"에 도달하는 주인공을 보여주지는 못함으로써 불교적 진리로서의 모순의식의 초월과는 거리가 있다. 이는 아마 선승의 자유자재한 경지에서나 가능한 바람일지 모르며 그런 의미에서 백화의 불교사상은 근대사상으로서 일정한 한계를 가질 수밖에 없었는지도 모른다.

V

「슬픈 모순」(1918)은 양백화의 대표작으로 거론되어 온 작품이다. 이 작품은 분위기부터 앞의 작품들과는 다르다. 화자인 '나'는 「학대받는 사람들」이라는 소설을 애독하였고 벽에는 노동복을 입은 고리끼의 초상화가 걸려 있는 것이다. 이러한 디테일은 분명 큰 변화이고 크게 주목하고 싶은 욕망을 일으킨다. 그러나 어느 부분만을 과도하게 부각시키는 것은 작품 이해의 바른 태도라 보기 어렵다. 이부분에 크게 의미를 부여하는 몇몇 논의가 결국은 요청사항을 작품이 만족시켜주지 못함을 인정하지 않을 수 없어 그것을 작가 내지 시대의 한계로 처리하는 경우를 가끔 본다. 작품을 부분이 아니라 전체로 보아 그 의미를 탐색해 내는 자세가 아쉽게 느껴진다.

「슬픈 모순」의 화자가 변증법적 세계인식에 눈을 뜬 것은 사실이다. 그러나 그것은 작품내에서 어떤 역할을 하지 못하고 있다. 더우기 그 인식은 깊이도 없거니와 확신이나 신념 또한 없다. 그가 생각하는 것은 집안 식구와 자신의 취미가 다르다는 것, 사회에 대한 약한 불평, 현재 생활의 무의미일 뿐이다. 화자가 내비치는 사상의 편린이 진화론이든 불교사상이든 변증사상이든 그것이 개별 작품의 총체성에서, 혹은 작품들의 총체성에서 어떤 기능성을 발휘하지 않는 한 그것을 부각시키는 것은 부분을 전체로 보는 오류가 있다. 필자가 보기엔 이 작품도 여타의 작품과 마찬가지로 사상과 현실과의 모순, 괴리에 그 역점이 있다. 같은 해에 쓴 「타산한 생」에서 말한 것 그대로이다. 그러기에 나는 더 이상 「학대받는 사람들」이라는 소설을 볼 생각이 없고 고리끼 초상에 정신이 아뜩해지는 것이다.

 마음이 갑갑한 나는 집을 나서 목적없이 헤매인다. 전차 속에서 바쁜 듯한 사람들을 보고 자신만 현실에서 낙오된 듯한 고독을 느끼기도 하고, 친구집에 가려고 전차를 타고서는 갈까 말까 주저하다 자신을 책망하고는 내리기도 한다. 지나가는 전차의 광음이 자신을 조소하는 듯하여 불쾌한 기분이 된 나는 화려하게 차린 뚱뚱한 부인을 보고 혐오감을 금치 못한다. 더욱 신경이 과민해진 나에게 과중한 짐을 진 조그만 지게꾼 아이나 주머니에서 칼도 꺼내는 인력거부 가지 열을 돋군다.

 술생각을 참으며 길을 가던 나는 길에서 노는 아이들조차도 자신보다 강한 힘과 공고한 의지를 가진 듯하여 부끄러움을 느끼는 동시에 약자에 대한 강자의 압박이라는 생각에 불안과 공포까지 느낀다. 이어서 순사보에게 시달리는 병문꾼을 보고 모순감을 느낀다.

   사람의 향상심과 자각 없는 것은 말할 필요도 없거니와 병문꾼 대 순사보가 자각이 없고 향상심이 없어서 그 지위에 만족함은 다 일반이다. 그 사이에 별로히 큰 차등을 발견하기 어렵다. 다만 관복을 입고 칼을 찬 까닭에 순사보는 막벌이꾼을 징계하는 권리와 자격이 있다. 모순도 이쯤 되면 심하다. 참으로 기묘한 대조다. 그러나 나도 생활의 압박으로 나의 진실성과 모순이 많은 것은 사실이다. 스스로 생활의 광야에 서서 본즉 내가 지금까지 꾸던 꿈은 시시각각으로 깨어져 감을 볼 수 있다. 그저 다만 이상만 그리던 숫버이 마음은 냉랭한 현실의 장벽에 다닥쳐 부서져 비참한 잔해만 남았다. 속일 줄 모르며 야유할 줄 모르고 조금도 나를 굴하여 본 일 없던 마음은 한 이전 꿈에 지나지 못하였다. 지금 여기 가는 나의 모양을 보건대 무정하게 어느덧 허위의 옷을 두르고 방편의 낙인이 박혀 있음을 모르겠다. 이러한 생활은 슬프고도 더러운 것이다. 나는 나의 유일무이한 진실성이 이와같이 점점 꺾이여 가고 모순이 됨을 충심으로 슬퍼하는 터이다. 이러한 생각이 들기를 시작하여 다시 아까 그 불안과 고통이 일어나서 한참 몽환경에 방황하였다.
(「슬픈 모순」, 『창작과비평』 통권 67호, 1990 봄, pp.228~9)

이 부분은 「슬픈 모순」에서 주인공의 의식이 가장 모순감을 절감하는 부분이다. 우선 그는 향상심과 자각이 없어 자신의 지위에 만족한다는 점에서 다 같은 병문꾼과 순사보가 하나는 맞고 다른 하나는 관복을 입었다는 이유만으로 때릴 권리를 가졌다는 사실에 모순을 느낀다. 남의 일뿐만 아니라 자기 자신도 이상적 진실성이 냉랭한 현실 앞에서 부서져감에 슬픈 모순을 느끼는 것이다. 이러한 모순감은 주인공인 나로 하여금 불안과 고통을 불러 일으키는 것이다.
이어 영환이란 친구를 찾아 가던 중 길에서 그를 만나는데 백화라는 친구가 죽겠다는 말을 남기고 가출한 사실을 알려 준다. 주인공 '나'는 정신착란적 상태로 집에 돌아와 백화의 편지를 받는다. 편지 사연인즉은 무식한 부모의 자식으로 태어나 혼자 힘으로 야학에서 독학하고 돈을 벌어 가계를 꾸려가던 백화가 부친의 방해로 공부하기 힘들게 되고 여동생을 모귀족의 첩으로 주려고 주선하는 상황에서 여동생을 나에게 맡기며 자살하려 한다는 내용이다. 그후 삼사일 지나 나와 영환은 백화의 집을 찾는다.
이러한 줄거리를 가진 「슬픈 모순」에 대해 '고리끼의 초상화, 「학대받는 사람들」이라는 소설'로부터 곧바로 작가의 민중현실에의 관심을 도출하고, "사회에 대한 약한 나의 불평의 소리"라는 귀절에서 사회현실에 대한 비판을 끌어내며, 성장한 비만 유한부인과 노동자

소년의 대조적 제시, 순사보에게 닦달받는 병문꾼의 묘사로부터 핍박받는 하층민들에 대한 작가의 연민을 볼 뿐 아니라 더 나아가 귀족에게 딸을 첩으로 주려는 백화 부친의 이야기를 통해 상층계층의 성적 방종을 읽어냄으로써 이 작품이 "자본주의 사회의 추악한 현실에 대하여 심각한 폭로와 예리한 비판을 기본적인 특징으로 하는 비판적 사실주의 문학의 과제를 수행"(양문규, 「「슬픈 모순」과 1910년대 비판적 사실주의의 문제」, 『창작과비평』 67호, p.239)하고 있다고 평가하기도 한다.

그런데 위에서 살펴본 것처럼 이러한 논의는 부분적, 파편적 사실을 작품의 핵심으로 간주하여 평가하였다는 혐의를 벗어나기 힘들어 보인다. 그러기에 이 작품에 삽입된 유서 부분이나 병문꾼 비판부분이 '눈에 거슬리는 부분'일 수밖에 없고 또한 작가의식의 한계를 노출한 작품이 될 수밖에 없는 것이다. 그러나 중요한 것은 상호 모순되고 대립되는 부분 중에서 기호에 따라 취사선택하는 것이 아니라 모순과 대립 그 자체를 하나의 총체성으로 파악하여 의미를 찾으려고 노력하는 일일 것이다.

그러므로 우리는 비록 「슬픈 모순」의 주인공이 가지고 있는 의식의 일면이 노동복을 입은 고리끼의 초상화를 걸어 놓고 「학대받는 사람들」을 읽는다는 사실로 미루어 추측하기 어렵지 않다 하더라도, 그것만으로 자본주의 사회를 비판하는 작품이라고 평가하기는 어렵다. '노역복을 입은 고리끼'라면 이미 몽몽의 「요죠오한」(1909)에도 주인공 함영호의 방에 걸려 있는 것이다. 또한 이 작품이 원시적 자본축적기로 규정된다는 1910년대 한국자본주의에 대한 비판이라 보는 것도 과대평가이다. 뚱뚱한 유한부인이나 순사보, 모 귀족을 자본주의의 상징으로 보기 어렵기도 하지만 그들에 대한 주인공의 반응이 결코 자본주의 비판이라는 차원으로까지 나아가 있지 못하다. 그러기에 유한부인에 대해서는 천박성과 비윤리성이 추상적으로 거론될 뿐이며 순사보는 향상심과 자각 없음으로 조소받고 귀족은 언급조차 되지 않고 있는 것이다.

물론 이 작품을 비판적 사실주의라고 보는 견해도 이것을 본격적이고 완벽한 것이라고 보는 것은 아니고 20년대 비판적 사실주의의 본격적 대두를 선취한 작품으로 봄으로써 과도기적이고 제한적인 의미만을 부여하는 것이 사실이다. 그러나 작품을 비판적 사실주의니 사회주의 사실주의니 하는 편협하고 이데올로기적인 척도만을 가지고 재단하는 것은 문학 논의를 실상의 규명보다는 도그마로 흐르게 할 우려가 있을 뿐 아니라 그러한 개념범주가 보편적인 것인지 역사적인 것인지조차 불분명한 상태여서 우선 사실주의의 개념 및 단계에 대한 합의가 요청된다. 또한 1910년대의 시대적 본질이 일반적으로 반봉건적 식민지, 또는 부르주아적 계몽운동기로 규정된다고 볼 때 이러한 시대에 나타난, 그것도 불철저한「슬픈 모순」을 자본주의에 대해 전면적 비판을 한 비판적 사실주의로 볼 수 있으며 또한 그러한 류를 10년대의 주요 경향으로 상정할 수 있을지 의문이다. 양백화 개인사에 비추어 볼 때도 그러한 비판의식이 전면적이라기 보기 어렵고 또한 10년대라는 시대적 한계가 그러한 비판을 가능의식의 최대치로 확보하기가 어려웠다고 보아진다.

그러므로 우리는 이 작품이「타산한 생」과 같은 시기에 쓰여졌고 거기에서와 마찬가지로 사상과 현실간의 간극에서 모순의식을 첨예하게 느끼고 있다는 사실을 중시하여「슬픈 모순」은「석사자상」이래의 모순의 미학을 원리로 한 작품이며, 시각을 좀 더 넓히자면 애국계몽기 이래의 준비론적 세계관이 회의되기 시작하였지만 새로운

방향성은 아직 확립되지 못한 과도기의 비극적 세계관을 보여주고
있는 작품으로 보고자 한다.

VI

「도야지 주둥이」(1923. 1. 1.)는 발표 연대가 다소 뒤져서 10년대의
작품과 함께 다루는 것이 좀 무리일 수도 있겠으나 양백화의 다른
작품, 예컨대 「빨래하는 처녀」(1922. 9.)나 「꼭지의 딸」(1925. 1.)등이
다같이 중국을 배경으로 한 작품인 것에 대조가 되고 모순을 구조원
리로 한 10년대의 작품과 동일선상에서 논의될 수 있어서 함께 다루
기로 한다.

장태성은 삼사주일 전에 직원이 십여인 되는 식산장려사에 입사한
사원인데 입이 뾰죽하고 입술이 뒤틀린 용모 때문에 도야지 주둥이
라는 별명을 얻게 되고 주부코 김가와 더불어 조롱의 대상이 된다.
김은 아무말을 하거나 괘념치 않고 여럿과 어울리지만 장은 외톨박
이가 되는데 모두가 자신을 희롱하는 듯하여 늘 마음이 불안하다.
어느 날 주임이 일 문제로 자신을 과도히 힐책하자 자기만 못살게
구는 것 같아 빈 옆방에서 분을 삭이고 있는데 민이라는 자가 일을
부탁하며 도야지 주둥이라고 모욕하고 사람들은 깔깔댄다. 이에 장
은 민의 뺨을 갈겨 버리는데 민은 구태어 대들지 않는다. 퇴사 후 김
을 찾아간 장은 "모욕을 당하걸랑은 반항해야 해요. 나는 인제부터
누구에게든지 내 정당한 권리를 주장할 터이요. 김공은 아무 말을
하여도 탄하지를 않으니까 자꾸들 놀려들대는 게야요."라고 말한다.
이에 김이 "허나 그것을 탄하여 무얼하오. 놀려대는 자가 있거든

그냥 내버려 두지!"라고 충고하자, 장은 "그럼 못써요."라 말하고 만족하여 돌아간다.

이튿날 일찍 호기있게 출근한 장은 서슴지 않고 난로가로 가 '인제 오늘부터는 도야지 주둥이라는 별명은 안 부르렸다'라고 확신하고 궐련을 피우며 앞 벽을 보니 턱받이를 한 도야지 주둥이를 그리고 그 옆에 '내일이 주둥이 뾰죽한 도야지 해라지. 침 자꾸 흘리겠구나.'라고 써 놓은 그림이 붙어 있다. 그는 하도 어이가 없어 한참 딱 붙어 서 있는데 뒤에서 킬킬대는 소리가 들린다.

이상에서 보았듯이 이 작품은 장태성과 김이라는 두 인물이 용모 때문에 각각 도야지 주둥이와 주부코라는 놀림을 당하는데 김은 문제삼지 않고 남들과 어울려 문제없이 넘어가나 장은 혼자 외톨이가 되어 더욱 조롱을 당하다가 반항을 하면 나아지리라 예상하지만 그 결과는 반대로 더욱 더 심한 모욕을 당한다는 이야기이다. 탄하지 않아 놀림을 당한다고 주장하며 반항하겠다는 장이 오히려, 무시하라는 김보다 더욱 모욕을 당하는 사건을 통하여 인간사회의 모순적이고 역설적인 원리를 제시하고 있는 것이다. 그러므로 우리는 이 소설도 모순의 미학을 구현하고 있는 작품으로 보고자 한다.

Ⅶ

이상에서 우리는 양백화의 다양한 활동 중 1910년대를 전후해 발표된 소설, 그 가운데서도 「석사자상」, 「미의 몽」, 「슬픈 모순」, 「도야지 주둥이」가 문학사적 의미를 가진다고 보아 이를 중심으로 논하여 보았다. 그리고 그 방법론으로서는 그 당시의 양백화의 사상과 소설이 구조적으로 대응하리라는 가정하에 그의 사상내용을 잘 드러내고 있다고 판단되는 수필「타산한 생」과「지이록」을 택하여 그 사상구조를 모순의식의 변증법으로 파악한 후 이를 하나의 지표로 하여 소설의 미학구조를 검증하였다.

그 결과 1915년에 나온「석사자상」과「미의 몽」 2 편은「타산한 생」이라는 수필보다 3 년이나 앞서서 씌어졌지만 앞의 것은 의식과 무의식의 모순, 뒤의 것은 선과 악의 모순적 공존이라는 원리를 구현하고 있어서「타산한 생」과 동일한 모순의식의 연장선상에 서 있음을 알 수 있었다.

한편「슬픈 모순」은「타산한 생」과 같은 해에 나왔으므로 양자 사이의 구조적 상동성을 더욱 예견케 하거니와, 과연「슬픈 모순」은 주인공이 가지고 있던 꿈과 이상이 생활과 현실 앞에서 부서져 버리자 "유일무이한 진실성이 이와같이 점점 꺾이어 가고 모순이 됨을 충심으로 슬퍼하는" '슬픈 모순'의 형상화임을 이미 본 바 있다. 이상(理想)의 내용을 천착하여 그 이데올로기적 지향성을 평가하는 일도 소위 엥겔스의 '리얼리즘의 승리' 이론에 입각하여 양백화의 세계관과 무관하게 논의할 수 있겠으나, 본고는 10년대의 시대적 본질을 염두에 두어 그보다는 우선 양백화 개인의 총체성이라는 차원에다 논의를 한정하였다.

끝으로「도야지 주둥이」는 20년대에 발표된 작품이지만 그 시기 여타의 양백화 소설이 중국적임에 비추어 볼 때 서로 구별될 뿐 아니라 10년대적 특성을 가지는 것으로 보여 본고에서 논의하였다. 그리하여 외모적 결함으로 동료들의 조롱을 받는 장과 김, 이 두 인물이 각각 다르게 대처하는 바, 반항하여 제지하려던 장은 오히려 더욱 조롱거리가 되고 내버려둔 김이 오히려 현명히 처신한 결과로 나타난다는 사실을 통하여 인생사회의 역설적 모순원리를 제시함을 보았다.

이처럼 양백화는 10년대의 후기에 수필과 소설을 통하여 인생의 모순현상을 포착하여 작품화함으로써 '모순의 미학'을 특징으로 하는 독특한 작품세계를 이룩했던 것이다. 이러한 모순에의 인식도 등차가 있어서 처음에는 모순현상을 번민의 딜레머로 보다가 나중에는 만유의 진상으로 보아 초극의 경지를 지향함으로써 의식의 차원에게 일정한 변증법적 발전을 성취한다. 이러한 변화의 요인을 양백화 개인사에서 찾아본다면 초기에 배운 진화론적 신교육과 이어 입문한 보시적 불교원리와의 상충, 그후 불교인식이 심화되면서 획득한 나름대로의 사상적 정합성의 획득을 지적할 수 있을 것이다.

그러면 이렇게 형성되고 전개된 양백화의 1910년대 전후의 소설은 어떠한 문학사적 의미를 띨 수 있을까? 총체적이고 엄밀한 양백화론에서 수등 멀리 있는 본고로서는 그의 사상적 편력을 망라하여 그 가운데서의 위치를 말하는 것이 가능하지 않고, 10년대를 전체적으로 개관한 후에 그 문학사적 의미를 자리매김하기도 본고의 성질상 어렵다. 다만 필자의 생각으로는 특히 「슬픈 모순」만을 들어 자본주의를 비판한 비판적 사실주의의 작품으로 평가하고 그것으로 10년대를 대표시킨다는 것은 지나친 감이 있다. 3·1운동 이전의 10년대를 부르조아 민족운동기로 규정하는 것이 보편화되어 있고, 그것의 철학적 토대인 사회진화론에 대한 비판이 전면성을 띠는 것이 20년대라면 굳이 그 불철저하고 편린적인 양상을 과장할 필요는 없을 것 같다. 20년대조차도 그 비판성이 제한적일진대 하물며 3·1운동 이전은 더 말할 필요가 있을까?

그러므로 양백화의 소설들은 세계와 사회의 나아갈 방향성에 대해

도도한 낙관론으로 일관하던 준비론적 세계관이 공식적으로는 사회에 널리 퍼져 있었지만 일각에서는 서서히 이의가 제기되기 시작하여 새로운 방향성에의 모색이 진행 중에 있었으나 아직 확립되어 보편화되지는 못했던 당시의 시대상을 모순의 미학으로 표현하고 있는 것으로 보는 것이 타당할 듯하다. 그리하여 양백화의 소설들은 과도기와 결부되는 비극적 세계관을 구현하면서 김동인, 전영택, 염상섭 등의 초기 작품과 궤를 함께 하고 있는 것이다.

〈 참고문헌 〉

박재연·김영복 편, 『양백화문집1』, 지양사, 1988.
양문규, 『1910년대 한국소설 연구』, 연세대 박사논문, 1991.
『개벽』 4호, 1920. 9.
『대한흥학보』 8호, 1909. 12.
『동명』 1923. 1. 1.
『불교진흥회월보』 6,7호, 1915.
『조선불교계』 1,3호, 1916.
『창작과비평』 통권 67호, 1990 봄.
『청춘』 14호, 1918. 6.

김동인 초기소설과 비극성의 미학

I

　김동인(1900-1951)은 주지하다시피 한국 현대문학사상 본격적 근대문학의 출발점으로 평가되는『창조』지를 발간하면서 문학활동을 시작한 사람이다. 그리하여 김동인하면 한국문학에 근대성을 확립한 문학사적 공적이 있는 작가임을 누구나 인정하면서도 정작 그 근대성의 실체가 무엇이었는가에 대해서는 별로 관심을 기울이지 않는 듯하다.
　본고는 이처럼 잘 알려져 있는 듯하면서도 실상은 별로 조명되고 있지 않은 문학적 사각지대를 재조명해 보는 것도 의의있는 일이라 생각되어 특히 근대성을 구현하고 있다고 말해지는 김동인의 초기소설을 중심으로 그 양상과 의미를 탐구해 보고자 한다.

II

 김동인은 예술과 문명과 행복을 등가로 파악하면서 특히 소설이야 말로 "서양의 문명의 사조를 지배하고 창조"한 "귀하고 중하고 要하고 緊한" 존재라고 주장하고 이를 통하여 "참자기, 참사랑, 참인생, 참생활"을 이해할 것을 권고하고 있는 바[1] 이처럼 문명과 행복의 원천으로 꼽은 참예술의 하나로서의 소설을 통하여 그가 제시한 참인생의 모습은 어떠한 것인가?

 김동인이 10년대 말과 20년대 초에 발표한 소설은 「약한 자의 슬픔」(『창조』 1-2호, 1919.2-3), 「마음이 옅은 자여!」(『창조』 3-6호, 1919.12-20.5), 「목숨」(『창조』 8호, 1921.1), 「음악공부」(『창조』 8호), 「전제자」(『개벽』 9호, 1921.3) 등을 들 수 있는데, 작가의 의욕으로나 양과 질 어느 모로 보아도 그의 대표적 초기작은 「약한 자의 슬픔」과 「마음이 옅은 자여!」이다. 그러므로 이 두 소설을 주로 하고 다른 작품은 보조로 하여 김동인의 초기소설 세계를 알아 보기로 한다.

 「약한 자의 슬픔」과 「마음이 옅은 자여!」는 파멸구조를 기반으로 하고 있을 뿐만 아니라 동시에 주인공들이 내면적인 번민을 하는 고뇌의 인간상으로 나타나고 있어 비극성의 심화, 확대 양상을 보이고 있는 바, 먼저 (1) 「약한 자의 슬픔」과 (2) 「마음이 옅은 자여!」의 작품구조를 표시해 보면 다음과 같다.

(1) A. 강엘리자베드는 머리가 좋고 아름다운 고아 여학생이다.
  B. 미래에 대해 꿈이 많다.
  C. K남작의 집에 가정교사로 들어가 그의 유혹에 몸을 버리다.

---

[1] 김동인, 「소설에 대한 조선사람의 사상을……」, 『학지광』 18호, 1919.8, pp.46-7.

D.
E. 임신하여 쫓겨나고 재판에서 패소하며 유산하다.

(2) A. 주인공 K는 고향 평양을 떠나 5년만에 B학당을 졸업하고 귀향하다.
   B. ①아내가 自修하여 훌륭한 부인이 되었으리라 기대하다.
      ②보통학교 교사가 되어 의미있는 생활을 기대하다.
      ③여교사 Y와의 지속적인 연애를 갈구하다.
      ④친구와 금강산 여행을 하며실연의 상처를 달래려 하다.
   C. ①아내는 그동안 아이를 버리고 친정에 가 농사일만 하다.
      ②아이들과의 괴리감으로 교사생활이 무미하다.
      ③Y는 어릴 적 돈에 팔려 농군과 혼약한 몸이다.
      ④여행 중 몸살로 의식불명이 되어 돌아오다.
   D.
   E. ①아내가 미워져 규칙없는 생활을 하다.
      ②여교사 Y와 육체적 쾌락에 빠지다.
      ③농군과의 결혼을 적극 말리지 않으면서도 절망하여 방황하다.
      ④정신이상이 된 아내와 아들이 독감으로 사망한 것을 알고 참회하다.

 이상에서 드러났듯이 두 작품 모두 미래에 대해 열린 가능성을 지닌 주인공(A)이 어떤 것을 지향하고 욕구하나(B) 예기치 못한 세계의 장애에 부딪혀(C) 곤경에 처하게 되지만 그를 해결하게 해 줄 어떤 돌파구도 찾지 못한 채(D) 파탄에 빠지게 된다. 이처럼 파멸구조를 구성원리로 하고 또한 주인공들을 의식적 존재로 만들어 그들을 심리학적 미분화 속에서 방황하도록 함으로써 이 작품들은 행위의 규범을 상실한 근대인을 형상화하고 있는 것이다.

Ⅲ

그러면 먼저「약자 자의 슬픔」을 통하여 주인공의 무규범성의 구체적 양상을 보기로 하자. 이 작품의 주인공은 자신에게 닥치는 모든 문제에 대하여 양가적 사고를 동시에 함으로써 행동으로 나아감에 주저하고 있다. 몇 가지 사례를 적시해 보기로 한다.

ㄱ)한참 자다가 열한시쯤 자기를 흔드는 사람이 있는고로 그는 눈을 번쩍 떴다.(…)그는 남작의, 자기를 드려다 보는 눈으로 남작의 요구를 깨달았다. 하고 겨우 중얼거렸다 ―
「부인이 알으시면?」
「아차」 그는 속으로 고함을 쳤다.「부인이 모르면 어찌 한단 말인가?…… 모르면?…… 이것이 허락의 의미가 아닐까? 그러면 너는 그것을 싫어 하느냐? 물론 싫어하지. 무엇? 싫어해? 네 마음 속에 허락하려는 생각이 조금도 없냐. 아…… 허락하면 어쨌냐? 그래도……」
일순간에 그의 머리에 이와 같은 생각이 전광과 같이 지나갔다.(『창조』창간호, p.58)

ㄴ)남작이 오리라 생각한 날은 엘리자벳트는 열심으로 남작을 기다렸다. 그렇지만 그 방은 남작부인의 방과 그리 멀지 않은고로 남작이 와도 그리 말은 사귀이지 못하였다. 엘리자벳트는 그것으로 남작이 와 있을 동안은 너무 갑갑하여 빨리 돌아가기를 기다렸다. 치만 일단 남작이 돌아가고 보면 엘리자벳트는 남작이 좀 더 있지 않은 것을 원망하고 무한한 적막을 깨달았다.(위의 책, p.60)

ㄷ)엘리자벳트는 남작과 이환 두 사람을 비교하기 시작하였다. 그는 마음 속에 두 사람을 그린 후에 어느 편이 자기에게 더 가깝고 더 사랑스러운고 생각하여 보았다. 사랑스럽기는 이환이가 더 사랑스럽지만, 가깝기는 아무래도 남작이 더 가까운 것같이 생각된다. 이

와 같은 결단은 그의 구하는 바를 채우지를 못하였다(…)엘리자벳트
는 속이 답답하여졌다.(위의 책, pp.62-3)

ㄹ)그는 혜숙의 집에 못 간 것이 다행이라 생각하였다. 그러는 가
운데도 가고 싶은 생각이 온전히 없어지지 않았다. 그의 마음 속에
서는 「가고 싶은 생각」과 「갔다는 안 된다는 생각」이 다투기 시작하
였다. 본능적으로 길을 골라 짚으면서 비가 오는 편으로 우산을 대
이고, 마음 속의 싸움을 유지하여 가지고 집에까지 왔다.(…)혜숙의
집에 갈까 말까 하는 번민(…)(위의 책, p.68)

ㅁ)어제 밤에 남작에게 병원에 데려다 달라고 청하기는 하였지만
갑자기 남작 편에서 꺾어져서 오라 할 때에는 엘리자벳트는 못 가겠
다 생각하였다. 이「부정」은 엘리자벳트로써 무의식히 일어서서 병
원으로 향하게 하였다 -
그는 「못 가겠다, 못 가겠다」속으로 중얼거리면서 문밖에 나서서
내려 붓는 비를 겨우 우산으로 막으면서 아랫동이 모두 흙투성이가
되어서 전차 멎는 곳(정류장)까지 갔다.(위의 책, pp.68-9)

ㅂ)엘리자벳트가 손금과 추억 및 미릿생각들을 복잡히 하고 있을
때에 남작이 와서 그에게 약을 주고 빨리 병원을 나가고 말았다.
약을 받은 뒤에 엘리자벳트는 마음이 두근거리기 시작하였다. 그
는 약을 병채로 씹어 먹고 싶도록 애착의 생각이 나는 또편에는 약
에게 이 위에 더 없는 저주를 하고 태평양 복판 가운데 가라앉히우
고 싶었다.(위의 책, p.72)

ㅅ) 이렇게 서울에게 섭섭한 생각을 가진 엘리자벳트는 몸은 차차
서울을 떠나지만 마음은 서울 하늘에서만 떠돈다. 어제밤에 밤새도
록 잠도 안 자고 내일은 꼭 서울을 떠나야 한다고 생각하여 양심이
싫다는 것을 억지로 그렇게 해결까지 한 그도, 막상 서울을 떠나는
지금에 이르러서는 만약 자기가 말할 용기만 있으면 이제라도 인력

거를 돌이켜서 서울로 향하였으리라 생각지 않을 수가 없었다.(『창조』2호, p.1)

ㅇ) 이번 이와 같이 큰 재판을 일으킨 것이 엘리자벳트의 뜻은 아니다. 법률을 아는 사람이 「그리 하여야 좋다」는 고로 엘리자벳트는 으쓱하여서 그리할 뿐이다.(위의 책, p.6)

ㅈ) 「내게 이제 무엇이 있을까? 행복이 있을까? 없다. 즐거움은? 그것도 없다. 반가움은? 물론 없지. 그럼 무엇이 있을까? 먹고 깨고 자는 것 뿐! 그 뒤에는? 죽음! 그밖에 무엇이 있을까? 아무 것도 없다 -
「그것 뿐으로도 살 가치가 있을까? 살 가치가 있을까? 아 - 아! 어떨까? 없다! 그러면? 나같은 것은 죽는 편이 나을까? 물론! 그럼 자살? 아 - ! -
「자살? (그는 사지를 부들부들 떨었다.) 모르겠다. 살아지는 대로 살아 보자. 죽는 것도 무섭지도 않고 사는 것도 싫지도 않고」(위의 책, p.13)

ㅊ) 「내 것」 그의 머리에 번갯불과 같이 이 생각이 지나갔다. 그의 머리에는 모순된 두 가지 생각이 일어났다 - 「내 것」 참자식에 대한 사랑이 그 핏덩이에게 일어났다. 「이것 때문에……」 그는 그 핏덩이에 대하여 무한 미움이 일어났다. 「이것도 저 아니꼬운 남작의 것. 나는 이것 때문에……」
이 두가지 생각의 반사작용으로 그는 피덩이를 힘껏 단단히 쥐었다 - 거기는 미움이 있고 사랑이 있었다.(위의 책, p.17)

이상 다소 장황한 감이 없지 않지만 굳이 여러 부분을 인용한 것은 「약한 자의 슬픔」에 있어 주인공에게 얼마나 행위의 준거로서의 총체성이 결여되어 있는가를 보이기 위함이다. 주인공은 매 순간 자신에게 닥치는 문제에 대하여 결정의 근거를 가지고 있지 못함으로 인하여 번민에 싸여 망설이고 우연에 맡기며 곧 후회하는 것이다.
ㄱ)에서는 남작을 거부할까 허락할까의 문제로, ㄴ)에서는 남작이 가기를 바라는 마음과 좀 더 있기를 바라는 마음 사이에서, ㄷ)에서는 이환과 남작을 비교하면서, ㄹ)에서는 혜숙의 집에 가고 싶다는 마음과 가서는 안 된다는 마음 사이에서, ㅁ)에서는 병원에 갈까 말까로, ㅂ)에서는 유산 약에 대한 애증의 감정으로, ㅅ)에서는 서울을 떠나야 할지 말아야 할지의 문제로, ㅇ)에서는 재판을 할지 말지로, ㅈ)에서는 죽을지 살지의 문제로, ㅊ)에서는 유산한 핏덩이에 대한 애증의 감정으로 주인공은 갈피를 잡지 못하고 방황하는 것이다.
이처럼 주인공의 생활은 공상으로 가득차 있고 그 공상 속에서 상호대립적인 요소들이 동시에 나타나지만 선택의 기준이 없는 주인공은 골드만식으로 말하여 '예와 동시에 아니오'의 상태를 벗어날 수 없음으로 인하여 비극성을 구현하고 있는 것이다. 이러한 주인공이 세계에 패배하는 것은 정해진 이치이며 그러기에 작품구조도 파멸구조로 나타난 것이다.
작가 자신도 주인공의 이러한 면모가 의도적인 것이었음을 술회하고 있어 흥미롭다. 김동인은 엘리자벳가 "자기로써 살지를 못하고 누리에 비추인 자기 그림자로써"[2] 사는 현대인의 약점, 즉 "주위의 반동을 안 받고 스스로는 아무 일도 못하는 점"[3]을 보여 주고 있는 것이라고 말하고 있다. 이러한 것을 주인공은 작품의 말미에서 자신의 약함이라 이해한다. 자신의 모든 번민과 파멸은 다른 무엇의 탓도 아니고 이 약함의 탓이라는 것이다. 그리하여 이를 극복하는 방법을 다음처럼 제시하기에 이른다.

---

2) 김동인, 「남은 말」, 『창조』 창간호, 1919.2, p.81.
3) 김동인, 「남은 말」, 『창조』 2호, 1919.3, p.59.

나는 참 약했다. 일 하나라도 내가 하고 싶어서 한 것이 어디 있는가! 세상 사람이 이렇다 하니 나도 이렇다, 이 일을 하면 남들은 나를 어찌 볼까, 이런 걱정으로 두룩거리면서 지냈으니 어찌 이 지경에 이르지 않았으리오! 하고 싶은 일은 자유로 해라, 힘써서 끝까지! 거기서 우리는 사랑을 발견하고 진리를 발견하리라!
「그렇지만 강한 자가 되려면은?……」
그는 생각하여 보았다.(…)
「만약 참 강한 자가 되려면은? 사랑 안에서 살아야 한다. 우주에 널려 있는 사랑, 자연에 퍼져 있는 사랑, 천진난만한 어린 아이의 사랑!」
「그렇다! 내 앞 길의 기초는 이 사랑!」
그는 이불을 차고 벌떡 일어나 앉았다. 그의 앞에는 끝없는 넓은 세계가 벌려 있었다. 누리에 눌리워 왔던 그는 지금은 그 위에 올라섰다. 그의 입에는, 온 우주를 쳐 누른 기쁨의 웃음이 떠 올랐다.(『창조』 2호, p.21)

총체성을 잃은 자아는 행위의 규준이 없음으로 인하여 방황하고 그것은 번민으로 귀결되어 자아는 매순간 세계와의 대립갈등을 심각하게 느끼지 않을 수 없었다. 그것을 '약함'이라 표현한다면 이의 해결책은 강한 자가 되는 길 밖에 없고 그 길은 바로 사랑이라는 위의 자각은 무슨 의미일까? 우주, 자연, 어린 아이에게 구현되어 있다는 '사랑'이란 결국 자아와 세계와의 합일을 말하며 이전에 절감하던 대립 갈등의 지양상태를 지칭한다.
그런데 자신을 압박해 온 세계가 변하지 않고 존속하는 상태에서 일방적으로 자아가 충만된 사랑을 느끼고 기쁨에 잠긴다는 것이 주관적 자기초월임은 물을 것도 없다. 그러나 루카치가 지적했듯이 외연적 총체성의 상실은 근대사회의 본질이기에 자아가 할 수 있는 일은 생의 의미의 내재성을 발견하는 것 뿐이라고 할 때 「약한 자의 슬픔」은 자아가 근대사회와 근대인의 본질을 인식하고 지향성을 발견하는 과정을 형상화한 작품이라 볼 수 있는 것이다. 그러므로 이 작품은 근대인의 비극적 정신상황과 총체성의 회복이라는 그 역사철학적 과제를 다루고 있는 근대소설의 한 전범으로서 손색이 없다고 평가할 수 있다.

IV

한편 「마음이 옅은 자여!」는 「약한 자의 슬픔」과 동궤의 작품으로서 '약한 자'를 '마음이 옅은 자'로 치환해 놓았다고 보면 크게 틀리지 않을 것이다. 다만 '약한 자'가 시종 엘리자벳트라는 주인공임에 반하여 '마음이 옅은 자'는 무자각한 아내, 지조없는 Y, 자기파탄에 이르는 K 등으로 지칭 대상이 바뀌고 있다는 점이 다를 뿐이다. 「마음이 옅은 자여!」는 주인공의 의식의 변모과정을 따라 전개되고 있는데 근대교육을 받은 그가 아내의 근대적 변모를 기대한다든가 교사가 되어 학생과 교사의 문제로 고민하는 등 10년대 준비론사상의 잔영을 보이고 있는 것도 사실이지만, 이 작품의 핵심은 번민의 제시에 있다. 이를 작가는 하고 싶어서 하는 번민, 타발적 번민이라고 명명하고 있거니와 이 작품은 주인공이 주변인들의 '마음 옅음'에 번민하다가 진정 마음이 옅은 자는 자신임을 발견하는 이야기이다.

주인공 K는 외지에서 공부하고 돌아와 기대하던 아내상과는 동떨어진 농투산이 아내를 보자 환멸을 느끼고, 교사가 되어서는 사제간의 거리감에 좌절하며, 그 유일한 도피처였던 Y마져 결혼해 버리자 그녀의 지조없음에 번민하다가 자신의 버림을 받고 죽어간 아내와 아들을 보고서야 '참 삶'을 결의하게 되는 것이다. 결국 이 작품은 근대지식인이 세계와의 간극을 통절히 느끼고 번민하면서 방황하나 결국 윤리부재라는 내면의 황폐성까지 초래함으로써 철저한 파멸에 이르는 과정을 보여 주고 있는 것이다. 이 사실은 이미 당대에도 지적된 바 있다.

> 「마음이 옅은 자여!」의 K의 성격이야말로 파산자의 성격이다. 「종이보다 더 얇은 성격」이다. 그의 생활에는 아무 근저도 없고, 그의 감정은 발작적이다. 나는 이러한 K의 성격을 현대 조선청년의 전형이라 본다.(…)
> K는 과연 어떤 시대를 대표한 인물이냐(…) 그의 주위의 사회에는 낡은 도덕, 낡은 정신은 터만 남고, 그 위에 아무 새로운 것도 선 것이 없었다. 사회는 그에게 아무 양분을 공급할 것이 없었다. 그의 학교생활도 또 그러하였으리라.(…) 이 무의미한 이십 기년의 생활 (…)이 그에게서 돛대와 키를 다 빼앗았다. 그는 이제는 물결을 좇아 요동을 계속할 뿐이다. 이것이 현대 조선청년의 처지가 아니라고 누가 말하리오.[4]

위에서 지적되고 있는 것처럼 주인공 K는 낡은 정신이 사라지고 새로운 것이 아직 확립되지 않은 과도기에서 방향을 잡아 줄 돛대와 키를 잃고 요동하는 형국이다. 이러한 과도기가 비극의 온상임은 비극연구가의 한결같은 지적이거니와 그러기에 그는 근저없고 발작적인 생활을 할 수 밖에 없어 비극적 상황에 떨어지고 마는 것이다. 작품 말미에서 주인공은 '참 삶'을 결의함으로써 새로운 방향성 모색의

---

4) 벌꽃,「성격파산」,『창조』8호, 1921.1, p.7.

필연성을 암시하고 있는데, 그것이 주요한의 지적처럼 "도학선생이 가르치는 방탕자의 개과가 이것을 의미치 않을 것은 분명"5)하다. 전통적 주자학이나 준비론적 방향성이 그 역할을 상실한 마당에 새로운 삶의 전망은 아직 떠오르지는 않았을지라도 그것이 확립되어야만 한다는 필연성은 확고함을 이 작품은 보여 주고 있다고 볼 수 있다.

이제 끝으로 김동인의 세 작품 (1)「목숨」, (2)「음악공부」, 6)(3)「전제자」의 작품구조를 살펴보고 그 양상과 의미를 찾아 보기로 한다.

(1) A. 곤충학자 '나'의 친구인 시인 M이 의사에 의해 절망상태라 진단되다.
B. 곤충채집 여행 후 M이 죽었으리라 생각하고 병원에 수소문하다.
C. M의 친구인 대의 R이 수술을 강행하여 완쾌되다.
D.
E. '나'는 "의사의 조그만 오진으로" 보증할 수 없는 인간의 목숨에 대해 모순을 느끼다.

(2) A. 도회에서 중학을 마친 화자가 시골생활을 싫어하여 공부를 핑계로 귀향 못함을 집에 통지하다.
B. 늙음을 호소하며 무슨 공부인지 알리라는 부친의 회답에 음악의 유익함을 설명하고 자기도 그것을 공부하고자 한다고 알리다.
C. 유성기로 음악을 하는 약장사가 좋아 보이더라며 유성기를 사가지고 내려와 온 식구 같이 공부하자고 유성기 값을 보내 오

---

5) 위의 책, p.8.
6) '김만덕'이라는 필명으로 발표된「음악공부」는 단편집『목숨』(1924)에서「유성기」로 개제되었다.

다.
D.
E. 화자는 그날 밤 고향 가는 차를 타다.

(3) A. 순애는 아버지와 남편이 과도한 성적 방종 끝에 세상을 떠나는 것을 목격한 여인이다.
B. 외박을 하고 사흘만에 돌아 오는 동생을 책망하여 바른 길을 가게 하고자 하다.
C. 무례히 구는 동생을 보고 남성은 전제자라 생각하며 친구에게 하소연하고 돌아오니 또 편잔하다.
D.
E. 칼로 자결하다.

위에서 살펴본 것처럼 「목숨」에서는 인간존재의 허약한 기반에 비관적 모순의식을 느끼고, 「음악공부」에서는 자아와 세계 사이의 좁힐 수 없는 거리감에 절망하여 귀향길에 오르며, 「전제자」에서는 순결한 자아가 횡포한 세계의 압제에 희생되는 등 한결같이 자아가 세계에 의하여 파멸되는 양상으로 나타난다. 그러므로 이 작품들도 「약한 자의 슬픔」이나 「마음이 옅은 자여!」의 연장선상에서 비극적 생의식을 드러내고 있음을 알 수 있다.

V

이상에서 우리는 김동인이 10년대 말에서 20년대 초에 걸쳐 쓴 5편의 소설을 분석하여 보았는 바, 「약한 자의 슬픔」과 「마음이 옅은 자여!」는 삶의 좌표를 세우지 못하여 번민하고 방황하는 자아의 내면성을 형상화하고 있고,「목숨」,「음악공부」,「전제자」는 파멸구조를 기반으로 자아와 세계간의 간극의 심화현상을 드러냄으로써 한결같이 비극적 세계인식에 깊이 인각된 작품들임을 알 수 있었다.

그리하여 "비관주의의 압도적 중량에 거의 질식하다시피 한 것"[7] 처럼 보이는 이 작품들은 "구소설엔 전혀 없었던"[8] '고민'을 집중적으로 들어내면서 내면성을 확보하기에 이르렀고, 그 결과 "순수한 의미의 개성이란 것을 소설 가운데서 생각하기 시작"[9]했다고 평가될 수 있는 것이다.

바로 이 점이 김동인으로 하여금 특히 근대성을 우리 소설에 확립한 작가라는 인상을 강하게 심어준 요인이 되었다고 보이며 그것은 다름 아닌 비극성의 미학이었던 것이다.

---

7) 김홍규,「황폐한 삶과 영웅주의」,『문학과 지성』 27호, 1977 봄, p.222.
8) 김윤식,『한국근대소설사연구』, p.103.
9) 임화,「소설문학의 20년」,「동아일보」, 1940.4.12-20, 김윤식 편,『한국근대리얼리즘비평선집』, 서울대출판부, 1988, p.201.

염상섭 초기소설의 미학에 관한 두 테제

I

 한국의 발자크로 비유되는 염상섭(1897-1963)은 흔히 리얼리스트로서 고평받고 있지만 그가 문단에 등단하면서 발표한 일련의 초기작들은 대단히 강한 주관적 색조를 띠고 있어 통념과는 아주 다른 면모를 보여 준다. 염상섭에 있어 초기작에 해당하는 기간이 어디까지이고 그 작품적 특성과 의미가 무엇인가는 염상섭의 작품을 총체적으로 점검한 후에 결정될 사항이겠지만 그 중간 작업의 일환으로 소위 초기 3부작이라 말해지는 「표본실의 청개구리」(『개벽』14-6호, 1921.8-10), 「암야」(『개벽』19호, 1922.1), 「제야」(『개벽』20-4호, 1922.2-6)와 「E선생」(『동명』2-15호, 1922.9.10-12.10)을 편의상 초기작으로 보고 이들에서 추출될 수 있는 작품구성의 원리와 그 의의를 살펴 보고자 하는 것이 본고의 취지이다.

II

염상섭은 위의 초기소설 발표와 거의 때를 같이하여 여러 가지 형태의 글들을 발표하고 있어 당시에 있어서의 그의 의식구조나 지향성을 알아보는 데 많은 도움이 되고 있다. 곧 「법의」(『폐허』1호, 1920.7)라는 시, 「개성과 예술」(『개벽』22호, 1922.4), 「지상선을 위하여」(『신생활』7호, 1922.7)라는 평론, 「저수하에서」(『폐허』2호, 1921.1)라는 수필, 초기 3부작의 작품집『견우화』서문(1923.5) 등이 바로 그것인데 한결같이 근대 지향성을 근거로 하고 있는 이 글들에서 염상섭은 "번민을 안고 춤추는 것이 근대인의 운명"[1]이라고 규정하고 그러한 번민의 기원을 다음과 같이 설명하고 있다.

> 대저 근대문명의 정신적 모든 수확물 중 가장 본질적이요 중대한 의의를 가진 것은 아마 자아의 각성, 혹은 그 회복이라 하겠다.(…)
> 그리하여 자각한 피등은 제일에 위선 모든 권위를 부정하고 우상을 타파하며 초자연적 일체를 물리치고 나서 현실세계를 현실 그대로 보려고 노력하였다. 또한 이러한 사상은 자연지세로 신앙의 동요를 유치한 동시에 신성이니 위대니 절대니 숭배이니 하는 등 용어에 대한 의의를 의심하게 되었다.(…)
> 이러한 심리상태를 보통 이름하여 현실폭로의 비애, 또는 환멸의 비애라고 부르거니와 이와 같이 신앙을 잃어버리고 미추의 가치가 전도하여 현실폭로의 비애를 감하며 이상은 환멸하여 인심은 귀추를 잃어버리고 사상은 중축이 부러져서 방황 혼돈하며 암담 고독에 울면서도 자아각성의 눈만은 더욱더욱 크게 뜨게 되었다.[2]

---

1) 『오뇌의 무도』서문, 조동일, 『한국문학통사』5, 지식산업사, 1988, p.42 재인.
2) 상섭, 「개성과 예술」, 『개벽』22호, 1922.4, pp.1-3.

위의 지적은 비록 용어에 있어서 차이가 있지만 근대의 본질로서 일찍이 루카치가 규정한 총체성의 상실 현상을 그대로 되풀이하고 있다. 그러므로 근대인이 도달하게 된 환멸의 비애나 현실 폭로의 비애는 곧 총체성 상실로 인한 비극성의 등장과 같은 의미임을 이해할 수 있게 된다. 그런데 일견 부정적 현상처럼 묘사된 위의 특징들을 염상섭은 우리의 지향가치로서 권장하고 있다. 이런 의미에서 염상섭은 근대론자인 것이다.

> (…)노예적 모든 관습으로부터, 기성적 모든 관습으로부터 적나의 개인에! (…) 자기 심령을 잠식하는, 자기가 심령 속에 속속드리 미만된 우상, 권위와 성벽으로부터 해방되어야 하겠읍니다. 자기기만, 자기포기, 자기학대로부터 자기해방에, 인성 유린으로부터 개인해방에 - 이것이 정치적, 경제적, 도덕적 일체의 외적 해방의 발족점이요 제일요건이외다.3)

이처럼 자아각성과 일체의 기성 권위로부터의 해방을 지향하고 있는 자아가 환멸에 빠지게 되는 것은 필연적인 귀결일 것이다. 그것이 곧 근대성이고 근대인의 특징이 아니던가? 염상섭은 "어떠한 여성을 상당한 거리를 격하여 볼 때는 완염한 자태가 흠모할 만하게 보이나 접근하여 본즉 중년에 달한, 졸음 많은 얼굴에 죽은깨가 있더라는 실감에 비하여 信夫信婦의 법의는 찬란하나 그 법의를 벗은 피등을 볼 때는 모든 경건을 빼앗아 간다고 한탄한"4)「법의」라는 시를 통해서도 근대인의 이러한 환멸감을 표현하고 있다.

---

3) 염상섭,「자기학대에서 자기해방에」,「동아일보」1920.4.8, 김윤식,『염상섭연구』, 서울대출판부, 1987, p.78 재인.
4) 위의 책, p.2.

이러한 근대인의 심리에 대한 통찰은 그대로 염상섭의 당대에 있어서의 지향성을 보여주는 것이기도 하여 그 자신 "신앙을 잃어 버리고 미추의 가치가 전도하여 현실폭로의 비애를 감하며 이상은 환멸하여(…)귀추를 잃어 버리고 사상은 중축이 부러져서 방황 혼돈하며 암담 고독에 울면서도 자아각성의 눈만은 더욱더욱 크게 뜨게" 된다. 따라서 그는 "아마 나의 반생애가 무의미함과 같이 지금의 3배 이상이나 되는 77세까지 장수하고 또 그 수자 가운데에는 생장에 요하는 시간이 포함되지 않았다 할지라도 역시 무의미에 그치고 말 것"5)이라고 인생의 무의미성을 토로하며 인생 최고의 고통인 "끓는 충동의 없음"6)을 절감하고 있는 것이다. 그런데 이러한 근대인의 고뇌와 번민의 심리는 그대로 인간 일반의 보편성으로 치환되어 인간 조건으로서 이해되기에 이른다.

> 야차의 마음을 가진 보살이나 보살의 마음을 가진 야차나 그 모순에 고뇌 번민하는 것은 같을 것이다. 야차에게 야차의 마음이 있고 보살에게 보살의 마음이 있을진대 - 자기의 개성 그대로가 정당히 완성되고 충분히 발휘될 수 있을진대 - 자기를 자기대로 온전히 살릴 수가 있을진대, 아무 모순도 없고 따라서 아무 고통과 오뇌도 없을 것이다. 그러나 사람은, 야차의 마음을 가진 보살같고 보살의 마음을 가진 야차같이, 자기모순과 자기분열에 번뇌하도록 만들어 놓은 것이다.7)

이처럼 통일성이나 일관성의 결여로 인한 모순의식에 번민하고 고뇌하는 것이 바로 인간의 본질이라고 파악되고 있는 바, 자아각성으

---

5) 상섭, 「저수하에서」, 『폐허』 2호, 1921.1, p.68.
6) 위의 책, p.61.
7) 『견우화』(1923) 서문, 『염상섭전집』 9, 민음사, 1987, p.421.

로 환멸의 비애를 절감하고 존재조건의 모순성에 고뇌 번민하는 것이 근대인, 더 나아가 보편적 인간이라고 파악한 것이 20년대초 염상섭사상의 특징이자 기본구조라면 이러한 것이 그의 초기소설과는 어떻게 연관되어 있으며 그 결과 어떠한 문학사적 의미망을 구축하기에 이르렀는가를 살펴볼 차례가 되었다. 먼저 소설에 대한 염상섭의 기본인식을 알아봄으로써 우리의 작업에 하나의 지표로 삼고자 한다.

> 소설이란 것이 인생과 및 그 종속적 제상을 묘사하는 것인 이상 인간이 어떻게 고민하는가를 그리는 것은 물론이다. 소설에 예술적 생명을 부어넣어 주는 것은 연극적, 음악적, 회화적, 조각적 요소를 어떻게 안배하며 약동하도록 그리겠느냐는 문제이지만, 기초적 조건은 역시 사람은 어찌하여 어떻게 얼마나 고민하는가, 또는 그 고민이 어떻게 전개되며 어떻게 처리되는가를 묘사함에 있다. 물론 그 고민에도 시대적, 개인적, 또는 작자자신의 성격과 견해라는 여러가지 배경이 있지만, 결국은 이 모순과 분열에 고뇌하는 양을 그대로 묘사하여 강한 인상을 줌으로써 인생에게 대하여 일개의 제안을 하든가 혹은 거기에 해결을 주어서 인격과 사상의 통일과 완성을 기획함에 그 대부분의 사명이 있다고 나는 생각한다.[8]

위의 진술은 소설이란 인생을 묘사한다는 것, 그런데 고뇌가 인생의 본질이기에 소설도 그 고뇌를 그리는 것이 기초조건이라는 것, 그리고 그 결과로서 총체성에의 지향을 기획할 수 있다는 것으로 요약된다. 결국 초기작 당시의 염상섭의 소설관은 그의 초기사상인 근대성의 사상, 즉 환멸의 사상을 그대로 담고 있는 것으로 이해될 수 있다. 그러기에 그의 초기작은 "인생에 대한 회의와 환멸로 가득차

---

[8] 위의 책, p.422.

있다"9)는 인상을 주게 되고 그 결과 "우리 소설사에서는 처음으로 맨얼굴로서의 내면을 보여 준"10) 근대소설로 평가되기에 이르는 것이다. 그러면 고민의 문학을 지향하던 염상섭이 그의 작품실천을 통하여 실제로 어떠한 양상의 소설을 산출해 내고 있고 그것이 당대에 갖는 의의는 무엇인가를 초기작을 중심으로 논의하여 보기로 한다.

Ⅲ

염상섭의 초기소설의 세계는 한마디로 환멸의 미학을 그 구조원리로 하고 있다고 볼 수 있다. 이것은 그가 여러 종류의 글을 통하여 천명해 온 의식의 지향성을 형상화하고 있는 것이기도 하다. 그러면 논의의 장황함을 피하기 위하여 각 작품에서 인물들의 환멸의 양상을 잘 보여주는 부분을 추출하여 제시하여 보기로 한다.

ㄱ) 「그러나 군은 무슨 까닭에 술을 먹는가」
「논리는 없지. 다만 취하려고」
「그리게 말이야……군은 아무 것에도 붙을 수 없었다. 아무 것에도 만족할 수가 없었다. 결국 알코올 이외에 아무 것도 없었다. 비통하고 비참은 하나 그 중에서 위안은 얻기에 먹는 게 아닌가. 그러나 결코 행복은 아니다. 그는 고사하고 알코올의 힘을 빌지 않아도 알코올 이상의 효과가 - 다만 위안 뿐 아니라 행복을 얻을 만한 것이 있다면 군은 무엇을 취할 터이냐는 말이야. 하하하……」

---

9) 임형택, 「신문학운동과 민족현실의 발견」, 임형택·최원식 편, 『한국근대문학사론』, 오늘의 사상신서 41, 한길사, 1982, p.284.
10) 김윤식, 『한국근대소설사연구』, 한국문화총서 26집, 을유문화사, 1986, p.86.

「알코올 이상의 효과?……광증이냐? 신념이냐, - 이 두가지 밖에 아무 것도 없을 것이요……그러나 오관이 명확한 이상,……에 -, 피로, 권태, 실망……이외에 아무 것도 없는 이상, - 그것도 광인으로 일생을 마칠 숙명이 있다면 하는 수 없겠지만 - 할 수 없지 않은가」 취기가 돌수록 나는 더욱더욱 흥분이 되어 부지불식간에 연설어조로 한마디 한마디씩 힘을 들여 명확한 악센트를 붙여서 말을 맺고,
「하여간 위선 먹고 봅시다. A공 -, 자 - 」 하며 잔을 A에게 전하였다.(「표본실의 청개구리」, 『염상섭전집』 9, 민음사, pp.19-20.)

ㄴ) 「소위 진리의 탐구자여! 그대의 이름은 얼마나 壯美하고, 그대의 사업은 얼마나 엄숙한가. 생명을 賭하여도 아직 족함을 깨닫지 못하는 그대의 기개, 그대의 노력은, 얼마나 용감하고 얼마나 감격한 일인가.
그러나 무엇을 위한 탐구인고? 탐구함이 유의의하다 함과 같이, 탐구치 않음도 역시 유의의하다고는 못할까. 또 탐구치 않음이 무의의함과 같이 탐구함이 또한 무의의하다고는 못할까……
그 욕구조차 없는 자, 충동의 효모가 고사된 자 - 愛의 尊影을 소실한 자, 일체의 情火가 진회의 잔해만을 남겨준 자에게, 그 무엇이 의의있고 힘있으리요. 그 무엇이 壯美하고 엄숙히 보이리요……」

(「암야」, 『전집』 9, p.49.)

ㄷ) 대저 생이란 무엇입니까. 공연히 철인의 서투른 입내를 내느라고 하는 말씀이 아니라, 과연 생이란 무엇입니까. 운명 -? 그것도 의심나는 부정확한 관념에 불과한 숙어이지만 - 의 장난을 만족시키려는 비누물의 거품입니까. 그러면 사란 무엇입니까. 거품의 순간적 소멸을 이름입니까. 감정이란 무엇입니까. 연애란 무엇입니까. 생식이란 무엇입니까. 신이란 무엇입니까. 도덕이란 무엇입니까. 정조란 무엇입니까. 결혼이란 무엇입니까. 양심이란 무엇입니

까. 正邪란? 선악이란? 죄란? 속죄란?……그리고 사회란, 가정이란, 혈통이란, 연분이란 무엇입니까?
　오늘날 와서는 모든 것이 명료한 것 같기도 하고, 역시 오리무중에 싸인 것 같기도 합니다. 모든 것이 무시할 수 있는 공허한 관념이나 공상가의 섬어 같기도 하고, 없으면 안될 생활의 요건 같기도 합니다. 가만히 누워서 오늘까지 경험한 것, 눈으로 본 사실, 귀로 들은 소문들을 낱낱이 연구하여 보고 음미하여 보고 비교하여 보면, 결국에 선도 없고 악도 없고 正도 正이 아닌 것 같고 邪도 邪가 아닌 것 같을 뿐 아니라, 모든 것을 선이라 하고 정이라 하여 긍정하려고 할 때도 있었습니다.(「제야」,『전집』9, p.61.)

ㄹ)원래 E선생의 전문은 사학과 사회학이었다. 그의 학생시대의 이상으로 말하면 결코 중학교 교사라는 되다 찌부러진 교육가가 되려고는 아니 하였었다. 그러나 동경에서 졸업한 후에 급기야 조선 사회에 발을 들여 놓고 보니 모든 것이 꿈이었던 것을 깨달았다.
　처음에 귀국한 지 얼마 아니되는 그는 위선 어떤 친구의 소개로 사회에 다소 이름 있다는 몇몇 사람을 만나 보았다. 그리하여 그 때 그들이 계획 중인 주식회사라는 현판 아래 발행한다는 어떤 월간잡지를 위하여 두어 달 동안이나 분주히 돌아다녀 보았다. 그러나 그 결과는, 잡지가 세상에 나와 보기는 고사하고 오백원 가량의 부채를 걸머지고 나서는 수밖에 없었다. 그는 분개하였다. 매도하였다. 그러나 사회가 그에게 주는 위로는 책상물림이라는 조소밖에 없었다. 그후부터 그는 거의 두문불출을 하고 혼자 들어 앉아서 꿍꿍 앓고 있었다.
　「오백원이라는 돈이 아깝다는 것이 아니라, 오백원이라는 잣단돈 몇 푼을 갚아 먹고 싶어서 문화운동이니 주의선전이니 하는 이 이 사회가 가엾다는 것이야! 저주받은 사회! 거세된 영혼! 이런 사회에는 참 살고 싶지 않다!」 ― 이런 이야기가 날 때마다, 그는 어떤 친구에게든지 이렇게 부르짖었다. (「E선생」,『전집』9, pp.114-5.)

이상에서 우리는 염상섭의 초기작 4 편을 관류하여 흐르고 있는 환멸의식을 예시하여 보았다. 「표본실의 청개구리」는 삶의 방향성을 잃은 신경쇠약적 주인공이 광증도 신념도 갖지 못하고 술에 취하여 겨우 위안이나 구하는 혼돈 속에 방황하다가 광증 속에서나마 신념과 방향성을 지니고 사는 김창억을 보고 충격과 감동을 느끼는 것으로 되어 있는데, 이 과정에서 주인공은 고뇌와 번민을 하게 됨으로써 소설의 내면공간을 확장하고 있을 뿐 아니라 삶의 방향성 정립을 갈망하는 근대인의 자화상을 그려내고 있는 것이다.

이어 「암야」는 삶의 의의나 지향성을 알지 못하는 주인공이 자기 자신이나 친구들, 거리의 군중들에 대하여 한없는 환멸을 느끼고 '결혼'과 '예술' 중 어느 것을 택할까 하는 양자택일적 상황 속에서 심각한 딜레마에 빠져 있으며 "<영원>이시여! 이 가련한 작은 생명에게 힘을 내리소서"라고 자신의 나아갈 방향에 대한 강한 열망을 드러낸다. 그러므로 이 작품도 근대인의 번민의 양상과 삶의 지표에 대한 비극적 갈망을 표현하고 있는 것이다.

「제야」의 인용문은 인생의 제상에 관해 의문을 제기하고 그에 대한 시비의 판단이 서있지 않은 주인공의 환멸의 비애를 나타내고 있다. 그리하여 "자살에 의하여 자기의 정화와 갱생을 얻으려는 해방적 젊은 여성의 심적 경로를 고백"[11])하는 이 작품은 유서형식이라는 고백체를 통하여 소설에서의 근대성인 내면성을 그려보임으로써 소설과 근대인의 전범을 보이고자 하고 있는 것이다.

끝으로 「E선생」은 그럴듯하게 분식된 표면적 사회 현상 뒤의 추악상을 경험한 주인공이 환멸을 느끼고 그래도 순수하리라고 믿은 교직에 들어서나, 거기에도 교사간, 교사와 학생간, 학교와 이웃간에

---

11) 염상섭,『견우화』서문,『염상섭전집』9, p.422.

비교육적인 측면이 무수히 존재한다는 것을 알게 되고 또 배척까지 당함으로써 이 사회의 모든 방면이 다 환멸 투성이라는 의식을 드러내고 있는 작품이다.

이처럼 염상섭의 초기작들은 자아각성에 의하여 총체성을 상실하게 된 근대인의 정신상황을 환멸의 양상으로 표현함으로써 한국소설에서의 근대성을 성취하고 있을 뿐만 아니라 무규범적 근대인의 비극성을 형상화함으로써 비극소설이 20년대 초기에 하나의 문학사적 현상으로 정립되는 계기를 마련하고 있는 것이다.

IV

앞에서 우리는 염상섭 초기소설의 내재적 원리로서 환멸의 미학을 추출해 보았는 바 이번에는 관점을 달리하여 그의 초기소설이 보여주는 외래 지향적 양상의 일단을 검토해 보고자 한다. 결국 비교문학적 연구의 일환이 되겠는데 염상섭문학의 기원이 외국문학과 밀접히 연관되어 있다는 것은 많은 연구자들에 의해 누누이 지적되어 온 바와 같다. 그러나 여기서 우리가 하고자 하는 것은 염상섭 초기소설에서 더 많은 부분적 외적 증거를 새로 발굴하여 외래적 영향 양상에 정밀성을 보태고자 하는 것이 아니다. 그보다는 오히려 이전에 지적된 외국문학적 영향 요소가 피상적이고 표피적 수준을 맴돌아 근원적이고 내재적인 차원의 영향을 충분히 해명하지 못함으로써 비교연구의 의의를 오히려 축소시켰다는 점을 반성하는 의미에서 「제야」라는 한 작품을 택하여 구조적 차원에서의 영향 양상을 추구해 보고자 한다.

염상섭의 초기 문학관이나 특히 외국 문학과의 관련성을 알 수 있게 해 주는 것은 <개성과 예술>, <지상선을 위하여> 라는 두 편의 글이다. 3부로 되어 있는 <個性과 藝術>은 제1부가 자아각성의 문제, 제2부가 개성의 의의, 제3부가 개성과 예술의 관계를 다루고 있는데 각각에서 핵심적인 부분을 인용하여 그 구체적 주장을 보기로 한다.

(ㄱ) 근대문명의 본질적 정신은 자아의 각성이다. 자아각성된 근대인은 모든 권위를 부정하고 우상을 타파하며 초자연적 일체를 물리치고 현실세계를 현실 그대로 보려고 노력하였다. 그리하여 미려한 것, 위대한 것, 경건한 것이 추악하고 평범하고 비속한 것으로 비춰지게 되었으니 이를 현실폭로의 비애, 환멸의 비애라 부른다. 이리하여 이상주의, 낭만주의 대신에 자연과학의 발달과 자연주의 내지 개인주의 사상이 유치되었다. 자연주의 사상은 자아각성에 의한 권위의 부정, 우상의 타파로 인하여 유기(誘起)된 환멸의 비애를 수소(愁訴)함에 그 대부분의 의의가 있다.

(ㄴ) 자아의 각성이란 일반적 의미로는 인간성의 자각이고 개개인에 취(就)하여 고찰하면 개성의 발견이다. 개성이란 개개인의 품부(稟賦)한 독이적(獨異的) 생명이다. 이 생명의 유로(流露)가 개성의 표현이다. 여기서 生命이란 수나 양이 문제가 아니고 무한히 발전할 수 있는 정신생활이다. 개성의 표현은 정신생활을 의미하는 생명의 유로이고 모든 이상과 가치의 본체, 즉 진선미는 개성의 산물이다.

(ㄷ) 예술미는 작가의 개성, 즉 작자의 독이적 생명을 통하여 투시한 창조적 직관의 세계요, 그것을 투영한 것이 예술적 표현이다. 그러므로 개성의 표현, 개성의 약동에 미적가치가 있고, 예술은 생명의 유로, 생명의 활약이다.

3부로 되어 있는 이 글에서 그런대로 서구 자연주의의 이론과 맥락이 닿을 수 있는 글은 1부이다. 그러나 2부, 3부는 1부와 논리적 연결이 결핍되어 있을 뿐만 아니라 많은 논자들이 지적하듯이 개성에 궁극적 적극적 의미가 부여되어 오히려 낭만주의 예술론에 가깝게 되어 있다. 이것을 두고 염상섭의 자연주의 이해가 정확하지 못했다고 지적하는 것은 손쉬운 일이다. 그러나 정작 중요한 것은 염상섭이 이해하고 있는 수준이며 그것을 바탕으로 작품이 씌어졌다고 볼 때 관점에 따라서는 2부 3부의 중요성이 보다 부각될 수 있을 것이다. 어떤 의미에서는 그 부분이 염상섭의 독창성일 것이고 그 이론의 배후에는 염상섭의 보수적 계층의식이나 당대 한국 사회의 특수성이라는 토대가 작용되었을지도 모르기 때문이다. 이 부분의 해명은 중요하고 그의 실제 창작과의 유기적 관련성이 상세히 논급될 필요 또한 충분하지만 별고를 기대하며 여기서는 자연주의와의 관계만을 고찰하기로 한다.

염상섭의 글에서 자연주의의 대명사라 할 수 있는 에밀 졸라에 대한 직접적인 언급은 찾아볼 수 없고 대신 모파쌍이나 입센이 언급됨을 볼 수 있다. 그리고 염상섭은 자기가 일본 자연주의 문학의 영향을 받았음을 다음과 같이 술회하고 있다.

> 일본 작품으로서는 夏目漱石의 것, 高山樗牛의 것을 좋아하여, 이 두 사람의 작품은 거지반 다 읽었다. 自然主義 전성시대라, 그들 대표 작가들의 작품에서, 思潮上으로나 手法上으로나 영향을 적지 않게 받았을 것도 부인할 수 없다.[12]

---

12) 김윤식 편, 『염상섭』, 문학과지성사, 1977, p.201.

염상섭이 모파쌍이나 입센을 익히 알고 있었다는 점은 그의 글을 통해 확인할 수 있지만 졸라의 작품을 읽었는지의 여부는 밝힐 수가 없다. 그러나 서구 자연주의의 세례를 받은 일본 자연주의 작가들의 작품을 통독했다는 위의 언급은 비록 직접적으로 졸라의 저작에서 영향을 받았다는 것은 입증할 수 없다 해도 간접적으로 영향받았을 가능성을 시사해 주기에 충분하다. 더우기 다음과 같은 주장은 그것을 어느 정도 뒷받침해 주고 있다.

> 함으로 세인이 이 주의(자연주의-인용자)의 작품에 대하여 비난공격의 목표로 삼는 성욕묘사를 특히 제재로 택함은 정욕적 관능을 일층 과장하여 독자로 하여금 열정(劣情)을 유발케 하고 저급의 쾌감을 만족시키려는 것이 목적이 아니라, 현실폭로의 비애, 환멸의 애수, 또는 인생의 암흑 추악한 일 반면으로 여실히 묘사함으로써, 인생의 진상은 이러하다는 것을 표현하기 위하여 이상주의 혹은 낭만파 문학에 대한 반동적으로 일어난 수단에 불과하다.[13]

이것은 바로 졸라의 <루공 마카르> 총서에 나오는 작품들의 경향을 언급하고 있는 것으로 볼 수 있다. 그러나 예로 들고 있는 작품이 모파쌍의 <여자의 일생> 이기 때문에 졸라에 대한 정확한 이해의 수준을 측량하기는 어렵다. 그런데 졸라의 <실험소설론>과 <루공 마키르> 총서에 나타난 견해를 따르면 졸라의 암흑면의 묘사는 환멸의 비애를 愁訴하기보다는, 다시 말해 사회에 대한 현상적 관찰이기보다는 더 적극적으로 실험으로까지 나아가 사회의 병폐의 원인을 발견하고 그것을 치료할 수 있는 방법을 찾아 보는 데까지 나아가겠다는 긍정적이고 적극적인 의미에서 이루어지고 있다는 사실을 상기해

---

13) 염상섭, 「개성과 예술」, 「개벽」 22호, 1922.4, p.3.

볼 때 위의 인용문에서 드러난 염상섭의 졸라 이해는 일면적임을 알수 있다. 그러나 실제 작품의 분석에서 후술되겠지만 염상섭이 유전론과 환경론이라는 모토에 집착하여 <제야>를 쓴 것을 보면 졸라의 영향은 부인될 수 없다.

한편 <지상선을 위하여>는 신생활의 윤리로서의 자연주의를 지상선(至上善)이라 주장하고 있다. 그리하여 <인형의 집>의 주인공 노라의 행위가 예찬되고 있다. 그러면 이 글에서의 자연주의가 무엇을 의미하는가를 알려주는 몇 대목을 보기로 한다.

> (ㄱ) 오늘날 새로운 생활을 영위하려는 새 사람에게 대하여 개체의 존재를 굳게 주장하고 자아의 확립과 존엄을 고조함은 신인의 생명인 동시에 신도덕의 기조요 최상의 의의가 있는 것이다. (「新生活」 7호, p.69)
>
> (ㄴ) 인간생활에 무엇이 제일 추하고 악하냐? 자기를 부정 몰각하는 것! (……) 그러면 자기부정이란 무엇인가. 자기의 독이성을 스스로 멸살하고 자기의 본질적 요구를 스스로 거부함으로써 타(他)의 아(我)를 위하여 자(自)의 아(我)를 희생하거나, 혹은 희생하는 듯이 표방하는 것이다. (p. 72)
>
> (ㄷ) 우리 자신은 아무 것의 소유도 아니다. 군주의 소유가 아닌 것과 같이 부모의 소유도 아니요, 인류의 소유가 아닌 것과 같이 신의 소유도 아니다. 오직 자아의 아(我) 자신의 소유일 따름이다. (p.80)
>
> (ㄹ) 지상선은 무엇인가?(…) 자아의 완성, 자아의 실현이 곧 이것이다. 자아의 완성 (…) 이라 함은 (…) 개성의 자유, 개성의 발전과 표현! (…)개성이라 함은 (…) 독이적 생명 자체를 이름이다. (…) 노라와 같이 타협하지 마라. 이것이 지상선을 위한 - 자아실현을 위한 - 제1 잠언이다(pp. 84~5).

이상의 내용은 요컨대 무엇에도 속박되지 않는 독이적 생명인 자기의 개성을 비타협적으로 발휘하는 것, 이것이 신생활의 지상선이라는 것이다. 그리하여 가정, 남편, 자녀들을 뿌리치고 자기 자신을 찾기 위해 탈출하는 노라를 예로 들면서 일체의 속박에서 벗어나고 해방되어 자아 실현을 도모하는 것이 새로운 윤리의 기조라 주장되고 있다. 이렇게 볼 때 이 글은 입센의 절대적 영향 아래에서 쓰여졌음을 쉽게 알 수 있다.

그런데 염상섭이 커다란 영향을 받았노라고 술회한 일본 자연주의 문학의 특색 가운데 하나가 강렬한 자아의식이라고 지적되고[14] 있는 바 염상섭이 <개성과 예술> <지상선을 위하야> 두 글에서 모두 자아각성의 문제를 다루고 있는 것은 양자 사이의 영향관계를 보여 주는 것이라 볼 수 있다. 다음의 인용문을 통해 보면 양자의 유사성이 다시 한 번 확인될 수 있다.

> 일본의 자연주의 소설은 프랑스 자연주의의 성격 전반을 그대로 수용하지 못하고 있다. 다만 유전과 환경의 문제를 비극적 방면과 인습의 배척, 인간의 자연성의 해방을 주축으로 하는 현실폭로, 생리적 해방의 면에만 편중되어 있을 뿐, 사회구조, 유전, 환경의 문제는 별로 진전을 보지 못했다.[15]

이상을 통해 볼 때 염상섭의 문학론은 일본 자연주의 문학을 매개로 하여 서구 자연주의 작가인 졸라, 입센, 모파쌍을 받아들인 결과인 듯하며 그 과정에서 강렬한 자아의식(개성)으로 특정지워지는 일본 자연주의 문학과 관련짓기 쉬운 입센, 모파쌍에게는 직접 작품을

---

14) 김학동, 『한국문학의 비교문학적 연구』, 일조각, 1974, p.253.
15) ibid. p.253.

통한 영향을 받았고 졸라에게서는 이론적 차원에서 유전론, 환경론이라는 개념을 받아들인 것으로 추정된다. 그러면 이러한 문학관을 지닌 염상섭이 산출해 낸 작품 중에서 가장 전형적인 것으로 보이는 「제야」를 통하여 관련양상을 살펴 보기로 한다.

V

「제야」는 성적 방종으로 인하여 여주인공이 파국에 이르게 되는 과정을 보여준다는 점에서 제재상 졸라의 「나나」와 유사성이 있고 졸라의 작품을 읽었다는 염상섭의 고백이 없음에도 불구하고 「제야」에서 유전론, 환경론의 이론이 주인공을 통해 술회되고 있다는 점에서 양자 사이의 유연성(有緣性)을 일단 성립시켜 볼 수 있다.

졸라의 소설 「나나」는 미모의 창녀 나나가 자신의 미모를 이용하여 수많은 상류사회 인사들을 파탄에 이르게 하다가 자신도 천연두로 죽는 이야기인데, 여기에서 졸라는 나나의 이 행실이 유전과 환경에 의한 필연적인 것이었음을 작중 신문기사에서 말하고 있다.

> 4·5대에 걸친 주정뱅이집 딸로 태어나서 대대로 내려오는 가난과 음주의 유전으로 더럽혀진 피가 그 딸에 이르러 성적 이상이 되어 나타났다. 그 여자는 빠리의 뒷골목에서 자라났다. 거름을 잘 준 초목처럼 아름답게 자라나 훌륭한 육체의 소유자가 됐다. 그 여자는 자기의 조상인 거지와 부랑자들을 위하여 복수를 생각했다. 하층계급에서 발효한 세균이 어느 사이에 그 여자와 함께 상류사회에 퍼져서 귀족계급을 좀 먹었다.16)

---

16) 졸라, 「나나」, 삼성판 『세계문학전집』30, 1979, pp.175~6.

따라서 이 작품에서 졸라가 증명하려는 것은 유전적 결함을 가지고 잡거잡혼(雜居雜婚)의 상태하에서 성장한 젊은 여성이 파리 교외의 하층사회에 내던져졌을 때에 초래될 성적 방종의 필연성이다.17)

한편 염상섭의 「제야」는 유서형식으로 되어 있는 작품으로서 성적 방종에 빠져 여러 남자와 관계한 주인공이 부모의 강권에 못이겨 결혼을 한 후에 씨를 모르는 아이를 뱄다는 이유로 남편에게서 버림을 받는데 후에 용서하겠다는 편지를 받게 되자 자살을 결심하고 유서를 쓰는 내용이다. 그런데 이 소설의 주인공은 자신의 성적 방종이 유전과 환경에 의해 나타났음을 인식하고 있다.

그러나 여기에는 이론으로만 어쩔 수 없는 사정이 있었읍니다. (…) 아무리 굳센 양심의 힘으로도 좌우할 수 없는 이상한 힘이 간단(間斷)없이 움직이고 있었던 것을 간과할 수 없읍니다. 「카라마조프형제」 속에 있는 소위 「카라마조프家의 혼」이라는 것과 같은 혼이 우리 최씨 집에도 대대로 유전하여 내려 온다는 것이 이것입니다. (…) 저의 조부님은 말씀할 것도 없고 가친의 절륜한 정력은 조부의 친자임을 가장 정확히 증명합니다. (…) 우리 어머님이란 이도 결코 정숙한 부인은 아니었읍니다. (…) 나는 육(肉)의 반석위에는 부친과 파륜적 더구나 성적 밀행에 대하여 괴이한 흥미와 습성을 가진 모친 사이에서 빚어 만든 불의의 상징이었읍니다. (…) 지긋지긋한 최가의 피 ! (…) 아마 최씨집의 특장이요 동시에 결점인 모든 것을 내가 대표적으로 일신에 품고 나왔는지도 모르겠읍니다.18)

---

17) 정명환, 「졸라와 자연주의」, 민음사, 1982, p.278.
18) 「제야」, 『개벽』20호, 1922.2, pp.45~6.

이것은 유전론이라 요약될 수 있는 내용인 바 다음으로는 환경론이라 할 수 있을 부분을 들어보기로 한다.

> 우리집은 소위 아주머님 일단의 소견(消遺) 터이었고 젊은 아저씨의 밤출입처이었읍니다. 그뿐 아니라 우리집에는 일종의 묵계가 있었읍니다. 질투와 충돌과 제주없이 다시 말하면 피차의 행복과 감정을 희생하거나 피차의 행동을 감시하지 않고, 각자의 일종 병적 환락을 무조건으로 보장한다는 것이었읍니다. 함으로 이러한 사회에 대하여 정조하는 것은 일속삼문(一束三文)의 가치도 없는 의미를 모를 것이었읍니다.[19]

이렇게 유전과 환경에 의하여 자신의 행위가 결과되었음을 이야기하는 「제야」의 주인공이 졸라 영향의 산물임을 우리는 짐작하기 어렵지 않다. 양자에 차이가 있다면 졸라에 있어서는 유전과 환경에 대한 언급이 인물 외부에서 객관적 시점으로 제시되어 있는데 반하여, 염상섭에 있어서는 주인공 스스로가 자신에게 가해지는 양자의 작용을 인식하는 것으로 되어 있다는 점이다.[20] 그것은 다시 말해 졸라에 있어서는 인물들의 형상화를 통해 인과론이 제시된데 반하여 염상섭에 있어서는 그것이 관념적이고 추상적으로 설명되고 있다고 볼 수 있는데, 이 사실은 단순히 작가 능력의 차이 뿐만 아니라 당대 한국의 사회적 기반 등과도 관련이 있을 것으로 생각된다.

한편 여기에서 우리가 간과할 수 없는 사실은 졸라의 작품은 관찰묘사로 일관되어 있는데 반하여, 다시말해 주인공들이 인과론에 따라 행동하기만 하는데 반하여 염상섭의 주인공은 유전론과 환경론에 의한 파멸이 필연적으로 예비되었음에도 불구하고 그것을 안타깝게

---

19) ibid. pp.46~7.
20) 정명환, op. cit. p.282.

여기며 도덕적 생활을 동경한다는 사실이다. 이 사실을 두고 한 평자는 반항적 자아의식으로부터 과학적 설명을 거쳐 보수적 윤리관의 수용으로 미끌어져 나갔다고 평가한 바 있다.21) 앞에서 우리는 염상섭의 보수성을 잠깐 언급한 바 있는데 위의 사실도 그것의 한 예가 된다고 할 수 있다. 요컨대 「제야」는 유전론, 환경론을 도입하여 주인공의 방종을 설명함으로써 현상에 대한 자연과학적 해석을 시도했으며 이 점이 졸라의 영향이라 판단되는 것이다.

VI

앞에서는 유전론, 환경론이라는 측면에 국한하여 「제야」를 살펴보았는데 이번에는 주인공의 자아 각성이라는 측면에서 살펴보기로 한다. 「제야」의 주인공은 일체의 사회적 도덕 관념을 가식으로 인식하여 매도하고 自我의 생명력에 충실하고자 한다.

> 소위 도덕이란 질곡은 한 남자에게만 일 생애를 노예적 봉사에 바쳐야만 한다는 조문을 정조의 美니, 정조의 숭고니 하는 등 美意에 숨겨가지고 섬약한 여성에게 군림한다. (…) 감정이 민활하고 이지가 명철한 남녀에게는 아름다울 전생애를, 대상(代償)없는 희생에 공헌(貢獻) 하라는 폭군의 길로틴이다. (…) 애(愛)가 소멸되어서는 아니된다. 염증이 나서는 아니된다는 것은 도덕이라는 이지의 법령이요 결코 중심생명의 전아적(全我的) 욕구는 아니다. 한 연애에 대하여 포만의 비애를 감할 때 다른 연애에 옮겨간다 하기로 거기에 무슨 부도덕적 결함이 있고 인류 공동생활에 무슨 파열이 생기겠느냐. 모

---

21) ibid. p.283.

든 것은 잊어버리고 오직 생을 사랑할 뿐이다.22)

이런 생각을 가지고 주인공은 성적 방종을 지속했던 것이다. 그녀는 그것을 자아각성에 의한 개성에의 충실이라 합리화했는지도 모른다. 그러므로 이 작품은 자아의 희생을 강요하는 기존 도덕에 대한 반항이란 측면에서 「인형의 집」의 노라와 궤를 같이한다고 볼 수 있다. 그러나 이 작품이 「인형의 집」의 영향하에 씌어졌다는 것은 방종으로 흐를 정도의 자아 해방을 주장했다는 측면 이외에도 보다 근원적으로 작품구조면에서 찾아 볼 수 있다.

「제야」의 주인공은 처녀가 아닌 몸으로 결혼에 임할 때 남편의 마음에 들어 놓고 난 후 용서를 빌면 문제가 없을 것으로 생각하면서 이것을 노라의 처지와 비교하여 다음과 같이 말한다.

> 노라는 남편을 살려 놓고 기적을 바랐지만 나는 남편 될 사람의 요구를 만족시켜 놓고 기적이 나타나라고 축수하고 앉았읍니다.23)

위의 말이 바로 「제야」와 「인형의 집」의 작품구조를 요약하고 있다. 「인형의 집」에서 노라는 남편의 요양비를 마련하기 위해 아버지의 서명을 위조하여 크로그스타트에게서 돈을 빌린다. 남편 헬머의 은행장 승진으로 크로그스타트가 면직될 위기에 처하자 이 위조 사실을 가지고 노라를 위협하여 자신의 지위를 보전하려 한다. 이 사실을 알게 된 헬머는 자신의 명예에 손상이 갈 것을 우려해 노라와 실질적인 이혼을 선언한다. 그러나 크로그스타트가 마음을 돌려 차용증서를 되돌려 보내자 헬머는 아내 노라를 용서하겠다고 말한다.

---

22) 「제야」, pp.49~50.
23) ibid. p.47.

여기며 도덕적 생활을 동경한다는 사실이다. 이 사실을 두고 한 평자는 반항적 자아의식으로부터 과학적 설명을 거쳐 보수적 윤리관의 수용으로 미끌어져 나갔다고 평가한 바 있다.[21] 앞에서 우리는 염상섭의 보수성을 잠깐 언급한 바 있는데 위의 사실도 그것의 한 예가 된다고 할 수 있다. 요컨대「제야」는 유전론, 환경론을 도입하여 주인공의 방종을 설명함으로써 현상에 대한 자연과학적 해석을 시도했으며 이 점이 졸라의 영향이라 판단되는 것이다.

VI

앞에서는 유전론, 환경론이라는 측면에 국한하여 「제야」를 살펴보았는데 이번에는 주인공의 자아 각성이라는 측면에서 살펴보기로 한다. 「제야」의 주인공은 일체의 사회적 도덕 관념을 가식으로 인식하여 매도하고 自我의 생명력에 충실하고자 한다.

> 소위 도덕이란 질곡은 한 남자에게만 일 생애를 노예적 봉사에 바쳐야만 한다는 조문을 정조의 美니, 정조의 숭고니 하는 등 美意에 숨겨가지고 섬약한 여성에게 군림한다. (…) 감정이 민활하고 이지가 명철한 남녀에게는 아름다울 전생애를, 대상(代償)없는 희생에 공헌(貢獻) 하라는 폭군의 길로틴이다. (…) 애(愛)가 소멸되어서는 아니된다. 염증이 나서는 아니된다는 것은 도덕이라는 이지의 법령이요 결코 중심생명의 전아적(全我的) 욕구는 아니다. 한 연애에 대하여 포만의 비애를 감할 때 다른 연애에 옮겨간다 하기로 거기에 무슨 부도덕적 결함이 있고 인류 공동생활에 무슨 파열이 생기겠느냐. 모

---

21) ibid. p.283.

든 것은 잊어버리고 오직 생을 사랑할 뿐이다.22)

이런 생각을 가지고 주인공은 성적 방종을 지속했던 것이다. 그녀는 그것을 자아각성에 의한 개성에의 충실이라 합리화했는지도 모른다. 그러므로 이 작품은 자아의 희생을 강요하는 기존 도덕에 대한 반항이란 측면에서「인형의 집」의 노라와 궤를 같이한다고 볼 수 있다. 그러나 이 작품이「인형의 집」의 영향하에 씌어졌다는 것은 방종으로 흐를 정도의 자아 해방을 주장했다는 측면 이외에도 보다 근원적으로 작품구조면에서 찾아 볼 수 있다.

「제야」의 주인공은 처녀가 아닌 몸으로 결혼에 임할 때 남편의 마음에 들어 놓고 난 후 용서를 빌면 문제가 없을 것으로 생각하면서 이것을 노라의 처지와 비교하여 다음과 같이 말한다.

> 노라는 남편을 살려 놓고 기적을 바랐지만 나는 남편 될 사람의 요구를 만족시켜 놓고 기적이 나타나라고 축수하고 앉았읍니다.23)

위의 말이 바로「제야」와「인형의 집」의 작품구조를 요약하고 있다.「인형의 집」에서 노라는 남편의 요양비를 마련하기 위해 아버지의 서명을 위조하여 크로그스타트에게서 돈을 빌린다. 남편 헬머의 은행장 승진으로 크로그스타트가 면직될 위기에 처하자 이 위조 사실을 가지고 노라를 위협하여 자신의 지위를 보전하려 한다. 이 사실을 알게 된 헬머는 자신의 명예에 손상이 갈 것을 우려해 노라와 실질적인 이혼을 선언한다. 그러나 크로그스타트가 마음을 돌려 차용증서를 되돌려 보내자 헬머는 아내 노라를 용서하겠다고 말한다.

---

22)「제야」, pp.49~50.
23) ibid. p.47.

자신이 남편의 한갓 인형과 같은 애완물에 지나지 않았다는 사실을 깨달은 노라는 이를 거절하고 가출한다.

한편 「제야」의 주인공은 성적 방종의 결과 임신이 되자 집안의 강권으로 서둘러 결혼을 하게 된다. 남편될 사람에게 미리 고백을 하면 결혼을 못하게 될까봐 자신이 처녀가 아니라는 사실을 숨기고 결혼하게 되는데 이 때 주인공은 남편될 사람의 요구를 받아들여 만족시켜 주고 사랑을 받게 된 후 고백하고 용서를 빌면 문제가 없을 것으로 생각한다. 결혼 후 이 사실을 알게 된 남편은 일단 친정으로 보낸 후 이후의 거취를 알려 주겠다 한다. 괴로운 나날을 보내다 남편이 용서하겠다는 편지를 보내자 주인공은 양심의 가책을 못이겨 자살을 결심하고 유서를 쓴다. 용서하겠다는 남편의 편지를 받은 주인공의 심적 상태는 「노라의 차용증서를 스토브에 불지른 뒤의 헬머의 기쁨이었읍니다」라고 표현되고 있다. 이것은 염상섭이 「제야」를 쓰면서 계속 「인형의 집」을 염두에 두고 있었다는 사실을 증명하거니와 그 결과 작품 구조상의 유사성이 나타났던 것이다. 두 작품의 공통구조를 보이면 다음과 같다.

「인형의 집 : (1), 「제야」 : (2)
A. (1) 노라가 서명을 위조하여 돈을 빌린다.
   (2) 주인공이 성적방종의 결과 임신을 한다.
B. (1) 남편의 병 구완 후 고백하면 용서하리라 믿는다.
   (2) 남편의 신용 얻은 후 고백하면 용서되리라 믿는다.
C. (1) 사실을 알게 된 남편이 이혼을 요구한다.
   (2) 사실을 알게 된 남편이 친정으로 보낸다.
D. (1) 차용증서를 받은 후 남편이 용서하겠다고 한다.

(2) 남편이 편지를 보내 용서하겠다고 한다.
E. (1) 주인공이 거절하고 가출한다.
(2) 주인공이 거절하고 유서를 쓴다.

이렇게 대조시켜 볼 때 두 작품은 前罪(A)를 어떤 功(병구완, 신용)(B)에 의해 상쇄시키려 하나 이것을 안 남편이 용서치 않으려 하다가(C) 어떤 계기에 의해 용서하겠다 하게 되지만(D) 주인공이 그것을 거부하고 독자적인 결정을 내려 행동한다(E)는 동일한 구조로 되어 있음을 알 수 있다. 요컨대 그것은 '이전의 非行 → 남편에게 발각 → 이혼을 종용 받음 → 용서 확약 → 거절'이라는 공통 도식으로 나타난다. 물론 세부적인 면에서 차이가 있는 것도 사실이다. 우선 (A)에서 죄를 짓게 되는 동기가 (1)은 긍정적이지만 (2)는 부정적이라는 점이다. 주관적 가치판단 아래서 행해졌다는 점은 공통일 수도 있다. 또한 (C)에서 나타난 남편의 인품이 다르다. (1)이 세속적 명예에 집착하는 반면 (2)는 내면적 가치에 따라 행동한다. (E)에서 (1)은 자아실현을 위해 가출하나 (2)는 양심의 가책에 의해 자살한다. 하나는 열린 결말이고 하나는 닫힌 결말이라 볼 수 있다. 한편 자신의 과거 부정이라는 측면에서는 공통일 수도 있다.

이렇게 볼 때 「제야」는 입센의 「인형의 집」을 작품 구조상의 모델로 삼고 주인공의 성적 방종의 원인을 한편으로는 졸라류의 환경론과 유전론에 두고, 다른 한편으로는 노라류의 자아각성에 의한 자아주장의 결과로 처리하였음을 알 수 있으며 환경·유전·자아각성 등이 초래한 부정적 결과를 척결하는 결말을 통하여 염상섭의 계층의식과 당대 한국사회의 작품 구속성을 감지할 수 있게 된다.

VII

 이상에서 우리는 염상섭의 초기소설 몇 편을 분석하여 그 구조원리로서의 미학을 추출해 보고자 하였다. 그 결과 내재적 측면에서는 환멸의 미학이, 그리고 외재적 측면에서는 자연주의와의 연관성이 작품원리로서 작용하고 있음을 발견하였다.
 염상섭 초기소설이 입각하고 있는 이러한 두 가지 테제의 미학은 한국 소설에 번민이라는 내면적 깊이를 더하여 근대성을 확립하는 데 적지 않은 기여를 한 것으로 볼 수 있다. 이로써 두고두고 염상섭이 동시대 작가로서 느껴지는 소이의 일단이 밝혀진 셈이지만 앞으로 작품의 단위를 확장하고 그들의 구조원리를 해명함으로써 염상섭의 총체적 소설미학을 규명하는 과제가 우리 앞에 남아 있음을 기억하면서 차후를 기약하기로 한다.

현진건 단편소설과 '사랑'의 변증법

I

　빙허 현진건(1900-1943)은 한국근대소설이 본격적인 궤도에 오르고 있었던 1920년대 이래 비교적 균질적인 일련의 작품을 발표함으로써 이미 당대부터 그 문학적 역량을 주목받았을 뿐 아니라 그 이후 대다수의 연구자들에 의해서도 그의 문학사적 위치는 움직일 수 없을 정도로 확고한 것으로 고평 받아 온 작가이다. 그런데 어떠한 사안에 대해 확고부동한 통설이 형성되어 있을 경우 흔히 빠지게 되는 함정이지만 현진건의 소설적 성과에 대한 평가는 몇 가지 유형성을 크게 벗어나지 못하고 있는 듯하다. 그것은 탁월한 묘사력[1], 모파쌍류의 뛰어난 반전 기법[2], 비판적 사실주의[3] 등 몇몇 사항을 중심으

---

[1] 특히 현진건의 탁월한 성욕묘사는 당대부터 비평가들의 찬탄을 들은 바 있다.
[2] 「진주목걸이」처럼 반전의 기법이 두드러져 그 미학적 효과를 높이고 있는 작품들은 「피아노」, 「까막잡기」, 「발」, 「운수 좋은 날」 「B사감과 러브레타」등을 들 수 있다.

로 평가나 관심의 방향이 거의 고정되어 있는 것처럼 보이기 때문이다.

그러나 어느 작가나 작품에 대한 연구시각이 지나치게 선험적 유형성에 지배된다면 그러한 현상은 그 작가나 작품의 세계가 극히 단조롭고 빈약하다는 오해를 불러일으켜 차후의 흥미를 감소시킬 뿐 아니라 우리의 창조적 사고까지 제약하여 생산적 논의의 가능성을 차단할 우려가 없지 않기 때문에 우리는 항상 이 점에 유의하지 않으면 안된다. 따라서 본고는 현진건소설에 대한 기존의 통설을 보완하고 현진건을 보다 풍요롭게 이해할 수 있는 새로운 계기를 마련해 본다는 취지 아래 그의 작품세계를 '사랑'이라는 문제와 관련시켜 조명해 보고자 한다.

사실 현진건의 소설은 잠깐만 일별해도 쉽게 알 수 있는 일이지만 '사랑'이 대다수의 작품에 두드러진 우성소(dominant)로 나타나 있다.4) 그럼에도 불구하고 이 사실에 대한 연구자들의 주목은 별로 없었고 그 양상과 함축된 의미에 대한 천착은 더구나 찾아보기 어렵다. 그런데 근자에 조남현이 <현진건의 단편소설은 사랑의 문제를 다룬 것과 빈궁의 문제를 다룬 것으로 대별해 볼 수 있다>5)고 지적하면서 '사랑'이 그의 작품세계의 중요한 축임을 지적하고 있는데 이전의 연구관행에 비추어 보면 의의있는 진전으로 볼 수 있지만 '사랑'에 의한 일원적 체계화로부터는 아직 거리가 있다.

현진건 자신은 그의 처녀작 「희생화」에서 다음과 같이 적고 있는

---

3) 당대사회를 비판한 작품으로는 「빈처」, 「술 권하는 사회」, 「고향」(원제「그의 얼굴」), 「신문지와 철창」 등이 많이 언급된다.
4) '사랑'이라는 범주의 사정권 안에 놓지 못한 작품은 장·단편을 망라하여 미확인작 「사공」 뿐이다.
5) 조남현, 「현진건의 단편소설, 그 종횡」, 현진건전집4, 『조선의 얼굴』, 문학과 비평사, 1988, p.288.

데 흔히 처녀작이란 한 작가에 있어 일종의 회귀단위와 같은 것이어서 거기에는 그 작가의 잠재적 가능성의 원형 같은 것이 있다고 말해지는 만큼 '사랑'의 강렬성과 파괴성에 대한 이 진술부분은 따라서 주목할 만하다.

> 아아, 사랑아, 사랑의 불아! 네가 부드럽고 따뜻함으로 철없는 청춘들은 그의 연하고 부드러운 심장에 너를 보배만 여겨 강징난다. 잔인한 너는 그만 그 심장에다 불을 붙인다. 돌기둥 같은 불길이 종작없이 오른다. 옥기(玉肌)조차 버리고 홍안(紅顔)도 타버리고 금심(錦心)도 타버리고 수장(繡腸)도 타버린다![6]

그리고 그 이후의 현진건소설들은 모두라 말해도 크게 어긋나지 않을 만큼 모든 작품들이 일정하게 '사랑'의 문제와 결부되어 있는 바, 이처럼 지속적으로 '사랑'의 문제에 관심을 표명한 작가는 우리 근대문학사에서 이광수를 빼고는 별로 눈에 띄지 않는다. 그런 의미에서 현진건을 '사랑'의 작가로 보고 그의 작품들에 나타난 사랑의 양상과 그 의미를 찾아보고자 하는 우리의 시도는 나름대로 의의가 있으리라 생각된다.

서술과 이해의 편의를 위하여 현진건의 작품 중 번역물 및 의미망 형성 이전의 미완작, 공동작의 일부 등 논의하기 어려운 일부 작품을 제하고 그 목록을 제시해 보이면 다음과 같다.

(1) 「희생화」, 개벽 5호, 1920.11.
(2) 「빈처」, 개벽 7호, 1921.1.

---

6) 현진건전집4, 『조선의 얼굴』, 문학과비평사, 1988, p.32. 이하 『현진건전집』4로 약칭함.

(3) 「술 권하는 사회」, 개벽 17호, 1921.11.
(4) 「타락자」, 개벽 19-22호, 1922.1-4.
(5) 「유린」, 백조 2호, 1922.5.
(6) 「피아노」, 개벽 29호, 1922.11.
(7) 「우편국에서」, 동아일보, 1923.1.1.
(8) 「지새는 안개」, 개벽 32-40호, 1923.2-10.
(9) 「할머니의 죽음」, 백조 3호, 1923.9.
(10) 「사공」, 시사평론, 1923.10.
(11) 「까막잡기」, 개벽 43호, 1924.1.
(12) 「그리운 홀긴 눈」, 폐허이후 1호, 1924.2.
(13) 「발(簾)」, 시대일보, 1924.4.2-5.
(14) 「운수 좋은 날」, 개벽 48호, 1924.6.
(15) 「불」, 개벽 55호, 1925.1.
(16) 「B사감과 러브레타」, 조선문단 5호, 1925.2.
(17) 「사립정신병원장」, 개벽 65호, 1926.1.
(18) 「그의 얼굴」, 조선일보, 1926.1.3.(「고향」으로 개제)
(19) 「신문지와 철창」, 문예공론 3호, 1929.7.
(20) 「정조와 약가」, 신소설 1호, 1929.12.
(21) 「서투른 도적」, 삼천리 19호, 1931.10.

이 밖에도 현진건에게는 장편으로 「적도」(동아일보, 1933.12.20-34.6.16.)와 「무영탑」(동아일보, 1938.7.20-39.2.7.)이 있고, 나중에 「적도」 속에 개작 편입됨으로써 위의 목록에서는 제외된 「새빨간 웃음」 (개벽 63호, 1925.11), 「해뜨는 지평선」(조선문단 18-20호, 27.1-3) 이 있지만 우선 단편만을 대상으로 하는 본고에서는 이들을 일단 제외하기로 한다.7) 또 위의 소설 가운데서도 작품을 확인하지 못한 「사공」8)은 논외로 하고자 한다.
　이렇게 논의의 대상범위를 한정하고 '사랑'의 양상을 중심으로 작품들을 살펴볼 때 우리는 서로 변별되는 세 유형의 작품군을 발견할 수 있다. 첫째는 맹목적 사랑의 유형, 둘째는 굴절된 사랑의 유형, 셋째는 헌신적 사랑의 유형이 바로 그것인 바, 이들에 해당되는 작품들을 각각 분류해 보이면 다음과 같다.

맹목적 사랑의 유형: 「타락자」, 「유린」, 「지새는 안개」, 「발」
굴절된 사랑의 유형: (A)「희생화」, 「술 권하는 사회」, 「피아노」, 「우편국에서」, 「까막잡기」, 「운수 좋은 날」, 「불」, 「B사감과 러브레타」, 「사립정신병원장」, 「고향」(B) 「할머니의 죽음」, 「그리운 흘긴 눈」, 「동정」
헌신적 사랑의 유형: 「빈처」, 「신문지와 철창」, 「정조와 약가」, 「서투른 도적」

　그런데 이들 사랑의 유형학은 각각 그에 상응하는 독특한 인간상을 형상화해 내고 있는 바, 맹목적 사랑은 훼손된 인간상으로, 굴절된 사랑은 전락된 인간상으로, 헌신적 사랑은 승화된 인간상으로 귀결되고 있는 것이다. 그리고 이 세 유형의 작품들 사이에 반드시 계

---

7) 이 작품들도 '사랑'의 범주에 속함은 물론인데 장편이라는 쟝르의 속성상 단편에 나타났던 사랑의 제 양상이 복합적으로 나타나고 있어 이들의 관계 양상과 그 의미에 대한 고찰은 후로로 미루기로 한다.
8) 조남현에 의하면 「사공」은 현진건소설의 진위여부가 문제되기도 하는 작품이다.(『현진건전집』4, p.276.)

기적 이행관계가 성립하는 것은 아니지만 대체로 맹목적 사랑 계열이 초기작에서, 굴절된 사랑 계열이 초·중기작에서, 헌신적 사랑 계열이 후기작에서 많은 비중을 차지하고 있음을 알 수 있다. 그러므로 우리는 사랑의 작가인 현진건의 소설발전과정은 맹목적 열정의 사랑을 탐색하는 한편 진정한 사랑을 방해하는 요소들을 천착, 고발하다가 종국에는 헌신적 사랑이야말로 '사랑'의 최고형태임을 발견해 간 과정이었다고 말할 수 있을 것이다. 그러면 다음 절에서 그 구체적인 양상을 살펴보면서 우리 가설의 타당성 여부를 검증해 보기로 한다.

II

맹목적 사랑이란 에로스적 본능에 따라 열정적으로 관능의 만족만을 추구하는 사랑으로서 이러한 사랑을 형상화하고 있는 현진건의 소설로는 「타락자」, 「유린」, 「지새는 안개」, 「발」이 있다. 이러한 맹목적 사랑은 인간의 본성에 깊이 닿아있는 근원적 차원의 문제이지만 그것은 강렬성 못지않게 사회적 존재로서의 자아를 위협하는 파괴성을 그 속성으로 하고 있음은 프로이드라는 이름과 더불어 주지되어 있는 사실이다. 따라서 위의 소설들은 이러한 사랑에 온통 몸을 맡기고 이드의 만족만을 추구하던 인물들이 자아를 훼손당하는 결말에 봉착하는 과정을 그려 보이고 있다.

「타락자」의 '나'는 집안 사정으로 꿈에 부풀었던 일본 유학을 중도 포기하고 평범한 회사원이 되어 환멸의 비애에 시달리던 중 우연히 기생집을 출입하고부터 기생에게 혹하게 된다. 어느 날 '나'는 춘심이란 기생을 보게 되는데 <그 아름다운 입술이란! 모든 것을 잊고 열렬한 '키스'를 하고 싶>다고 열망할 정도로 그녀에게 경도된다. 그 열도는 <그 후부터 무슨 가시나 난 것같이 혀가 깔끔깔끔하며 밥이 달지 않았다. 꿈자리조차 뒤숭숭하였다. 잠을 깨면 흔히 온 요, 온 이불이 축축하게 땀에 젖어 있>을 정도가 된다.

<사나이를 낚는 것이 그의 장사>라고 생각하며 현실적 자아를 회복하려 애써 보지만 <그러나! 그러나! 그의 얼굴이 보고 싶다. 못 견디리만큼 보고 싶다>는 열정 앞에 속수무책이 된다. 드디어 춘심의 편지를 받고 떨 듯이 기뻐하며 한 번 인연을 맺은 '나'는 이제는 정리해야 하겠다는 자신의 이지와는 무관하게 더욱 더 그녀에게 빠져드는데 그 때의 심경은 이렇게 피력된다.

> 사랑은 낙원을 지을 수 있다. 진세(塵世)의 아무런 풍치와 아무런 풍정도 이에 미칠 것이 무엇이랴! 거울같이 마주만 앉으면 그뿐이다! 말은 말끝을 좇고 웃음은 웃음 뒤를 이었다. 피차의 처지를 설명하자 오뇌도 하고 번민도 한다. 그러나 사랑으로 하여 하는 오뇌요 번민이라, 딴 일로 말미암은 그것보다 달랐다. 그것은 하고 싶어 하는 때문이다.[9]

이렇게 춘심에게 몰두하던 '나'는 마침내 임질에 걸리고 말지만 <조금도 그가 괘씸치 않>고 <저주할 것은 이 사회이고 한할 것은 내 자신>이라 생각하는데 어느 날 아내가 춘심의 사진을 찢자 다음처럼 분개한다.

> 둘도 없는 나의 애인이다! 이 세상에서 참으로 나를 사랑하는 이

---

[9] 「타락자」, 『현진건전집』4, p.117.

는 오직 그 하나뿐이다! 참 착한 여자다! 어진 여자다! 말이 기생이
지 참말 지상선녀이다. 왜 내가 그에게 아니 갔던고? 왜 아니 갔던
고? 나는 가련다. 나는 가련다. 그에게로 나는 가련다.10)

그러나 춘심에게 가 보니 그녀는 이미 '살림'을 차려 들어간 후이
고, <집 잃은 어린애나 같이 속으로 울며불며 거리로 거리로 방황>
하다 귀가한 '나'는 임질에 걸려 고생하는 임산부 아내를 발견한다.
<독한 벌레에게 뜯어먹히면서 몸부림을 치는 어린 생명의 약한 비
명>을 들은 듯한 '나'는 싸늘한 전율에 전신을 떤다. 이처럼 「타락
자」는 기생의 아름다움을 맹목적으로 탐닉하며 그것을 진정한 사랑
이라 착각하던 자아가 필경은 심각하게 훼손당하는 파멸적 결말에
이르는 과정을 보여주고 있는 것이다.

한편 「유린」은 비록 미완작이기는 하지만 그 자체만으로도 하나의
의미망을 형성할 수는 있기 때문에 논의하는 데 별 어려움이 없다.
이 작품의 주인공은 <청정하고 순결하고 자랑 높>은 여학생 정숙인
데 함께 생활하고 있는 <얼굴이 검고 맵시도 없는> 친구 정애에 대
해 우월감을 느껴 내심 업신여기고 있다.

정숙은 어느 달 밝은 밤 < K와 단둘이, 꿀 같은 사랑을 속살거리
면서, 돈짝만한 배로, 한강의 흐름을 지치>면서 두 몸이 슬적슬적 닿
는 자릿자릿한 접촉에 한껏 황홀해하는 시적이고 미적인 감흥을 즐
긴다. 무한한 행복에 <언제든지 언제든지 이 행락을 누리고 싶>던
정숙은 배멀미하는 그녀를 쉬어야 한다면서 자신의 여관까지 유인한
K의 강권에 못이겨 술을 먹고 취한다.

야릇하게 흥분된 애젊은 육체는 부들부들 떨었다. 심장의 미친 듯

---

10) 「타락자」, 『현진건전집』4, p.127.

한 고동이 귀를 울리었다. 정열에 띄인 네 눈은 서로 잡아먹을 듯이 마조보고 있었다.(…) 뜨거운 두 입술은 부딪쳤다. 이 열렬한 키쓰는 양성(兩性)의 육체를 단쇠끗같이 자극하였다. 그것은 온전히 정신이 착란한 찰나이었다.(…) 여기는 동물적 본능이 절대로 지배하고 있었다.11)

얼마 후 정신을 차린 정숙은 <다시 헤어날 수 없는 구렁에 깊이 빠지고 말았다>는 자각과 함께 공포와 절망에 운다. 집에 돌아와 <행복의 절정이 절망의 심연>이었음을 회상하면서 정숙은 못생겼을 망정 오히려 정애가 신성한 처녀의 <깨끗하고 영롱>함에 빛나는 것을 보고 다시 한번 절망한다. 이처럼 「유린」은 감각적 쾌락이라는 맹목적 사랑을 추구하다가 자랑스러운 처녀성을 상실하고 절망감을 느끼는 훼손된 자아에 대한 이야기인 것이다.

「지새는 안개」12)의 주인공 김창섭은 동경 유학 중 집안 사정으로 중단하고 돌아와 삼촌 집에 머물고 있는데 사촌 여동생인 영숙의 친구 정애를 사모하게 된다. 시골에 조혼한 아내가 있어 고민하던 그는 자신의 의사로 하지 않은 결혼이기 때문에 자기는 <안해가 없는 사람>이라고 결론짓고 구애의 연서를 보낸다. 정애에 대한 그의 정열은 다음과 같이 열렬하였다.

  그는 고만 못견듸리만큼 晶愛가 보고 십헛다. 덥허노코 보고십헛다.지금 만일 晶愛를 볼수잇다하면 그는 즐거이 물에라도 쒸여들엇

---

11) 「유린」, 『현진건전집』4, p.131.
12) 『개벽』에 9회 연재된 이 작품은 말미에서 <此號로 前篇의 끝이 남과 함께 本誌의 連載는 그만두고 後篇이 完成되기를 기다려 혹 單行本으로 發刊할까 한다>고 예고하고 있어 미완의 장편으로 볼 수도 있으나 후편은 끝내 나오지 않았으므로 중편으로 보고 여기서 논의하기로 한다.(『개벽』 40호, 1923.10, p.160.)

스리라 불에도 쒸여들엇스리라. 晶愛를 보는갑스로 한울을주어도 앗갑다안핫스리라. 地球를 준대도 오히려 적음을 限(원문대로 - 인용자)하얏스리라.13)

그러나 정애의 친구 화라의 방해와 곡해가 얽혀 정애와의 사랑은 이루어지지 못하는데 마침 삼촌의 소개로 신문기자가 된 창섭은 실연의 고통을 일에서 잊어보려 하나 신문사 일조차 자기의 기대와는 달리 실망만을 안겨주므로 다시 심적 방황을 하다가 기생에게서 위안을 구하고자 한다. 때마침 명월관에서 정애 비슷한 기생 설향을 만나게 되자 창섭은 정애에 대한 애증의 감정 때문에 만취하여 그녀의 집까지 따라 간다.

밤이다 어두운밤이다 공단가튼 밤이다 길이길이 새지말과저 길이길이쌔지말과저…눈감고 속살거리는 달금한말씨 서로 자랑하는 사람의 깁히 언제든지 새로운感激을자아내는 盟誓 게집의 눈물무든팔자타령 산애의 한숨겨운慰勞. 못밋겟다고 앵돌아지는嬌態. 잔싸홈을 푸는 헤일수업는 키쓰.一分을 못넘는 애틋한 졸음. 한갈가티 거러가는 우단의쑴길. 쌈박 조을다가 쌈박 쌔여서 서로 차저단이는 싸스한 팔둑…14)

이러한 관능적 사랑을 나눈 후 사내는 <향락의 뒤에 오는 적막한 어조>를 남긴 채 가려다가 계집의 만류에 <처음에는 몃번 고개를 흔들다가 산애는 다시금 이불속으로 긔어>든다. 이상에서 살펴보았듯이 「지새는 안개」는 감정이 가는 대로 맹목적 사랑의 열정을 불태우다가 끝내는 관능의 소진으로 귀결되어 적막감이라는 자아의 훼손을

---

13) 「지새는 안개」(연재4회분), 『개벽』 35호, 1923.5, p.129.
14) 「지새는 안개」(연재9회), 『개벽』 40호, 1923.10, p.160.

초래하게 되는 이야기이다.

끝으로 「발」을 살펴보기로 하자. 객주집에 든지 한 달 가량된 순사는 스무 살 남짓한 주인 노파의 딸에게 구애한다. 그녀는 <시집을 갔다가 못 살고 왔다기도 하고, 기생 노릇을 하다가 그만 두었다기도 하는> 사람인데, 이미 돈많고 잘생긴 김주사라는 청년과 관계를 맺고 있는 중이어서 순사의 존재를 귀찮아한다. 주인집 딸은 자신의 방과 두 손님의 방이 쌍바라지 하나만을 격하고 있어서 더운 밤 김주사와의 밀애가 힘들기 때문에 '발'이 하나 있었으면 하고 생각한다.

그런 줄은 꿈에도 모르고 순사는 <순사 나으리의 행투>가 겁나 자신의 제의에 차차 생각해 보자고 대답한 주인집 딸의 대답을 반승낙으로 이해한다. 그리하여 반승낙을 온승낙으로 바꾸기 위한 방안을 궁리하던 순사는 월급날 밥값을 치르고 남은 돈을 가지고 야시로 산보나 가자고 주인집 딸에게 제의하는데 그녀는 순순히 따라 나서며 발을 하나 사달라고 청한다. 이것이 <온승낙을 받을 전조>라고 생각한 순사는 <입이 저절로 벌어>지는데, <사랑에 취한> 그는 온 세상에 자기가 제일인 듯한 생각이 든다.

> 사랑하는 이를 데리고 나선 이에게 와락와락 찌는 듯한 공기도 시원하였다. 작달막한 키가 급작스럽게 커지고 까무잡잡한 얼굴이 희어지며 얽은 구멍조차 막히는 듯하였다. 통히 못생긴 저는 간 곳이 없고, 아름답고 훌륭하고 헌칠한 사내가 그의 속에 깃들이고 말았다. 앙바틈하고 짤막한 다리를 길고 곧기나 한 듯이 흥청흥청 내어던질 제, 종로가 비좁게 갔다왔다하는 어느 사람보다도 제가 복 많고 잘난 듯싶었다.(…) 그리 크지 않은 얼굴을 어마어마하게 찌푸렸는데 그 표정은 마치 '너희는 몰라도 나는 경관님이시다. 내게 손가락 하나라도 대었단 봐라, 내 사랑의 보는 앞에서 내 위엄을 알려 줄 테

니' 하는 듯하였다.15)

그러나 발가게에서 터무니없는 값으로 홍정하다가 무안만 당하고 물러 나온 순사는 여자 앞에서 <위엄과 세력을 보일 꼭 좋은 기회>를 잃은 것과 여자에게 똑똑치 못하게 보일 것이 못내 분하던 차에 두번째 발가게 주인이 뚝뚝하게 나오자 시비를 벌이다 그를 치사케한다. 주인집 딸과 김주사의 비웃음 속에 순사는 상해치사죄로 5년형을 언도받고 수감된다. 이처럼 「발」은 사랑에 취해 여성의 환심을 사려고 무리한 자기과시를 하다가 상해치사죄를 저지르고 투옥되는 한 순사의 맹목적 사랑과 그 파탄을 그려 보이고 있는 것이다.

이상에서 우리는 현진건의 소설 중 「타락자」, 「유린」, 「지새는 안개」, 「발」이라는 작품이 '사랑'의 범주에서 볼 때 동일한 유형군을 형성할 뿐 아니라 인물과 작품구조면에서도 유사함을 살펴보았다. 그리하여 에로스적 열정에 지배되는 '맹목적 사랑'의 소설로 분류될 수 있는 이 작품들은 감각적 사랑의 미적 쾌감에 탐닉하던 주인공이 종국에는 일상적 자아를 크게 훼손당하면서 낭패감에 빠지는 공통구조를 가지고 있음을 알 수 있었다.

Ⅲ

'맹목적 사랑'의 소설이 원초적 사랑의 강렬성과 그 파괴성을 조명하고 있다면, '굴절된 사랑'의 소설로 분류될 수 있는 일련의 작품

---

15) 「발」, 『현진건전집』4, p.219.

들은 광범한 의미로서의 '사랑'을 문제삼되 그러한 사랑이 실현될 수 없도록 사랑을 굴절시키는 어떤 장애적 요인으로 말미암아 파멸하거나 진정성을 상실하는 전락된 인간상을 형상화하고 있다. 그리고 이 유형의 소설은 다시 그 장애요인이 무엇이냐에 따라 둘로 나누어 볼 수 있는데 하나는 어떤 요소의 결여가 장애요인이고 다른 하나는 인간의 이기적 본성이 장애요인이다. 전자를 결여성에 의한 굴절, 후자를 이기성에 의한 굴절로 구별하여 그 구체적 양상을 살펴보기로 한다.

(1) 결여성에 의한 '사랑'의 굴절

이 범주에 드는 소설로 우선 「희생화」와 「술 권하는 사회」, 그리고 「불」을 들 수 있는데, 이 작품들은 모두 '자연스러움'이 결여된 인습적 혼인제도로 인한 주인공의 전락을 보여주고 있다. 「희생화」는 현진건의 처녀작으로서 이미 당대에 <구도덕에 희생이 된 여자라 하야 「희생화」라고 제목을 붙인 것>16)이라고 작가 스스로 말하고 있는 바와 같이 인습적 혼인제도의 질곡성으로 인한 사랑의 굴절과 자아파멸을 그리고 있다.

「희생화」의 주인공은 남동생과 함께 홀어머니를 모시고 있는 여학생 S인데 <인물도 그다지 잘나고, 재주도 그렇게 좋>다고 칭송받는 그녀는 <공부를 썩잘하고 또 재주가 비범>할 뿐 아니라 <얼굴이 저렇게 잘> 난 K라는 남학생과 지육부간사 일을 함께 하다가 사랑에 빠진다. 두 사람은 결혼을 약속하고 S모친의 허락까지는 얻지만 완고한 K집안에서 강하게 반대할 뿐 아니라 고향 인근의 명문가와 정

---

16) 빙허, 「처녀작 발표당시의 감상」, 『조선문단』 6호, 1925.3, p.69.

혼까지 해버리므로 절망한 K는 종적을 감추어 버린다. <우리가 오늘날 이렇게 된 것이 당신의 잘못도 아니고, 저의 잘못도 아니야요. 그 묵고 썩은 관습이 우리를 이렇게 맨든 것입니다>라고 떠나가는 K를 위로하지만 마음의 병이 깊어가던 S는 결국 죽고 만다.

본인들의 의사를 무시하고 진행되는 구도덕적 혼인이 얼마나 생명의 법칙에 어긋나는 부자연스러운 것으로 파악되고 있는지는 전도양양한 K의 파멸적 가출을 통해서 뿐만 아니라 S의 전락과정을 통해서도 생생히 알 수 있다.

> 이슬 젖은 연화(蓮花)같이 붉으스름하던 얼굴이 청색창경(靑色窓鏡)에 비치는 이화(梨花)처럼 해쓱하였다. 익어가는 임금(林檎)같이 혈색 좋던 살이 서리맞은 황엽(黃葉)처럼 배배 말라간다. 거슴츠레한 눈은 흰 눈물에 붉어졌다.
> 그러다가 차마 볼 수 없이 바싹 말라버렸다. 마치 백골을 엷은 백지로 덮어두고 물을 흠씬 품어놓은 것 같이 되고 말았다.17)

결국 죽음으로 귀결되고 마는 이러한 전락과정은 「희생화」가 인습적 혼인제도를 생명의 법칙에 어긋나는 자연스러움의 결여태로 인식하고 그것이 완전한 사랑과 진정한 인간성 실현에 얼마나 방해가 되는지를 보여주는 작품임을 웅변으로 말해준다.

한편 「술 권하는 사회」18)에서는 중학을 막 마친 남편과 결혼한 아내가 남편의 동경유학 때문에 결혼생활 7, 8년에 <같이 있어 본 날을 헤아리면 단 일년이 될락말락> 하지만 남편의 귀국 후엔 모든 것이 보상될 것으로 믿고 온갖 고생을 참고 견딘다. 이처럼 아직 남편

---
17) 「희생화」, 『현진건전집』4, p.32.
18) 이 작품은 흔히 주인공을 남편으로 잡아 사회비판의 대표작으로 이해되고 있으나 아내를 주인공으로 보면 '사랑'이 작품의 의미구성에 관여적이다.

에 대해서 파수(破羞)조차 완전히 되지 못한 <갓시집 온 색시> 같은 아내는 남편에 대해 기대가 컸던 것인데, 막상 귀국하고 보니 <눈에 보이지 않는 무슨 벽이 자기와 남편 사이에 깔리는 듯하였다. 남편의 말이 길어질 때마다 아내는 이런 쓰디쓴 경험을 맛보았다. 이런 일은 한두 번이 아니었>던 것이다.

이러한 남편이 이제는 날마다 술타령이기에 아내는 참다 못하여 그에게 따져 묻게 되는데 본 정신 가지고 살 수 없게 만드는 이 사회 때문에 홍장이 막혀서 술먹는다고 말하자 아내는 <술 아니 먹는다고 홍장이 막>히느냐며 질책한다.

> 그 말에 몹시 놀랜 것처럼 남편은 어이없이 아내의 얼굴을 바라보더니 그 다음 순간에는 말할 수 없는 고뇌의 그림자가 그의 눈을 거쳐간다.
> 「그르지, 내가 그르지. 너같은 숙맥더러 그런 말을 하는 내가 그르지. 너한테 조금이라도 위로를 얻으려는 내가 그르지. 후우.」
> 스스로 탄식한다.
> 「아아 답답해!」
> 문득 기막힌 듯이 외마디 소리를 치고는 벌떡 몸을 일으킨다. 방문을 열고 나가려 한다.
> (……)
> 남편의 발길이 뚜벅뚜벅 중문에 다다랐다. 어느덧 그 밖으로 사라졌다.(…)
> 고요한 밤공기를 울리는 구두 소리는 점점 멀어간다. 발자취는 어느덧 골목 끝으로 사라져 버렸다. 다시금 밤은 적적히 깊어간다.
> 「가버렸구면, 가버렸어!」
> 그 구두 소리를 영구히 아니 잃으려는 것처럼 귀를 기울이고 있는 아내는 모든 것을 잃었다 하는 듯이 부르짖었다.[19]

---

19)「술 권하는 사회」,『현진건전집』4, pp.65-6.

이처럼 이 작품은 조혼으로 말미암아 쌍방간에 균형 잡힌 부부생활을 이룩할 수 없게 되는 부자연스러운 상황을 설정하고 이를 남녀 양쪽에서 절망으로 느끼도록 그려냄으로써 조혼이라는 자연스러움의 결여성이 야기하는 사랑의 굴절상과 전락적 파국을 보여주고 있음을 알 수 있다.

다음으로 「불」은 <열 다섯 살밖에 안된 순이>라는 주인공이 조혼으로 시집온 지 한 달만에 힘겨운 가사일과 밤마다 당하는 그 <몹쓸 노릇>에 시달리다가 모든 고통이 <원수의 방>인 신방에 있다고 생각하고 그 방을 없애기 위해 집에 불을 지른다는 이야기이다. 아직 성숙하지 못해 왜곡된 사랑만을 연출하게 하는 조혼제도가 얼마나 부자연스럽고 불건강한 것인가는 가냘픈 소녀 순이가 자신도 모르게 잔인한 공격성을 발휘하는 다음 장면에 잘 드러나 있다.

> 시냇가에 나와서 물동이를 놓고 한 번 기지개를 켰다. (…)한 동이를 여다놓고 또 한 동이를 이러 왔을 제 그가 벌써부터 잡으려고 애쓰던 송사리 몇 마리가 겁없이 동실동실 떠다니는 걸 보았다. 욜랑욜랑하는 그 모양이 퍽 얄미웠다. 숨소리를 죽이고 가만히 두 손을 넣어서 움키려 하였건만 고놈들은 용하게 빠져 달아나곤 한다. 몇 번을 헛애만 쓴 순이는 그만 화가 더럭 나서 이번에는 돌맹이를 주위다가 함부로 물 속의 고기를 때렸다. 제 얼굴에, 옷에, 물만 뛰었지, 고놈들은 도무지 맞지를 않았다. 짜증이 나서 울고 싶다. 돌질로 성공을 못한 줄 안 그는 다시금 손으로 움켜 보았다. 그중에 불행한 한 놈이 마침내 순이의 손아귀에 들고 말았다. 손 새로 물이 빠져가자 제 목숨도 잦아가는 것에 독살이나 난 듯이 파득파득하는 꼴이 순이에게는 재미있었다. 얼마 안되어 가련한 물짐승이 죽은 듯이 지친 몸을 손바닥에 붙이고 있을 제 잔인하게도 순이는 땅바닥에 태기를 쳤다.[20]

집에 불을 지르는 행위의 전조로도 이해될 수 있는 이러한 순이의 발작적 공격성은 밤낮으로 시달리는 그녀의 불건강성에서 연유된다. 자연 천지 어디를 둘러 보아도 <거기는 굳세게, 힘있게 사는 생명의 기쁨이 있고 더욱더욱 삶을 충실히 하려는 든든한 노력이 있>을 뿐 <불건강한 물건의 존재를 허락치 않>는다. 오직 순이만이 <너무나 불건강>할 뿐이다. 그리하여 견디다 못한 순이가 집에 불을 지르고 불건강의 온상인 집이 타오르자 그녀는 <근래에 없이 환한 얼굴로 기뻐 못 견디겠다는 듯이 가슴을 두근거리며 모로 뛰고 세로 뛰>는 것이다. 그러나 이 기쁨이 진정한 것이 못 됨은 물론인데 그것은 또한 삶의 터전의 상실과 동시적인 것이기 때문이다. 따라서 「불」은 자연스러움이 결여된 불건강한 조혼으로 말미암아 사랑이 굴절되어 행복해야 할 신혼이 종국에는 파멸에까지 이르고야 마는 전락의 드라마인 것이다.

다음으로 우리는 외모의 결여로 인한 사랑의 굴절을 볼 수 있는데 「까막잡기」, 「B사감과 러브레타」가 여기에 속한다. 「까막잡기」의 주인공 학수는 전문학교 학생인데 자신의 추한 용모 때문에 여학생에 대한 관심을 처음부터 포기하고 여학생 혐오증에서 위안을 받고 있는 청년이다. 그리하여 아름다운 용모를 뽐내며 여학생 뒤를 따라다니는 친구 상춘이가 연애의 기회를 얻기 위하여 음악회에 가자고 제의하자 학수는 <귀밑머리는 풀고> <정갱이까지 올라오는 잠뱅이를 입고> <구두뒤축은 (…)높>으며 <퀴퀴한 향수 냄새란 구역이 날 지경>인 여학생에 흥미가 없다며 거절한다.

---

20)「불」,『현진건전집』4, pp.190-1.

그러나 학수의 이러한 혐오증은 본질적인 것이 아닌데 그것은 어느 여학생이 학수를 자신의 애인으로 착각하고 까막잡기를 한 후 달아나자 <그 여성의 대었던 자리가 전기로나 지진 듯이 욱신욱신하고 근질근질해 온다. 뭇주룩하게 어깨를 누르는 팔뚝, 말신말신하게 등때기를 비비는 젖가슴, 위 뺨과 눈언저리에 왕거미 모양으로 붙였던 두 손을 참보담 더 참다이 느낄 수 있었다. 그 근처의 공기조차 따스하고 향긋하게 코 안으로 기어드는 듯하였다>고 느끼며 황홀해하기 때문이다. 결국 학수의 여성혐오는 '신 포도'에 불과한 것이고 그것은 그의 내면에 숨어있는 사랑의 갈구에 대한 역설적 표현인 것이다. 그러나 까막잡기라는 우연한 사건을 계기로 자신감을 회복하고 여학생을 기웃거리며 어울리지 않게 들떠서 흐뭇해하던 학수는 상춘에게 이끌려 간 거울 앞에서 다시 한번 절망감을 확인한다.

    벙글거리던 이는 무심코 거울을 들여다 보았다.― 저놈이 웬 놈인가. 지옥의 굴뚝에서 튀어나온 아귀 같은 상판으로 빙그레 웃는 저놈이 웬 놈인가. 입은 찢어진 듯이 왜 저리 크며 잔등이 움푹한 코구멍은 왜 저리 넓은가. 학수는 제 앞에 나타난 이 추(醜)의 그것같은 괴물을, 차마 제 자신으로 생각할 수 없었다. 그러나 이 더할 수 없이 못생긴 괴물이야말로 갈데없는 저임에 어찌하랴. 다른 사람 아닌 제 본체임에 어찌하랴?
    그의 눈앞은 갑자기 한 그믐밤같이 캄캄하였다.[21]

결국 「까막잡기」는 외적 용모의 결여로 인하여 의도적으로 여성을 기피함으로써 자연스런 사랑의 감정을 왜곡하던 주인공이 우연한 기회에 자아의 본질을 잊고 사랑을 구하다가 더 큰 전락의 감정만을

---

21) 「까막잡기」, 『현진건전집』4, p.164.

맛보게 되었던 것이다. 그러므로 이 작품은 신체적 결함에 따른 사랑의 굴절과 그로 인한 자아의 전락상을 그린 작품으로 보아지는 것이다.

반면에 「B사감과 러브레타」는 「까막잡기」와는 반대로 독신주의자이자 남성혐오자인 B사감이 주인공으로 등장한다. 그러나 그녀의 독신주의와 남성혐오는 운명적이라는 느낌이 강한데, 그녀는 <죽은 깨 투성이 얼굴>에 <시들고 거칠고 마르고 누렇게 뜬 품이 곰팡슬은 굴비를 생각나게> 하는 사십 가까운 노처녀로서 <벌써 늙어가는 자취를 감출 길이 없>었기 때문이다. 이러한 B사감이 훼손된 자아를 위장하기 위하여 내세우고 있는 것이 독신주의와 찰진 야소꾼이라는 무기이다. 그리하여 기숙사 사생에 대한 러브레타에 질겁하고 남자의 기숙생 면회를 거절하는 것으로 보람을 삼는 듯한 B사감은 어느 여학생이 연서라도 받게 되면 두 시간 이상 문초하다가 <사내란 믿지 못할 것, 우리 여성을 잡아 먹으려는 마귀인 것, 연애가 자유이니 신성이니 하는 것도 모두 악마가 지어낸 소리인 것>이라고 설교하다가 유혹에서의 구원을 기원하는 기도로 끝맺곤 하는 것이었다.

이러한 B사감이기에 누구도 그녀에 대해 한치의 의구심을 가질 수 없었던 것인데 어느 날 밤의 한 사건으로 말미암아 그녀의 진정한 갈망이 무엇인가가 드러난다. 한밤중 금남의 구역인 여학생 기숙사에서 남녀의 밀회소리가 흘러 나오는 것을 들은 세 처녀가 탐색에 나서는데 놀랍게도 B사감의 방임을 확인하고는 살며시 문을 열어 본다.

이 어쩐 기괴한 광경이냐! 전등불은 아직 끄지 않았는데 침대 위에는 기숙생에게 온 소위 '러브 레터'의 봉투가 너저분하게 흩어졌고 그 알맹이도 여기저기 두서없이 펼쳐진 가운데 B여사 혼자 - 아무도 없이 제 혼자 일어나 앉았다. 누구를 끌어당길 듯이 두 팔을 벌리고 안경을 벗은 근시안으로 잔뜩 한 곳을 노리며 그 굴비쪽 같은 얼굴에 말할 수 없이 애원하는 표정을 짓고는 '키스'를 기다리는 것같이 입을 쫑긋이 내어민 채 사내의 목청을 내어가면서 아깟말을 중얼거린다. 그러다가 그 넋두리가 끝날 겨를도 없이 급작스리 앵돌아서는 시늉을 내며 누구를 뿌리치는 듯이 연해 손짓을 하며 이번에는 톡톡 쏘는 계집의 음성을 지어,
「난 싫어요. 당신 같은 사내는 난 싫어요.」
하다가 제물에 자지러지게 웃는다.22)

남들 앞에서 공식적으로는 독신주의와 찰진 신앙심을 과시하던 B사감이지만 존재의 본질 속에는 뭇 여성처럼 남성의 사랑과 러브레타를 받아보고 싶은 갈망이 은폐되어 있다가 한밤중 광기의 형태로 발산되고 있는 것이다. 이것을 보고 있던 <세 처녀는 불쌍해 하며 눈물을 씻는다.> 그러므로 인간의 위선적 양면성을 폭로하고 있다고도 볼 수 있는 이 작품은 '사랑'이라는 관여성에서 생각할 때 '용모의 결여성에서 유래된 굴절된 사랑의 병적 측면과 그로 인한 인간성의 전락'을 그리고 있다고 말할 수 있는 것이다.

다음으로 우리는 경제력의 결여에 의한 '사랑'의 굴절양상을 볼 수 있는데 「운수 좋은 날」, 「고향」, 「사립정신병원장」이 여기에 속한다. 보기에 따라서는 가난의 문제가 전면에 부각되어 있는 것으로 생각할 수 있지만 다른 작품들과의 정합성이라는 측면에서 '사랑'의 문제에 초점을 맞추어 보면 이 작품들은 삶의 원동력 중 중요한 한 측면인 사랑이 경제력의 결여에 의해 어떻게 굴절되면서 결국 자아의 전락으로 귀결되는가를 보여주고 있다고 말할 수 있을 것이다.

---
22)「B사감과 러브레타」,『현진건전집』4, p.201.

「운수 좋은 날」의 주인공은 인력거군 김 첨지인데 <그야말로 재수가 옴붙어서 근 열흘동안 돈 구경도 못한> 그는 지금 돈이 아주 절실하게 필요한 상황에 놓여 있다. 그것은 달포가 넘게 기침으로 쿨룩거리던 아내가 열흘 전 어렵게 장만한 조밥을 급히 먹다가 체하여 병이 위중한 지경에 이르러 있기 때문이다.

> 그 때 김 첨지는 열화와 같이 성을 내며,
> 「에이, 오라질 년, 조랑복은 할 수가 없어, 못 먹어 병, 먹어서 병, 어쩌란 말이야! 왜 눈을 바루 뜨지 못해!」
> 하고 김 첨지는 앓는 이의 뺨을 한 번 후려갈겼다. 홉뜬 눈은 조금 바루어졌건만 이슬이 맺히었다.[23]

그러나 김 첨지의 이러한 행위는 아내에 대한 학대나 미움의 표현이 아니라 애정의 역설적 표현이다. 그것은 아내를 때리고 이내 <김 첨지의 눈시울도 뜨끈뜨끈 하였다>는 귀절에서 확인될 뿐 아니라, 기동도 못하는 아내가 설렁탕 타령을 하자 <이런 오라질 년! 조밥도 못 먹는 년이 설렁탕은, 또 처먹고 지랄병을 하게> 라고 야단은 치면서도 <못 사주는 마음이 시원치는 않>은 것을 봐도 알 수 있다.

이런 김 첨지에게 아침 댓바람부터 손님이 계속 생기는 운수 좋은 날이 닥쳐 <원수엣 돈>, <육시를 할 돈>이 계속 생기자 컬컬한 목에 모주 한 잔은 물론이요, <앓는 아내에게 설렁탕 한 그릇도 사다줄 수 있>게 그는 <거의 눈물을 흘릴 만큼> 기뻐하면서도 이 잇달은 행운에 겁조차 나는 것이다. 더우기 일을 나가려는 그에게 아내가 유독 오늘만은 나가지 말라고 적극 만류하던 일까지 예사롭게 보이지 않았던 것이다.

---

[23] 「운수 좋은 날」, 『현진건전집』4, p.176.

그리하여 불안감을 떨쳐 내기 위해 일부러 술집에서 호기도 부려 보면서 귀가 시간을 최대한 늦춰보지만 취중에도 설렁탕을 사가지고 돌아온 그의 앞에 이미 아내는 싸늘하게 식어 있었다. <닭의 똥 같은 눈물>을 흘리며 <미칠 듯이 제 얼굴을 죽은 이의 얼굴에 한테 비비대>며 울부짖는 김 첨지의 절규는 곧 경제력의 결여로 인한 굴절된 사랑의 전락상 바로 그것이 아닐 수 없다.

「고향」은 살 길 찾아 한·중·일 삼국을 표랑한 젊은 사내가 차중에서 들려 준 내력담을 통하여 <백여 호 살던 동리가 십년이 못 되어 통 없어지는> 몰락상이 곧 '조선의 얼굴'임을 확인하고 있는 작품인데, 이 <비참한 조선의 얼굴>은 젊은 남녀의 굴절되고 황폐화된 사랑에서 재확인되고 있는 것이다. 십 년만에 고향을 찾은 주인공 사내는 고향이 폐촌이 되어 흔적조차 없음에 가슴 아파하며 읍내로 나오다가 전에 <혼인 말이 있던 여자>를 만나게 된다. <그 여자는 자기보다 나이 두 살 위였는데, 한 이웃에 사는 탓으로 같이 놀기도 하고, 싸우기도 하며 자라났었>는데 <그가 열 네 살 적부터 그들 부모들 사이에 혼인 말이 있었고, 그도 어린 마음에 매우 탐탁하게 생각하였다>. 그러나 그 처녀가 열 일곱 살에 <이십 원을 받고 대구 유곽에 팔>려 간 후 소식을 몰랐었는데 이번에 만났던 것이다.

<그 숱많던 머리가 훌렁 다 벗어>지고 <눈은 푹 들어>갔으며 <그 이들이들하던 얼굴빛도 마치 유산을 끼얹은 듯>해진 그녀를 보자 사내는 <눈물도 안 나>온다. 빚에 졸려 유곽을 벗어나지 못했던 그녀는 몹쓸 병이 들자 겨우 풀려는 났으나 고향마저 없어져 버렸기 때문에 갈 곳이 없어 헤매다가 일본인 집에 애보기로 들어가 연명이나 하고 있는 중이었던 것이었다. 두 사람은 <일본 우동집에 들어가서 둘이서 정종만 열 병 따라 뉘고 헤어>진다.

이처럼 경제력의 결여는 순진한 청춘남녀의 사랑을 무참히 깨버렸을 뿐만 아니라 두 남녀의 인생 자체를 황폐케하여 재회의 자리에서조차 더 이상 불태울 아무 것도 남아 있지 않을 정도로 영육을 고갈시켰던 것이다. 따라서 이 작품도 경제의 결여성에 의한 사랑의 굴절과 전락된 인간상을 그리고 있다고 말할 수 있다.

「사립정신병원장」은 가난에 시달리면서도 웃음을 잃지 않고 낙천적으로 살아가던 주인공 W의 발광 전말기이다. 그러나 이 작품은 W를 발광으로까지 몰고간 직접적 동인이 가난 자체라기보다는 그로 인한 자식 사랑의 굴절 또는 훼손임을 작중사건을 통해 암시하고 있다. 가난한 집에 태어난 W는 백부집에 양자로 가 결혼까지 하는데 양부가 남의 빚봉수로 망하게 되자 가난한 처가살이 끝에 T은행의 고원으로 겨우 채용되어 독립하지만 그나마 떨어져서 이제는 정신병에 걸린 친구 P를 간호하며 살아간다.

이미 두 딸과 네살박이 막내 아들을 거느린 가장으로 어렵게 살면서도 친구들에게 웃음을 보이던 W이지만 요리집에서의 회식 후 남은 음식을 아들 주려고 싸가는 것을 기생이 빈정대자 참지 못하고 그녀를 구타한다. 한참의 소동 후에 W는 <이 싸움의 원인이요 사랑의 뭉치인 봉지>를 태질쳐 버리고 <흩어진 음식 위에 꺼꾸러지며 엉엉 울기 시작>한다. <복돌아, 약식 안 먹어도 산다. 복돌아, 송편 안 먹어도 산다.>며 한동안 목놓아 울던 그는 가족과 '그놈들'을 죽이겠노라며 살기를 띤다. 그날 밤 집에서 아내를 실신시키고 아이들을 기둥에 매어 놓은 채 성냥을 들고 잠들어 버린 W의 이야기가 전해진 지 다섯 달 후 W는 마침내 발광하여 P를 죽이고 만다.

이처럼 「사립정신병원장」은 건전한 인간성을 병들게 하는 가난의 사회병리학을 보여주고 있어 당대의 시대정신인 변증법적 인식의 일

정한 영향이 감지되는 것이 엄연한 사실이지만 '사랑'의 차원에서
이야기해 보자면 경제의 결여성에 의한 (자식)사랑의 굴절과 그로 인
한 자아의 전락상을 보여주고 있는 작품인 것이다.

이제 끝으로 진정성의 결여에 의한 사랑의 굴절양상을 보기로 하
겠는데 여기에 속하는 작품으로는 「피아노」와 「우편국에서」를 들 수
있다. 「피아노」에는 신식교육을 받은 젊은 부부가 등장하는데, 주인
공 남편은 <보기만 하여도 지긋지긋한 형식상의 아내>가 죽고 부친
마저 수만원 유산을 남기고 별세한 터라 <중등교육을 마친 어여쁜
처녀와 신식결혼>을 한 후 <살아서 산 보람이 있었다>고 느낄 정도
로 새 아내에 만족한다. 살림이 유여한 이들 부부는 독서, 정담, 화
투, 키스, 포옹 이외에 <이상적 가정에 필요한 물품을 사들이는 것>
이 일과이다.

그리고 <이상적 아내는 놀랄 만한 예리한 관찰과 치밀한 주의로써
이상적 가정에 있어야만 할 물건을 찾아내었>는데, 어느 날 그녀는
<그야말로 이상적 가정에 없지 못할 무엇>, 즉 피아노를 찾아내고는
남편에게 사올 것을 부탁한다.

「오올치! 피아노.」
남편은 대몽(大夢)이 방성(方醒)하였다는 듯이 소리를 버럭 질렀
다.
피아노가 얼마나 그들에게 행복을 줄 것은 상상만 하여도 즐거웠
다. 멍하게 뜬 남편의 눈에는 벌써 피아노 건반 위로 북같이 쏘대이
는 아내의 보얀 손이 어른어른 하였다.[24]

---

24) 「피아노」, 『현진건전집』4, p.137.

그러나 막상 피아노가 도착하였을 때 피아노를 연주할 줄 몰라 아내의 <두 뺨에는 불이 흐르며 눈에는 눈물 그림자가 어른거리>고, 남편 또한 이 악기를 매만질 줄 몰라 <함부로 건반 위를 치훑고 내리훑을 따름>이었던 것이다. 이처럼 이 작품은 내면의 진정성이 아니라 외부적인 조건에서 표준을 구하는 사랑과 행복이라는 것이 얼마나 공허하고 피상적인 것인가를 비판적으로 보여주고 있는 것이다. 그러므로 「피아노」는 진정성의 결여에 의한 사랑의 굴절상과 그로 인한 자아의 전락적 낭패감을 보여주고 있다고 정리해 볼 수 있다.

한편 「우편국에서」는 잡지사 원고료조로 받은 어음을 우편국에서 바꾸면서 경험한 내면의식의 흐름을 포착한 소품이다. 절차를 잘 몰라 면박을 당하고 오랜 시간 기다리느라 주눅이 잔뜩 들어 있던 주인공 '나'는 남의 이름으로 이서한 까닭에 본인임을 확인하는 담당 직원의 질문에 당황한다.

「노형이 본인이오?」
나는 또 당황하였다. 나는 물론 본인이 아니다. 이런 데 쓰는 공인적 사기를 모르는 바 아니로되, 내 속에 들어앉은 자아는 무의식한 가운데 완명(頑冥)하게 저(自己)를 주장하고 있었다. 나는 무슨 중대한 죄나 범하려는 때처럼 온몸을 떨고 있었다.
일순간 뒤에 나의 고개가 밑으로 끄덕임과 같이 기어들어가는 소리로 간신히, 「네」하였다.
그러면서도, 나는 나의 허위가 발각되어 돈을 주지 않을까 하는 공겁(恐怯)이 없지 않았으되, 그 사무원이 내가 본인이 아닌 줄 간파하고 돈을 치러 주지 않았으면, 하는 기대가 내 속 어디엔지 움직이고 있었다.[25]

---

25) 「우편국에서」,『현진건전집』4, p.226.

사무원은 의심없이 돈을 내 주었지만 돈을 받은 나는 <소태나 먹은 듯이 마음이 씁쓸하였>던 것이다. 결국 이 작품은 가명이 실명을 대신하는 우편국의 일상적 관습 앞에서 진정성의 결여 때문에 내적 자아의 자기사랑이 상처를 입음을 보여주고 있는 것이다.

이상에서 우리는 결여성에 의한 사랑의 굴절과 그 귀결로서의 전락된 인간상을 살펴본 셈이다. 결국 이 항목에서 논의된 작품들은 자연스러움, 외모, 경제력, 진정성 등 어느 한 요소의 결여로 말미암아 삶의 원동력이 되어 줄 수 있는 여러 종류의 사랑이 실현되지 못하여 굴절되고 그로 인해 상처받은 자아는 여러 형태로 전락함을 보여주고 있는 것이다.

(2) 이기성에 의한 '사랑'의 굴절

완전한 사랑의 실현을 방해하고 굴절시키는 요소로서 현진건소설에 나타나는 것은 결여성 이외에 이기성이 있는데 이 이기성은 인간의 본원적 속성이거나 현실에 의한 훼손의 결과로 파악되는 바 그로 인해 작가는 전락된 인간성에 환멸을 표하거나 유적 본질로서의 인간을 동경한다. 이 범주에 속하는 작품으로는 「할머니의 죽음」, 「동정」, 「그립은 흘긴 눈」을 들 수 있는 바 그 구체적 양상을 살펴 보기로 한다.

「할머니의 죽음」에서 주인공 '나'는 80이 넘은 할머니가 위독하다는 전보를 받고 운명을 지켜 보지 못할까 염려하며 급히 귀향하지만 위기를 넘긴 병인은 시간을 오래 끈다. 처음에 '나'는 병인에 대한 주위 사람들의 심상한 태도에 놀라워하고 진무른 상처를 보았을 때에는 분개까지 하며 약을 사다 발라드리는 등 마음을 다해 정성껏 보살피고자 한다. 그러나 시간이 가면서 병인에 시달리는 것이 일상이 되고 어느 정도 지치게도 되자 '나' 역시 심상해지는 것을 스스로 느끼며 자괴한다.

> 여기는 쓰디쓴 눈물과 살을 저미는 슬픔이 있어야 하겠거늘, 이 기막힌 광경을 조소로 맞아야 옳을까?
> 나는 곧 그들에게 침이라도 뱉고 싶었다. 하되 나의 마음을 냉정하게 살펴본즉 슬프다! 나에게는 그들을 모욕할 권리가 없었다. 형수들 앞에서 앞가슴을 풀어젖히라는 할머니가 민망스럽기도 하고 딱하기도 하였다. 환자를 가엾다고 생각하면서도 나의 속 어디인지 웃음이 움직인 것은 부정할 수 없는 사실이었다.[26]

병고에 시달린 병인이 자신의 답답함을 손자에게 투사하여 그의 옷을 벗으라고 요구하자 주변인들이 킬킬거림을 보고 '나'가 보인 반응이다. 이처럼 할머니에 대한 손자로서의 사랑과 정성은 시간이 가면서 엷어지고 병인이 한숨 돌리자 바쁘다는 핑계로 다들 달아나 버리는 가운데 '나'도 상경한다. 죽어가는 할머니를 까맣게 잊은 채 어느 아름다운 봄날 꽃놀이 가려고 나서는 '나'의 앞에 할머니의 사망을 알리는 전보가 날아든다. 이처럼 이 작품은 자기를 잊고 남을 위하는 고귀한 사랑이란 인간의 본원적 이기성에 의해 얼마나 지속되기가 어려운가를 시니칼한 톤으로 보여주면서 실망스런 인간성의 한 단면을 전락의 구조로 형상화하고 있는 것이다.

인간의 본원적 이기성은 「동정」에서도 여지없이 폭로되고 있다. 함

---

26) 「할머니의 죽음」, 『현진건전집』4, p.148.

박눈 위에 내린 비가 얼어 붙어 길가기가 몹시 어려운 섣달 어느 날, 학교 방문에 나선 '나'는 인력거를 타게 된다. 길이 매우 험한 배화학교 입구에서 애쓰는 차부가 안 돼 보여서 <여기서 내리지> 라고 말하나 그는 삯을 깎이우지 않으려는 듯 그냥 계속 간다. 학교 일을 마치고 내려 올 때 또 주의하는 '나'의 말을 무시한 차부는 기어이 곤두박질을 쳐서 인력거가 크게 부서지고 두 사람은 굴러 떨어진다. 10원의 손해를 보았다며 낙망하는 차부에게 <아까 내리우랄 제 내려 주었으면 좋았지> 라고 책망하며 삯 1원만 주고 삯투정을 할까봐 발걸음을 재게 놀리던 '나'는 문득 읍울한 마음에 사로잡힌다.

> 그것은 나 자신의 해부(解剖)에서 오는 읍울이었다. 돈 줄 때 불쑥 나온 나의 한마디, 그 속에는 차부에게 전 책임을 돌림으로써, 나의 동정에 저버림을 질책함으로써, 인력거 삯을 더 못 달라게 하려는 의식이 분명히 움직이고 있었다. 자선을 받으면 이익을 잃을까 보아 위험을 무릅쓴 끝에 막대한 손해를 보았건만, '내리우라'한 말 한 마디를 끝끝내 방패삼아 도덕적으로 차삯을 더 달랄 수 없게 만든 나의 태도(의식적이든 무의식적이든)에 침이라도 뱉고 싶었다. 이런 생각을 하매 나의 가슴은 더욱더욱 읍울에 잠기었다.[27]

이처럼 「동정」은 남의 어려움을 보고 자연히 우러나던 동정이라는 고결한 사랑의 감정조차 '나'와 이해가 얽히게 되자 무의식중에 이기성의 방패로 전환시키는 인간의 근원적 이기성을 절감한 주인공이 교활한 인간성에 실망하고 있는 것이다. 그러므로 이 작품은 약자에 대한 사랑이 이기성에 의해 순간적으로 굴절되고 그로 인해 자아의 도덕심이 전락을 경험하는 하강구조의 소설인 것이다.

---

27) 「동정」, 『현진건전집』4, p.229.

이제 마지막으로 「그림은 홀긴 눈」을 보기로 한다. 이 작품은 기생 채선과 살림을 차린 '그'를 주인공으로 잡으면 '맹목적 사랑'의 소설로 볼 수도 있으나 '그'라는 인물이 간접화되어 관능적 열정이 드러나지 않을 뿐 아니라 오히려 기생과의 사랑일망정 <참다운> 측면마저 있어 보이므로 여기서는 이를 이용하여 이기적 실속을 차리는 화자 채선을 주인공으로 보아 이기성에 의한 '굴절된 사랑'의 소설로 보고자 한다. '나'는 기생노릇에 싫증이 나던 차에 <귀공자답게 얼굴도 곱상스럽고 돈도 잘 쓰며 노는 품도 재미스럽고 호귀로>운 '그'가 살림을 차리자고 조르자 그를 바싹 달게 하여 돈 천원을 울겨서 어머니에게 주고 마지못해 하는 척하며 살림을 들어 간다.

<간이라도 빼어먹일 듯이> '나'를 사랑하는 그는 <전에도 오입 깨나 해본 모양이었으나, 나이가 나이라, 어리고 참다운 곳이 있>어 무슨 청이라도 들어 주므로 '나'는 갖은 핑계를 대어 그의 돈을 긁어낸다. 그러나 <물쓰듯 하는 돈을 언제까지 대어갈 수>가 없어 살림 차린 지 석달이 못되어 그는 돈 주변할 길이 막히고 빚장이에게 시달리자 '나'의 사랑을 확인하고는 같이 죽기를 제의한다.

「채선이 네나 내나 이 세상에 더 구차히 산다 한들 또 무슨 낙을 보겠니, 차라리 고만 죽어버리는 게 어떠냐?」 하겠지요. 미쳤나 죽기는 왜 죽어 하면서도,
「그래요, 고만 죽어버려요.」라고 쉽사리 찬성을 하였읍니다.
「그래 나하구 같이 죽을 테냐.」
「나으리하구 죽는다면 죽는 것도 꿀이지요.」
「내야말로 너하구 같이 죽는다면 한이 없겠다.」 하는 그이의 소리는 떨리었읍니다. 나도 일부러 목이 메이며,
「내야말로 나으리하구 죽으면 한이 없어요.」
「말만 들어도 고맙다만 정말 나하구 죽을 터냐.」

「원 다심도 하이, 죽는다면 죽는 게지. 그렇게 내가 못미덥단 말이야요.」
하고 가장 남의 속을 못도 알아준다는 듯이 새파랗게 성을 내었읍니다. 그리하는 것이 어째 신파연극을 하는 듯싶어 재미스러웠어요. 설마 죽을 리는 만무하고 이왕이면 이대도록 너한테 정이 깊다는 걸 표시함도 좋았지요.28)

실상 '나'는 죽을 생각이 손톱만큼도 없고 <정 못 살게 되면 도로 기생으로 나갈 뿐>이라는 복안까지 가지고 있을 뿐 아니라 <살림살이가 물려서 그렇지 않아도 기생생활이 그립>기까지 하던 차였던 것이다. 더구나 '그'의 자살소동도 하나의 연극이리라 믿어 곧 <그 댁에서 허덕지덕 돈을 갖다줄 터이니 또 흥청거릴 수 있구나> 하고 도리어 기뻐한다.

그러나 정말로 약을 꺼내 와 나누어 먹자고 하자 혀밑에 감추고 먹은 체 하는데 약을 삼킨 '그'는 죽어가는 고통 속에서도 '나'를 걱정하여 토하게 하려다가 감추어진 약을 발견한다. 속은 줄 알게 된 그는 분노하여 눈을 흡떠 흘기며 죽는다. <죽어가면서 나를 생각한 만큼 거룩한 사랑을 가진 그이>의 그 흘긴 눈이 당시에는 무서웠으나 세월이 흐르자 <어째 정다운 생각>, <그리운 생각>이 든다. 결국 「그리운 흘긴 눈」은 기생에 대한 사랑일망정 참다움을 지향한 '그'의 사랑이 기생의 계산적 이기성 앞에서 허망하게 배신당하여 '그'의 전락만을 가져오게 되었음을 보여주고 있는 것이다.

이처럼 「할머니의 죽음」은 죽어가는 가족에 대한 안타까운 사랑조차도 자신의 일상성에 더 비중을 둘 수밖에 없는 인간의 근원적 이

---

28) 「그립은 흘긴 눈」, 『현진건전집』4, p.170.

기성 때문에 지속되기가 얼마나 어려운가를 보여줌으로써 인간성의 본원적 가식성과 윤리의 전락상을 형상화하였고, 「동정」은 이해관계와 무관할 때에 발휘되던 동정적 사랑이 첨예한 이해관계에 노출될 때에 인간성의 이기적 본질에 의해 어떻게 굴절되는가를 드러냄으로써 전락된 인간상을 보여주고 있다. 한편 「그리운 흘긴 눈」은 참다운 사랑이라는 것이 이기적 계산성을 본질로 하는 현실 앞에서 여지없이 전락되어 간 전말을 그려내고 있는 것이다.

IV

현진건의 단편소설은 자아를 주축으로 한 사랑의 맹목성이나 굴절 양상을 천착한 작품이 대부분이어서 자아를 버리고 타자를 지향하는 '헌신적 사랑'을 다룬 것은 그리 많은 편이 아니다. 그러나 이 유형의 사랑이 그의 후기작에 집중적으로 나타난다는 사실과 그의 작가 생활의 결산서라 할 수 있는 장편 「적도」와 「무영탑」 속에 수렴되어 가장 아름다운 사랑으로 그려지고 있음을 상기해 볼 때 이 헌신적 사랑이야말로 사랑의 다양한 양상을 천착해 온 현진건이 도달한 사랑의 최고형태이자 이상형이었다고 말해도 좋을 것이다. 이 범주에 속하는 소설로 우리는 「빈처」, 「신문지와 철창」, 「정조와 약가」, 「서투른 도적」을 들 수 있는데 그 구체적 양상을 살펴보기로 한다.

「빈처」는 처녀작 「희생화」의 바로 뒤에 나온 소설로 창작 초기에 이러한 헌신적 사랑을 형상화했다는 것은 다소 의외라는 느낌이 없지 않다. 그러나 이후의 가능성으로 작가의 마음 속에 싹트고 있던 맹아가 이 작품에서 무자각적으로 선취되었다가 수많은 편력 끝에 결론으로 후기작들에서 현시된 것이 아닐까라고 잠정적으로 이해하고 논의해 보기로 한다. 「빈처」의 화자는 해외 유학 중 경제적 이유로 귀국하여 보수없는 독서와 창작으로 날을 보내고 있는 작가 지망생 '나'이다. 조혼한 아내가 있는 '나'는 처음에는 후회도 하고 비감에 잠기기도 하지만 <의외에 그에게 따뜻한 맛과 순결한 맛>이 있음을 발견한다.

수입이 없는 상태에서 처가의 덕으로 시작한 살림인지라 처음 친정의 도움으로 생활을 꾸려나가던 아내는 나중에는 시집올 때 가져온 옷가지를 하나하나 전당잡히는 지경에까지 이르지만 내색을 하지 않고 <나의 성공만 마음 속으로 깊이 깊이 믿고 빌>어 준다. 오히려 조급해하는 '나'에게 <우리가 이렇게 고생을 하는 것이 장차 잘 될 근본>이라며 위로까지 한다.

> 그의 사랑이야말로 이기적 사랑이 아니고 헌신적 사랑이었다.
> 이런 줄을 점점 깨닫게 될 때에 내 마음이 얼마나 행복스러웠으랴! 밤이 깊도록 다듬이를 하다가 그만 옷 입은 채로 쓰러져 곤하게 자는 그의 파리한 얼굴을 들여다보며,
> 「아아, 나에게 위안을 주고 원조를 주는 천사여!」
> 하고 감격이 극하여 눈물을 흘린 일도 있었다.[29]

이러한 아내건만 자격지심에 '나'는 그녀를 종종 궁지에 몰아 넣고 예술가 아내의 본분을 상기시키며 이해를 강요하는데 그 때마다 번번히 이해와 미래의 성공을 믿어주는 아내이다. 돈많은 처형 남편에 의해 손상된 '나'의 자존심을 그녀는 돈많고 외도와 구박을 일삼느니 <없으면 없는 대로 살아도 의좋게 지내는 것이 행복>이라고 말

---

[29] 「빈처」, 『현진건전집』4, p.41.

해줌으로써 회복시켜 준다.그리하여 <이 말을 들으매 내 마음은 말할 수 없이 만족해지면서 무슨 승리나 한 듯이 득의양양>해 질 수 있었던 것이다. 그러나 마침내 아무리 아내라도 <부득이한 경우라 하릴없이 정신적 행복에만 만족하려고 애를 쓰지마는 기실 부족한 것이다.다만 참을 따름이다> 라는 사실에 생각이 미치자 '나'는 출세하여 은공을 갚고 싶다는 말을 한다.

「얼마 안되어 그렇게 될 것이야요!」
라고 힘있게 말하였다.
「정말 그럴 것 같소?」
나는 약간 흥분하여 반문하였다.
「그러문요, 그렇고 말고요.」
아직 아무도 인정해주지 않은 무명작가인 나를 저 하나가 깊이깊이 인정해 준다.
그러길래 그 강한 물질에 대한 본능적 요구도 참아가며 오늘날까지 몹시 눈살을 찌푸리지 아니하고 나를 도와준 것이다.
(아 아, 나에게 위안을 주고 원조를 주는 천사여!)
마음속으로 이렇게 부르짖으며 두 팔로 덤썩 아내의 허리를 잡아 내 가슴에 바싹 안았다.[30]

이처럼 「빈처」는 본능적인 물욕까지 억눌러 가며 타자의 성취만을 빌어주는 헌신적 사랑의 양상을 형상화함으로써 자기희생에 바탕을 둔 승화된 인간상을 보여주고 있는 것이다.
이러한 헌신적 인간상은 「신문지와 철창」 이후 본격적으로 나타나기 시작하는데 경찰서장집 강도혐의로 잡혀 온 칠순 넘은 노인도 바로 그러한 주인공이다. 그 노인은 백일 만에 어미 잃은 세 살난 손자

---

30) 「빈처」, 『현진건전집』4, pp.52-3.

와 단둘이 살아가는 사람인데 손자가 배고파 우는 양을 보다 못하여 구걸을 나왔다가 밥을 싸가려고 경찰서장 집앞에 떨어져 있던 신문지를 주운 것이 발단이 되어 강도혐의로 붙잡혀 오게 되었던 것이다.

그 노인은 유치장에 수감조차 되지 못하고 복도에 방치되는데 아이를 걱정하며 사정사정하던 그는 그것이 소용없음을 알자 조용해지더니 이번에는 끼니 때마다 밥집아이와 다툰다. 준 밥을 다시 달란다거니 안 받았다거니 하며 자주 다투다가 조사를 받게 되는데 주위 사람들은 노인을 두둔하며 밥집아이를 비난한다. 그러나 정말 노인의 고의춤에서 지저분한 수건에 싼 밥뭉치가 나오자 모두들 노인에게 등을 돌린다. 이러한 노인을 보자 화자인 '나'는 <이때까지 동정을 아끼지 않던 마지막 동무까지 잃어 버리고 쓸쓸한 사막에 외로이 제 길을 걸어가는 성자>를 보는 듯 슬픔을 느낀다. 그러나 팽개쳐진 밥을 보고 노인이 내뱉은 한 마디에 '나'는 인생의 빛을 본 듯해진다.

「그 잘난 밥! 우리 인식이나 줄걸!」
이 말 한마디에 나는 애연한 정보다도 빛나는 인생의 햇발을 본 듯싶었다. 그 잘난 밥! 그렇다! 그들에게는 그 잘난 밥이다. 그 잘난 밥이나마 감추려던 그의 심정! 경우와 처지와 모든 것을 잊어버리고 오직 손자를 향한 뜨거운 이 사랑만은 배부른 이들로는 상상도 못할 노릇이다. 그가 울음을 그치고 하소연을 그치고 손자를 위해 끼니끼니마다 몇 개 밥알이라도 고의춤에 모으는 즐거움은 온 세상을 통틀어 준대도 바꾸지 않았으리라. 남 안 보는 깊은 밤 옅은 죄수의 꿈이 깨일 때마다 그는 그 밥주머니를 어루만지며 인식이를 가만히 불러 보고 자애에 넘치는 웃음을 흘렸으리라. 가난한 이의 사랑은 종교다. 신앙이다. 그것이야말로 이 세상의 위대한 기적이 아니고 무엇이

나.31)

결국 그 노인이 유치장에 수감되지도 못하고 방축되는 것으로 사건은 일단락되지만 이 작품에서 우리는 자신의 모든 것을 잊고 손자만을 위하고자 하는 헌신적 사랑의 표본을 보게 되고 이 사랑의 감정이 얼마나 인간성을 승화시키고 있는가를 알 수 있는 것이다. 이처럼 「신문지와 철창」은 손자에 대한 한 노인의 헌신적 사랑을 '종교', '신앙', '기적'으로까지 칭송하며 그 노인을 인생의 빛을 구현하는 승화된 인간상으로 제시하고 있다.

한편 「정조와 약가」는 형식적 윤리의식을 뛰어넘는 진정한 사랑의 실체가 무엇인가를 문제삼고 있는 작품이다. 어느 여름날 새벽 D촌의 명의 최주부에게 20세 안팎의 아름다운 아낙네가 찾아와 남편의 병을 보아달라고 청한다. 보통 때 같으면 거절했을 터이지만 그 여인의 미모에 동하여 십여리의 왕진길에 나선 최주부는 산 속에서 그 여인의 정조를 빼앗는다. 아무 저항없이 최주부의 청을 들어준 그녀는 다 쓰러져가는 오막집에 피골이 상접한 채 앓고 있는 남편에게 자신의 행실을 고하고 용서를 비나 남편은 자신의 죄라며 괘념치 않는다.

그리하여 병을 고쳐 주지 않으면 갈 수 없다는 여인의 위협과 자신의 행위에 대한 자괴심으로 최주부는 치료를 시작한다. 소작인으로 살다가 한발이 닥치고 소작마저 떼인 뒤 품팔이로 지내느라 덧친 병세여서 돌리기 쉽지 않았지만 최주부는 놓여 나기 위해 자비까지 들여가며 치료하는데 그 동안 여인은 최주부와 동침한다. 병이 다나은 날 새벽 최주부는 두 부부가 다른 남자와의 동침에 대해 이야

---

31) 「신문지와 철창」, 『현진건전집』4, p.248.

기하는 것을 듣는다.

「백 날을 같이 자면 무슨 일이 있나. 내 병 땜에 임자에게 귀찮은 노릇을 겪게 한 게 애연할 뿐이지.」
「참, 그래요. 나도 그런 일을 당하면서도 조금도 부끄럽지 않았어요. 처음엔 가슴이 좀 두근거리더니만 무슨 짓을 하든지 당신 병만 낫우었으면 그뿐이라 하고 보니 맘이 그만 가라앉아요..」
「그럼 서로 위해서 하는 일이 부끄러울 것이 뭐람.」
그들의 수작은 아침에 재잘거리는 새 모양으로 흐리고 터분한 점은 도무지 없고 어디까지 명랑하고 어디까지 상냥하다.32)

그날 놓여나 돌아가던 최주부는 <저런 것들은 정조도 모르고 질투도 모르는 모양이지>라고 비웃지만 두 내외는 사립문턱에서 때마침 떠오르는 햇발을 담뿍 안고 그를 바라보고 서 있다. <의좋게 나란히 서 있는 그들의 얼굴엔 광명과 행복이 영롱하게 번쩍이는 듯하>다.
이 작품은 얼핏보면 정조관념이나 윤리의식마저 약화시키는 극빈의 고발같지만 남의 정조를 유린하며 윤리성 운운하는 위선적인 계층보다는 형식적 윤리를 뛰어넘어 지극한 신뢰와 부부애에 바탕한 진정한 사랑이 보다 건강하고 고귀함을 역설적으로 보여주고 있는 것이다. 그러므로 「정조와 약가」는 무엇보다 소중한 남편을 구하기 위하여 정조관념마저 단념하는 '헌신적 사랑'과 이를 통하여 구현되는 승화된 인간의 참모습을 보여주는 작품이라 평가할 수 있다.
이제 마지막으로 작품 「서투른 도적」을 보기로 한다. 이 소설은 도적질이라는 일견 비도덕적 행위가 실은 손자에 대한 애정의 한 발현이었음을 자각하는 화자의 이야기이다. 병약한 아내 때문에 안잠

---

32) 「정조와 약가」, 『현진건전집』4, p.262.

자기가 없어서는 살림을 할 수 없는 화자 '나'의 집에 어느 날 65세 가량의 추한 할멈이 들어온다. 황해도 안악 사람인 그 할멈은 농토를 빼앗기자 아들 부부를 남겨둔 채 13세 손자만 데리고 살길 찾아 올라왔다고 한다.

그 할멈은 안면이 좀 익게 되자 '나'에게 자기 손자도 같이 살게 해 달라는 둥, 아들 부부에게 빈 방 좀 내어 주라는 둥 신세한탄과 더불어 갖가지 사정을 한다. 심지어는 심부름하는 19세의 대욱이 때문에 자기 손자가 올 수 없다며 학대할 뿐 아니라 그를 내 보내라고 청하기까지 한다. 집안 형편상 그 청을 들어 주기가 어려워 그대로 지내고 있던 어느 날 할멈은 손자를 보고 오겠다고 하여 승락을 받는다. 그런데 품속에서 훔친 쌀을 넣은 전대가 발각되는 바람에 즉시 해고되어 손자 있는 곳으로 할멈이 쫓겨간 뒤 대욱이가 뒷간에서 할멈이 훔쳤다가 버리고 간 동전 세 닢을 찾아 온다. '나'는 그 돈을 버린 할멈의 심경을 유추해 보며 마음이 저려옴을 느낀다.

> 대욱의 말마따나 할멈은 과연 파출소를 겁내었을까? 아무도 몰래 안전하게 제 품 속에 든 동전 서 푼이 귀신 아닌 사람에게 발각되리라고 믿었을까? 사랑하는 손자에게 옥춘당으로나 변할 그 귀중한 동전 서 푼을 확실치 않은 겁결에 그리 쉽사리 내어 놓았을까?
> 그는 일부러 동전 서 푼을 내어던진 것이다. 네 보라는 듯이 내어던진 것이다.
> (섬으로 있는 쌀을 몇 줌 훔친들 어떻단 말이냐. 굶주리는 내 손자에게 한 끼 이밥을 해준들 어떻단 말이냐. 무슨 대사냐. 품속에 넣은 쌀까지 우벼 뺏는 알뜰한 요것들아. 이 동전 서 푼이나마 마저 받아라! 그리고 잘 살아라!)
> 맘속으로 외치며 이 동전을 던진 것이다. 우리의 얼굴을 향해 이 동전 서푼을 후려갈긴 것이다……33)

이 작품에 그려진 할멈의 인간상이 이 범주 소설의 여타 인물에 비하여 긍정성이 약한 것은 사실이다. 그럼에도 불구하고 할멈이 굶주리는 손자를 위하고자 하는 마음은 헌신적 사랑의 범주에 포괄될 수 있는 성질의 것이다. 물론 이 작품에서 표나게 두드러지는 것은 유산계층에 속해 있는 화자의 무산계층에 대한 온정적 자괴감일 수 있다. 그러나 '사랑'이라는 관점에서 정리해 본다면 이 작품은 손자에 대한 사랑 때문에 일상적 윤리마저 희생하며 살아가는 헌신적 인간상을 드러내고 있다고 말할 수 있을 것이다.

이상에서 우리는 「빈처」, 「신문지와 철창」, 「정조와 약가」, 「서투른 도적」을 자세히 살펴보았다. 그 결과 「빈처」는 남편의 성공을 위하여 자기희생을 감수하는 헌신적 아내상을, 「신문지와 철창」은 자신의 경우와 처지를 잊고 손자만을 위하는 헌신적 조부상을, 「정조와 약가」는 남편의 병구완을 위하여 형식적 정조관념마저 버리는 헌신적 아내상을, 「서투른 도적」은 굶주리는 손자를 위하여 일상적 윤리의식마저 저버리는 조모상을 각각 형상화함으로써 자아를 초월한 승화된 인간상의 편모를 보여주고 있음을 알 수 있었다.

V

한국근대소설사에 뚜렷한 족적을 남긴 빙허 현진건은 여러 측면에서 문제적 작가이다. 그는 본격적 근대단편 형성기에 탁월한 묘사력

---

33) 「서투른 도적」, 『현진건전집』4, pp.268-9.

과 우수한 반전기법을 구사하여 질적으로 우수한 단편들을 창작해 냈을 뿐만 아니라 당대 식민지 현실의 궁핍상과 몰락상을 정확히 인식하여 작품에 반영하고 있기 때문이다.

그런데 이러한 측면들은 그의 여러 작품들에 분산된 채 상호보족적으로 구현되어 있기 때문에 어느 측면을 강조하느냐에 따라 현진건의 모습은 여러가지로 달라질 수 있다. 따라서 현진건론이 흔히 잡다한 나열식으로 씌어지기 일쑤인 사정도 이해가 간다. 그러나 한 작가의 전 작품실천을 일원적 체계하에 이해할 수 있도록 하는 것이 작가론의 이상이라면 현진건에 있어서도 이러한 시도는 계속되어야 하리라고 본다. 그런 의미에서 본고는 현진건의 전소설을 '사랑'의 양상이라는 관점에서 정리해 보았다.

현진건은 '사랑의 작가'라 할 수 있을 정도로 모든 작품이 사랑과 일정하게 연관되어 있는 바, 이를 사랑의 양상에 따라 분류해 보면 맹목적 사랑의 소설, 굴절된 사랑의 소설, 헌신적 사랑의 소설로 나눌 수 있다. 그리고 이 소설유형들은 각각 그에 상응하는 변별적 인간상을 구현하고 있는데 훼손된 인간상, 전락된 인간상, 승화된 인간상이 바로 그것이다.

맹목적 사랑의 소설로는 「타락자」, 「유린」, 「지새는 안개」, 「발」을 들 수 있는데 이 작품들은 감각적 사랑의 미적 쾌감에 맹목적으로 탐닉하던 주인공을 종국에는 일상적 자아가 손상되는 낭패감에 빠지게 함으로써 훼손된 인간상으로 그려보이고 있다.

굴절된 사랑의 소설은 광범한 의미로서의 '사랑'을 문제삼되 그러한 사랑이 실현될 수 없도록 사랑을 굴절시키는 어떤 장애적 요인으로 말미암아 파멸하거나 진정성을 상실하는 전락된 인간상을 형상화하고 있다. 그리고 이 유형의 소설은 다시 그 장애요인이 무엇이냐에 따라 결여성에 의한 굴절과 이기성에 의한 굴절로 구별된다.

　결여성 굴절의 작품들은 자연스러움(「희생화」, 「술권하는 사회」, 「불」), 외모(「까막잡기」, 「B사감과 러브레타」), 경제력(「운수 좋은 날」, 「고향」, 「사립정신병원장」), 진정성(「피아노」, 「우편국에서」) 등 어느 한 요소의 결여로 말미암아, 이기성 굴절의 작품들(「할머니의 죽음」, 「동정」, 「그립은 흘긴 눈」)은 인간의 본원적 속성이거나 현실에 의한 훼손의 결과로 파악되는 이기성에 의해 삶의 원동력이 되어 줄 수 있는 여러 종류의 사랑이 실현되지 못하여 굴절되고 그로 인해 상처받은 자아는 여러 형태로 전락함을 보여주고 있는 것이다.

　헌신적 사랑의 소설로는 「빈처」, 「신문지와 철창」, 「정조와 약가」, 「서투른 도적」을 들 수 있는데 이들 작품들은 자아를 버리고 타자를 지향하는 '헌신적 사랑'의 주인공을 형상화함으로써 자아를 초월한 승화된 인간상의 편모를 보여주고 있다.

　그러면 이처럼 세 유형으로 분류될 수 있는 현진건의 작품실천은 어떠한 의미를 함축하고 있는 것일까? 그 의미의 일단이 드러날 수 있도록 하기 위하여 이 세 유형들 간의 관계양상을 살펴보면 대체로 맹목적 사랑 계열이 초기작에, 굴절된 사랑 계열이 초·중기작에, 헌신적 사랑 계열이 후기작에 나타나고 있어 이들 사이에 일종의 계기적 이행관계가 성립함을 알 수 있다. 따라서 우리는 사랑의 작가인 현진건이 초기에는 맹목적 열정의 사랑을 주로 탐색하다가 중기에 접어들면서는 진정한 사랑을 방해하는 요소들을 천착, 고발하였으며 후기에 이르러서는 '사랑'의 최고형태로 헌신적 사랑을 발견해 내었다고 말할 수 있을 것이다.

　그리고 이러한 현진건소설의 전개과정은 그 자체가 바로 작가 현진건의 인간으로서의 성숙과정으로 이해될 수 있을 뿐 아니라, 자아

→ 초자아, 부정적 비판성 → 긍정적 초월성, 개인성 → 계층성 등으로의 관심의 이행과정을 보여주고 있어 논점에 따라서는 그 의미연관이 다양하게 추구될 수 있으리라 생각된다. 이 점은 장편소설에 대한 고찰과 더불어 후고로 미루는 바이다.

나도향 소설과 파멸의 미학

I

 나도향(1902-1926)은 비교적 많이 알려져 있고 또 언급도 많이 되어 온 작가이지만 그에 대한 거의 고정된 평가때문에 본격적인 연구는 많지 못한 실정이다. 나도향에 관한 몇 가지 고정관념은 그의 천재성과 요절이라는 비극적 생애, 그의 여인관계, 이러한 몇몇 사실의 주변을 맴도는 것이었다. 이것은 주로 도향과 관계를 가졌던 사람들의 회고담에서 일차적으로 그 유래를 찾을 수 있을 것이다.
 이러한 사실들은 도향의 소설을 이해하는 데 도움을 주기도 하지만 그에 못지 않게 객관적으로 도향문학을 연구하는 데 장애가 되기도 한다. 많은 도향론이 그의 완성되지 못한 천재성을 아까와하고 비극적 생애를 동정한다. 그러나 이러한 실현되지 못한 가능성에 대한 애착이나 동정적 서술이 학문적 객관성을 띠기 힘들 것임은 추측하기 어렵지 않다.
 게다가 많지 못한 도향론마저 대체로 문예사조에 입각하여 이루어지고 있고 그 논조 또한 대개 일치되고 있다. 그것은 도향이 초기에는 감상적 낭만주의의 유치한 습작을 쓰다가 「여이발사」, 「행랑자식」에 이르러 사실주의 내지 자연주의 소설로 전환하여 본격적인 작품을 쓰기 시작했으며 「벙어리 삼룡이」, 「물레방아」, 「뽕」 등에서 재능을 발휘하여 그 장래가 촉망되던 중 아깝게 요절했다는 식이다.

물론 이러한 투의 논의도 도향소설의 대체적인 이해를 위해서는 도움이 되는 측면이 있을 수 있겠지만 그것은 개별적인 작품에 대한 고려를 별로 하지 않은 채 사조라는 도식을 기계적으로 적용함으로써 피상적인 유형 분류에 그친 감이 없지 않다. 그러므로 본격적이고 총체적인 도향론을 위해서는 우선 구체적인 작품들을 개별적으로 살핀 후 그들의 제작 원리나 관계 양상에 따라 유형 분류하고 그 의미나 원인을 규명하지 않으면 안 될 것이다.

II

나도향 소설의 구조적 특성이나 그 변모 양상을 살펴보기 위해서는 우선 그의 작품들을 연대순으로 배열하여 그 사이의 관계들을 고찰하는 것이 바람직할 것이다. 1921년 4월 『배재학보』2호에 처녀작 「출학」을 발표한 이래 1926년 요절할 때까지 나도향이 남긴 소설은 30 편 가까이 되는데 그 목록을 제시해 보면 다음과 같다.

「출학(黜學)」(『배재학보』2호, 1921.4)
「나는 참으로 몰랐다」(『청년』4호, '소년호', 1921.6)
「젊은이의 시절」(『백조』창간호, 1922.1)
「별을 안거든 우지나 말걸」(『백조』2호, 1922.5)

「환희(幻戱)」(『동아일보』1922.11.21~1923.3.21)
「옛날 꿈은 창백하더이다」(『개벽』30호, 1922.12)
「추억(追憶)」(『신민공론』1923.1)
「은화·백동화(銀貨·白銅貨)」(『동명』1923.1.1)
「당착(撞着)」(『배재』2호, 1923.3)
「춘성(春星)」(『개벽』40호, 1923.7)
「여이발사」(『백조』3호, 1923.9)
「행랑자식」(『개벽』40호, 1923.10)
「자기를 찾기 전」(『개벽』45호, 1924.3)
「전차차장의 일기 몇 절」(『개벽』54호, 1924.12)
「J의사의 고백」(『조선문단』6호, 1925.3)
「계집하인」(『조선문단』8호, 1925.5)
「벙어리 삼룡이」(『여명』1925.7)
「물레방아」(『조선문단』11호, 1925.9)
「꿈」(『조선문단』13호, 1925.11)
「뽕」(『개벽』64호, 1925.12)
「지형근」(『조선문단』14~16호, 1926.3~5)

 이 밖에 「화염에 싸인 원한」(『신민』15-6호, 1926.7~8), 「피묻은 편지 몇 쪽」, 「한강변의 일엽편주」, 「속 모르는 만년필 장사」(꽁트)가 더 있고 장편으로 전기한 「환희」이외에 「청춘」, 「어머니」, 「미정고 장편(未定稿 長篇)(유고)」(『文章』21호, 1940.12)이 있는데 텍스트가 불완전한 것, 발표지, 발표 연월일이 밝혀지지 않은 것, 도향 사후에 출간된 것 등 논의에 다소 어려움을 주는 것들이어서 본고에서는 제외하기로 한다.

III

 도향의 소설은 주인공의 욕망이 세계와의 대결을 거쳐 어떤 결말에 도달되는가에 따라 세 유형으로 분류될 수 있다. 제1유형은 주인공(A)이 가치있다고 생각하는 어떤 것 (B)을 추구하나 현실 속에서 장애(C)에 부딪혀 좌절하고 신비화된 죽음이나 눈물, 꿈 등 다른 상황으로 도피하여 그 좌절감을 잊어버림으로써 심리적 평형을 얻고자 하는 결말(D)을 가지고 있다. 이 유형에 속하는 작품은 「출학」, 「나는 참으로 몰랐다」, 「젊은이의 시절」, 「별을 안거든 우지나 말걸」, 「환희」, 「옛날 꿈은 창백하더이다」로서 1923년 이전에 쒸어진 작품들이다.

 「출학」은 주인공 영숙(A)이 병철(B)을 사랑하면서도 정윤모의 유혹과 모청년의 폭력(C)에 몸을 더럽혀 오랫만에 만난 병철을 실망시키고 학교로부터는 퇴학 명령을 받게 되자 자신의 죽음 소식에 병철이 용서해 주기를 바라면서 유서를 남기고 집을 나선다(D).

 「나는 참으로 몰랐다」는 18세의 학생인 주인공(A)이 길에서 본 미모의 기생 백매(B)에게 마음을 빼앗겨 사랑에 빠지게 되는데 어느 날 대취하여 스승(C)의 집에서 자게 되었을 때 들은 "나는 자네가 이러케 될 줄을 참으로 몰랐네"라는 말에 감동되어 백매와의 인연을 끊는다. 그 후 백매가 자신의 이름을 부르며 피를 토하면서 죽었다는 말을 듣고 어느 때든지 신성한 곳에서 다시 만나 행복스럽게 살기를 기원한다(D).

 「젊은이의 시절」은 주인공 철하(A)가 지향하는 음악가의 꿈(B)이 아버지의 몰이해(C)로 장벽에 부딪히자 누나 경애의 지원 약속에 일말의 희망을 거는데 경애마저 사이비 예술가 영빈(C2)에 의해 농락

당한 후 예술에 혐오를 보임으로써 음악에의 꿈이 무산되고 꿈 속에서 마왕이 주는 술을 마시며 좌절감을 잊는다(D).

「별을 안거든 우지나 말걸」은 사랑에 굶주려 있는 주인공 DH(A)가 친구 R, MP라는 여성, 기생 설영에게서 애정(B)을 추구하나 R과는 사상 문제와 삼각관계(C1) 때문에, MP와는 신앙과 다른 남성(C2) 때문에, 설영과는 그녀가 단순한 기생에 불과하여 자신이 외로울 때 딴 남성과 외출했다는 사실의 인식(C3) 때문에 멀어지게 되며 결국 외로운 마음으로 귀가하던 중 문 앞에서 자신을 반기는 동생에 감격하여 눈물(D)을 흘린다.

「환희」는 사건이 복잡하게 얽혀 진행되는 장편이지만 결국은 혜숙(A1)이 선용(B1)을 지향하나 백우영(C1)에 의해 좌절되고, 설화(A2)는 영철(B2)을 지향하나 이정월(C2)에 의해 좌절됨으로써 신비화된 죽음 속에서의 환상을 품고 자결한다(D).

「옛날 꿈은 창백하더이다」는 주인공이 어린 시절을 회상하는 형식으로 되어 있는데 주인공(A)이 바라는 화목한 가정이라는 이상(B)이 가족간의 불화, 할머니의 맹목적 신앙심, 가난(C)에 의해 여지없이 깨어지고 어머니가 친정으로 가게 되며 외가에 거의 도착하여 전날의 부부싸움을 말하지 말라는 어머니의 말에 주인공의 마음은 잠시 환해질 뿐이다(D).

이처럼 제1유형의 소설들은 주인공이 지향하는 욕구가 현실적 장애에 부딪혀 좌절되는 구조로 되어 있다. 이것을 파멸구조라 한다면 도향의 제1유형의 소설들은 파멸구조를 공통적으로 보여 주고 있다. 그리고 주인공들이 모두 구체적인 사회적 지반을 갖지 못한 추상적 인물들이고 그들이 추구하는 가치도 예술이나 사랑같은 지고하고 초월적인 것일 뿐 아니라 좌절에 직면한 주인공들이 한결같이 꿈이나 눈물, 죽음 같은 도피적 상황 속에서 좌절감을 극복하고자 한다는 점에서 이 주인공들은 초월적 경향을 갖고 있다고 말할 수 있다. 우리는 이러한 제1유형의 소설을 초월적 파멸구조의 작품으로 부를 수 있을 것이다.

IV

제2유형은 주인공(A)이 그가 예기하던 어떤 기대(B)가 돌발적인 사건(C)에 의해 전혀 이질적인 결과(D)로 나타나자 당황(E)하는 공통 구조를 보이고 있다. 그리고 이 유형의 소설들은, 구체적인 사회적 지반을 갖지 못한 인물들이 초월적 세계를 지향하는 제1유형과는 달리 현실을 차분히 응시하여 인간관계의 구체적 양상의 일단을 드러내고 있다. 그러나 이 유형의 작품들은 관찰의 시선이 현실로 보다 많이 전환되기는 했어도 아직 모색의 과정에 있고 인간관계의 근원적인 실상에는 눈뜨지 못했기 때문에 단편적인 사건을 보고하는 가벼운 소품들이다. 작품으로는 「추억」, 「은화·백동화」, 「십칠원오십전」, 「당착」, 「춘성」, 「여이발사」 등이 여기에 속한다.

「추억」은 주인공 '나'(A)가 한 부인의 길을 안내하다가 잘못 인도하여 질책(B)받을 것을 염려하나 책망은 커녕 오히려 유혹을 당하여 (C) 간통까지 함(D)으로써 어둠에 싸인 세계의 한 면을 체험하고 경이감(E)에 빠진다.

「은화·백동화」는 인력거꾼 김첨지(A)가 50전을 가지고 선술집에서 술을 30전어치 마시고 속으로 20전의 잔액(B)을 계산하고 있었는데 거지에게 떡을 주었다고 혼이 난 주인집 아들이 무안도 하고 홍분되어 (C) 거스름돈을 10전을 더 주자(D) 뒤도 돌아 보지 않고 나오며 뜻밖의 횡재에 온종일 기뻐 어쩔 줄 모른다(E).

「당착」은 어느 추운 밤 주인공(A)이 길에서 잠든 주정군이 동사할까 염려되어 구조하기 위해(B) 파출소로 데려 가는데 순사가 술 취한 체 한다고 주정군의 따귀를 갈기자(C) 주정군이 겨우 정신을 차려 나간다. 구해 주려다가 도리어 그 주정군을 모욕당하게 한(D) 주인공은 마음에 비애감을 안고 <세상이란 이러케도 당착(撞着)이 만허>(E)하며 술을 먹으러 간다.

「춘성」은 주인공 춘성이(A1) 영숙을 몹시 좋아하나 눈물과 정이 없어 사랑할 수 없다는 편지를 받자 눈물이 많음을 증명(B)₁ 하기 위해 영숙을 찾아가 울고 있는 그녀를 따라 같이 운다. 영숙이 자기는 부친의 부고(訃告) 때문에 (C1) 우는데 당신은 왜 우느냐고 묻자 춘성은 속임을 당한 것을(D1) 분해하며 나온다(E1). 홧김에 술집에 간 춘성은(A2) 자기가 좋아하는 설향을(B2) 다른 친구에게 빼앗기고 (C2) 호감이 가지 않는 채옥의 구애를 받자(D2) 아무 말 없이 말을 채 못마친 입도 다물지 않고 멍멍히 서 있는다(E2).

「여이발사」는 곤궁한 주인공(A)이 겨우 돈을 마련해 이발을 하면서 거스름돈의 용도를 생각하는데(B) 여이발사가 계속 웃는 것을(C) 자신에 대한 호감의 표시로 이해하고 거스름돈을 팁으로 주고 나온다. 거리 유리창에 머리를 비쳐보다가 머리 흉터를 발견하고는 그 웃음이 자신을 조롱한 것으로 판단되자 거스름돈만 날린 것(D)을 알고는 낭패감에 빠진다(E).

이와 같이 제2유형의 작품들은 주인공의 최초의 기대가 돌발적인 요인의 개입으로 말미암아 전혀 이질적인 결과로 나타나고 그 결과에 주인공이 당황하는 구조로 되어 있다. 주인공의 기대가 좌절된다는 의미에서 이 구조도 크게 보아 파멸구조이지만 취급되는 사건이 단편적인 점을 감안하여 이 구조를 최초의 기대가 뒤바뀐다는 뜻에서 역전구조라 불러도 좋을 것이다. 그리고 이 작품들에 나타나는 주인공들이 고귀하고 초월적인 것을 지향하는 인물들이 아니고 일상 현실의 삶의 구조 속에서 그것의 운행원리의 일단을 드러내는 인물들이며 그들이 처하게 된 경이스런 상황에 그대로 머물러 있다는 의미에서 현실적이라 할 수 있을 것이다. 따라서 제2유형의 작품은 현실적 역전구조를 구조 원리로 하고 있다고 말할 수 있다.

V

제3유형의 작품들은 주인공이(A) 지향하는 가치가(B) 현실적 장애(C)에 부딪혀 주인공이 파멸(D)하는 파멸구조로 되어 있다. 제3유형 주인공이 제1유형 주인공과 다른 점은 그들이 추상적이고 현실초월적인 신성한 것을 추구하지 않고 구체적인 인간관계 속에서 무엇을 소망하고 그것을 추구하다가 그대로 패배하되 결코 초월적 세계로 도피하지 않는다는 점이다.

또한 제3유형이 제2유형과 다른 점은 주인공이 도달하게 되는 파멸적 결말이 제2유형처럼 예기치 못한 돌발적 요인에 의해 발생하는 것이 아니라 구체적인 사회성·역사성을 지닌 요인에 의해 야기된다는 점이며, 이 사실은 제2유형에서 모색과정에 있던 작가의 현실인식이 일정한 현실원리를 간파했음을 보여 주는 것이다. 여기에 속하는 작품으로는 「행랑자식」, 「자기를 찾기 전」, 「전차차장의 일기 몇절」, 「계집하인」, 「벙어리 삼룡이」, 「물레방아」, 「꿈」, 「뽕」, 「지형근」

등이 있는데 구체적 작품구조를 보면 아래와 같다.

「행랑자식」은 소년 주인공 진태(A)가 행랑자식이라는 신분과 가난(C)에 의해 신체적으로는 억울하게 구타당하고(D1) 심리적으로는 자그마한 자존심마저도 훼손당할 뿐 아니라(D2) 꿈 속에서조차 억울한 꿈만 꾸게 됨으로써(D3) 자아를 유지하며 사는 인간다운 삶(B)이 불가능해진다.

「자기를 찾기 전」은 주인공 수님(A)이 삶의 의미를 부여하고 의지해 오던 아들 모세, 남편, 신앙을(B) 돈이 없음으로 해서(C) 일시에 잃어버리고 이 세상에 홀로 내버려진 허탈상태의 자신을 발견한다(D).

「전차차장의 일기 몇 절」은 불과 한 달 전에 시골에서 갓 상경하여 전차 삯 몇 푼이 없이 무임승차를 했던 소녀(A)가 빈곤에 견디지 못하여(C) 몸을 파는 여인이 됨으로써 경제적으로는 여유가 좀 생기고 외모는 화려해졌으나 도덕적으로는 타락하여(D) 윤리적 순결을(B) 상실한다.

「계집하인」은 양천집(A)이 하녀채용에서 이기기 위해(B) 얼굴이 반반한 점순어멈과 경쟁하나 추한 용모(C) 때문에 패배하며(D) 며칠간의 급료나마 받아 가지고 문을 나선다.

「벙어리 삼룡이」는 삼룡이(A)가 주인집 아들의 학대를 당연시하며 받아오다가 천사같은 주인집 새아씨가 학대받는 것을 보고 그 아들의 부당성을 인식하는데 그 아씨를 도우려고 하는 행동들(B)이 오히려 주인집 아들을 자극(C)하여 자신과 아씨에게 불리한 결과를 가져오게 되며 결국 집에서 쫓겨난 삼룡이 주인집에 불을 놓게 됨으로써 주인집 아들을 비롯하여 아씨와 삼룡이도 죽게 된다(D).

「물레방아」는 막실살이를 하는 방원(A)이 가난하나마 사랑을 바탕으로 아내와 행복하게 살려(B) 하지만 돈(C)이 없어 아내를 지주 신치규에게 빼앗기고(D1) 옥살이까지 하며(D2) 출옥 후 달아나자는 제의에 아내가 응하지 않자 함께 죽는다(D3).

「꿈」은 소작인의 딸 님실(A)이가 자기 상전집 도령님을 사랑(B)하지만 둘 사이의 계층의식(C) 때문에 사랑을 성취하지 못하고 죽어 간다(D).

「뽕」은 주인공 안협집(A)이 생활력이 없는 무능한 남편 삼보와 살아가면서 돈(C)을 마련하기 위해 동네 공청에서 잠을 자며(D) 자신을 지키는 삶(B)을 살지 못하고 훼손된 삶을 살아 간다.

「지형근」은 양반 지주의 아들이었던 지형근(A)이, 집안이 영락하여 돈을 벌기 위해(B) 철원으로 가나 속임수를 당해(C1) 가져간 옷가지마저 팔아 버리고 친구의 도움으로 연명해 간다. 우연히 같은 동네에 살던 이화가 기생으로 전락된 것을 보고 그녀를 구하기 위해 술취한 친구가 떨어뜨린 지갑을 가지고(C2) 이화에게 가지만 면서기와 수작하느라 나오지 않는 이화를 두고 면서기와 싸우다(C3) 수습차 나온 경찰에 의해 지갑 절도 혐의로 구속된다(D).

이상에서 본 바와 같이 제3유형 소설들은 주인공이 현실의 여러 장애요인에 의해 자신이 지향하는 가치있는 삶의 양상을 성취하지 못하고 파멸하는 파멸구조로 되어 있는데 이 때 주인공은 원초적인 순결한 자아나 사랑을 잃어버리고 타락, 죽음, 소외의 상황에서 철저히 패배할 뿐 초월성을 지향하지 않으므로 이러한 태도를 현실적이라 볼 수 있다. 따라서 제3유형의 소설구조는 현실적 파멸구조라 규정될 수 있을 것이다.

VI

 우리는 앞에서 도향의 소설을 3분하여 그들의 구조적 특성을 살펴보았다. 그런데 이들 유형 사이에는 순차적인 이행관계가 성립되어 제1유형의 작품은 1921년과 1922년에 걸쳐서 있고, 제2유형의 작품은 1923년 중반까지, 제3유형의 작품은 1923년 후반부터 도향이 사망하는 1926년까지 나타난다. 그러면 어떤 이유로 하여 작품이 계기적 이행을 하여 갔는가를 규명해 보고 그것이 가지는 의미를 알아보는 것이 다음의 과제가 될 것이다.
 제1유형인 초월적 파멸구조의 작품이 산출된 1921·2년은 도향 개인사에 의하면 비정상적인 가정에서 배태된 생래적인 감상벽, 도일 유학의 실패에 의한 좌절감, 안동 교사시절의 소외감 등으로 도향이 몹시 감상적이며 고독하던 시절이었다. 다음의 글은 그 당시 도향의 심경을 잘 요약해 보여주고 있다.

> 여기는 꽃이 다 져버렸나이다. 웃는 듯하고 웃는 듯한(우는 듯한?) 그 꽃은 벌써 다 졌나이다. 저는 다만 愁然한 雙眼으로 無言한 그 꽃만 바라보았나이다. ……吾兄吾兄 울어야 할는지 웃어야 할는지 저는 모르나이다. ……寂寂寥寥한 이 곳에 외로이 있는 저는 다만 學校 뒤에 용출(聳出)한 嶺南山 위에 올라서서 西北便 하늘만 바라볼 뿐이외다. ……사나이 눈에 눈물을 머금음도 無理가 아니오 丈夫의 가슴에 한숨을 감춤도 잘못이 아니언만 울려하나 울 곳이 없고 한숨을 쉬려하나 한숨을 받을 者 가더이다. 우리가 만나야 그 눈물을 알고 우리가 만나야 그 한숨을 알아 줄 걸! ?(『백조』2호, '六號雜記')

 한편 사회적으로는 일제의 문화정치에 의해 문학, 예술 등 각 방면에서 민족을 위하는 한 방법으로 구체적인 현실을 떠나 문화운동 자체에 몰두하는 기운이 싹터 있었다. 그리하여 미술이나 음악, 문학 등을 신성하고 고귀한 것으로 치부하는 초월적이고 딜레땅뜨적인 분위기가 감돌고 있었다. 그러므로 도향의 제1유형의 소설은 도향 개인의 내적인 계기와 당대 사회의 분위기가 결합되어 만들어 낸 작품들이며 나아가 이 작품들이 그러한 분위기를 형성하는 데 일익을 담당하기도 하였던 것이라 볼 수 있다.

그런데 1923년을 계기로 하여 도향은 온 가족이 생계를 의존하던 조부의 수감, 출옥 후의 와병, 사망 등 일련의 사건을 겪는 동안 경제적 궁핍을 체험하게 됨으로써 고독 같은 감정적 사치나 추상적 예술보다도 생계가 당장 위협을 받게 되어 현실의 악착스러움을 뼈저리게 느끼게 된다. 가정의 영락으로 인하여 내면·외면의 고통을 받게 되고 우울에 빠지게 된 도향에게 이제는 사치스런 외로움이 문제가 아니라 호구지책이라는 현실이 문제였던 것이다. 이 때를 전기로 하여 도향의 의식이 얼마나 현실적이 되는지를 다음 글은 잘 보여 준다.

    着家한 現實 …… 이렇게 무서운 現實이라는 뜬뜬한 땅덩어리 위에 발을 밟고 선 우리가 그와 같이 무지개나 신기루 같은 理想을 目前에 만져보고 먹어 볼 만치 實現하랴 하는 것은 산 위의 별을 따려고 갈구쟁이를 들고 이 산 넘어 봉우리마다 따라 다니는 사람이나 다를 것이 없다.
    이렇게 말을 하면, 혹 내가 '理想'이라는 것을 전부 不認하고 나서는 사람으로 생각할는지도 아지 못 하겠지만 悠遠한 未來의 잘 살기를 바라다가 電光石火보다도 더 짧은 나의 生을 조금이라도 터럭만치라도 의미없이 지내기 싫다는 의미에서 하늘을 치어다 보는 것보다 땅을 내려다 보는 것이 좋으며 두 팔을 벌리고 날라 보려는 것보다 한 걸음이라도 성큼 더 내놓는 것이 옳다는 말이다(『조선문단』10 호, 1925.7, pp.114~115).

이처럼 도향이 개인적 사유로 1923을 경계로 하여 고독이나 소외감 같은 추상적 관념적 인생관에서 구체적 현실적 인생관으로 방향을 돌리게 되는 시점에 문단에서도 종래의 문학경향을 비판하고 새로이 힘의 문학, 생활의 문학을 지향하는 흐름이 생기면서 문단이 급변하고 있었다. 이러한 개인적 사회적 배경이 도향의 제2유형, 제3유형소설에 나타나는 현실적 경향성의 발생 근거라 할 수 있다. 다만 제2유형의 작품은 일종의 과도기적 작품으로 볼 수 있어서 작가의 시선이 제1유형에 비해 상당히 구체적·현실적으로 되었지마는 아직 피상적이어서 단편적인 소품으로 머물러 있다는 것이 제1유형과의 차이라 할 수 있다.

VII

이상에서 우리는 도향의 소설구조를 파멸의 미학으로 도출한 후 그것을 3분하여 그 변모과정과 변모 이유를 도향의 전기적 사실과 당대의 사회적 사실에 대응시켜 설명해 보았다. 그러면 이렇게 하여 형성된 도향의 각 유형의 소설들은 어떠한 의미를 가지는 것일까? 도향의 세 유형의 소설이 가지는 의미를 파악하기 위해서는 당시 사회에 대한 조망을 하지 않을 수 없으며 이것은 일제의 식민지 통치 방식과 떼어서 생각할 수 없다.

주지하다시피 20년대의 일제의 식민통치 방식은 문화정치로 요약된다. 그런데 이 분야의 연구성과에 의하면 문화정치의 본질은 민족의 회유·분열정책이었다. 그러므로 일제의 허가 아래 가능했던 문화주의가 문화운동을 통한 민족역량의 축적이라는 슬로건을 내걸고 각 방면에서 추진되었지만 이것이 우리 민중들을 일제에 대한 험난한 투쟁과 반항의 길이 아니라 생활에 충실함으로써 윤택한 삶을 즐기고 소시민으로 안주시키려는 문화정치의 의도에서 벗어나기 어려웠고 더우기 식민지 수탈이라는 체제 자체의 성격과의 모순 속에서 그나마 헛된 구호에 그칠 수밖에 없었던 것이다.

이렇게 처음부터 한계를 지닌 문화정치의 노선에 따라 전개된 문화운동의 주창자들은 나름대로 서구에 뒤떨어진 문화를 건설해야 한다는 사명감을 가졌고 이렇게 하여 축적된 각 방면에서의 실력이 결국은 민족의 행복을 증진시키고, 나아가 민족해방이라는 궁극적 목적달성에 보탬이 되리라고 믿고 있었겠지만 그 역기능도 무시 못 할 것이었다. 그것은 신채호가 지적한 것처럼 반일독립정신을 약화시켜 현실을 망각하고 예술에 도피하도록 했다는 사실이다.

이러한 20년대 초기의 문화주의자들이 가지는 한계성은 그대로 도향의 제1유형의 소설들에도 적용된다. 그러나 도향은 곧 이러한 경향의 작품을 탈피하여 제2·3유형의 작품으로 전환함으로써 자신의 한계를 극복한다. 이처럼 사회와 유리된 채 고답적 문학세계에 안주하던 도향은 1923년을 기점으로 하여 현실로 눈을 돌리기 시작함으로써 일제 문화통치의 허구성을 간파하고 소작쟁의, 노동쟁의 등 생존조건 개선이라는 반제적 성격의 투쟁으로 방향을 전환해 가던 민족운동과 궤를 같이하게 되었다. 이렇게 볼 때 제1유형의 초월성을 극복하고 제2유형 이후의 현실성을 지향하는 도향의 소설은 우리 민족운동의 역사적 과정성을 그대로 반영해 보여주고 있으며 그런 의미에서 그는 리얼리스트이자 문제적 작가라 할 수 있다.

그런데 그의 2·3유형 소설들이 계속 파멸하는 주인공만을 보여줌으로써 일종의 비관주의적 색채를 띠고 있다는 것은 하나의 한계로 지적될 수 있는 바 그것은 미래에 대한 전망의 결여를 의미할 뿐 아니라 현실의 현상에 철저히 구속되어 있음을 의미하기도 하기 때문이다. 그러나 이 부정적 측면이 전면적인 것은 아니다. 왜냐하면 이 비극적 색채는 일제에 의해 지배되던 현실 속에서 파멸되어 가는 인물들을 창조해 냄으로써 다른 의미에서 일제 식민지시대의 참상을 증언하고 있다고 볼 수 있기 때문이다.

≪참 고 문 헌≫

김경희, 「나도향연구」, 연대교육대학원 석사논문, 1977.
김진석, 「나도향론」, 『우리문학』29호, 1995 겨울.
유남옥, 「나도향 소설의 특성」, 『나도향전집』상, 집문당, 1988.
전문수, 「나도향소설연구」, 계명대 석사논문, 1979.
한상각, 「나도향 소설의 문학적 성향에 관한 연구」, 경희대 교육대학원, 1975.
한점돌, 「나도향소설구조와 그 배경 연구」, 서울대 석사논문, 1981.

최서해 소설과 그 내적 논리

I

 1920년대 중반 이후 10여 년간 한국문학의 흐름을 가장 강력하게 규율한 계급주의문학은 최서해를 그 명실상부한 대표로 하는 신경향문학에 의하여 선도되었다. 그러므로 신경향문학에 대한 정밀한 연구는 현대문학사의 한 중대한 국면전환기인 계급주의문학시대를 제대로 이해하기 위해 필수적으로 요청되는 사항이라 할 수 있다.
 이러한 문학사적 요청에 부응하여 신경향문학기의 작가 및 작품에 대해 지금까지 이루어진 연구성과도 결코 적은 것은 아니다. 그러나 많은 경우 실증적 복원의 차원에서는 적지 않은 기여를 하였음에도 불구하고 문학사의 발전과정이라는 도식을 지나치게 의식하여 신경향문학은 계급문학의 소박한 출발점으로서 "식민지적 삶에 대한 즉자적 거부"[1]에 그치고 말았다는 것을 재확인하는 것으로 만족해 온

---

1) 역사문제연구소 문학사연구모임 지음, 역비의 책 6, 『카프문학운동연구』, 역사비평사, 1989, p.24.

듯하다.
 그리하여 최서해의 경우만 하더라도 그가 지속적으로 이룩해낸 작품성과를 총체적으로 살펴보면서 끊임없이 그 의미망을 구축해 보려는 노력을 기울이기보다는 기존의 의미망에 안주하면서 이에서 벗어나는 것은 가급적 배제하거나 평가절하하려는 편향성에 많은 연구자가 기울고 있어 보인다. 이러한 태도는 일찌기 "서해는 이십 오륙에 죽어야 옳았다. 그가 서른 둘에 낙명할 때까지 만년의 오륙 년이란 연대는 그에게 불필요하고, 불명예스러운 수명이었다"2)고 혹평한 김동환의 자세와 동일선상에 서 있는 것이라 할 수 있다.
 물론 한 작가의 문학사적 위치와 그 의미란 문학사라는 학문의 속성상 어차피 그 작가의 특징적인 일면만이 전체적인 문학사적 틀 속에서 제한적으로 부각될 수 밖에 없는 것인지도 모른다. 그러나 설사 그렇다 하더라도 개별 작가와 작품의 총체성에 대한 끊임없는 재조명을 통하여 문학사의 틀을 보완하려는 열린 자세가 전제되지 않는다면 자칫 지식의 불모성과 박제화에 함몰될 가능성도 없지 않다. 그나마 근자 역사주의의 전반적인 침체 속에서 시대성의 청맹과니가 되지 않으려는 지적 민감성의 반영 탓인지 이 분야에 대한 새로운 관심은 찾아보기 어렵기까지 하다.
 그러나 이러한 시대일수록 기존의 논리를 재음미하고 새로운 논의의 방향을 잡아 나가기 위한 지적 노력이 더 한층 요구될 것이다. 문학의 단선적이고 목적론적인 발전사관이 설득력을 얻기 힘들어졌다면 현상에 대한 면밀한 검토를 바탕으로 새로운 의미체계를 다양하게 시도해 보아야만 새로운 돌파구가 열릴 것이기 때문이다. 그런

---

2) 김동환, 「생전의 서해 사후의 서해」, 『신동아』1935.9, 곽근, 『최서해전집』하, 문학과지성사, 1987, p.402.

의미에서 우리는 가장 강력한 역사주의의 소산인 계급주의문학을 재검토해 보고자 하는 바 그 작업의 일환으로서 출발기인 신경향문학에 대하여 우선 최서해소설을 중심으로 그 총체적 의미체계를 새롭게 검출해 보고자 한다.

주지하다시피 1924년 「吐血」과 「故國」을 가지고 문단에서 본격적으로 활동하기 시작한 후 "마지막 소설이자 동시에 유일한 장편소설"3) 「號外時代」(매일신보, 1930.9.20-31.8.1)를 쓰기까지 8년동안 작품활동을 해 온 최서해(1901-32)는 미완작4)이나 다른 작가와의 연작5) 등 논의하기 어려운 것을 제외하면 약 50여 편 남짓한 소설을 남겼다. 그런데 이 작품들은 전체가 하나의 과정적 통일체로서 간주되고 그 사이에서의 내적 의미연관이 추구되기보다는 일정한 선입관 하에서 소위 최서해적이라고 생각되는 몇몇 작품을 중심으로 논의되거나6) 그렇지 않은 경우라도 최서해의 활동과정은 작품성의 전락과정으로 부정적 평가를 받기가 일쑤여서 충분한 조명을 받았다고 말하기는 어려운 실정이다.

그러므로 본고는 특정 기간이나 특정 성향의 소설만을 주목하는 태도를 의식적으로 버리고 그의 작품의 변모양상에 주목하면서 그 내적 논리와 그것이 함유할 수 있는 의의를 찾아보기로 하겠다. 최서해의 소설은 극빈 하층민 소설, 푸로 인텔리겐차 소설, 심파다이저

---

3) 한수영, 「돈의 철학, 혹은 화폐의 물신성을 넘어서기 - 최서해의 장편 <호외시대>론」, 『1930년대 문학연구』, 평민사, 1993, p.114.
4) 「살려는 사람들」, 「그 찰라」, 「농촌야화」, 「가난한 아내」, 「二重」, 「폭풍우시대」, 「容身難」
5) 「紅恨綠愁」, 「受難」, 「車中에 나타난 마지막 그림자」, 「女流 音樂家」
6) 최서해에 대한 기존의 연구성향을 비판적으로 요약하고 있는 것으로는 박종홍, 「최서해소설의 정신분석학적 고찰」 참조.(『울산어문논집』 제1집, 울산공과대학 국어국문학과, 1984, p.49.)

소설의 세 계보로 나누어지고 모든 작품이 연대기적으로 반드시 일치하는 것은 아니지만 이들 사이에 대체로 계시적 관계가 성립되어 소설 변모의 일정한 내적 논리를 표상한다. 그러면 아래에서 각 계보의 작품 특성과 그 의의를 구체적으로 살펴보기로 한다.

II

최서해의 작품은 "주로 간도 지방의 빈농 및 농토에서 유리된 빈민들의 생활을 소재로 하여 고립무원한 처지의 인물들의 주관화된 계급적 각성과 극단적인 저항 혹은 세상에 대한 저주를 표현하고 있다"[7]고 평가되고 있는 것처럼 극빈 하층민 소설이야말로 서해소설의 출발점이자 득의의 영역이라 할 수 있다. 이 범주에는 최초의 소설인 「吐血」(「동아일보」, 1924.1.28, 2.4)을 비롯, 「故國」(「조선문단」, 1924.10), 「梅月」(1924.11; 창작집 『血痕』 수록), 「十參圓」(「조선문단」, 1925.2), 「脫出記」(「조선문단」, 1925.3), 「鄕愁」(「동아일보」, 1925.4.6-13), 「朴乭의 죽음」(「조선문단」, 1925.5), 「飢餓와 殺戮」(「조선문단」, 1925.6), 「棄兒」(「黎明」, 1925.9), 「큰물진 뒤」(「개벽」, 1925.12), 「暴君」(「개벽」, 1926.1), 「설날밤」(「신민」, 1926.1), 「白琴」(「신민」, 1926.2), 「그믐밤」(「신민」, 1926.5), 「담요」(「조선문단」, 1926.5), 「만두」(「시대일보」, 1926.7.12), 「低流」(「신민」, 1926.10), 「異域冤魂」(「동광」, 1926.11), 「무서운 印象」(「동광」, 1926.12), 「돌아가는 날」(「신사회」, 1926.12), 「紅焰」(「조선문단」, 1927.1) 등이 속하며 양적으로 작품이 가장 많다.
 이 소설들에는 가난한 하층민들이 주인공으로 등장하는데 그 가난

---

7) 김재용 외 3인, 『한국근대민족문학사』, 한길사, 1993, P.322.

은 더 이상의 생존이 가능하지 않을 정도의 극빈이고 이로 인해 야기되는 주변 상황 또한 앞뒤가 꽉 막힌 극한상황이어서 대개 주인공이 충동적이고 발작적인 행동을 할 수 있을 뿐이다. 각 작품을 서사구조가 드러날 수 있도록 정리해 보면 아래와 같다.

「吐血」은 편모의 극진한 보살핌 속에서 자라났으나 경제적 무능으로 온 가족을 고생시키는데 대해 자책감을 가지고 있는 주인공 '나'가 풍병든 아내, 식량 구하러 갔다가 중국인 개에 물려 기절한 모친, 철 모르는 어린 딸에 둘러싸이자 절망감에 빠져 吐血한다.

「故國」은 삼일운동 후 간도에 가서 동포를 교육하기도 하고 독립군에서 활동하기도 하던 주인공 나운심이 패배감만 안고 한푼없는 빈털털이로 귀국하지만 전도가 막막하기만 한다.

「梅月」은 양반 박생집의 가비인 매월이 그녀의 자색을 탐하는 박생의 욕정 앞에서 넓은 천지에 자신을 용납할 곳이 없음을 한하며 낙동강에 투신 자살한다.

「十參圓」은 고향을 떠나 노동으로 번 돈을 고향에 있는 모친, 처, 아이를 위하여 부쳐주던 유원이가 절대로 곤궁을 호소하는 법이 없던 모친으로부터 무명장사라도 하게 돈 13원을 부치라는 편지를 받자 겨우 가불하여 부치면서 식량, 나무는 어찌하며 사나 하는 걱정에 "그만 소리없는 눈물을 떨어"뜨린다.

「脫出記」는 절박한 생활에 쫓겨 간도로 간 주인공 '나'(박군)가 성실하게 안 해 본 일이 없을 정도로 갖은 노동일을 다 해 보지만 모친, 아내, 간난아이의 입에 풀칠조차 하기 어렵자 사회제도의 모순을 깨닫고 이를 쳐부수기 위해 가족을 기한 속에 팽개친 채 탈가하여 xx단에 가입한다.

「鄕愁」는 가난과 사회에 대한 불평 때문에 가족을 버리고 국경을 넘어 만주와 시베리아를 헤매던 김우영이 가족에게 한 푼도 보내지 못하여 모친과 어린 아이와 아내가 가난 속에서 다 죽어 버리자 향수를 접어두고 다시 떠나 모스크 xx회에서 활동한다.

「朴乭의 죽음」은 상한 고등어 대가리를 주워다 삶아 먹고 뱃병이 난 박돌이가 돈이 없어 치료도 못받고 죽어버리자 발광한 박돌어미가 진료를 거부한 의사에게 찾아가 온 몸을 물어뜯으며 복수한다.

「飢餓와 殺戮」은 가난 때문에 제대로 치료도 못받고 있는 풍병 든 아내, 머리 팔아 며느리 병 구완할 양식을 구하려다 중국인 개에 물려 인사불성된 모친, 철부지 딸 학실에 둘러 싸여 망연자실하던 주인공 경수가 악마의 환영을 보고 온 가족을 살해한 뒤 거리로 나가 순사를 비롯 닥치는 대로 살상하다가 경찰서 앞에서 사살된다.

「棄兒」는 가난한 지게꾼 김철호가 밥달라 보채는 아들 학범을 한강에 버리려다가 차마 못하고 부잣집 앞에 버리고 가는데 아내마저 가출해 버리자 울며 아들을 찾아 나서지만 이미 경찰서로 넘겨져 종적을 알지 못한다.

「큰물진 뒤」는 홍수로 마을 방죽이 터지는 바람에 생계가 막막해지고 그 와중에 신생아는 죽고 아내마저 병들어 누운 터에 공사장에서도 쫓겨나게 된 주인공 윤호가 "남을 안 죽이면 내가 죽는다"는 생각에서 부호 이주사집에 침입하여 강도질을 한다.

「暴君」은 부모의 별세 이후 가산을 탕진하고 무절제하게 살다가 무일푼이 된 춘삼이 근근히 가계를 꾸려가는 학범 어미를 취중에 무참히 살해하고 순사에게 잡혀간다.

「설날밤」은 구걸하는 걸인의 무기력을 질타한 한 청년이 사회 각계 유지가 모여 설날 만찬회를 벌이고 있는 부호집에 나타나 금품을 털어 달아나면서 너무도 굶고 밥이 없어 이러는 것이지 날 때부터 배워 가지고 나온 것은 아니라는 말을 남기고 사라진다.

「白琴」은 노동하며 어렵게 사는 가운데도 위안을 주던 딸 백금이가 참담한 생활을 청산코자 '나'가 상경하고 아내마저 가출해 버리는 바람에 할머니와 같이 살다가 죽는데 이 소식을 들은 '나'는 모친과 백금이 가련해서 세상에 적개심을 품는다.

「그믐밤」은 조실부모하여 머슴으로 살아온 김좌수집 삼돌이가 주인집 아들의 연주창 치료를 위하여 뱀잡이에 내몰리고 끝내는 목살까지 베어진 채 죽어가는데 삼돌의 환영에 시달리던 김좌수는 아들을 살해하고 자기 부부마저 절명한다.

「담요」는 '나'가 어려운 시절에 이웃 아이의 것을 부러워하는 딸에게 큰 맘 먹고 담요를 사 주는데 너무도 좋아하며 아무도 손대지 못하게 하던 그 소중한 담요를 아빠에게 보낸다 하니 순순히 내 놓더라는 이야기를 전해 듣고 지금은 죽고 없는 딸애의 마음을 헤아리며 복바치는 감정에 망연해 한다.

「만두」는 눈보라 속을 혹한과 기아에 시달리며 만주벌판을 건너가던 '나'가 청인의 만두 가게에서 몸을 녹이는 척 하다가 잽싸게 만두 하나를 훔쳐 먹고 그 힘으로 견뎠던 기억을 떠올리며 그 힘이야말로 지금까지의 생존을 가능케 한 원동력이었음을 느낀다.

「低流」는 농사일을 끝내고 마당에 모여 앉아 가뭄 걱정을 시작으로 이야기 꽃을 피우게 된 가난한 농민들이 세상 구할 장수의 탄생 설화들을 주고 받으며 그에 대한 확고한 믿음을 피력함으로써 세상이 달라지기를 고대하는 민심의 저류를 보여준다.

「異域寃魂」은 살길 찾아 남편과 함께 간도로 와서 중국인 유가의 소작인으로 연명해 가던 '그'가 남편의 병사 후 겁탈하려 침입한 유가에게 코를 물어뜯으며 저항하지만 도끼로 참혹하게 살해당한다.

「무서운 印象」은 철도노동자 남편과 아들을 차례로 잃은 봉준어머니가 그 역에서 노구를 이끌고 콩쏠이로 연명하다가 기차에 치어 참혹하게 죽는데 이 광경을 목격한 '나'는 기계에 대한 적개심이 생기며 노동자로서의 앞날을 다짐한다.

「돌아가는 날」은 간도 이주 한인들이 자신들을 괴롭히는 마적을 토벌하러 나섰다가 희생자만 내고 귀향길에 오르는데 죽은이의 무덤가에 서서 울음을 터뜨리며 차마 발길을 돌리지 못한다.

「紅焰」은 간도에서 중국인 인가의 소작인으로 살아가던 문서방이 빚대신 딸 용녜를 빼앗기고 홧병에 아내마저 세상을 떠나자 인가집에 방화하고 인가를 도끼로 살해한 후 딸 용녜를 되찾는데 적은 줄 알았던 자기 힘이 큰 것을 깨달으며 무한한 기쁨을 느낀다.

이상에서 극빈 하층민 소설의 서사구조가 대체로 드러나거니와 그 특징이 보다 잘 부각될 수 있도록 주인공과 근원상황 및 그 결말을 살펴보면 다음과 같다.

「토혈」: 노동자 '나'는 가족 구완할 수 없는 가난 앞에서 토혈한다.
「고국」: 국외 표랑자 나운심은 빈털털이로 귀국하여 생계마저 막막하다.
「매월」: 양반집 가비 매월은 주인의 욕정에 저항하여 자살한다.
「13원」: 노동자 유원은 가족의 곤궁을 생각하고 눈물을 흘린다.
「탈출기」: 노동자 '나'는 곤궁한 가족을 버리고 탈가한다.
「향수」: 월경했던 김우영은 곤궁 속에 몰사한 가족 소식에 재차 월경한다.
「박돌의 죽음」: 박돌 어미는 돈이 없어 박돌이 죽자 의사를 폭행한다.
「기아와 살육」: 노동자 경수는 극빈한 가족과 인근 사람들을 닥치는 대로 살해하다가 사살된다.

「棄兒」: 지게꾼 김철호는 밥달라 조르는 아들을 부잣집 앞에 버리고 운다.
「큰물진 뒤」: 윤호는 홍수로 생활기반을 모두 잃자 강도질에 나선다.
「폭군」: 아내에 기생하는 주정꾼 춘삼은 아내를 살해하고 잡혀간다.
「설날밤」: 밥이 없어 굶던 청년은 만찬 중인 부호집에 가 강도질한다.
「백금」: 가난 때문에 헤어져 살던 딸이 죽자 '나'는 적개심에 불탄다.
「그믐밤」: 머슴 삼돌은 빚에 대한 중압감에 주인아들 약이 되어 죽는다.
「담요」: '나'는 가난으로 부녀의 정에 주리다 죽은 딸 생각에 망연하다.
「만두」: '나'는 아사 직전 만두를 훔쳐 먹던 힘이 생존력임을 확신한다.
「저류」: 가난한 농민들은 세상을 구원해 줄 장수탄생을 기대하고 믿는다.
「이역원혼」: 소작농 아내 '그'는 중국인 지주에게 추행당하다 살해된다.
「무서운 인상」: 노동자의 철도사고사를 목격한 '나'는 기계에 대한 적개심을 가지고 노동자의 앞날을 다짐한다.
「돌아가는 날」: 마적 토벌에 나섰던 만주 한인들이 희생자 무덤에서 운다.
「홍염」: 소작인 문서방이 딸을 빼앗아간 중국인 집에 방화하고 살인한다.

이상에서 볼 수 있듯이 이 계보에 속하는 소설의 주인공은 노동자, 소작농, 뚜렷한 직업이 없는 가난뱅이, 머슴, 노비 등 하층민이고 그들이 처해 있는 생활 형편은 연명도 힘이 들 정도의 극빈이다. 이러한 주인공들은 사회의 현실 원리를 아슬아슬한 경계지점에서 위태롭게 지켜 나가고 있는데 그들의 한계에 달한 이성과 참을성을 자극하는 일련의 사건들이 일어나자 이에 촉발된 주인공은 광란적 상태에서 살인, 방화, 폭행, 강도질, 자결 등 적극적으로 반응하거나 토혈, 눈물, 가출, 출국, 적개심, 패배감, 새세상 희구 등 소극적으로 반응함으로써 전망이 폐쇄된 하강구조의 작품세계를 현출하고 있다.
이러한 극빈 하층민 소설은 현실주의를 토대[8]로 하고 최서해 개인사와 밀접한 연관이 있는 울음의 미학9), 아비 부재의 가족구성10), 충동적 파괴의 결말11)을 주된 문학장치로 사용함으로써 이전의 자연주의적 소설들과 인식론적 단절을 이루면서 현실에 대한 강한 부정성을 드러내고 있어 비록 전망 부재의 자기파괴로 시종하는 한계에도 불구하고 식민지적 당대현실에 대한 고발과 비판적 기능을 훌륭히 수행하고 있다. 작품 활동의 전반기를 이처럼 전망 부재의 극빈 하층민 소설로 장식하고 있는 최서해는 1925년 카프 가입을 계기로 점차 눈뜨게 된 계급적 세계관에 입각하여 중반기 프로 인텔리겐챠 소설들을 양산하는 쪽으로 점차 이행해 간다.

Ⅲ

전망 부재의 극빈 하층민 소설로 시작된 최서해의 작품은 대체로 중반기에 이르면서는 서서히 프로 인텔리겐챠 소설로 내적 전환을 이룩한다. 이 계보의 작품들에도 여전히 가난한 주인공이 등장한다는 점에서는 앞 계보와 다름이 없으나 무엇보다도 가난의 사회학적 병리구조와 그 해결 방향을 이론적으로 알고 있는 인텔리겐챠들이

---

8) 최서해소설의 강한 현실성은 홍이섭같은 역사학자로 하여금 그의 작품을 사회학적 자료로 사용하게 할 정도이다.
9) 서종택, 「궁핍화 현실과 계급갈등」, 김용성 외, 『한국근대작가연구』, 삼지원, 1985, p.195
10) 이러한 장치는 궁핍의 메타포로서뿐만 아니라 식민지적 정신구조의 표상으로서도 훌륭히 기능하고 있다.
11) 최서해의 성장과정에서 연유된 모성편향 컴플렉스는 외디푸스컴플렉스를 극복하고 쾌락원리 대신 현실원리에 바탕한 에고를 형성하는 데 일정한 장애가 되어 충동지향적 작품미학의 한 근원으로 작용한다. 박종홍, 앞의 논문 참조.

주인공이라는 점이 다르다. 말하자면 막힌 전망으로부터 열린 전망으로 작품의 질적 전환이 이루어진 셈인데 그러면 이 범주에 속하는 작품들의 구체적 양상은 어떠하며 그것이 함유하는 의미는 무엇인지 살펴 보기로 하자.

프로 인텔리겐챠 소설로 분류될 수 있는 작품은 「寶石半指」(「시대일보」, 1925. 7), 「五圓七十五錢」(「동아일보」, 1926.1.1-5), 「해돋이」(「신민」, 1926.3), 「八個月」(「동광」, 1926.9), 「아내의 자는 얼굴」(「조선지광」, 1926.?), 「쥐죽인 뒤」(「매일신보」, 1927.1.1), 「餞아辭」(「동광」, 1927.1), 「序幕」(「동아일보」, 1927.1.11-15), 「落魄不遇」(「문예시대」, 1927.1) 「容身難」(「신민」, 1928.1;미완), 「夫婦」(「매일신보」, 1928.10.6-21), 「轉機」(「신생」, 1929.1), 「먼동이 틀 때」(「조선일보」, 1929.1.1-2.26), 「無名草」(「신민」, 1929.8), 「같은 길을 밟는 사람들」(「신소설」, 1929.12)이 있는 바, 작품의 서사구조를 중심으로 간략히 정리하여 제시해 보면 다음과 같다.

「보석반지」는 목사집 가정교사 김경호가 목사 여동생 혜경을 사모하나 나이많은 부자와 약혼한 보석반지를 보고 여자문제로 번민하지 말고 "어떠한 고통이든지 이기고 나가서 민중적 큰 일을 해 보자"고 다짐해 보나 그녀가 쉽게 잊히지 않는다.

「5원75전」은 신문, 잡지에 기고하여 원고료로 살아가는 주인공 '나'가 고료 체불로 하숙비 5원75전을 내지 못하고 독촉당하다가 주인과 어색한 관계가 되는데 친구 유학비용을 일시 차용하여 갚자 둘 사이의 담벽이 터진 듯해짐을 보고 단돈 오원에 지배되는 신세를 생각하며 눈물이 돌면서 또 다시꾼 돈 걱정에 이마가 찡그려진다.

「해돋이」는 삼일운동 이후 옥살이를 하고 나와 XX주의자가 된 경석이 삼일운동은 물론 만주에서까지 민족운동을 하던 친구 만수의 투옥으로 그 일가가 비참하게 몰락한 것을 보고 "이 역경을 부수지 않으면 (…)우리는 영영 이 속을 못 뛰어나리라"12)고 뇌이며 결연히 조선의 해돋이를 예기한다.

「8개월」은 원고료에 의지해 가난하게 살아가는 '그'가 우여곡절 끝에 겨우 지병인 위병을 진찰받는데 방치하면 8개월을 넘기기 어렵다는 진단을 받고 돌아오는 길에 시한부인생이 전차에 치일까봐 허둥대기도 하고 약병까지 챙겨온 것을 생각하고 스스로의 행동에 쓴웃음을 짓는다.

「아내의 자는 얼굴」은 의식주문제로 고통받고 있는 '나'가 "X스의 자본론을 읽지 않아도 X스의 머리를 가지게"13) 되어 현실의 제도적 모순을 이론적으로 진단할 지적 능력은 획득하지만 궁핍에 찌든 채 잠들어 있는 아내의 모습을 보고 "나아갈 앞길의 빛이 뵈는 것 같으나 이론은 어디까지 이론이요, 실제는 어디까지 사실"14)이라는, 이론과 현실과의 괴리를 인식하고 낙담하다가 부부애에 새 힘을 얻는다.

「쥐죽인 뒤」는 심심풀이로 쥐 한 마리를 보살펴주던 '나'와 아내가 쥐가 많아져 성가셔지자 쥐틀을 놓는데 잡힌 쥐를 참혹하게 죽인 '나'에게 수태 중인 아내가 아기를 위하여 살생이 좋지 않을지 모르겠다고 근심하자 은근히 걱정이 되는 '나'도 이해관계가 인간을 지배하는 본질임을 절감한다.

「전아사」는 궁핍한 작가 '나'가 밥걱정, 일자리 걱정에 노심초사 하면서도 신사, 양복, 구두, 안경, 명예 등에 연연하던 지난 생활을 버리고 XX주의자가 되어 구두짐 진 갓바치로서 하루라도 더 살아

---

12) 곽근 편,『최서해전집』상, 문학과지성사, 1987, p.223.
13)『최서해전집』상, p.318.
14)『최서해전집』상, p.322.

이 세상 되어가는 꼴을 똑똑히 볼 것이라 다짐하며 고향의 형에게 "옛날의 생활을 전멸하고 새 생활을 맞는 나의 전야사"15)를 써 보낸다.

「서막」은 곤궁한 잡지사 직원 김, 강, 최가 두 달치 밀린 월급을 달라며 주간, 회계와 다투다가 주간 월급은 지불된 것을 알게 되는데 이에 흥분하여 사장을 불러다 소절수를 끊도록 강박한 그들은 이것이 '서막'에 불과하다며 전의를 과시한다.

「낙백불우」는 같은 집에 세들어 있는 막벌이 젊은 부부에 상대적 우월감을 느끼는 듯한 아내에 대하여 사유권 관념이 이 세상에서 그림자를 감추기 전에는 저 꼴은 늘 보리라고 비웃던 '나'가 어느 날 편지만 남긴 채 남편이 일본으로 달아나자 청승스레 우는 그 아내의 울음소리에 "쪼들리는 이 생활을 견디다 못하여 어떤 때는 아내까지 쳐버리고 뛰어가고 싶은 마음이 불붙듯 이는" 자신을 생각하며 그 남편을 비난치 못하는데 그 아내의 미래상과 '나'의 아내의 미래상이 겹쳐 보이며 "불안한 시대의 의지없는 생령들"16)에 몸을 떤다.

「용신난」은 청년회 회원이며 노동 동맹지부 간부 조인현이 늘 '나는 이 몸을 나와 처지를 같이한 천하의 무산자를 위하여 바치겠다'고 스스로 맹세해 오던 터에 인습적 조혼으로 생겼던 처자가 병사하자 운동과 공부를 위하여 의주로 떠나면서 '나는 싸우라'고 속으로 뇌인다.

「부부」는 신혼인 아씨와 서방님이 설치는 쥐 때문에 고통을 받고 급기야 유일한 외출복인 모시옷마저 쏠아버리는 바람에 생각이 부유한 사람에 미치면서 '세상은 이리도 고르지 못한가?' 한탄하며 쥐덫

---

15) 『최서해전집』상, pp.344.
16) 『최서해전집』상, p.360.

을 놓아 드디어 쥐를 잡는데 적개심에 참혹하게 죽이는 것을 본 임신한 아내가 살생이 아이에게 좋지 않으리라고 불안해 하다가 하혈까지 하자 서방님은 선악조차 이해관계에 지배됨을 느끼며 인생관이 변하여 '언제나 고른 세상이 오누?'라고 탄식한다.

「전기」는 월급이 밀려 끼니걱정을 해야 하는 박인화가 급사한 친구에게 달려갔다가 살아서 가난하던 이의 죽어가는 길도 초라함을 보고 여전한 불평등과 생사의 덧없음을 느껴 친구 생일잔치에 가서 만취해 돌아와서는 생의 순간적 본질을 깨닫는다.

「먼동이 틀 때」는 조실부모하여 갖은 노동을 하며 살아온 허준이 상부회(相扶會)라는 사상단체에서 일하며 곤궁하게 지내고 있는데 출세한 고향친구의 주선으로 취직이 결정되나 그것이 김씨라는 사람이 쫓겨난 자리임을 알고 거절한 후 김씨마저 회원으로 삼는다.

「무명초」는 잡지 기자이자 작가인 박춘수가 월급을 못 받고 곤궁하게 지내면서도 이 현실과 싸울 수밖에 없다고 생각하지만 현실 앞에 힘이 줄어가는 듯한 기분을 느끼는 가운데 병든 몸을 끌고 가서 앓는 딸의 약을 외상으로 얻어오며 '이리구 살아서 뭘 하오' 하는 생각이 드는 한편으로는 딸에게 먹일 약이 있음에 기뻐한다.

「같은 길을 밟는 사람들」은 잡지사와 신문사를 전전하며 겨우 연명하는 '나'가 교사, 서양소설 번역가, 잡지 편집가 등을 해 가며 불안정하게 살다가 중병이 들어 한줌 재로 사라진 K의 죽음의 전말기를 전해 들으며 "없는 사람의 팔자는 다 같은 것"[17]이라는 말에 공감한다.

이상에서 본 것처럼 프로 인텔리겐챠 소설의 주인공들은 작가, 기

---

17) 곽근 편, 『최서해전집』하, 문학과지성사, 1987, p.161.

자, 잡지편집자, 사상단체 운동원, 계급주의자, 가정교사 등 지식인인데 경제상태가 곤궁하여 의식적으로는 무산 민중계급과 연대성을 형성하고 있는 프로 인텔리겐챠이다. 그러나 이들은 극빈 하층민 소설의 주인공처럼 극빈의 극한상황 앞에서 자기파괴적 충동에 몸을 맡기는 즉자적 존재가 아니고 비록 곤궁을 헤어나지는 못한다 하더라도 자기 현실의 근원적 모순을 계급적 시각에서 이해하고 민중적 미래를 갈망하는 지적 존재이다.

그리하여 '사유권 관념'(「낙백불우」)이 있는 한 의식문제의 해결은 '도저히 될 수 없다'(「먼동이 틀 때」)고 'X스의 머리'(「아내의 자는 얼굴」)로 진단하고 '천하의 무산자를 위'(「용신난」)한 '고른 세상'(「부부」)을 만들기 위하여 '민중적 큰 일'(「보석반지」)을 하고자 하며 그 방법은 '이해관계'(「쥐 죽인 뒤」)가 본질인 사회에서 '싸우라'(「용신난」)는 오직 하나의 강령을 가지고 투쟁할 때 현실모순이 지양된 '조선의 해돋이'(「해돋이」)는 온다는 것이다. 그럼에도 불구하고 그러한 '이상적 사회'는 '하루나 이틀에 될 일이 아니라'(「전아사」)는 데에 프로 인텔리겐챠의 번민과 고뇌가 있는 것이다.

따라서 민중적 방향성을 지적으로 인식하여 미래적 전망을 확보하고는 있지만 이러한 미래에 대한 낙관적 확신과 거기에 도달하기 위한 과정적 구체성을 담보하지 못한 이 계보의 소설들은 추상적 구호의 레벨을 크게 벗어나지 못하고 있다. 그럼에도 불구하고 체험적 소재만을 전망의 매개없이 자연주의적으로 나열한 앞 단계의 한계를 뛰어넘어 나름대로 소화한 계급사관을 바탕으로 전망을 확보해 보려고 한 최서해의 노력은 평가할 만하다.

IV

일반적으로 빈궁소설과 동의어로 이해되는 신경향소설의 작가 최서해의 작품에 빈민 이외의 주인공을 다룬 것이 있으리라고 예상하기는 어려울 것이다. 그러나 최서해의 소설 속에는 즉자적인 극빈 하층민과 프로 인텔리겐챠 이외에도 다양한 계층의 인물이 나타난다. 물론 중요성에 있어서 다같은 비중을 차지하는 것은 아니지만 이처럼 최서해가 다양한 사회계층의 묘사를 시도하게 되었다는 것은 그의 작가로서의 가능성을 한층 제고시켜 주는 현상으로 일단 파악될 수 있다. 왜냐하면 소설이란 사회를 총체적으로 그려낼 때 성공할 수 있는 문학적 장치이기 때문이다.

우선 희귀한 케이스이기는 하지만 최서해소설 가운데 부르적 소시민계급을 그리고 있는 작품으로 「금붕어」(「조선문단」, 1926. 6), 「동대문」(「문예시대」, 1926.11.10), 「물벼락」(「조선일보」, 1929.3.5)이 있다. 「금붕어」에서는 갓 결혼한 서방님과 아씨가 금붕어 어항을 사이에 두고 사랑이라는 소시민적 행복감을 재확인하고, 「동대문」에서는 사내들이 장난으로 기생과 짜고 친구의 연애감정을 놀려 먹으며, 「물벼락」에서는 야간에 미모의 여자를 미행했다가 봉변당한 한 소시민의 자의식을 그려 보이고 있다. 이 작품들은 그 자체로 중요한 의미망을 형성하지는 못하지만 다음에 살펴볼 부르 심파다이저로 나아가는 길목으로 이해될 수 있을 것이다.

최서해소설의 종착점이자 후반기소설의 범주를 형성하는 것은 심파다이저 소설이다. 이 가운데서도 중심에 놓이는 것은 최서해의 최초의 장편이자 마지막 소설인 「호외시대」이지만 이에 이르는 중간단계로서 최서해는 부르 심파다이저와 프로 심파다이저를 형상화한 일련의 작품들을 시도해 왔다. 그리하여 처녀작 이래의 전 작품적 성과를 총망라하여 이룩해 낸 것이 바로 최서해문학의 결산으로서의 「호외시대」인 것이다.

그러면 먼저 부르 심파다이저 소설의 양상과 의미를 살펴보기로 하자. 부르 심파다이저가 등장하는 작품은 「醫師」(「문예운동」, 1926.2), 「누가 망하나」(「신민」, 1926.7), 「葛藤」(「신민」, 1928.1), 「人情」(「신생」, 1929.2), 「주인아씨」(「신생」, 1929.4), 「누이동생을 따라」(「신민」, 1930.2)가 있는 바, 이 작품들도 서사구조를 따라 정리하여 제시해 보기로 한다.

「의사」는 병원을 개업한 김의사가 많이 먹어 병난 부자와 못 먹어 병난 가난뱅이 생선짐꾼을 차례로 왕진 나갔다가 결과적으로 자신은 있는 사람만을 위해서 일하는 존재에 불과함을 깨닫고 부끄러움을 느낀 나머지 자신의 병원에 불을 지른 후 아름다운 조선의 장래를 꿈꾸며 모스크바를 향한다.

「누가 망하나」는 자신을 도둑으로 모는 신사를 혼내 주고 유유히 사라진 걸인이 세파에 시달리다 못해 주지 않으면 빼앗아 먹고 살아가는 박서방이라는 사람임을 알게 된 소시민 '나'가 "세상이 망하나 내가 망하나? 누가 망하나?"[18] 보고야 말겠다고 말한 그가 생각날 때마다 '알 수 없는 공포'를 느낀다.

「갈등」은 집에서 부리는 어멈을 맞고 보내면서 "중산계급에서 방황하는 내 심리"[19]를 분석해 보인 해부도인데 홍성녀라는 어멈의 신세를 동정하면서 배웅에 동행하던 '나'는 아는 이를 만나자 주인행

---

18) 『최서해전집』상, p.268.
19) 『최서해전집』하, p.39.

세를 함으로써 스스로가 드러낸 위선적 행동에 자책감을 느끼는데 그럼에도 불구하고 떠나간 어멈이 안부를 묻는 편지를 보내오자 일만 사람의 고통이 한 사람의 영화와 바뀔 어멈세상의 도래를 갈망한다.

「인정」은 창문에 나타난 옷도둑을 호기심에서 지켜보던 주인공 승현이 작대기로 옷을 낚아 가려 하는 도둑의 눈을 양산대를 휘둘러 빼게 되지만 밥달라 조르는 아이들 때문에 할수없이 나섰던 도둑은 경찰에 넘겨질 것만 두려워 용서를 빌고 달아나기에 바쁘자 한 때의 호기심 비슷한 충동이 남에게 무서운 결과를 주리라고 뜻도 하지 않았던 승현은 가슴이 묵직해지며 자신에게도 참혹이 내릴 것같다.

「주인아씨」는 '나'의 하숙집 주인아씨가 심부름꾼 간난이를 없어진 삼 원의 도둑으로 의심하면서 동전 두 푼을 흘려둔 방을 치우게 하고 그녀가 그것을 집어 챙기자 무슨 단서나 잡은 듯이 간난이를 채근하는 것에 대하여 '나'는 도적을 만들고 도적을 잡는 주인아씨를 못마땅해 하며 간난이를 동정하는데 과연 나중에 다른 사람이 진범임이 밝혀진다.

「누이동생을 따라」는 '나'가 해운대에 놀러갔다가 알게 된 어느 비운의 오누이에 대한 동정적 일대기인데 조실부모하여 누이동생을 민며느리로 보내고 갖은 일을 하며 떠돌던 오라비는 어려서 눈을 잃은 터에 사고로 한 다리마저 잃어 노동을 못하자 누이동생을 찾아 고향으로 가 보는데 누이마저 유곽에 팔려가고 없자 단소를 불며 그녀를 찾아다니다 겨우 해운대에 있음을 알아내고 가 보지만 이미 바다에 투신자살한 후이라 스스로도 누이를 따라 바다에 몸을 던진다.

이상에서 살펴본 것처럼 이 작품들은 소시민적 주인공이 생선짐꾼

(「의사」), 걸인(「누가 망하나」), 어멈(「갈등」), 옷도둑(「인정」), 심부름꾼(「주인아씨」), 불구걸인(「누이동생을 따라」) 등 프로적 하층계급의 사람들에 대하여 공감과 동정의 시선을 보내거나 적극적으로는 자신의 계급적 기반을 벗어나 그들의 해방운동에 나서기까지 하는 등 부르 심파다이저로서 행동하고 있는 것이다. 이러한 부르 심파다이저라는 인간형은 극빈 하층민이나 프로 인텔리겐챠가 스스로의 궁핍한 상황에서 저절로 계급적 시각을 획득하게 되는 경우와는 또 구별되는 것이기는 하지만 민중적 세계관의 계급을 초월한 확산을 보여준다는 점에서 민중 세계 도래의 필연성에 대한 서해의 확신을 읽을 수 있다.

이처럼 자신의 체험을 바탕으로 극빈 하층민 소설에서 출발한 최서해는 카프의 논리를 자기화하여 프로 인텔리겐챠 소설로 나아가고 이어 부르 계급까지 민중세계의 실현에 동참시키는 부르 심파다이저 소설을 쓰게 되었지만 아무래도 최서해 변모의 극적 모멘트는 프로 심파다이저의 발견이다. 이로 인해서 최서해는 계급운동에 대한 민족운동사적 위치 설정과 30년대 악화되어 가는 상황 속에서의 새로운 전략 수립을 위한 객관적 시각을 획득할 수 있었고 그리하여 스스로를 문제적 개인으로 다시 한번 부상시켰기 때문이다.

이러한 프로 심파다이저가 주인공으로 소설의 핵심적 역할을 하는 작품은 「號外時代」(「매일신보」, 1930.9.20-31.8.1)인데 이를 살펴보기에 앞서 우리는 미완의 소설 「폭풍우시대」(「동아일보」, 1928.4.4-12)를 먼저 주목할 필요가 있다. 이 작품은 만주로 유랑길에 올랐던 '나'가 그곳에서 교육운동을 하는 조병구라는 인물을 만난 이야기인데 "공부를 하라. 큰 일을 하려면 공부를 하라. 모르는 사람에게 성공이 없나니라"가 그의 표어로 되어 있다. 이 귀절을 보면 금방 우리는 10년대이래의 준비론운동을 떠올리게 되는 바 과연 작품 속에서 주인공도 부자가 대를 이어 운동을 해 온 조병구를 평가하여 "무형한 가운데 힘 쌓아 놓은 그의 힘은 어찌 장차 천지를 뒤흔들던 위대한 힘의 씨가 아니라고 하겠읍니까"[20]라고 반문함으로써 3. 1운동 및 준비론과의 연계성을 인정한다.

그러나 미완으로 인하여 그 이유는 알 수 없지만 그런 조병구가 죽어 땅에 묻히는데 그 뒤 팔 년이나 지났음에도 "조병구의 두 눈은 늘 우리들 가슴에 대룩대룩할 것이오 조병구의 남긴 말은 늘 우리들 귀에서 쟁쟁할 것입니다"[21]라고 말함으로써 부르 민족운동으로서의 신민회 준비론운동과 그것을 주도한 부르계급에 대한 공감을 표시한다. 이러한 프로 심파다이저의 싹은 「호외시대」에서 충분히 발육하여 작품을 장편으로 이끌고 있을 뿐 아니라 카프문인들에 의한 당대적 혹평을 뛰어 넘어 30년대 문제작의 반열에 이 작품을 올려 놓기에 충분한 성과를 거두고 있는 것이다.

장편 「호외시대」는 홍재훈으로 대표되는 부르 민족운동의 실패와 양두환으로 대표되는 프로 심파다이저에 의한 이의 계승 결의를 기본 서사골격으로 하고 있다. 그리고 이러한 서사구조를 이끌어내기 위해 최서해는 다양한 계층의 다양한 인물들을 동원하고 있는데 이중 우리는 민족적 부르조아 홍재훈, 프로 운동가 정군, 부르 심파다이저 홍찬형, 프로 심파다이저 양두환을 문제적 개인으로 꼽아볼 수 있다. 20년대 민족운동의 지형학이 부르운동과 프로운동의 경쟁적

---

20) 『최서해전집』상, p.380.
21) 『최서해전집』상, p.371.

대립구도 속에 설정될 수 있다면 심파다이저라는 인물유형은 「호외시대」가 발표된 30년대 민족운동의 새로운 인간상이라 할 수 있다. 그렇게 볼 때 이 작품의 전개과정은 결국 심파다이저 등장의 역사적 필연성과 당위성을 역설하는 과정이라 볼 수 있다.

그러면 계급진영에 몸담은 적이 있던 최서해[22]가 파악한 20년대 민족운동의 양대 본산으로서의 부르 진영과 프로 진영이 30년대에 접어들어 봉착하게 된 상황과 그의 타개를 위해 요청되는 새로운 지평은 무엇이었을까? 먼저 부르 민족운동에 대한 진단부터 살펴보기로 한다. 주지하다시피 10년대 준비론의 연장선상에 놓여 있는 부르 민족운동이 실력양성의 차원에서 주력한 것은 민족경제와 교육의 문제였는 바 이것이 경제외적 여건은 별도로 하더라도 경제적 논리에 의해서도 위기에 봉착했다는 것이 서해의 진단이었다. 프로진영이 대타관계에 있던 민족진영에 대해 비판적 입장을 보인 것은 일반적인 추세였지만 신경향문학의 대표자이고 한 때 카프에 몸담았던 최서해가 부르 민족운동에 대해 가진 시각은 그 미래에 대한 어두운 전망과는 달리 부정적이지만은 않았다.

물론 부르조아 계급 가운데 "돈이 벽장 속에서 녹슬어도 한 푼 내놓"지 않는 박참판이나 이대감 등 당대의 부호, 향락과 엽색행각에 재물을 탕진하는 허성찬, 행원들의 박봉을 깎을지언정 배당의 이익을 잃지 않으려는 삼성은행 주주들 등 기생적이고 매판적인 부류가 없었던 것은 아니었지만 민족적 부르조아는 적어도 계급갈등의 표적에서 벗어나 있다. 오히려 「호외시대」에 묘사되어 있는 민족적 부르

---

22) 최서해는 1929년 카프를 탈퇴하는데 이후 프로 문인으로부터는 철저히 묵살당하고 김동인 같은 민족진영의 문인으로부터는 작품의 제재가 넓어지는 효과가 있으리라는 기대를 사고 있었다. 조남현, 「최서해의 <호외시대>, 그 갈등구조」, 『한국소설과 갈등』, 문학과비평사, 1990, p.159 참조.

조아는 자기희생적이고 긍정적인 인간상으로 그려져 있다.

> 홍재훈의 말과 같이 학교는 다달이 막대한 손해를 끼쳤다. 그러나 인쇄소는 다달이 막대한 이익을 낳았다.
> 오륙 년 되는 사이에 뒤로 공장을 증축하였고 사원과 직공은 백여 명이 되었다. 그들의 가족을 매명 평균 다섯씩 치더라도 오백여 명, 거기에 학교까지 따지면 천 명 가까운 목숨들이 홍재훈의 바람을 쏘였다. 학대받던 인력거꾼의 바람으로는 놀라울 만치 널리 불었다.
> 사장이요, 교주인 그의 생활은 분주하였다. 남 보기는 그만한 지위에 앉았으니 부른 배를 슬슬 문지르면서 편히 누워 지낼 것 같았으나 실상은 인력거꾼으로 지낼 때보다 더 분주하였고 더 구속이 되었다.23)

이처럼 고용의 기회를 창출하고 기업이윤을 사회로 환원하며 여타 시혜적인 사회활동을 하던 민족적 기업가 홍재훈을 파멸로 몰아넣은 것은 불황의 도래와 경영상 실책이라는 경제 논리였다. 홍재훈의 파멸이 얼마나 철저한가는 외아들 찬형의 옥사, 딸 경순의 병사, 딸 경애의 비관자살을 포함하여 자신의 죽음으로 끝나는 홍씨일가의 처절한 몰락상이 잘 보여 준다. 그러므로 홍재훈이 심혈을 기울였던 기업과 학교의 실패 및 그로 인한 홍씨일가의 몰락은 부르 민족운동의 당대적 운명을 표상한다고 보아 무방할 것이다.

그러면 프로 민족운동은 어떠한가? 프로운동은 학교와 기업이라는 합법성을 띠고 진행된 부르운동보다도 공식성이 약하였고 그 활동마저 제약을 받아 '삼우회'라는 지하단체가 노동문제에 관여하면서 회원들의 상호부조로 연명해가는 형편이었지만 그것의 실적을 기대하기는 어려운 형편이었다. 물론 이 작품에 등장하는 인물 중 인쇄

---
23) 최서해, 「호외시대」, 문학과지성사」, 1994, pp.61-2.

소 직공 박흥준과 그 일가, 죽은 양두환의 처 정숙, 찬형의 학교에 자녀를 보내고 있는 학부모들 등 궁핍 속에서 허덕이는 프로계급이 양적으로 무수히 많은 것은 사실이다. 그러나 그들은 모두 의식의 각성에 이르지 못한 즉자적인 존재들일 뿐이어서 프로운동의 성과는 전적으로 그 리더 부류의 활동에 의존할 수 밖에 없는 실정이었다. 그 중의 한 전형적인 인물로 우리는 정군을 꼽아 볼 수 있다. 그러나 그가 처해 있는 정황에 대한 다음의 묘사는 프로 민족운동의 현주소에 다름 아닌 것이다.

'정군!······'
 정군의 생각은 또 그의 머리를 쳤다. 무거운 생각을 하는 때마다 정군은 그리웠다. 서울 올라온 뒤에 우연히 친하여진 정군은 '삼우회'에서도 함께 지냈다. 용단이 있고 의협이 있고 쇳덩어리같이 굳은 결심이 있는 정군은 무슨 일이든지 의논할 만한 사람이라고 두환은 믿었다. 그렇던 그 사람은 지금 이 천지에서 그림자를 감추었다.
'그는 지금······'
 산모퉁이를 돌아나가는 차창으로 다시 내다보이는 달을 바라보며 두환은 혼자 뇌였다. 정군도 이 밤 서천에 기울어가는 저 달빛을 볼 것이다. 생각만 하여도 몸서리가 나는 철창으로 흘러드는 저 달빛을 보는 그의 가슴은 어찌하랴.
 창백한 얼굴에 흐르는 달빛을 받고 시선을 저해하는 철창 틈으로 쌀쌀한 새벽 하늘을 하염없이 바라보고 있는 정군의 초연한 모양이 보이는 것 같았다. 그런 생각 저런 생각을 하니 더욱 정군이 그리웠다. 가슴에 쇠못이 박히는 것처럼 무거운 암흑과 같이 그윽한 분한 마음도 머리를 치밀었다.[24]

이 작품에서 '삼우회'의 지도자급이자 계급의식화의 최고 단계에

---

24) 최서해, 「호외시대」, pp.266-7.

있는 인물로 그려지고 있는 정군의 투옥, 송금사기의 혐의를 받고 있는 운동전력의 행원 류원철의 고초 등이 표상하고 있는 것은 프로 민족운동의 한계이다.

이처럼 부르 민족운동이나 프로 민족운동이 다같이 30년대 초의 현실적 제조건에 의하여 더 이상 나아갈 진로가 보이지 않게 되었을 때 새롭게 모색될 수 있는 가능성의 영역은 무엇이 있을 수 있겠는가? 최서해는 이것이 심파다이저라는 새로운 인간형의 창조에서만 가능하다고 보고 있는 것이다.

그리하여 「호외시대」에는 두 사람의 심파다이저가 등장하는데 한 사람은 홍재훈의 친자인 홍찬형이고 다른 한 사람은 홍재훈의 양자와 다를 바 없는 양두환이다. 홍재훈이 찬형에게 끌리는 것이 핏줄의 힘이라면 두환에게로 향하는 마음은 정신적 신뢰감 때문이다. 그런데 이 두 사람이 처음부터 심파다이저로 출발하는 것은 아니어서 어떤 의미에서 「호외시대」는 편향적 인물이 심파다이저로 발전하는 인식의 심화과정이라고 볼 수 있다. 또 홍찬형이 부잣집 외동아들인 반면 양두환은 조실부모한 고아여서 두 사람의 정신편력은 서로 반대방향에서 출발하여 유사한 지점에서 만나지만 출발점의 양극성이 양자의 가능성의 차이로 작용한다.

그러면 먼저 홍찬형의 경우부터 보기로 한다. 부친 홍재훈이 아무리 적수공권의 고아로 세상의 온갖 고난을 극복하고 자수성가한 사람이었다 하더라도 그것은 고생 모르고 자라난 아들 찬형과는 별 상관없는 일이었다. 아니 어떤 면에서는 "귀여운 그 자식에게 돈 설움을 주기에는 그의 과거가 너무도 쓰라리었"기 때문에 아들을 지나치게 관대히 길렀던 것이다. 그리하여 부자집 맏아들 행세를 톡톡히 하면서 자란 홍찬형은 일본 유학까지 다녀왔으면서도 공부는 뒷전이고 술먹기와 난봉부리기에 몰두한다. 그러나 부친의 돈을 탕진해 가며 이어지는 그의 소시민적 생활은 그에 기생하는 사람들로부터만 호평을 받을 뿐 뜻 있는 양두환과는 마찰을 일으키고 그 부친으로부터는 '우리 찬형이는 언제나 철이 나누?'하는 근심을 사기에 이른다.
 그러던 홍찬형은 어느 날 유부녀를 겁간하려다 들켜 그 집 사람들로부터 쫓기게 되는데 우연히 마당에 나와 있던 양두환이 범인으로 오인되어 모든 죄를 뒤집어 쓰지만 변명하지 않는 데 감동되어 생활태도를 고치고 부친의 학교에 교사로 근무하게 된다. 그러자 그의 눈에는 세상이 이전과는 달리 보이기 시작한다. 이제 홍찬형은 이전의 무자각적 소시민으로부터 프로계급에 대하여 정신적으로 그들을 이해하고 공감을 하게 되는 심파다이저로 변하게 되기에 이르렀던 것이다. 이러한 의식전환은 그로 하여금 프로계급에 대한 친밀감을 느끼게 하는 데에서 그치지 않고 지나간 자신의 방종한 생활에 대한 부끄러움과 죄송스러움을 느끼게 하는 데까지 이르게 한다. 그러나 사태는 그가 거룩하게까지 느끼게 된 어린 생도들을 계속 가르칠 수 있는 행복을 허락하지 않는다. 부친의 사업실패는 폐교로 이어졌을 뿐만 아니라 하루하루의 집안 살림마저 막막한 처지로 빠뜨렸기 때문이다. 이러한 곤경으로부터 아무리 벗어나고 싶어도 찬형에게는 아무런 방도도 떠오르지 않고 낙망감만 더해 간다.
 이처럼 홍찬형은 비록 소시민으로부터 프로계급의 참상에 눈뜨고 그들을 이해하는 심파다이저가 되는 데까지 의식의 발전을 이룩하기는 하였지만 그의 계층적 한계로 인하여 난관에 봉착했을 때 돌파력을 발휘하지 못하고 '나는 너무도 무능력자이다'라는 좌절감만 맛보다가 양두환의 죄를 대신 짊어지고 옥살이를 하는 것으로 자신의 역할을 삼던 중 결국 병사하기에 이르는 것이다. 그러므로 양두환에

의하여 "과단성이 적고 줏대가 약한" 것으로 평가된 찬형의 성격은 결국 소시민의 가능의식의 최대치로서의 심파다이저로까지 고양되기는 하지만 소시민적 심파다이저란 그 본원적 한계로 말미암아 30년대의 바람직한 인간상으로는 기능할 수 없다고 「호외시대」는 보고 있는 것이다.

그렇다면 양두환이 표상하는 프로 심파다이저는 어떠한가? 조실부모하고 구차한 삼촌의 손에서 입을 것을 못 입고 먹을 것을 못 먹고 자라난 양두환은 어떤 사상 단체의 회원이 되기도 하고 고학생, 공장직공, 실직자들의 조직인 삼우회에서 노동문제에 관여 하기도 하였는데 "변태적 독선생활(獨善生活)을 꿈꾸느니 현실의 세상에서 실 인간의 이상을 가지고 싸우는 것이 괴로워도 더욱 유리하고 또 유쾌하기도 할 것"25)이라는 신념 아래 동지들을 생각하며 큰 목적을 위해 공부를 하고자 한다. 그러므로 양두환도 처음부터 심파다이저였던 것은 아니었으니 그의 계급상태는 그의 의식을 자연히 프로적으로 규정해 놓고 있었던 것이다.

이처럼 처음에는 프로적 계급의식을 지니고 있던 양두환은 민족적 기업가 홍재훈의 배려로 상업학교를 마치고 은행원이 되는 과정에서 노동자들을 후하게 부리며 가족적 기분으로 대하는 홍재훈에게 감화되어 "일만 사람의 가난은 한 사람의 부자를 의미하는 것이다. ……그러나 우리의 현상은 반드시 그렇지도 않으니 한 사업가의 실패는 수백 명의 실직을 의미하게 된다!"26)고 하는 데까지 노사관과 빈부관이 변하게 된다. 그리하여 홍재훈의 파산으로 노사대립이 격화되었을 때 양두환은 양측 모두의 입장을 공감하는 심파다이저로서 당혹

---
25) 「호외시대」, p.47.
26) 「호외시대」, p.127.

감을 금치 못한다.

　그러나 그 어느 편도 잘못이 없지만 양측 모두 곤경에 빠져 있는 이러한 딜레마 속에서 부르 심파다이저 홍찬형은 자신의 무능력만 탓하고 있는데 반하여 프로 심파다이저인 양두환은 우선 양측을 모두 살리는 방안인 회사의 회생을 위하여 자금조달차 송금사기극까지 벌이면서 행동의 세계로 나아간다. 그러나 어렵사리 마련한 자금마저 화재로 인하여 잿더미로 변하고 이어 홍재훈 부자의 죽음과 경애의 자결 등 불운이 계속 닥쳐오자 양두환은 순간적으로 세상의 부조리 앞에서 "마음대로 한다면 방망이라도 집어들고 눈에 보이는 대로 그 흉악한 존재들을 때려부시고 싶"27)은 극빈 하층민 소설적 충동에 사로잡히기도 하지만 이내 이성을 회복한다.

　그리하여 야학을 같이 하던 이정애의 지속적인 동참의사 편지에 고무되고 아울러 자신을 반겨주던 학생들이 자라 큰 힘을 발휘하게 될 때 홍재훈 부자의 뜻이 살아나는 것임을 깨닫게 된 양두환은 눈앞에 새로운 지평이 열림을 느끼며 희망에 잠기는 것이다.

　　　'어쩌면 홍씨의 집안은 이렇게 영락하였을까?······'
　　　하는 생각으로 가슴이 찢기고 설움이 북받치었다.
　　　'아아 그러나 결실(結實)이 있다! 갈바람으로 누르러 떨어진 낙엽 뒤에 붉은 열매가 남듯이 그들의 죽음 뒤에는 커다란 자취가 있다!······'
　　　하고 다시 생각하면서 아픈 가슴을 만지는 그의 눈앞에는 어젯밤에 대하였고 오래지 않아 오늘밤에 또 만날 야학 생도들의 그림자가 떠올랐다.
　　　'오오 위대한 자취다! 이 목숨도 그들을 위하여 바쳐야 한다!'
　　　두환은 붉은 석양에 물들은 천지를 휘둘러보며 긴 한숨을 쉬었다.

---

27)「호외시대」, p.621.

바로 목전의 새로운 천지가 열릴 듯이 슬픈 중에도 그윽한 법열과 충동을 받았다.[28]

이상에서 살펴본 것처럼 「호외시대」는 20년대의 민족운동 방식인 부르와 프로의 이원적 대립방식이 30년대에는 한계에 부딪혔다고 보고 양자의 변증법적 지양으로서의 심파다이저를 새로운 탈출구로서 모색하고 있는 작품이다. 또 심파다이저도 부르와 프로의 두 유형으로 구분하여 계층적 한계 때문에 전자보다는 후자가 변모된 시대상황의 담지자로 추천되고 있지만 양자의 관계는 단절이 아니라 면면이 이어지는 역사적 과업을 서로 이어가는 계승관계임을 힘주어 강조하고 있는 것이다.

그러나 민족모순의 해결을 식민지시대 한민족의 제1의적 과제로 보고 있는 부르 민족운동과 계급모순의 해결을 제1의적 과제로 보고 있는 프로 민족운동이 그처럼 간단하게 상대 존재에 대한 인정만으로 대립관계를 청산하고 화해와 협력을 이루어낼 수 있을까? 소위 절충주의라는 것이 기존에 있었고 그 논리에 따르면 식민지 치하의 한민족은 모두 무산자이기 때문에 민족주의와 계급주의는 궁극적으로 합치된다고 주장했지만 양측으로부터 환영받지 못한 일이 있기에 이러한 의문은 더욱 증폭된다. 물론 30년대의 경사가 깊어질 수록 상황은 악화일로를 걸었으므로 그 때와 사정이 같을 수는 없는 것도 사실이기는 하다.

이처럼 부르와 프로운동을 손잡게 한다는 것의 어려움을 잘 알고 있었을 최서해이기에 그는 문제성의 소재를 민족문제나 계급문제에 두지 아니하고 양 진영에 두루 걸려 있는 '돈'에다 설정하고 있다.

---

28) 「호외시대」, p.636.

실상 부르 민족운동이 역점을 두었던 산업이나 교육도 경제논리에 의하여 많은 어려움을 당하고 있었고 프로 민족운동이 생존권의 차원에서 민중경제를 문제 삼았음은 새삼 지적할 필요조차 없다. 그러므로 얼핏 보면 돈의 물신성과 악마성을 고발하고 있는 듯하여 「이수일과 심순애」 차원의 피상적 멜로물로 착각하기 쉬운 「호외시대」는 한편으로는 민족운동의 실정도 감안하고 다른 한편으로는 일제의 눈을 교란시키기 위하여 '돈'을 모든 악의 근원으로 지목하여 일종의 속죄양으로 삼고 있다고 볼 수 있다. 따라서 식민지시대의 일체의 부정성을 돈으로 환치하고 있는 이 작품은 총독부기관지 「매일신보」의 행간을 통하여 불모의 계절에 민족운동의 실체를 확인시킨 것만으로도 그 의의가 결코 적지 않을 것이다.

그러면 돈의 마성은 어떠하며 그것이 「호외시대」에서는 어떻게 나타나고 있는가? 소설을 연재하기에 앞서 최서해는 다음과 같은 '작자의 말'을 예고함으로써 「호외시대」와 '돈'의 밀접한 연관성을 보여 주고 있다.

딸랑거리는 방울 소리를 따라 낙엽같이 날리는 호외는 인간사회의 변태적 현상을 알리는 종이 조각이다. 나는 이제 이 종이 조각을 다시 여러분 앞에 드리는 것이다. 돈! 돈! 돈의 힘이 어떻다는 것은 이 호외를 보시는 이는 다시금 느끼지 않을 수 없을 것이다. 사람이 부리려고 만들어 놓은 돈이 도리어 사람을 부리게 되었다. 돈의 앞에는 오륜 삼강도 힘을 못 쓰게 되고 정의 정도도 허리를 굽히지 아니치 못하게 되었다. 모순 갈등은 나날이 심하여지고 알력, 반목은 갈수록 맹렬하여진다. 이 인류의 장래는 어찌 되는지. 그것은 역도할 수 없는 일이니 말할 수 없지만 평화와 사랑을 바라는 현세의 인류로서 이 현상을 보고 이 현상에 쪼들리게 되는 때 어찌 비탄, 우수가 없으며, 고통, 번민이 없으며, 원한, 분노가 없으랴. 그들의 가슴은

이 때문에 찢길 것이요, 그들의 팔다리는 이 때문에 뛸 것이다. 오오! 돈의 힘이 이 인류를 지배하는 날까지 이 인류의 변태적 현상을 알리는 호외의 방울 소리는 그치지 않을 것이다.29)

결국「호외시대」는 돈으로 인한 모순 갈등과 알력 반목 때문에 초래되는 비탄, 우수, 고통, 번민, 원한, 분노 등 인간사회의 변태적 현상을 알리는 한 보고서를 지향하고 있다고 이야기하고 있는 셈이다. 실제로 도처에서 돈의 마성을 성토하는 화자의 서술이 나타나고 돈 때문에 죽은 양두환의 처 정숙과 경애, 돈에 팔려가는 이정애는 물론 근본적으로는 돈 때문에 몰락하여 죽음에 이르는 홍재훈 부자 등 수많은 인물들의 비극이 모두 돈에서 비롯된 것으로 처리되고 있지만 무엇보다도「호외시대」에서 서사의 핵심에 놓이는 돈의 병리학은 인간적인 경영자 홍재훈과 공손하던 직공 간의 돈으로 인한 갈등과 또 돈으로 인한 심파다이저 홍찬형과 양두환의 순간적 훼손의 장면이다.

평소 한 가족같이 지내던 홍재훈과 노동자 박홍준은 체불임금을 둘러싸고 대립하지만 아들 약값으로 쥐어준 몇 푼 돈에 박서방은 예의 공손함을 되찾음으로써 문제성의 소재는 오로지 돈에 있는 것으로 그려진다. 한 때 카프 맹원이기도 했고 민중적 세계관을 형상화한 프로 인텔리겐챠 소설도 썼던 최서해가 계급갈등을 알지 못하여 이렇게 처리하고 있는 것으로 볼 수는 없을 것이다. 그것은 앞에서도 지적한 것처럼 민족모순과 계급모순을 아우를 수 있는 공약수를 '돈'에서 찾았고 식민체제를 포함하여 돈으로 표상되는 일체의 사회적 부정성을 편향된 입장을 지양하면서 비판해 내기 위한 문학적 의도에서 기인되고 있는 것이다. 다시말해 비난받아야 할 것이 있다면

---

29)『최서해전집』하, p.278.

그것은 기업가도 노동자도 아니오 다만 사업을 실패케 한 '돈'의 악마성이므로 이 '돈'이라는 공동의 적 앞에서 부르계급과 프로계급은 갈등관계를 청산하고 공동전선을 펼칠 가능성이 확보되는 것이다.

이러한 돈의 병리는 더 나아가 인텔리이자 부르적 심파다이저인 홍찬형은 물론 프로 심파다이저 양두환의 인품마저 한 순간 훼손시키기에 이르러 양두환으로 하여금 비감을 느끼게 하는데 불이 났을 때 양두환은 식구들 생명보다 맡겨 놓았던 돈을 먼저 생각하고 홍찬형도 식구보다 돈의 안부를 먼저 물었던 것이다. 그러나 '돈'의 마성에 대한 이러한 지적이 구체적 사회관계나 인간관계의 천착을 방해하고 이를 은폐하는 추상성으로 우리를 호도할 뿐이라고 단순논리로 비난할 수만은 없다. 매춘부로 전락한 홍찬형의 동생 경애의 자살현장을 목격했을 때 주인공 양두환은 '돈'이 아니라 직접 세상의 부정성 일체를 거론하며 그것을 종식시키는 것이 자신의 궁극 목적임을 피력함으로써 '돈'의 은유와 그 전략적 기능을 암시하고 있기 때문이다.

두환은 경애의 죽음은 경애의 허물만이 아니라고 믿었다. 그를 죽인 것은 그의 눈에는 보이지 않는 어떤 검은 그림자였다. 그를 길러낸 환경이며 아버지 홍재훈도 그 책임을 져야 할 것이오, 그를 괴롭힌 환경과 김홍준도 물론 그 책임을 져야 할 것이다. 그러나 한걸음 더 들어가보면 홍재훈으로 하여금 딸자식을 그렇게 기르도록 하고 김홍준으로 하여금 경애를 그러한 구렁에 넣도록 하고 유곽의 포주로 하여금 경애를 물에 넣도록 한 책임자는 따로 있어야 할 것이다. 그것은 누구냐? 그 책임자는 누구냐?

그러한 책임자가 이 세상에 길이길이 있는 동안은 홍재훈 같은 부모와 김홍준 같은 애인이며 유곽의 포주 같은 생명이 이 세상에서 길이길이 그림자를 감추지 않을 것이니 그것이 도리어 마땅한 일일 것이다.(.....)
 그는 오늘날까지 그러한 그림자를 너무도 많이 보았었고 그 때문에 목숨을 받치기로 각오하고 그러한 그림자를 없애려고 오늘날까지 애써 오는 것이었다. 그런 것이었만 지금 목전에 경애의 된 모양을 보니 더욱 절실히 느껴졌다.30)

 여기서 홍경애의 죽음과 연루될 수 있는 제반 요인의 궁극 원인이자 양두환이 제거하고자 노력해 온 검은 그림자란 일차적으로 돈과 그것으로 인한 사회의 변태적 현상 바로 그것이지만 그것은 더 나아가서 돈(자본)의 논리에 입각하여 있는 자본주의 내지 그것을 떠받치고 있는 일제 식민체제로까지 확장될 수 있다. 이렇게 볼 때「호외시대」는 사회 병리학을 조장하는 '돈'과 일제 식민체제를 동일시하면서 돈의 오염으로부터 인간성을 지켜 내려는 프로 심파다이저의 지속적 저항을 그려보임으로써 30년대 민족운동의 지속적 가능성을 타진하고 있음을 알 수 있다. 그러므로 철저한 계급의식에서 출발하여 부르적 입장을 공감하는 프로 심파다이저로 의식의 발전을 이룩한 양두환은 민족모순과 계급모순의 대립성을 '돈'이라는 공분모 속에서 발전적으로 해소시키고 변모된 30년대 상황에 맞는 민족운동의 재출발을 모색하는 과정에서 포착해 낸 최서해의 새로운 인간상이었던 것이다. 아울러 프로 심파다이저는 홍재훈일가가 표상하는 10년대 준비론운동의 성과와 20년대 계급운동의 성과를 시대상황에 대응시켜 발전적으로 수렴했다는 점에서 민족운동사적 측면에서도 그 의의가 결코 적지 않을 것이다.

---

30)「호외시대」, pp.620-1.

V

자신의 빈궁체험을 바탕으로 한 신경향소설을 가지고 20년대 문단에 등장하여 신선한 충격을 주었던 최서해는 현대문학사상 계급주의 문학 시대를 선도한 문학사적 공로를 충분히 평가받으면서도 그 문학적 한계에 대한 거의 선험적인 규정 때문에 총체적 측면에서 조명 받는 일은 드물었다. 이러한 경향은 단선적이고 목적론적인 발전의 논리만이 지상이라 믿어지는 그동안의 지적 풍토에서 더욱 강화될 수밖에 없었는지도 모른다. 그러나 보다 다양한 지적 모험이 요구되고 있는 요즈음 문학사에서도 기존 논리를 재검증하고 보다 유연한 논리를 재발견해 내야만 하는 것이 우리 모두에게 주어진 시대적 과제가 아닐까 한다.

본고는 이러한 작업에 동참해 본다는 취지에서 편향적이고 단편적으로만 이해되어 온 감이 있는 최서해의 소설을 총체적인 측면에서 재검토해 보고자 하였다. 그 결과 등단 초기에 빈궁소설로 계급문학의 단초를 연 최서해는 그 후 문학성의 저락으로 독자의 기대에 미치지 못하는 활동만을 보여 주었다는 통설은 사실과 거리가 있음을 확인할 수 있었다. 오히려 최서해는 극빈 하층민 소설, 프로 인텔리겐챠 소설, 심파다이저 소설이라는 세 유형의 소설을 대략 계기적으로 산출하면서 전반기의 전망부재를 중반기의 계급적 전망으로 넘어서려 하였고 후반기에는 악화된 상황을 넘어설 새 전망을 모색하면서 꾸준한 변모를 모색하고 있었음을 알았다.

이렇게 볼 때 최서해는 전반기소설에서 미래에 대한 전망이 부재한 가운데 충동적 자기파괴를 지향함으로써 당대 식민지 현실에 대한 강한 저항감을 심정적으로 표출하다가 중반기소설에서는 비록 추상적 구호의 레벨을 크게 벗어나지는 못했다 하더라도 계급적 전망을 지닌 프로 인텔리겐챠를 통하여 당대의 시대정신을 형상화하였고, 후반기소설에서는 악화된 상황하에서 부르 민족운동과 프로 민족운동을 변증법적으로 지양한 새로운 전망으로서의 심파다이즈를 제시하면서 지속적 민족운동의 가능성을 모색하고 있었던 것이다. 그러므로 최서해의 문학적 궤적은 비록 카프의 공식주의와는 다른 길을 걸었다 하더라도 나름대로 무산 빈민계급을 문학적 주체로 하면서 당대 환경과의 교호작용 속에서 그 미래전망을 모색한 과정이었던 것이다.

그리하여 최서해문학의 총결산적 의미를 지니는 「호외시대」는 프로 심파다이저라는 문제적 인물을 형상화해 냄으로써 농민운동의 승리를 그린 이기영의 「고향」, 노동운동의 승리를 그린 한설야의 「황혼」, 투쟁적 민족주의를 고취하고 있는 현진건의 「적도」, 가치중립적 돈의 논리화인 「삼대」 등의 작품들과 함께 다성악적으로 현실을 바라보던 30년대 정신사의 내면풍경에 일익을 담당하고 있는 것이다.

전영택 소설의 형이상학

I

늘봄 전영택(1894-1968)은 「창조」지의 창간 멤버로서 초기 문단에서의 그 문학사적 의의는 높이 평가되어 온 반면에 비록 작품 수는 많지 않았다 할지라도 40여 년 이상 지속되어 온 그의 작품 활동에 비추어 볼 때 그에 대한 관심과 평가는 대단히 일면적이고 부분적이었음을 부인하기 어렵다. 물론 그렇게 된 데에는 나름대로 이유가 있을 것인 바 무엇보다도 그의 생애가 "작가로서의 모습보다도 목사로서의 모습에 더 무게가 실려 있"[1]어 이러한 사실이 그에 대한 어떤 선험적 편견으로 작용하여 지속적인 관심을 제약하지 않았나 한다. 그리고 이와 표리의 관계에 있을지 모르지만 전영택의 작품에 대한 서지학적 자료 정리가 미흡한 상태에 있어 그에 대한 접근이 그리 용이하지 않았다는 점도 전면적인 전영택 연구에 장애가 되었

---

[1] 표언복, 「전영택 전집을 간행하며」, 『늘봄 전영택전집』 제1권, 목원대학교출판부, 1994, p.39.

을 것이다.

그러므로 당연하게도 "지금까지 나타난 전영택 연구성과들의 공통적이고도 결정적인 약점은 전영택이 남긴 문학적 성과들 가운데 지극히 제한된 작품들만을 대상으로 하고 있으며 훨씬 더 많은 수와 양의 작품들이 전혀 검토되지 않았거나 소홀히 다루어져 왔다"2)는 지적을 피할 수가 없었던 것이다. 그런데 근자에 『전영택전집』 5권이 간행됨으로써 전영택의 전모를 살펴 그에 관한 문학적 평가를 다양하게 시도할 수 있는 길이 일단 열렸다고 볼 수 있다.

이제까지 전영택의 작품세계는 "종교와 문학의 조우"3)라는 기본 틀 속에서 "박애·인도 정신의 문학을 보여준 문학사상 희귀한 존재"4)라거나 사실주의와 자전적 작품을 거쳐 인도주의적이고도 기독교적 박애사상의 작품으로 작품세계를 변전시켜 나간 작가5) 등으로 규정되어 왔는 바, 본고는 전집 간행에 힘입어 총체적 전영택론을 목표로 우선 그의 소설만을 검토하여 그 전반적인 작품구성의 원리를 찾아 보고자 한다.

전영택이 남긴 순수 창작소설은 표언복 교수의 정밀한 실증적 작업에 의하여 69편이라고 잠정 집계되었지만6) 이름만 전하고 내용을 알 수 없는 것(「피」, 「늘봄」, 「어머니는 잠드셨다」, 「누이」, 「복성이 어머니」, 「피를 본 사나이」, 「강아지」, 「어머니가 그리워서」, 「황장로」), 미완되거나 결실부분이 많아 논의하기 어려운 것(「벗」, 「어머니」, 「새벽별」, 「돈」, 「靑春曲」, 「새벽종」), 순수창작이 아닌 것(「悔

---

2) 표언복, 「전영택의 저작과 관련된 몇 가지 문제」, 위 책, p.13.
3) 金用成, 「文學과 宗敎의 遭逢」/田榮澤論」, 김용성·우한용 공편, 『한국근대작가연구』, 삼지원, 1985, p.177.
4) 김용성, 『한국현대문학사탐방』, 현암사, 1984, p.44.
5) 채훈, 『1920년대 한국작가연구』, 일지사, 1976, p.176.
6) 표언복, 「전영택의 저작과 관련된 몇 가지 문제」, 앞 책, p.14.

過」, 「크리스마스 前夜」), 소설화가 미흡한 자서전(「나의 자서전 서장」, 「성장기」)을 제하고 일단 논의가 가능해 보이는 작품들을 연대기순으로 정리해 보면 다음과 같다.

(1) 「惠善의 死」(「창조」1, 1919. 2)
(2) 「天痴? 天才?」(「창조」2, 1919.3)
(3) 「運命」(「창조」3, 1919.12)
(4) 「平壤城을 바라보며」(남산현교회 잡지 「대동강」, 1919(?)-1920. 3(?))
(5) 「生命의 봄」(「창조」5-7, 1920.3, 5, 7)
(6) 「毒藥을 마시는 女人」(「창조」8, 1921.1)
(7) 「K와 그 어머니의 죽음」(미완, 「창조」9, 1921.6)
(8) 「흰 닭」(「조선문단」1, 1924.10)
(9) 「寫眞」(「조선문단」2, 1924.11)
(10) 「바람부는 저녁」(「영대」5, 1925.1)
(11) 「화수분」(「조선문단」4, 1925.1)
(12) 「紅蓮과 白蓮」(「조선문단」12, 1925.10)
(13) 「순복이 소식」(「조선문단」16, 1926.5)
(14) 「마리아」(「진생」, 1926.12)
(15) 「後悔」(「문예공론」2, 1929.6)
(16) 「곰」(「매일신보」, 1935.11.23 - 12.3)
(17) 「오무니」(「삼천리」69, 1936.1)
(18) 「忠婦怨」(「중앙」27, 1936.1)
(19) 「버려진 薔薇꽃」(「새사람」1, 1937.1)
(20) 「女子도 사람인가」(「삼천리」?, 1938. ?)
(21) 「보리고개」(1938(?), 「문학춘추」19, 1966.2에 개고)
(22) 「友情」(「가정지우」, 1939.7 - 10)
(23) 「첫미움」(「문장」임시증간호, 1939.7)
(24) 「再出發」(「매일신보」, 1939.7.8 - 8.18, 장편)
(25) 「無心」(「야담」46, 1939.10)

(26) 「男妹」(「문장」10, 1939.11)
(27) 「크리스마스 새벽」(?, 1948(?), 일명 「거룩한 새벽」, 후에 「새봄의 노래」로 개작)
(28) 「하늘을 바라보는 女人」(「문예」2, 1949.9)
(29) 「소」(「백민」20, 1950.2)
(30) 「새 出發」(?)
(31) 「金彈實과 그 아들」(「현대문학」4, 1955.4)
(32) 「외로움」(「새벽」6, 1955.7)
(33) 「아버지와 아들」(「기독교문화」, 1956.3)
(34) 「쥐 이야기」(일명 「쥐」, 「현대문학」22, 1956.10)
(35) 「집」(「새벽」15, 1957.1)
(36) 「돌팔이와 그 아내」(「소설계」7, 1957(?))
(37) 「해바라기」(「자유문학」23, 1959.2)
(38) 「한마리 양」(「기독교사상」, 1959.5)
(39) 「금붕어」(「자유문학」31, 1959.10)
(40) 「눈내리는 午後」(「자유문학」35, 1960.2)
(41) 「차돌맹이」(「자유문학」42, 1960.9)
(42) 「暗黑과 光明」(일명 「彷徨」, 「예술원보」5, 1960.12)
(43) 「크리스마스 前夜의 風景」(「군종」, 1960.12)
(44) 「거꾸로 맨 聖經」(일명 「거꾸로 매여진 성경책」, 「감리교생활」, 1961.4)
(45) 「모든 것을 바치고」(일명 「모든 것을 버리고」, 「모든 것을 다 바치고」, 「크리스챤신문」, 1961.6.5, 12.)
(46) 「좁은門」(「생일파티-무심」으로 개작, 「새생명」, 1964.4-6)
(47) 「말없는 사람」(1964(?))
(48) 「그는 망하지 않았다」(「새가정」, 1967.12)
(49) 「老敎授」(「크리스챤문학」2, 1968.유고)

위의 작품들이 일단 전영택소설의 총체성을 구성한다고 보고 그 의미화를 위해 작품들을 검토해 볼 때 우리는 1)죽음의 현상학, 2)

전락의 미학, 3)기독교적 재생의 미학 등 세 유형의 작품 원리를 변별해 낼 수 있고 그 사이에 반드시 그런 것은 아니지만 대체적으로 계시적인 이행관계가 성립됨을 볼 수 있다. 그러면 차례로 각 유형의 구체적인 작품 양상을 살펴보고 그 의미연관을 찾아보기로 한다.

II

전영택은 작품활동 초기에 자신의 소설에 유독 죽음의 문제가 전면에 드러나고 있음을 자각하고 다음처럼 해명해 놓고 있어 인상적이다.

「너는 어째 죽음만 쓰느냐」 하실 이가 있을 듯하나, 무슨 비관적 사상을 가진 것은 아니외다. 다만 인생 그것을 그대로 표현해 보노라고 하였습니다. 그리고 내 머리에 박혔던 인상을 써 본 것이외다.[7]

작가 자신은 스스로 비관적 사상의 소유자가 아니며 죽음에 대해 쓰는 것도 특별한 의미가 있는 것은 아니라고 대수롭지 않은 것처럼 말하고 있지만 전영택 소설에 있어 죽음의 문제는 한동안 지속적 기조저음이 되어 나타난다. 물론 작품에 따라 죽음이 나타나는 양상과 그 의미는 다를 수 있겠지만 인생에 대한 인상의 기록이 '죽음의 현상학'으로 점철되어 있다는 사실은 전영택의 궁극적 관심사가 일찍부터 존재론적 한계상황(Grenz-situation)에 놓여 있었다는 한 증거일 것이다. 이에 대한 발생론적 고찰은 또 하나의 과제가 될 수 있을 테

---

7) 「창조」2호, 「남은 말」, 1919.3, p.59.

지만 그가 삶과 죽음의 문제를 제일의적 화두로 삼는 신학도였다는 사실과도 결코 무관하지는 않을 것이다.

이러한 죽음의 현상학은 전영택의 최초의 소설「혜선의 사」(1919)를 비롯하여,「천치? 천재?」(1919),「독약을 마시는 여인」(1921),「K와 그 어머니의 죽음」(1921),「화수분」(1925),「순복이 소식」(1926),「곰」(1935),「오무니」(1936),「忠婦怨」(1936),「하늘을 바라보는 여인」(1949),「돌팔이와 그 아내」(1957 ?),「크리스마스 전야의 풍경」(1960),「차돌멩이」(1960) 등에 나타나 있다. 이렇게 볼 때 이 유형의 작품은 대체로 전영택 창작활동의 전반기에 집중적으로 나타난다고 일단 말해질 수 있을 것인 바 각 작품의 양상을 간략히 정리해 보면 아래와 같다.

「혜선의 사」는 여자로 태어나 사랑을 받아 보지 못하고 자란 혜선이 결혼 후에도 남편 신원근의 사랑을 못 받고 종노릇만 하는데 유학간 남편이 다른 여자와 결혼하고 자기에게 이혼 청구를 하였다는 이야기를 듣자 개가하라는 주위의 권고에도 불구하고 충격과 분노를 이기지 못하여 한강에 투신 자살한다.

「천치? 천재?」는 천치라고 알려진 칠성이가 실은 시인적 심성과 과학적 재능을 가진 천재라는 사실이 소학교 교사 '나'에 의해 발견되는데 그의 특이한 행동들이 이해되지 못하고 평범한 잣대에 의해 평가되고 학대받자 칠성은 자기의 천재를 발휘할 수 있는 자유로운 곳을 찾아 가다가 얼어 죽는다.

「독약을 마시는 여인」은 작자 자신 미래파, 인상파의 작품이라고 하였듯이 특정한 사건이 없고 몽환적이고 파편적인 이미지만 나열하고 있지만 "죽은 옥셩의 난지 여슷 달 된 날"에 썼다는 부기처럼

"만물은 마참내 잠자나니라. /사람은 흙이니라. /사람은 물이니라. /인생은 꿈이니라. 공이니라."는 귀절을 통하여 죽음의식을 드러낸 작품으로 볼 수 있다.

「K와 그 어머니의 죽음」은 미완의 작품이지만 작가의식과 관련하여 논의하는 것은 가능한데, 인생을 괴로움 뿐이요 죽는 것만이 낙이 될 것이라고 생각하는 K가 그래도 사람의 목숨은 닭이나 풀대보다는 나으리라 믿다가 병들어 죽어간 자기의 어머니 목숨이 그것들과 다름없음을 보고 "제 목숨이 지극히 천하고 더러워 보"여 죽기로 결심한다.

「화수분」은 남부럽지 않게 살다가 집이 몰락하여 행랑살이를 하던 화수분이 지겟꾼 벌이가 시원치 않아 큰 아이를 남의 집에 주고 가슴아파 울다가 시골 형의 일을 도와 주러 간 후 소식이 없자 어멈이 편지를 띄우고 남편 찾아 어린 딸을 데리고 나서는데 병이 나서 앓다가 편지를 받고 집을 나선 화수분은 모녀를 길에서 만나지만 부부는 동사하고 그 품에서 살아난 어린애만 나무장사에 발견되어 소에 실려 간다.

「순복이 소식」은 아이 다섯 딸린 행랑살이 부부가 살기 어려워 큰 딸은 민며느리로 주고 벌이가 시원찮은 아범이 몸져 눕자 아홉 살 순복이마저 돈 오십전에 팔아 두부장사를 해 보지만 그도 실패하여 비렁질로 연명하는데 집안 걱정에 밥도 못 먹고 울고 지낸다는 순복이 소식에도 가 볼 염을 내지 못하는 어멈에게 발진티푸스로 판명되어 순화원에 끌려간 아범이 얼음찜질로 죽어간다는 말이 들려 온다.

「곰」은 곰처럼 힘세고 무지막지하게 폭력을 행사하는 숯구이 돌팔이의 마누라가 열 네 살에 시집와 25 년간이나 남편의 학대에도 꼼짝 못하고 살아 오다가 처음으로 자신을 사람 대접해 주는 교회에 마음을 붙이고 이웃에게 전도까지 하던 중 남편에게 들켜 짐승처럼 산야로 끌려 다니다가 눈구덩이 속에서 처참하게 죽어 간다.

「오무니」는 부잣집에 시집 갔다가 쫓겨난 한숙자가 생활난에 쫓겨 P선생, 일본인 재등, 중촌 간수장 등 여러 남자와 관계를 맺으며 의탁해 보려 하지만 P는 달아나고 하녀 '오무니'로 그녀를 고용했던 재등은 재혼을 함으로써 그녀의 질투를 유발해 살인미수죄로 15년형을 살게 하며 8년 후 특사로 출감한 그녀를 돌보아 주며 동거하던 간수장 중촌은 그녀의 행실을 문제삼아 살해하는데 뒤늦게 나타나 보상금 오십 원을 챙겨간 아들 현식은 카페 여급과 만주로 달아나 동거하다가 정사한다.

「忠婦怨」은 신숙주의 부인 윤씨가 동문수학하고 다같이 세종의 총애를 받던 남편 신숙주와 성삼문 가운데 성삼문은 충절을 지킨 반면 남편만이 훼절한 사실을 알고는 남편을 비판하며 자결한다.

「하늘을 바라보는 여인」은 남편과 딸이 세상을 떠나자 망녕난 시어머니를 모시고 힘들게 농사지으며 살고 있는 감네가 남편 친구 용돌이의 청혼도 마다하는데 날이 몹시 가물어 새벽에 일어나 하늘을 바라보는 것으로 일과를 시작하던 그녀는 미쳤다는 소리까지 들어가며 샘파는 일에 몰두하다가 드디어 물이 나오기 시작할 즈음에 과로로 쓰러져 용돌의 품에서 죽어가고 마을 사람들은 그 덕에 가뭄을 이긴다.

「돌팔이와 그 아내」는 숯구이 돌팔이에게 팔려와 무수히 구타당하며 살아온 복녀가 교회에 다니기 시작하면서 더욱 구박을 받게 되는데 참다 못해 아들 복성과 교회에 가서 며칠 지내다 온 복녀를 돌팔은 산야로 개끌고 다니듯 하여 죽게 만들고 그녀가 죽자 울부짖는다.

「크리스마스 전야의 풍경」은 군목으로 근무하다 제대한 백인수 대위가 크리스마스 전야에 댄스파티를 여는 누이동생 집에 초대되어 갔다가 걸인은 냉대하면서 자신만은 흥청거리는 누이에게 마음이 상하여 밖으로 나왔다가 방공호에 어린 손자와 살고 있는 월남 노인을 발견하고 그 아이를 잘 돌보아 주라고 누이집에 데리고 오지만 동전 몇 잎을 받고 쫓겨난 그 아이는 이튿날 대문간에서 동사한 채 발견된다.

「차돌멩이」는 한 마을에서 태어나 자라난 복네와 복남이가 차돌멩이 하나를 나누어 가지며 미래를 약속하지만 복네 아버지가 딸을 순사에게 시집보내는 바람에 복남이는 복수심으로 순사가 되는 과오를 범하지만 3·1운동 때 한국인을 돕다가 면직된 후 방랑살이를 하는데 어느 날 복남이 사는 방공호에 찾아온 복네가 손에 차돌멩이를 쥔 채 병사하자 늘 염낭에 돌을 지니고 살아 온 복남이도 애통해 하다가 죽는다.

이상에서 살펴 본 것처럼 이 범주에 속해 있는 작품들은 자아가 한결같이 세계에 의해 죽음으로 내몰리는데 그것은 세계의 본성이 자아의 생존을 불가능하게 하기 때문이다. 물론 세계의 본성은 작품에 따라 몇 가지 상이한 양상으로 파악되어 있는데 1)낡은 인습, 2)존재론적 모순, 3)경제적 모순, 4)폭력성 5)이기성 등 몇 가지로 나타나고 있음을 볼 수 있다.

1) 「혜선의 사」는 인습적 구사상이, 「천치? 천재?」는 인습적 윤리성이, 「하늘을 바라보는 여인」은 '고약한 인습'이, 「차돌멩이」는 인습적 결혼제도가 자아를 죽음으로 몰아간다.

2) 「독약을 마시는 여인」은 죽음을 피할 수 없다는, 그리고 「K와

그 어머니의 죽음」은 지극히 천하고 더러운 목숨이라는 존재론적 모순이 삶에의 의지를 무화시킨다.
3) 「화수분」, 「순복이 소식」은 궁핍이라는 경제적 모순이 죽음을 초래한다.
4) 「곰」, 「돌팔이와 그 아내」는 세계의 폭력성이 자아를 죽게 한다.
5) 「충부원」, 「크리스마스 전야의 풍경」은 세계의 이기성이 자아들을 죽인다.
이와 같이 전영택의 일련의 전기 작품들은 세계의 본질상 자아의 삶은 결국 불가능하며 그리하여 모두가 죽음에 이를 수 밖에 없음을 그려 냄으로써 '죽음의 현상학'을 그 작품미학으로 하고 있는 것이다.

Ⅲ

전영택 소설에 있어 또 하나의 구성 원리로 되어 있는 것은 '전락의 미학'이라고 부를 만한 것인데 이 속에 분류될 수 있는 작품들은 자아가 죽음에 이를 정도로 심각하게 파멸하지는 않지만 세계에 의하여 자아가 훼손당하고 부정성 속에서 망연자실해 하는 것들이다. 「운명」(1919), 「평양성을 바라보며」(1919 ?-1920 ?), 「생명의 봄」(1920), 「흰 닭」(1924), 「사진」(1924), 「바람부는 저녁」(1925), 「백련과 홍련」(1925), 「후회」(1929), 「우정」(1939), 「무심」(1939), 「남매」(1939), 「소」(1950), 「새출발」(?), 「김탄실과 그 아들」(1955), 「쥐 이야기」(1956), 「금붕어」(1959), 「보리 고개」(1938 ?, 1966), 「노교수」(1968) 등이 이 범주에 속하는 작품들이다. 이렇게 볼 때 이 유형의 작품들도 '죽음의 현상학'에 속하는 작품들과 마찬가지로 대체로 전영택의 전기 작품들이 주종을 이루고 있음을 알 수 있는 바 그 구체적 작품양상을 살펴 보면 다음과 같다.

「운명」은 조혼한 가정이 싫어 동경으로 유학간 뒤 집과 연락을 끊고 극단의 개인주의자가 된 오동준이 H라는 여성과 사랑에 빠지고 결혼을 전제하지 않은 사랑을 원하지만 모 사건에 연루되어 감옥에 가 있는 동안 H가 다른 남자와 동거하며 그의 아이까지 가진 것을 알게 되자 일체의 여성을 거부하고 자신의 몹쓸 운명을 한탄한다.
「평양성을 바라보며」는 '나'가 애인과 함께 대동강을 건너 모색에 잠겨가는 평양성을 바라보며 대화를 나누는데 모든 면에서 10여 년 전과는 비교할 수 없을 정도로 타락하여 "요새 평양사람은 청년이나 실업가나 소위 교육가나 물론하고 아무 이상도 없고 아무 뜻이 없다 해도 가하"다고 진단한 후 평양을 위해 몸바치기로 한다.
「생명의 봄」은 전도자이자 교사인 나영순이 결혼 하룻만에 아내가 모사건에 연루되어 수감되면서 '죽음의 겨울' 같은 심경에 잠기고 "사랑이라는 것 외에 내부생활의 중심을 잃어버린" 자신을 자책하며 '생명있는 사람'을 갈구하는데 병들어 옥에서 나온 아내가 회복됨을 기다려 "세상에 낳던 보람"을 구현하는 "생명있는 사람이 되어서 생명의 봄을 맞아서 참 신생활로 드러" 가기 위해 떠나가자 아내 영선은 그를 위해 울며 기도한다.
「흰 닭」은 집에 사온 세 마리의 닭 중에서 공주의 품격이 느껴지는 흰 닭에 마음이 끌린 '나'가 손님이 와서 두 마리를 잡게 되었을 때 무의식적으로 흰 닭을 제외시킨 자신을 깨닫고 기르기로 하는데 여행 후 돌아와 보니 흰닭이 보이지 않으므로 아내에게 묻자 닭에 이가 끓어 잡아 먹었다고 무심히 말하는 것을 듣고 섭섭한 마음이 들며 자꾸 모습이 떠오른다.

「사진」은 학생 사이에 신망이 있던 소학교사 S가 동경으로 유학을 가자 Y라는 제자가 친구와 함께 찍은 사진을 부쳐오는데 어여쁜 Y만 남겨두고 보기 싫은 친구는 오려내어 사진틀에 끼워 두었던 그 사진이 귀국 후 놀러 온 두 사람의 눈에 띄이게 됨으로써 충격받은 Y의 친구는 폐병을 이유로 학업을 쉬고 시골로 내려가고 그 소식을 들은 S는 자신의 행위에 가책을 느낀다.

「바람부는 저녁」은 서울에서 학교에 다니고 있는 정옥이 시골집에서 골칫덩이 할멈을 올려 보내니 선처하라는 소식을 받고도 싫은 마음에 마중조차 나가지 않다가 혼자 찾아 온 할멈을 다음 날 예전에 있던 곳에 데려다 준다 속이고 길에 버리고 돌아 오는데 '하나님이 내려다 보시니 함부로 버리지 말라'는 오빠의 편지를 받고 바람부는 저녁 추운 거리로 부랴부랴 찾아 나서나 할멈의 종적은 간 곳 없고 정옥은 악몽에 시달리며 학교 공부도 귀에 들어오지 않는다.

「홍련과 백련」은 금강산 도솔암에 여덟 살부터 있던 18세 백련과 삼 년 전에 들어온 스물 네 살 홍련이라는 두 여승이 세상과 남자에 대한 호기심 때문에 절에서 하산하는데 백련은 이듬 해 봄 세파에 찌든 모습으로 다시 절에 돌아 오고 홍련은 간호부가 되었다 배우가 되었다는 등 소문만 무성한 채 소식이 묘연하다.

「후회」는 평양 실업가의 아들 명구에게 시집갔던 복실이 어머니가 남편이 방탕생활 끝에 집안을 망치고 걸인이 되자 숨어 사는데 구걸 온 남편에게 동전 한 닢을 주어 보내며 모르는 척 한 뒤 나중에야 뉘우치고 아이들을 시켜 찾아 보게 하나 찾지 못하자 한밤에 미친

여편네처럼 거리를 헤매며 한숨도 못 잔다.
　「우정」은 시골에서 한선생의 지도하에 쇠락해 가는 마을을 일으키려 노력하던 성태가 친구 봉호의 죽음, 봉호 모친의 모함으로 인한 한선생의 출향 등에 실의하여 평양으로 나가 장사길에 나서는데 돈은 벌었지만 가족들의 과소비로 다 날리자 도시에 염증을 느끼고 병든 부친을 동반하여 귀향한 후 병사한 부친을 장례하고 봉호 모친과 그의 병든 누이까지 보살피면서 어렵사리 농사지으며 살아 간다.
　「무심」은 여교사인 영순과 결혼하여 딸까지 둔 교사 병호가 미국 유학을 위해 출국했다가 일본에서 신체검사에 떨어져 영어공부를 하며 넉 달간 체류하는데 아내로부터 소식이 뜸해 불시에 귀국해 보니 동료교사와 불륜에 빠져 딸조차 방치하고서도 오히려 극구 부인하고 그를 미친 사람 취급하자 그런 무심한 여자와는 살 수 없다고 판단한 병호는 무학의 촌부인을 얻어 묘향산 밑에서 농사지으며 살아 간다.
　「남매」는 영락한 가정에서 자라면서도 여동생 현덕을 물심으로 도와주려 노력해 온 교사 '나'가 결혼 후에는 남매간에 소원해짐을 느끼는데 그녀가 시집을 가고 어려운 생활에 시달리며 사는 것을 알면서도 마음을 써 주지 못하다가 폐병이 악화되었다는 소식을 듣고 찾아가니 "나를 생각해 주는 이는 오빠 밖에 없다"는 말을 듣고는 민망한 마음에 돌아오는 차 속에서나 집에 와서까지 그 말이 머리에서 사라지지 않는다.
　「소」는 춘천 시골에 들어와 농사를 지으며 자립하려는 지식인 홍창수가 아내와 협력하여 절약생활을 하지만 살림이 펴면서 이웃들에게 더 악착스럽게 구는 아내와 마찰을 일으켜 가며 자기의 어려울 적 생각을 하여 마을 사람들에게 소 한 마리씩을 사 주는데 해방 후

'도시로 나가자', '소를 팔자'는 아내의 성화에 시달리는 중에 이웃 장손네 소가 월경하여 잡혀 먹히자 넘어 온 북쪽 소를 보복으로 잡아 먹겠다는 마을 사람들을 달래서 그냥 돌려 보내면 자기집 소를 주겠다고 말하고 집에 돌아와 보니 아내가 편지만 남긴 채 소를 가지고 사라져 버린 후라 소값을 장손에게 주고 행장을 꾸려 마을에서 사라진다.

「새 출발」은 평양에서 간호부하다 월남한 인애, 명애와 여고를 졸업한 혜란이 한 집에서 기거하며 공부하는데 경제적 궁핍에 시달리던 중에 한선생이라는 과거의 은사 도움도 받지만 별로 나아지지 않다가 혜란이 알게 된 M이라는 남자의 도움으로 형편이 크게 좋아지나 인애 동생 경호가 기생이냐고 힐책하는 말에 깨달아 마산 요양원 간호원으로 인애, 명애는 취직해 가고 일년 후 혜란은 마산 요양원에 앙상한 몰골로 입원하여 M의 간호를 받는다.

「김탄실과 그 아들」은 평양 갑부의 딸로 태어나 일찍이 문학과 예술에 눈을 떠 일본에 오고 최초의 문예잡지 동인까지 되었었던 여류 문인 김탄실이 실연과 빈궁에 찌들려 애비 모르는 수양아들 정일을 기르며 살다가 미쳐 정신병원에 이송되는데 그녀와 동창인 대학 학장이 이 소식을 듣게 된다.

「쥐 이야기」는 한밤에 쥐소리에 잠이 깨는 바람에 아름다운 달빛을 구경하게 된 '나'가 쥐에 감사하고 호감과 동정의 마음을 표하다가 아이를 놀라게 하고 페스트균을 옮기며 옷을 쏠아 놓는 쥐를 옹호한다며 아내로부터 공박을 당하고는 항복하는데 이면에 숨어 쥐만도 못한 일을 서슴지 않는 인간꼴을 글로 써 보려던 이전의 생각을 떠 올린다.

「금붕어」는 "앞뒤를 생각해서 무슨 일을 하지 못하고 마음 내키는 대로 기분에 따라서 해 버리는 것이 탈"인 중학교 교감 맹이 평소와 달리 순간의 판단으로 안 타던 합승을 탔다가 시계를 잃어 버리고, 토요일 호기를 부리느라고 선생들에게 한 턱을 낸 후 용돈이 궁해지며 친구 딸의 취직을 거절 못하고 데리고 나섰다가 망신만 당하고 돌아오는 길에 가족들이 사고 싶어하던 금붕어를 사 가지고 돌아와 보니 여동생 보증 선 것이 잘못되어 변상서류에 도장을 찍는데 때마침 아이들이 어항을 깨뜨리고 금붕어마저 죽자 허청거리는 발걸음으로 이층 자기 방으로 가던 맹은 "아이구 이놈의 팔자야"라는 말을 뇐다.

「보리고개」는 교사로부터 소작인으로까지 전락한 철원의 용수가 흉년으로 극심한 보리고개를 맞아 순사부장 출신 지주이자 고리대금업자인 최부장에게서 먹을 것을 꾸지 못한 것을 불평하다 때마침 발생한 최부장집 화재의 범인으로 지목되어 수감되는데 지병이 악화된 아내가 온 가족이 서울 가서 돈 벌고 병 고치는 희망을 품은 채 죽어 가자 무혐의로 풀려난 용수는 리어카에 죽은 아내를 싣고 서울로 간다며 끌고 나간다.

「노교수」는 정년에 임박한 원교수가 젊은 교수들이 따돌리는 태도에 분개하며 연구실을 나오다가 평소 소원하던 총장의 찬 눈길과 늙은 수위의 깔보는 듯한 행실에 학교를 떠날 때가 되었다는 생각과 집안 걱정을 하며 가는데 김영숙이라는 여학생이 따라와 위로하며 선물을 전하여 잠시 마음이 밝아지지만 이어 찾아 온 윤이라는 학생이 성적을 잘 달라고 추근대다 쫓겨가면서 늙은이는 죽어야 한다는 말을 하자 졸도하고 친구 맹강사의 죽음 소식에 자리에 누었다가 딸의 간호로 겨우 일어나지만 며칠 후 학교로부터 퇴직을 통고받고 다시 자리에 눕는다.

이상에서 살펴 본 작품들은 모두가 자아가 세계에 의해 훼손되어 죽음까지 이르지는 않는다 하더라도 심각한 전락감을 경험하는 이야기인데, 자아를 전락시키는 요소로는 1)인간의 이기성, 2)변심, 3)무방향성, 4)빈궁이 등장하고 있다. 이러한 측면을 보다 더 부각시켜 다시 한번 정리해 보면 다음과 같다.

1) 이기성에 의한 전락

「흰 닭」에서는 품위 있는 흰 닭을 아끼기도 하고 무심히 방치하기도 하는 자아의 이기적 변덕이 닭을 죽게 하고 이로 인해 가책감을 불러 일으킨다.

「사진」에서는 아름다움에 대한 자아의 이기적 추구가 한 여성의 마음에 회복할 수 없는 상처를 주고 자아도 자책감을 느낀다.

「바람부는 저녁」에서는 자신의 편안함만을 생각하는 이기성이 할멈을 버리게 하고 이로 인해 자아가 악몽에 시달리고 학교 공부도 귀에 들어 오지 않는다.

「후회」에서는 걸인 남편이 가정의 안정을 깨뜨리지 않을까 하는 이기적 염려로 못 본체 한 후 가책에 잠 못 자고 찾아 헤맨다.

「우정」에서는 자아 주위 사람들의 이기심이 자아로 하여금 고향을 떠나 도시의 타락성에 좌절한 후 귀향하여 힘든 삶을 살게 한다.

「남매」에서는 암으로 죽어가는 누이동생이 자신을 생각해 주는 것은 오빠뿐이라고 말하자 그동안 자기 삶에 바빠 무심했던 자아가 이기성을 민망해 한다.
「소」에서는 자아가 농촌공동체와 민족적 화합을 이루어 보려 하다가 아내의 이기성 앞에 좌절당하고 떠나간다.
「쥐 이야기」에서는 자아가 쥐에 대한 인간의 이기적이고 일방적인 매도에 이의를 제기하다가 공박만 당하고 인간 이면의 부도덕성을 생각한다.
「노교수」에서는 자아가 평생을 바친 대학에서 폐기물 대접을 받자 그 이기적 본성에 절망하여 몸져 눕는다.

2) 변심에 의한 전락

「운명」에서는 자아가 여성의 변심에 절망하여 몹쓸 운명을 한탄한다.
「홍련과 백련」에서는 자아가 변심하여 불심을 버리고 세속에 호기심을 가지고 갔다가 잘못된 길에 빠진다.
「무심」에서는 지식인 자아가 변심하고도 시치미 떼는 무심한 아내에 절망하여 무식한 여자 얻어 농사꾼으로 산다.

3) 무방향성에 의한 전락

「평양성을 바라보며」는 자아가 뜻과 이상을 잃어 버린 평양 사람들을 안타까와 한다.
「생명의 봄」은 자아가 내부생활의 중심을 잃어 버리고 생명 있는 사람이 되기 위해 아내를 떠나 간다.
「금붕어」는 아무 방향감각 없이 즉흥적으로 행동하는 자아가 그로 인해 계속 낭패만 당한 후 자신의 팔자를 한탄한다.

4) 빈궁에 의한 전락

「새출발」에서는 경제적 빈궁에 맞서 싸운 자아는 밝은 삶을 살지만 그에 굴복하고 두려워하여 의타적 삶을 살던 자아는 투병생활을 한다.

「김탄실과 그 아들」에서는 자아가 빈궁과 실연 때문에 고단한 삶을 살다가 결국 미치광이가 된다.

「보리 고개」에서는 교사까지 하던 자아가 경제적 몰락으로 인한 빈궁 때문에 소작인으로 전락하고 아내까지 잃는다.

이상에서 본 것처럼 이 유형에 속하는 작품들은 자아가 한결같이 세계에 의해서 심리적 타격을 받거나 파탄에 빠짐으로써 '전락의 미학'을 구현하고 있는 것이다.

IV

전영택 소설 중 대부분의 후기 작품은 기독교적 재생의 미학을 구성원리로 하고 있는데, 이 범주에 속하는 작품들은 신앙이 없던 자아가 세계 앞에서 파멸에 직면하지만 신앙을 얻어 새 삶을 살거나 신앙이 강한 자아가 신앙심으로 세계를 극복해 가는 이야기이다. 작품으로는 「마리아」(1926), 「버려진 장미꽃」(1937), 「여자도 사람인가」(1938 ?), 「첫 미움」(1939), 「크리스마스 새벽」(1948 ?), 「외로움」(1955), 「아버지와 아들」(1956), 「집」(1957), 「해바라기」(1959), 「한 마리 양」(1959), 「눈 내리는 오후」(1960), 「암흑과 광명」(1960), 「거꾸로 맨 성경」(1961), 「모든 것을 바치고」(1961), 「말없는 사람」(1964 ?),

「좁은 문」(1964), 「그는 망하지 않았다」(1967) 등이 있는데 그 구체적인 양상을 살펴보기로 한다.

「마리아」는 재색이 출중하여 만인의 마음을 끌던 윤마리아가 대구 부자집 아들 한모와 결혼하지만 남편의 방탕으로 시집이 파산하고 아이 셋과 함께 쫓겨나 공장에 다니며 어렵게 살아가는데 병들어 찾아 왔다 회복 후 일시 가장 구실을 하던 남편이 과로로 세상을 떠나자 절망과 가난과 추위에 맥을 놓고 있던 마리아는 교회 찬양대 속에서 노래 부르는 남편의 환영을 보고 기쁜 마음으로 아이들과 함께 예배당을 찾아 간다.

「버려진 장미꽃」은 어려서는 신앙심이 깊던 안영길이 미국으로 건너와 돈벌이에 전념하느라 아무 생각없이 지내다가 불경기로 걸인이 되어 길을 가던 중 길에 버려진 장미꽃에 아직 향기가 남아 있음을 보고 세상에서 버려진 자신에게도 아직 근본 아름다운 사람의 향기가 남아 있는가를 자문하고 남아 있다는 확신과 함께 어릴 적 하나님의 형상을 떠올리며 하나님의 섭리를 느끼고 기도하는데 이 광경을 보게 된 고향 친구 전순호가 다가와 자신은 재산은 얻었지만 친구도 몰랐고 사람의 생명되는 하나님도 예수도 잃었던 과거를 회개하고 새 생활을 시작하기 위해 둘이서 손잡고 떠나간다.

「여자도 사람인가」는 일찍이 민족운동을 하며 만주와 시베리아를 누비고 다닌 적도 있는 간도의 한문 교사 최선생이 아내의 배반을 경험한 뒤 '여자는 사람이 아니다'라는 확신을 가지고 살아 왔는데 명희라는 여자를 만난 후 자신의 실업으로 극도의 가난 속에서도 많은 아이들을 잘 건사하며 찬송가를 입에 달고 밝게 사는 그녀를 보고는 아직도 여자가 사람이 아니라고 믿는가라는 질문을 받자 명희

같으면야 여자가 '사람도 훌륭한 사람'이라고 대답하며 절까지 한다.
「첫미움」은 신앙심이 깊은 소녀 '나'가 M이라는 청년으로부터 연서를 받자 순결이 훼손된 듯하여 싫은 마음, 미운 마음이 일어나고 이로 인해 오히려 M을 냉대하는데 그가 결국 상사병으로 죽게 되자 그 여동생과 함께 같이 엎드려 기도하며 "장차 같이 일하기를, 진리를 위하여 불쌍한 이들을 위하여 살기를 맹세"한다.
「크리스마스 새벽」은 장로의 아들로 태어나 삼일운동과 상해임시정부에 관련되어 옥고까지 치른 강렬이 독실한 신자인 아내 마리아를 구박하는 것으로 일을 삼다가 해방 후 공산당으로 활약하지만 배반당하여 옥에 갇히는데 벽에 씌어 있는 성경 귀절이 마음에 와 닿고 이미 월남한 아내의 얼굴이 보이면서 벽에서 본 사랑과 영생을 약속하는 귀절이 들려 오는 꿈을 꾼 뒤에 예수 믿기로 결심하고 출옥하자 월남하여 가족과 상봉하는데 그간의 경위를 말하던 강렬은 크리스마스 새벽이었던 "그날 새벽 일은 나는 죽어도 못 잊갔쉐다 — 거룩한 그 새벽을 …"이라고 감격해서 말한다.
「외로움」은 전직교수로서 미국 유학에서 돌아온 '나'의 아버지가 궁벽한 신봉산에 목사 겸 교사로서 부임하여 가난과 마을 사람들과의 괴리감을 겨우 극복하고 마음의 안정을 찾아 갈 즈음 막강한 영향력을 행사하는 선교사에게 성격상 아부하지 못하여 해임당하고 서울 변두리에서 궁핍한 생활을 영위하지만 독서와 집필, 소박한 물장수와의 교제 등으로 소일하는데 위궤양에 걸려 고생하면서도 이것을 신봉산에서의 고통받는 이들과의 동고동락을 하지 못한 벌이라 생각하고 기꺼이 감수한다.
「아버지와 아들」은 부모에게 유일한 의지처가 되는 용구가 방탕한 생활을 하다가 부자간의 갈등이 깊어져 가출하는 바람에 모친의 병이 깊어지는데 죽기 전에 부자가 화해하기를 바라는 모친의 소원을 예수믿고 전도 다니는 친구 황훈이 전해 주어 부자 화친이 이루어지는 가운데 모친은 숨을 거두고, 예수의 피의 사랑을 통하여 인간이 하나님으로부터 죄를 용서받고 부자관계를 회복하는 것처럼 어머니의 죽음으로 말미암아 두 부자가 서로를 찾은 것은 고마운 일이라고 설득하는 황훈의 말에 감동하여 두 부자는 다같이 예수 믿기로 결의하는데 용구의 아이를 밴 영자와의 결혼도 부친으로부터 허락받는다.

「집」은 온양 예수교학교 교사 달보가 집안이 망하여 서울에서 도장쟁이 로 나서지만 술에 빠지는 바람에 아내가 어멈노릇하여 겨우 입에 풀칠을 해 나가다가 집주인 엄선생으로부터 행랑채를 비우라는 재촉을 받은 아내가 아편자살을 하자 크게 깨달은 달보는 딸과 함께 서울을 떠나 술을 끊고 악착같이 돈을 벌어 부산에 집을 사는데 6·25중 가족을 잃고 아들 경호만을 데리고 부산에 피난온 엄선생이 겨우 거처를 정하고 든 집이 달보의 집이라 엄이 용서를 빌자 달보는 선생님 덕에 술주정꾼이 사람이 되었다며 오히려 겸양해 한다.

「해바라기」는 격동하는 역사의 와중에서 홀로 되어 방공호에 살며 토속신앙에 의지하여 해바라기나 하며 살고 있는 곰보할머니가 장교 아들 덕에 방공호 앞에 판잣집을 짓고 들어온 외톨이 오영감과 끊임없이 다투던 중 그의 아들이 행방불명이 되어 비통해 하자 죽을 쑤어가 위로하고 급기야는 방공호 속에서 함께 기거하며 해바라기도 같이 하기에 이르는데 원래 교인이던 오영감의 영향으로 굴 속에서도 찬송가가 들려 오고 교인들도 드나들게 된다.

「한 마리 양」은 미인이자 귀족에 부친의 유산을 받은 부호 메리가 두 번의 결혼 실패 후 호화와 방종의 나날을 보내다가 중병이 들어 모친이 은거하는 시골로 내려오는데 원래 교회나 교역자에게 악감을 가지고 있던 그녀는 그 마을의 예수란 별명이 붙은 양치기에게 감동을 받고 "돈 한푼 소유가 없고 신부나 대주교 따위의 지위도 없는 일개 노동자인 목자"에게 자신의 죄를 회개하자 그 목자는 한 손에 한 마리 잃었던 양을 안고 다른 손에는 "잃었던 한 심령이란 양을 - 보이지 않는 상한 심령을 안"는다.

「눈 내리는 오후」는 교육가요 종교가요 성자라는 말까지 듣는 '그'의 집에 어느 눈 내리는 오후 정분이라는 시골아이가 들어 오는데 온갖 결함이 있어도 참아 가며 삼 년을 데리고 있었으나 아내와 다투고 집을 나간 후 종적이 묘연하던 정분은 일 년 후 눈 내리는 오후 수척해서 다시 찾아와 세상에 이 집 같은 데는 없다며 함께 지내게 되는데 6 개월 후 정분은 웬일인지 눈물나게 하는 유행가보다는 기쁘고 마음이 편안해서 라고 말하며 유행가대신 찬송가를 부르게 된다.

「거꾸로 맨 성경」은 아버지 친구의 후처로 들어간 문수 어머니가 남편이 죽고 전실 자식 윤수가 사업을 한다고 재산을 다 빼앗아 가자 그를 저주하며 미워하다가 몸이 아파 교회당에 다니기 시작하면서 원수를 사랑하라는 성경 귀절에 따라 윤수를 미워한 것을 뉘우치고 그도 예수를 믿게 해 달라고 기도하니 정말 쌀과 닭을 가지고 찾아와 회개하고 교회에 다니겠다고 말해서 감사 기도를 드리는데 병까지 씻은 듯이 낫게 된 문수 어머니는 그 뒤 고부 갈등으로 분란을 겪는 큰 딸과 남편의 난봉 때문에 괴로워 하는 작은 딸에게 성경을 뜯어 주며 예수 믿기를 권고하니 나중에 문제가 해결되고 교회에 다니게 된 그들이 성경을 다시 돌려 주어 세든 영감에게 원래대로 꿰매 달라고 부탁하였는데 그가 실수로 거꾸로 맨 것을 기념삼아 그냥 가지고 본다.

「암흑과 광명」은 자신의 눈병 때문에 집안만 망하고 결국 맹인이 되게 된 신애가 어느 전도부인의 안내로 맹아학교에 소개되어 때마침 부임한 목사이자 문사인 한교장의 후의로 기숙사에 입사하여 공부할 수 있게 되었는데 6·25 발발로 한교장이 해임되자 더불어 퇴학 처분을 받게 되어 망연한 심정으로 길을 가다 숨어 지내는 한교장 딸을 만나 함께 모여 기도를 드리던 중 소경은 "이 사람이나 그 부모가 죄를 범한 것이 아니라 그에게서(그를 통하여) 하나님의 하시는 일을 나타내고자 하심이니라"라는 귀절을 듣고 섭리의 뜻을 깨달아 때마침 들이닥친 인민군에게 연행되어 소식을 모르게 된 한목사 일로 그 딸이 걱정을 해도 신애는 "이제 다 바로 될 걸"이라고 말하며 위로하는데 그녀는 자신의 앞과 앞날의 일이 환함을 느낀다.

「모든 것을 바치고」는 신학교 졸업 후 교회 부목사와 여학교 교목을 지내며 신망과 인기가 높던 황윤수 목사가 농촌의 참상을 듣고 쇠락해가는 선돌마을의 입석교회에 부임하여 3년만에 교세를 확장시켜 놓지만 자급자족을 못하고 교인들에게 의존하는 생활을 하여 그들을 빚에 쪼들리게 만든 사실을 알고는 산에 올라 형제들을 착취할 수 없으니 결단을 내리게 해 달라는 기도를 올린 후 "모든 것을 버리고 다시 달려 들겠습니다"고 한 서약에 따라 가족을 친지들에게 분산시켜 맡기고 젖먹이와 아내만 데리고 교회로 돌아 간다.

「말없는 사람」은 시골로 이사와 얼마 안 되어 아버지를 여의게 된 열살박이 윤수가 말이 많지 않은 좋은 친구를 사귀라는 아버지 유훈에 따라 말많은 친구들을 피하고 외톨이로 지내다가 이웃집 교장 집의 여섯 살 난 애란이가 말이 많지 않아 친구삼아 지내는데 애란네가 읍으로 이사가자 자기네도 이사갈 것에 동의했다가 부친의 묘가 있는 마을을 떠날 수 없다면서 의사를 번복하고 말없이 웃으며 떠나 가는 애란을 물끄러미 바라보던 윤수는 아버지 무덤으로 달려가 앉아 애란에게서 배운 찬송가를 부르고 또 부른다.

「좁은 문」은 농촌 봉사활동에서 만난 이래 사랑해 온 용호와 경희가 두 집안의 교파가 다르다는 이유로 결혼을 승락받지 못하자 가출한 경희와 함께 용호 등 일행이 강원도로 다시 봉사를 떠났다가 집안의 허락이 내리자 조촐한 결혼을 한 후 봉사활동하던 마을에서 문맹자를 가르치는 학원을 열어 성황을 누리는데 조력자로 자청해 온 윤선생이 용호 부처를 음해하여 사람들을 자기가 새로 연 학원으로 끌어가자 용호 부처는 이듬 해 문맹자가 90%라는 전남 승주의 어느 마을로 재출발을 위해 떠나 간다.

「그는 망하지 않았다」는 원래 크리스챤이던 강이 마리아와 결혼하여 남매를 두지만 일본 유학 후 사회주의에 물들고 해방 후 공산당이 되면서 종교문제로 처자를 구박하는데 집까지 빼앗긴 가족들이 월남한 후 공산당에 충성하던 강은 배반당하고 투옥되는데 공산당의 냉혹성을 절감하고 가족을 그리워 하던 강은 마리아가 늘 들려 주던 성경 귀절이 감옥 벽에 씌어진 것을 읽고 "저를 믿으면 멸망치 않고 영생을 얻으리라"에, 특히 "망하지 않고"에 감동되어 예전의 신앙심을 회복하고 출옥 후 월남하여 온 가족을 상봉하는데 마리아는 하나님께 감사한다.

이상에서 살펴본 것처럼 위의 작품들은 1)신앙이 없던 자아가 신앙에 귀의하는 이야기나 2)세계를 신앙의 힘으로 이겨 가는 긍정적 신앙인상을 보여 주는 이야기이다. 이해의 편의를 위하여 이들을 간략히 정리해 보면 다음과 같다.

1) 신앙에의 귀의

「마리아」는 시집에서 쫓겨나고 남편마저 죽어 절망에 빠진 자아가 교회 찬양대 속에서 노래 부르는 남편의 환영을 보고 예배당을 찾아간다.

「버려진 장미꽃」은 돈벌이에 하나님을 잊고 살던 자아가 걸인이 된 후 섭리를 깨달아 기도한다.

「크리스마스 새벽」은 사회운동을 하면서 신앙인인 아내를 학대하던 자아가 배반을 당한 뒤 크리스마스 새벽에 예수를 영접한다.

「아버지와 아들」은 부자갈등으로 모친(아내)을 죽음에 이르게 한 자아가 예수의 피의 사랑의 의미를 깨닫고 예수 믿기로 한다.

「해바라기」는 토속신앙에 빠져 있던 자아가 교인 영감에 동정을 베풀다가 자신도 교인이 된다.

「한 마리 양」은 교회에 악감을 가지고 있던 자아가 방탕하게 살다가 예수 같은 목자를 만나 회개하기에 이른다.

「눈 내리는 오후」는 유행가나 부르던 가정부 자아가 종교인 집안의 영향을 받아 찬송가를 부르게 된다.

「거꾸로 맨 성경」은 세파에 시달려 몸과 마음이 병들었던 자아가 이웃의 권고로 교회에 나가 사랑과 건강의 생활을 되찾는다.

「암흑과 광명」은 유복하던 자아가 맹인이 되고 전쟁의 와중에서 망연해 하다가 목사의 인도로 섭리를 깨닫고 미래의 광명을 체험한다.

「말없는 사람」은 외톨이로 지내던 자아가 말없는 애란을 통하여 찬송가를 배워 부르게 된다.

「그는 망하지 않았다」는 원래 교인이었으나 사회주의에 물들어 교인인 가족을 구박하던 자아가 공산당에 배반당한 후 신앙심을 회복한다.

2) 긍정적 신앙인상

「여자도 사람인가」는 찬송가를 입에 달고 밝게 사는 자아가 여자를 불신하는 남편의 생각을 바꾸어 놓는다.

「첫 미움」은 독실한 신앙인인 자아가 자신에 대한 상사병으로 죽은 남자를 위하여 경건하게 살기로 한다.

「외로움」은 목회일을 하던 자아가 교회에서 쫓겨나 곤고하게 지내고 병까지 얻으나 고통받는 이들과의 동고동락을 못한 벌로 생각하고 불평없이 견뎌 나간다.

「집」은 집이 없어 박대당한 자아가 개과하여 집을 마련한 후 곤경에 처한 이전의 집주인을 사랑으로 용서한다.

「모든 것을 바치고」는 농촌에서 목회일을 하는 자아가 교인들을 괴롭히는 의존적인 삶을 청산하고자 가족들을 흩어버리고 다시 시작한다.

「좁은 문」은 교인 가족인 자아가 여러 어려움을 극복하고 문맹퇴치 운동에 나선다.

이처럼 전영택의 대다수 후기 소설들은 자아가 무신앙에서 신앙으로 귀의하거나 신앙인이 어떤 계기에 의하여 신앙의 진정한 가치를 실현하게 됨으로써 구원적 재생을 경험하는 이야기로서 '기독교적 재생의 미학'을 구현하고 있는 것이다.

V

전영택은 신학도로서 문학에 입문한 이래 평생동안 문학과 종교의 길을 함께 간 드문 작가인데 이 사실이 두 분야에 각각 어떤 영향을 미쳤는지는 섣불리 말할 수 있는 문제가 아니겠지만 긍정적이든 부정적이든 그 상호침투의 가능성만은 인정하기 어렵지 않을 것이다. 문학 쪽에서만 본다면 그것은 문학에 전념하는 사람보다 작품이 수적인 면에서 떨어져 독자나 연구자의 관심의 대상으로 떠오르기에 불리한 여건이 되었다 할 수 있다. 그것을 증명이나 하듯이 전영택은 40여 년이 넘는 문학활동에도 불구하고 믿고 의지할 만한 변변한 연보 하나, 작품집 하나 없었다고 해도 과언이 아닐 정도였다.

다행히 근자에 『전영택전집』 5권이 출간되어 일단 아쉬운 대로 그의 총체적 문학성을 구명할 최소한도의 여건은 마련된 셈이다. 이제 남은 일은 그에 대한 통설이나 선입견에 얽매이지 않고 다양한 의미화를 시도해 보는 일일 것이다. 그의 일환으로 본고는 전영택이 남긴 많지 않은 소설 중 논의가 가능하다고 판단되는 49편을 대상으로 그 의미화를 시도해 보기 위해 작품들의 구성원리를 고찰해 보았는 바, 1)죽음의 현상학, 2)전락의 미학, 3)기독교적 재생의 미학이라는 세 원리로 작품들을 유형화할 수 있었다.[8]

대체로 해방 이전의 작품에 많이 나타나는 것이 '죽음의 현상학' 과 '전락의 미학'이라면 해방 이후의 작품에 집중적으로 나타나는

---

[8] 전영택 소설 중 장편「재출발」(『매일신보』 1939.7.8-8.18)만이 이 세 범주의 어디에도 속하지 않는데 '기독교적'이지만 않을 뿐 이 작품도 결국은 '재생의 미학'을 기반으로 하고 있다.

것이 '기독교적 재생의 미학'이다. 이러한 변모의 발생학적 원인에 대해서는 전영택 개인사에 근거하거나 사회사에 입각하여 설명하는 것이 필요하고도 가능한 일이겠지만 이는 다음의 과제로 남기고 여기에서 우리는 다음과 같은 해석으로 만족하고자 한다.

우선 편의상 해방 이전 작품으로 대표되는 1), 2)의 경향을 전기라 부르고 해방 이후 작품으로 대표되는 3)의 경향을 후기라 지칭한다면 전기와 후기 사이에는 표면상 일종의 '인식론적 단절'이 존재하는 바, 그것은 전기가 비극적 세계관에 입각해 있는 반면 후기는 낙관적 세계관에 입각해 있기 때문이다. 그러나 우리는 이것이 '표면상' 그러하다고 표나게 지적한 바가 있는데 그 이유는 전영택이 신학도라는 점을 염두에 두었기 때문이다. 전영택이 진정한 신앙인이었다고 가정할 때 그의 전기 작품은 신없는 세계의 절망을 표현해 내고 있고, 후기 작품은 신의 은총에 의한 희망의 세계를 그려 내고 있다고 볼 수 있어 그 차이란 실상 아무 의미가 없는 것이다. 신이 임할 때 전기는 후기로 전회할 것이고 신이 떠날 때 후기 또한 전기로 전락할 것임은 자명하기 때문이다.

그럼에도 불구하고 순문학적 입장에서 볼 때 비극적 세계관으로 죽음과 전락을 표상해 낸 전기의 작품은 식민지시대라는 어두운 역사를 증언하는 순기능을 발휘하는 반면 해방 이후 파행을 거듭한 민족의 수난기를 낙관으로만 표상해 낸 후기의 작품은 현실적 기능을 잃고 있다고 볼 수 있다. 이는 문학과 종교라는 두 영역이 그 고유 본질로 하는 시대성과 초월성의 차이에서 유래하는 어쩔 수 없는 결과이겠지만 이는 종교문학이 두고두고 고민하면서 그 해결책을 모색해야 할 일일 것이다.

한설야 소설과 프로 리얼리즘 미학

I

「황혼」(「조선일보」, 1936.2.5~10.28)은 장편소설로서는 한설야의 처녀작이다.[1] 일찍이 카프의 맹원으로서 소설창작과 평론활동을 함께 하면서 '소설의 실천과 이론을 병행시키려는 노력'[2]을 보여 온 한설야가 제2차 카프검거시 체포되어 옥고를 치른 후 쓴 첫 작품이 <황혼>이다. 따라서 이 작품은 정세의 악화로 방향전환을 하지 않을 수 없는 문단에 대하여 카프의 이론분자의 한 사람인 한설야가 제시한 응전방식과 관련되어 있다는 점에서 주목할 만하다.

한설야는 프로문학 초창기에 일본대학 사회학과에서의 수학과 만주에서의 노동체험을 바탕으로 자연주의적 습작기를 청산하고 계급문학자로서 자신을 정립한다.[3] 그리하여 계급적 투쟁은 현대의 특징

---

1) 한설야, <내 문학의 요람>, 『조광』 50호 (1939.12), p.238
2) 박영준, <한설야론>, 『풍림』 4호 (1937.3), P.16.
3) 한설야, <나의 생명의 연소>, 『문장』 13호 (1940.2), p.13. 한설야는 자신의 문

이요 미래의 신사회의 산파이므로 프로예술도 이 도정의 필연적 소산이라고 보고4) 자신은 계급문학으로의 예술을 격절히 창도하는 자라고 선언한다.5) 그 이후 변증법적 세계관에 입각한 소설창작과 평론활동을 해 온 한설야는 최서해의 전망부재적 소재주의와 박영희 등 초기 프로작가들의 관념적 주관주의를 극복함으로써 프로소설을 한 단계 높여 놓았던 것이다.6)

이렇게 카프의 핵심멤버의 하나였던 한설야가 카프의 해체와 옥고를 경험한 뒤 문단에 대하여 어떠한 진단과 처방을 내리고 있는가 하는 것은 전향이 강요되던 시기에 계급문학자의 향방과 관련하여 흥미로운 바가 아닐 수 없다.

문학사에서 소위 전향기로 불리우는 1930년대 중반 이후의 문단상황을 한설야는 한마디로 혼돈이라 규정한다. 그것은 주류로서 "현실의 본질법칙의 세계를 진정으로 탐구"하던 유물변증법적 프로 리얼리즘이 막히면서 초래된 현상인데, 이러한 위축은 본질적으로 객관적 정세에 기인하지만 내재적 요인 또한 무시할 수 없다고 한설야는 지적한다.7) 다시 말해 프로 리얼리즘의 부활은 외적정세를 타개하기 위하여 요구되는 정치적인 활동과8) 함께 '유형화, 고정화'의 경향과 '기술적 미숙과 생경의 어색함'9)으로 요약되는 내재적 결함의 극복 여부에 달려 있다고 그는 보고 있는 것이다.

학활동을 '순전히 자연주의의 영향하에 있던 발족시대', '경향문학과 사회과학에 심취하던 頭重脚輕시대', '최근 3,4년간'으로 3분한다.
4) 한설야, <프로예술의 선언>, 「동아일보」, 1926.11.6.
5) 한설야, <계급문학에 관하여>, 「동아일보」, 1926.10.25.
6) 서경석, <한설야론:한국 경향소설과 귀향의 의미>, 김윤식 정호웅 편, 『한국근대리얼리즘 작가 연구』, (문학과 지성사, 1988), p.165.
7) 한설야, <문단주류론에 대하여>, 「조선일보」, 1937.3.25.
8) 한설야, <문예시평-투고작품의 일반적 경향>, 『형상』1호(1934.2), p.59.
9) 한설야, <기교주의의 검토-문단의 동향과 관련시키어>, 「조선일보」, 1937.2.9.

그런데 주류가 막히면서 혼돈에 빠진 문단현실에서 "작가는 생활에 있어서도 작품에 있어서도 정당한 기준을 잃고 갈팡질팡"10)하는 가운데 "건강한 현실성을 더욱 거세하고 심리주의적인 협로로 나아갈" 기교주의가 중요 경향으로 대두되었다고 한설야는 진단한다.11) 이 경향은 "각인각양의 신변쇄말과 심경편편과 시정잡사와 항간劣情과 속물적인 世道人心을 그림으로써 예술은 자유로워졌다고들 생각하고 있으며 순수예술의 아침이라고도 떠들어댄다."12)는 것이다.

이러한 현상 나열적이고 자연주의적인 묘사 경향은 현실의 본질이나 역사의 방향성을 몰각한 부르 리얼리즘에 불과하며 이는 청산되어야 한다고 작품평을 통하여 도처에서 지속적으로 설파해 온 한설야는 '진실한 입각지와 인생관과 세계관'을 위하여 '신변에의 시각'에서 '사회적 환경'으로 시야를 넓혀 '그 환경의 역사적 진행의 본질과 필연성을 파악'해야 될 것이라고 충고하고 있는 것이다.13) 그러나 그럼에도 불구하고 문단에 탈현실적 기교주의가 성행하자 그는 다음과 같이 자세를 가다듬는다.

> 그러나 우리는 결코 여기서 절망을 느끼고 그 절망에 그치려 하지 않는다. 역사와 현실은 진실로 생을 구하고 활로를 찾는 사람에게 비록 일시의 불운과 痛苦는 줄지언정 영원한 사멸은 주지 않는다(…). 그러므로 작가는 무엇보다 첫째 진실을 똑바로 보는 좋은 눈을 가져야 할 것이다.14)

---

10) 위의 글, 1937.2.6.
11) 위의 글, 1937.2.9.
12) 한설야, <문단주류론에 대하여>, 「조선일보」, 1937.3.26.
13) 한설야, <문예시평(11)-객관적 진실의 반영에로>, 「조선일보」, 1933.11.22.
14) 한설야, <기교주의의 검토>.

여기서 진실이란 "본질적인 저류와 현상적인 피상을 달리하는 현실"[15]에 있어서 "현실의 본질이 되는 '사회발전의 근본적 추진력'에 관한 여실한 파악"[16]을 의미하는 것이다. 일찍이 마르크스 엥겔스가 '라디칼한 인식'이라 부른[17] 이 태도를 "과거나 현재나 미래를 통하여 그 언제나 불변하는 근본적인 방법론"[18]으로 생각하는 한설야는 이러한 "역사적 필연성과 현실의 본질을 굳게 인식하고 파악하려는 갖는 노력"을 해 왔으며 "그 사이의 형극의 노정에서도 그리고 10년이라는 세월이 지난 오늘날까지도 변함이 없는 대망이고 또 희구"[19]라고 천명함으로써 그의 신념이 얼마나 확고한가를 새삼 확인시켜 준다.

이렇게 옥고를 치르고 나온 후까지도 프로 리얼리즘을 진정한 문학의 길로 생각하고 있는 한설야는 당시 프로문학의 위축을 "객관적 정세에 의한 현상적인 퇴조요 본질적 해소는 아니"[20]라고 보았다. 그러면 이러한 정세하에서 프로 리얼리즘이 나아갈 수 있는 가능한 길이란 무엇이겠는가? 여기에 대한 대답은 곧 「황혼」의 창작방법론으로 이해되어야 무방할 것이다.

그런데 유감스럽게도 우리는 이와 관련된 한설야의 직접적인 언명을 찾아 볼 수 없다. 그러나 그가 지적한 바 있는 프로 리얼리즘의 내재적 결함을 시정하는 길이 곧 그 가능성으로 이해되어 크게 틀리지 않을 것이다. 그러므로 우리는 그가 지적하고 있는 프로 리얼리즘의 결함을 좀 더 상세히 살펴 볼 필요가 있다.

---

15) 한설야, <문예시감-고향에 돌아와서>, 『조선문학』8호 (1936.8), p.103.
16) 한설야, <문예시평(11)-객관적 진실의 반영에로>.
17) 한설야, <사실주의 비판-작품제작에 관한 논강->, 「동아일보」, 1971.7.3.
18) 한설야, <문예시감-고향에 돌아와서>, p.103.
19) 한설야, <포석과 민촌과 나>, 『중앙』28호 (1936.2), p.137.
20) 한설야, <문단주류론에 대하여>, 「조선일보」, 1937.3.25.

한설야에 의하면 프로 리얼리즘은 "그 유물적인 견고한 기반 위에서 음과 양의 현실적 사회 전모를 遍照하기 전에 첨단적인 국면에만 片務的으로 집착하였고 그리 하는 것으로 그 문학영역의 전부를 삼으려고 한 데"에 위축의 한 동기가 있다. 다시 말하면 "이 리얼리즘이 한편에만 편중-즉 勞資 양면 중에서 전자에만 치중하였을 뿐 아니라 전자 가운데서도 특히 생산부면 노동현장이라는 첨단만을 달팽이 뿔같이 외모로 불쑥 내밀려는 데서 유형화 고정화의 突堤에 부딪히고 말았다."21)는 것이다.

그렇다면 그러한 결함이 시정된 프로 리얼리즘의 가능성이란 역으로 '유물적인 견고한 기반 위에서 음과 양의 현실적 사회 전모를 遍照'하고 '勞資양면'을 雙務的으로 그리는 것에서 크게 다르지 않을 것이다.

이렇게 볼 때 우리는 한설야가 「황혼」의 창작의도와 관련하여 굳이 "양심있는 인텔리 청년의 고민을 그리려"22)했다고 주장하는 의도를 어렵지 않게 간파할 수 있을 것이다. 라디칼한 인식을 굳게 믿고 있는 그가 새삼스럽게 浮動的 인텔리의 고민 따위를 평가하여 인텔리를 주인공으로 했을 리는 만무하다. 그것은 사회의 본질이라는 '첨단적인 국면'만이 드러날 때 소설이 얼마나 경직된 유형성의 늪에서 황폐화되는가를 절감한 한설야의 탈출구였던 것이다. 이 길이 외적 정세와의 마찰을 피하기 위한 것임도 또한 명백하다.

그러나 그렇다고 해서 이 방법론을 현실에 굴복한 것이라고 부정적으로만 평가할 일도 아니다. "발표될 수 없는 창작만을 무수히 생산"23)해 놓았대야 큰 의미가 부여될 수 없는 것이라면, 이와 반대로

---

21) 같은 곳.
22) 한설야, <황혼 序>, 「황혼」(상), 창작과비평사, 1989.
23) 한설야, <문예시평-투고작품의 일반적 경향>, 『형상』1호(1934.2), p.59.

첨단성을 우회하여 동향적으로 그림으로써 결과적으로 작가의식의 작품적 실천과 기존 프로문학의 일정한 극복까지를 아울러 성취한 그 방법론은 평가받을 만하다. 이렇게 하여 「황혼」은 중간층 인텔리를 주인공으로 하고, 그를 勞資 양면과 긴밀히 관련시킴으로써 첨단적 문제의 유형화를 견제하면서 음과 양의 현실적 사회 전모를 그 動向性에 있어서 그려 내고 있는 것이다.

그러면 전향이 강요되고 탈현실적인 문학만이 가능하던 시기에 변증법적 세계인식을 진리로 확신하면서 프로 리얼리즘의 가능성을 타진해 본 「황혼」의 작품적 성과는 어떠했는지를 작품의 구조를 중심으로 하여 살펴 보기로 하겠다.

「황혼」은 세 차원의 의미구조를 갖는 중층구조로 짜여져 있다. 중간층 인텔리의 차원에서는 전락의 구조이고, 역사의 방향성 차원에서는 상승구조이며 여주인공의 의식 차원에서는 전환의 구조이다. 이러한 다면구조가 상호 조명하면서 사회 전모를 총체적으로 나타냄으로써 역동적인 현실상을 제공하고 있는 것이다. 그러면 그 구체적 면모를 다음 세 절에 걸쳐서 살펴보고 이어서 이 작품에 드러나 있는 삶의 모랄로서의 '귀향'의 의미를 찾아 보기로 한다.

II

프로 리얼리즘의 한 탈출구로서 양심적 인텔리를 주인공으로 삼았지만 한설야는 원래 인텔리의 중간층적 속성에 대해 비판적 자세를 가지고 있었다. 그에 의하면 현대는 '상대적인 두 개의 힘과 힘의 대치'를 기본적 입장으로 하는데 "이 기본적인 두 개의 힘 사이를 방황하는 - 다시 말하면 그 어느 편으로 기울어질지 모르고 두 사이에서 浮動하는 중간층은" "이것도 저것도 아닌 그리고 양자를 초월한 경지를 발견하려" 하는 '임기적 심리'를 가지고 있다는 것이다.24)

그러므로 이 작품에 있어서 인텔리는 진짜 주인공이 아니다. 그렇다고 이 작품이 인텔리 비판이라는 소극적인 의도로 씌어진 것도 아니다. 이 작품은 라디칼한 인식을 정면으로 다룰 수 없는 정세하에서 부정적 인텔리의 부정성을 증폭시킴으로써 그 반대의 효과, 즉 본질적 현실을 역설적으로 강조하려는 것이다. 그러한 방법조차도 대조적 인물인 준식의 긍정적 浮彫를 만족스럽게 성공시키지 못할 정도의 어려운 정세였던 것이다.25)

이렇게 볼 때 「황혼」에서 한설야가 진정 전달하고 싶었던 것은 양심적 인텔리의 고민 자체가 아니라, 대립적 勞資와 중간층이 공존하는 현실사회의 음양을 재현하는 가운데 실천적 행위자들과 더불어 진전하는 필연적 역사의 방향성인 것이다. 오히려 어떤 의미에서는 일찍이 "머리로 프로를 이해하고 사상적 의식적으로 프로계급에 속하면 그는 훌륭한 프로"26)라고 하면서 인텔리까지 포회하던 초기 입장을 수정하여, 악화된 정세하에서 역사의 진정한 담지자로부터 실천이 결여된 인텔리를 배제하고 있는 것이다.

그러면 인텔리란 어떠한 존재이며, 그가 그러한 속성으로 인해 도달할 수 밖에 없는 운명은 무엇인가? 여기서 우리는 먼저 인텔리도 일원적으로 단순하게 파악되어 있지 않고 다면적 마스크 속에 나타난다는 점을 지적할 필요가 있다. 이 때 카메라의 촛점은 관념적 인

---

24) 한설야, <쁘르 리얼리즘의 인식상의 결함>, 「조선일보」, 1933.11.15.
25) 한설야, 「황혼」(상), 창작과비평사, 1989, 序. 이하에서는 작품 인용시 상하와 페이지만으로 대신함.
26) 한설야, <프로 예술의 선언>, 「동아일보」, 1926.11.6.

식을 버리고 현실을 추종하는 수준 미달의 부류나 신념에 따라 행동하는 실천적 부류가 아니라, 관념의 정당성은 믿으나 그에 따라 행동은 못하는 소위 양심적 부류에 모아진다. 앞의 양자가 각각 부르 리얼리즘과 기존 프로 리얼리즘에 관련된다면, 뒤의 것은 현 문단의 상황을 타개하려는 창작방법론과 관계되는 것이다.

「황혼」에 등장하는 인텔리 중 현옥은 현실파이고 형철은 행동파이며 경재는 양심파이다. 이 밖에 봉우는 철저한 현실파도 못되고 양심적 고뇌조차 상실한 채 자조적으로 살아 간다. 이들은 모두 일본 유학을 한 친구들이다. 그들이 유학할 당시는 '금시 세월이 뒤바뀔 듯이 새 소리 높'던 때로 '그들의 기개는 자못 씩씩'하였었다. 이러는 가운데 동지로서 연대감을 가졌던 경재와 현옥은 현격한 가정의 차를 대수롭지 않게 여기는 '특수한 심리상태'하에서 약혼까지 하게 되는 사이로 발전한다. 그 당시의 이들 인텔리의 내면풍경은 경재에 관한 다음의 묘사 속에 잘 나타나 있다.

> 그는 학교에 있을 동안에는 책도 보고 또 글도 때때로 써 내었다. 비평도 받았고 칭찬도 물론 받았다. 모르는 사람들에게서 동무라는 부름을 받는 유쾌감도 느꼈고 광명을 걸머진 사람들의 말석(末席)에나마 이름이 끼인 듯한 슬기도 가지었다. 그때는 기뻤었다. 무슨 흰 한 빛이 내다뵈는 듯도 하였다(상, pp.35~36).

위의 인용문에는 이들 인텔리들이 학창의 지적 분위기에 휩싸여 진보적인 의식을 획득하고, 관념의 차원에서 첨단적 인식을 소유한 자로서의 희열감과 우월감에 잠겨 있는 모습이 약여하게 나타나 있다. 그러나 그것이 시류 이상일 수 없음은 '동경서 돌아온 지 한달도 못되는 그 사이'에 경재가 처하는 심적 상황 속에 잘 드러난다.

그가 학창(學窓)에서 생각던 세상과 지금 실지로 다닥친 세상은 아주 딴판이다. 학교에서 나온 후 아무 한 일도 없이 지나온 요즈음 한달 사이에 세월은 그의 눈앞에 일찍 생각해 보지 못한 알 수 없는 세상을 펼쳐 주었다.
　대체로 어찌 될 세상인지 어떻게 해야 옳을 인생인지 요새는 갈피를 출 수가 없다(상, p.35).

　시류에 편승한 관념적 현실인식이 실제 현실 앞에서 좌초된 모습이다. 이 때 생각할 수 있는 탈출구란 신념을 버리고 현실의 논리에 순응하거나, 아니면 신념에 따라 현실과 맞서는 길이 있을 뿐일 것이다. 전자를 택한 인물은 우리가 현실파라 부른 현옥이고, 후자를 택한 인물은 우리가 행동파라 부른 형철이다.
　현옥은 부친이 금광 성공으로 부자가 되고 난 후 딴 사람같이 변하여 "오도깨비같은 치장을 다하고 제법 제로라고 호기좋게 뽐내고 다닌다"(상, p.36). 과일조차 특별한 곳에서만 사고 몸살 정도의 병도 의학박사가 아니면 진찰받지 않는다. 그러한 현옥에 대해 경재는 '전보다 생각이 나빠지고 인간성이 저급해진 것같이' 생각하며 혐오감을 느낀다. 한편 형철은 직공시험을 보러 다니고 농군들 틈에서 부역까지 하는데, 카페에서 경재와 만나면서 익숙치 못하여 서투른 동작을 보임으로써 경재에게 그의 '흙내나는 진실'과 '순박한 사람됨'을 유감없이 보여준다.
　이와 반면에 경재와 봉우는 이러지도 못하고 저러지도 못하는 중간적인 위치에 처해 있다. 경재는 신념의 정당성은 믿으나 그에 따라 행동에 나서지는 못하므로 고뇌에 빠져 있고, 봉우는 적극적인 신념을 상실한 채 자조적인 태도로 살아 간다. 이러한 경재의 심리상태는 이중성을 띠고 있다. 신념에 따라 행동하는 형철에게 대해서는 열등감을 가지고 있으나, 현옥에 대해서는 '제가 옳다고 생각하던 바를 그렇게 가볍게 내어던지는 사람을 미워할 만한 양심은 가지고 있다'는 우월감을 지니고 있는 것이다.

그러나 경재도 결국 '우리가 그들의 앞에 무릎을 꿇 날이 올 것'과 '그날이 참말 인류를 위해서 가장 옳은 날'이라는 것은 믿고 있으나 그에 있어서 자신의 역할을 정립하지 못함으로써 '이것도 저것도 아닌 반편 인간들'로 전락한다. 그러한 '약한 사람'인 경재가 할 수 있는 일이란 '하다 못해 공부라도 해서' 소시민성에 젖어 자기보다 훨씬 뒤떨어진 현옥에 대해 우월감이라도 유지함으로써 형철에 대한 열등감을 보상하고 균형감각을 유지하는 것이다. 그래서 그는 '밤낮 공부만 하구' 있는 것이다.

그러나 현실과 괴리된 관념에의 몰입이 도달될 귀결 또한 자명하다. '거기서 현실에 들어 맞는 소리를 풀어내기가 어렵고 따라서 무슨 글 하나를 써 낼 수가 없'으므로 '앞이 캄캄해지는' 지점이다.

이처럼 사상적 고민에 싸여 있는 경재는 파산된 Y방직에 안중서를 끌어 넣기 위해 현옥과의 결혼을 재촉하는 부친 김재당의 압력과 새사장으로 부임한 안중서의 입사 권고가 가중되자 사면초가 상태에 빠진다. 그런데 자기집 가정교사로 있던 여순을 안사장의 사무실에 취직시킨 것이 계기가 되어 여순과 자주 만나게 된 경재는 그녀에게 마음이 끌리며 이 사랑의 길만이 자신에게 열려진 유일한 출구라고 생각한다.

생각만은 아직도 때와 세상이 움직여가는 가장 바른 길을 찾고 싶으나 실지로 그것을 가져 보고 스스로 밟아 볼 용기와 방법을 얻을 수 없다. 농촌에 가 봐야 한다! 공장에 들어가 봐야 한다는 것은 책에서 얻은 지식이나 그것은 한낱 지식에 그칠 뿐으로 참말 혈행(血行)이 되고 맥박(脈搏)이 되어서 그 몸을 슬기있게 달음질치도록 만들어 주지 못한다. 그는 피로왔다.
　어디로 갈까?……
　아득한 그의 앞에는 오직 배우지 않고 깨달아지고 뜻하지 않고 잡혀지는 사랑의 길만이 무엇보다 환히 열려 있다(상, pp.144~145).

　그러나 사랑의 길이라고 순탄할 리가 없다. 경재와 여순이 가까와진 것을 눈치챈 현옥과 안사장의 집요한 방해, 몰락한 가정의 명운이 달려 잇으니 관계를 끊어 달라는 김재당의 호소가 두 사람의 사이를 가로 막는다. 한때는 반발심리로 굳건히 대처해 나갈 결의를 하기도 하나 여순이 마음을 돌려 잠적함으로써 새로운 국면으로 들어 간다.
　여순이 떠나 버린 후 그 충격에서 헤어나지 못하던 경재는 파혼선언까지 했던 현옥에 대하여 더욱 냉정해지나 결국은 현옥의 말대로 따라가게 되자, "확실한 방향도 없이 끌리는 대로 이리로 저리로 움직여지는 소시민(小市民)의 가엾은 그림자를 그 자신 중에서 발견"(하, p.84)한다. 일찍이 현옥과 김재당, 안중서의 소시민적 생활태도를 경멸하며 그들을 따르지 않는 자신의 도덕적 우월성을 은근히 과시하던 경재이기에 "한때는 양심으로나마 소시민의 근성을 극복하려던 자기는 지금 되도루메기가 되고 마는 것 같"(하, p.99)은 생각이 들자 몸서리를 치게 된다. 그는 결국 여순에 대한 애착도 약해지고 현옥에 대한 태도도 연화되면서 다음처럼 변해 버린다.

　　"인간이란 결국 되는 대로 사는 수 밖에 없는 게다."
　하는 것이 때따라 찾아드는 그 뒤에 온 인생관이었다면
　　"사랑이란 그역, 그런 것이다."

하는 것이 그의 변해진 연애관이라고 할 것이다.
(·····중략·····)
- 달팽이의 뿔과 같이 좁디좁은 세상에서 무엇을 다투며 무엇을 괴로워하랴. 무엇을 부러지게 사랑하며 무엇을 까다로이 미워하랴. 애증(愛憎)을 넘는 것이 마음의 평화를 얻는 소이며 그저 그런 대로 얼마를 잠자코 살아가는 것이 현명한 삶이 아니랴·····
·····경재는 사실 이러한 심경 가운데서 살아 왔던 것이다(하, pp.234~235).

여기서 우리는 소시민성을 극복하겠다던 경재가 극복은 고사하고 현실에조차 눈감는 초월적 득도의 자세를 갖게 되는 역설을 보게 된다. 그는 결국 모든 의지를 박탈당한 순응주의자가 되고 만 것이다.

이상에서 살펴본 것처럼 「황혼」은 관념적으로만 진실을 이해하고 그것을 실천할 의지가 결여된 경재라는 인텔리가 자신의 고민으로부터 벗어나려는 방편으로 소시민적 근성에의 저항과 사랑의 길에로의 탈출을 시도하나 모두 실패하고 결국은 모든 의지마저 박탈당한 순응주의자가 되는 과정을 보여주고 있는 것이다. 그러므로 「황혼」은 숙명적으로 관념적 존재일 수 밖에 없는 인텔리가 그 관념을 보증해 줄 현실적 실천으로부터 유리될 때 얼마나 허황되고 초라한 존재로 떨어지고 마는가를 주인공 경재의 전락적 운명을 통하여 보여주고 있는 것이다.

Ⅲ

앞 절에서 우리는 인텔리의 관념적 허구성과 그 순응주의적 특성을 주로 경재의 의식구조를 중심으로 살펴 보았다. 그런데 앞에서도 이미 지적한 바 있듯이 「황혼」은 근본적으로 인텔리의 모랄과 관련된 부정성 비판이 그 창작의도가 아니고, 악화된 상황하에서의 프로리얼리즘의 진로모색과 관련된 작품이므로 이 작품에 저류로서 흐르는 현실의 본질법칙과 진실성을 포착해 내는 작업이 동반되지 않으면 안 될 것이다. 따라서 본절에서는 인텔리의 중간적 속성과 그의 운명을 중심축으로 하면서도 「황혼」이 어떻게 현실의 본질과 역사의 필연성을 동향적으로 그려내고 있는가를 고찰해 보고자 한다.

한설야는 현대가 "물질분배의 균형을 잃은 (…) 사회로부터 그 균형의 수립을 의미하는 (…) 신사회로 진전하는 도정"[27]에 있으며 그러한 현대의 본질구조는 "상대적인 두개의 힘과 힘의 대치"와 "두 사이에서 부동하는 중간층"[28]으로 되어 있다고 보는 그의 생각에 의거하여 「황혼」의 인물과 사건을 설정하고 있다. 상대적인 힘의 한쪽인 자본가측에는 Y방직의 전 사장 김재당과 새 사장 안중서, 그들에 충성하는 공장주임이 있고, 다른 한쪽인 노동자측에는 직공들의 지도자 준식과 그의 비판자 동필, 형철 등이 있다. 그러면 먼저 자본가의 생리와 자본의 논리가 어떻게 나타나 있는지 보기로 한다.

Y방직의 전 사장 김재당은 인품이 순후하고 자본도 단단히 견실한 사업가로서 긍정적으로 그려져 있는데 반하여, 새 사장 안중서는 사치와 허영에 빠져 있는 호색한이며 친일파로서 부정적으로 그려져 있다. 그러면서도 결국 긍정적인 김재당이 파산을 당하게 만듦으로써 기업능력과 인간성을 분리시키고, 기업의 부정적 이미지를 고조시킨다.

김재당이 파산을 당한 이유는 불경기라는 시기적 불리함과 그 속

---

[27] 한설야, <프로예술의 선언>, 「동아일보」, 1926.11.6.
[28] 한설야, <쁘르 리알리즘의 인식상의 결함>, 「조선일보」, 1933.11.15.

에서나마 조업단축, 감원, 감봉 등의 산업합리화를 과감히 단행하지 못한 그의 인간적인 경영방식에 있었다. 반면에 안중서는 불경기가 회복되어 사정이 유리해지고 자금조차 풍부한 호조건인데도 새 기계 도입과 근대식 공장으로의 확충이라는 야심을 위하여 대량 감원을 계획한다. "새 기계를 사용하고 인원을 축소하면 생산비는 훨씬 낮아지고 생산고는 반대로 부쩍 높아질 것"(상, p.103)이라고 합리적 효율성만을 염두에 두고 있는 안중서는 직공들의 생계가 걸려 있는 감원의 문제를, 잡음을 방지하기 위해 요로(要路)와 접촉하는 것으로 끝나는 일쯤으로 치부하는 비인간성을 보인다.

결국 합리적 경영에 입각하여 최대한의 이윤을 확보한다는 자본의 논리에 있어 인간적인 고려는 오히려 장애가 된다는 인식을 안중서는 갖고 있는 것이다. 이러한 논리에 철저한 안중서는 '회사 전체가 한 몸 한 맘으로 자기에게 절대 심복해' 주기를 바란다. 또한 그는 회사에 대하여 뿌리 깊은 소유의식을 가지고 있어서 노동자들이 감원계획을 알고 요구조건을 내세우며 투쟁할 때 "천만 놈이 뭐라고 하던지 이것은 내 회사다"(하, p.297)라고 하면서 강경 대처하려 한다. 그가 자신의 능란한 웅변에 여지없이 격파당하리라 믿어 의심치 않는 노동자란 다음처럼 무기력하고 하잘것 없는 존재이다.

> 그의 눈 앞에는 벌써 협수룩한 차림에 공손히 머리를 숙이고 앉은 직공들의 모습의 방불히 떠올랐다. 그리고 자기가 일장의 웅변을 토함으로써 그들이 백기를 들고 물러가 버리는 장쾌한 장면도 연상하였다(하, p.303).

그러면 사측에 의해서 일방적으로 피동적이고 무기력한 존재로 규정된 노동자는 어떻게 그려져 있는가? 이 물음에 답하기 전에 우리는 먼저 외부적 정세로 인한 표현상의 제약과 기존 프로문학의 첨단적 국면에의 편무적 편중을 비판한 한설야의 창작방법론에 의하여 「황혼」에서는 노동자의 움직임이 동향적으로만 그려져 있음을 유념할 필요가 있다. 특히 지도자 준식의 묘사가 "좀 더 명확히 부조(浮彫)하려 하였으나 그것이 뜻대로 되지 못했다"(상, 序)는 작가의 토로처럼 미흡한 것도 사실이다. 그러나 그럼에도 불구하고 노동자들의 분방하고 소박한 생활의 묘사와 다양한 성격의 창조가 성공적으로 이루어져 있어서 오히려 이전의 어느 작품보다도 더 생동감을 주고 있다.

그런데 「황혼」에 등장하는 노동자는, 인텔리가 다원적 존재이었듯이 근본적인 동질성 속에 의식의 등차가 있도록 다원적으로 그려져 있어서 몇가지 타입으로 나누어 볼 수 있다.

먼저 준식의 일행을 들 수 있는데, 그들은 틈틈히 공부하여 각성된 의식을 지니고 있고 자주 회합을 갖는다. 특히 준식은 그들의 지도자로서 여순이와 함께 상경해 중학을 고학으로 다니다 중퇴하고 Y방직에 입사한 인물이다. 그는 중학 졸업생인 여순이도 이해하기 힘드는 책을 읽으며 "항시 보는 사람들보다 어딘지 모르게 씩씩한 기운이 있고 무서운 곳이 있는 것 같"(상, p.54)은 사람이다. 그는 "뒤바뀌는 것도 세상 이치의 하나"임을 믿으며 "상놈이 양반 찾아가는 때가 있으면 양반이 상놈 찾아오는 때도 있어야"(상, pp.124~125) 한다고 생각하고 있다. 그는 '인텔리에 대한 반감'을 가지고 있어서 경재를 칭찬하는 여순에 대해 '책이야 지식이나 줬지' 쓸모가 없으며, 경재가 '생각만은 좋았던 모양'이지만 '이제 때가 바껴서 그것만 가지고는 안 될' 것이라고 말한다. 말하자면 준식은 관념적 지식이 아니라 실천적 지식이 요구되던 당대의 전형적 인물로 그려져 있는 것이다.

　다음으로는 준식 일행에 대해 비판하는 동필이 있다. 그는 이전에는 직공들의 지도자로서 투쟁적이었으나 근자에는 열의도 식고 준식에게 자신의 지위를 빼앗긴 데 대한 감정까지 겹쳐 준식 일행과 거리를 둔다. 준식 일행의 집단적 움직임을 비난하면서 그의 반대급부로 동필은 양심적 개인으로서 직공들의 실질적 이익을 위해 고립적이고 영웅주의적인 투쟁을 다짐한다. 그러나 그는 주위의 경계의 눈초리와 회사측의 회유에 뼈저린 고독감을 느끼다가 결국은 준식과 화해하고 집단적 투쟁에 합류한다.

　셋째 타입은 중학을 중퇴하고 입사한 직공들이다. 준식의 인텔리에 대한 거부감에도 드러나 있는 한설야의 부정적 인텔리관은 학생퇴물인 학수와 정님을 부정적으로 그리게 하고 있다. 정님은 중학을 다니다 퇴학을 맞고 한때는 고학생회, 여성운동에도 발을 들여 본 적이 있으나 룸펜풍만 들어 모양이나 내고 연애나 하는 여공인데, "여자는 맨 밑바닥에서 맨꼭대기로 올라가기에 훨씬 편한 사닥다리를 가지고 난 것"(하, p.67)이라고 생각한다. 그런 정님과 연애를 하는 학수는 주위의 조롱과 비난을 받는데 작업 중 사고를 당한 후 동료들의 우정과 정님의 변심을 확인하자 불건강한 연애를 청산하고 준식 일행에 가담한다. 반면 정님은 사랑을 미끼로 급사까지 되지만 사장이 농락하고 저버리자 비참한 지경에 빠진다.

　마지막으로 분이, 복술이 등의 여공과 노동현장의 젊은 직공들이 있다. 그들은 열악한 노동조건 하에서도 인간적 순결함을 잃지 않고 밝고 명랑하게 사는 사람들이다. 이들은 순종적이고 무기력하며 보신에만 급급한 늙은 직공들과는 달리 적극적으로 준식 일행의 지도에 따른다.

이러한 여러 타입의 노동자들은 사장이 생각하는 것처럼 비루하고 무기력한 존재들이 아니고 나름대로의 열망과 생명력에 가득찬 생동하는 존재들이다. 그들은 다양하고 때로는 상호대립적이기도 하지만, 회사의 감원 방침과 그 대상 선정의 일환으로서 신체검사가 실시된다는 사실이 준식 일행의 사전 탐지로 알려지자 사장에게 요구조건을 내걸고 투쟁하는 대열에 다같이 가담하는 것이다.

사장측과 직공측의 이러한 첨예한 대립의 현장에 경재가 나타난다. 경재는 회사의 어려운 형편을 이야기하며 강경히 대처하려 한다는 사장의 이야기를 듣고 인사문제는 신중히 해야할 것이라고 말할 뿐이었다. 그에게는 "말로나마 사장을 이길 만한 지식도 근거도 없었다. 있다면 다만 막연한 온정이 있을 뿐 ····· 그러나 그것은 또한 아무런 힘도 해결도 없는 무책임한 온정이었다"(하, pp.303∼304).

일찍이 현옥에 대하여 시골 농부의 자식, 가난한 사람, 남의 심부름하는 사람을 멸시한다고 질책하면서 '우리가 그들의 앞에 무릎을 꿇 날이 올 것'과 '또 그날이 참말 인류를 위해서 가장 옳은 날이라는 것도 빤히 내다 뵈는 일'이라고 역설한 바 있는 경재의 '약한 사람을 위하리라는 그의 양심'도 아무 쓸모가 없었던 것이다. 경재는 또 다시 해결을 모르는 딜레마 속에서 혼돈에 빠진다.

그는 사장을 미워할 용기도 없었다. 또 사장이 지금 미워하고 있는 그 사람들을 미워하는 심사도 물론 없었다.
그리고 사장의 말을 더 들으려는 생각도 없었다. 장차 어떻게 되어갈 것인지 그는 헤아려낼 수 없었다. 또 생각하려고도 하지 않았다.
무슨 고된 일에 몹시 시달린 것같이 머리가 띵해서 정신을 차릴 수 없었다(하, p.304).

대량 감원이라는 문제를 놓고 회사와 노동자들이 대결관계에 들어 갔으나 중도적 공감자(sympathizer)인 경재가 할 수 있는 역할이란 전무한 상태에서 이 대결은 강경한 사장과 노동자들에 의해 어떤 방향으로 이끌려 갈 것인가? 다음의 분위기가 그 방향을 암시해 준다.

> 그럴 판에 문득 사장실 바깥 낭하에서 무슨 소리가 들려 왔다. (…)
> 그 소리는 뜬 속도로 점차 가까이 왔다. 사람의 말소리도 가끔 섞이긴 하나 그보다 뚜걱뚜걱하는 툭한 구둣소리가 더 많이 들려왔다.(…)
> 사장실 출입문이 밖으로 무슨 커다란 파도에 떠다밀린 것같이 보였다.
> 그럴 판에 문이 열리며 늙은 전무가 앞서서 들어왔다. 그 얼굴이 태고적 벽화(壁畵)와 같이 거멓게 질려보였다.
> (…중략…)
> 이윽히 지나서 사장의 목소리가 가늘게 들려왔다.
> (…) 그것은 확실히 바람을 머금은 소리가 아니었다.
> 사장은 말소리보다 기침소리가 더 높았다. 연해 목다심을 해가며 그는 말을 이었다(하, pp.304~306).

이전에 회사 간부나 경재의 앞에서 호기를 부리며 강경대응책을 역설하던 사장이, 요구조건에 대한 응답 시한이 지나자 직접 면담을 요구하며 밀려 들어온 노동자들 앞에서 당황해 하는 모습이다. 노동자들의 당당함과 사장의 의기소침에서 사태 해결의 향방이 드러나듯이 결국 회사는 계획의 백지화를 선언할 수밖에 없었던 것이다.
반면에 사태 해결에 속수무책이었던 경재는 사장과의 면담을 요구하며 들어온 노동자 대표 가운데 애인이었던 여순, 준식, 친구 형철이 끼어 있음을 발견하고 자신의 소신없는 자세와는 너무 대조적인 그들의 행동에 존재 기반이 무너지는 절망감을 느낀다.

> 경재는 그만 눈이 휘둥그래졌다. 신경이 놀라서 머리끝으로 치솟는 것같이 섬뜩함을 느꼈다. (…)
> 그 이상 더 생각할 아무런 여유도 그에게는 없었다. 별안간 앞이 무너지는 듯 그는 눈이 캄캄해졌다. (…)
> 자기에게 비하여 그들은 너무도 분명한 대조였다.
> 이때같이 그는 어두워가는 황혼에 선 자기 자신을 똑똑히 발견한 일은 없었다. (…)
> 그날 황혼 …… 숨소리 꺼진 우중충한 큰 회사를 걸어나오는 경재의 앞은 더 한층 컴컴해졌다(하, pp.305~309).

이처럼 양심적 지식인인 경재는, 내면적으로는 순응적 소시민의 운명을 벗어날 수 없었고 노자대결이라는 본질적 현실구조에 있어서는 또 한번 역사의 방향으로부터 소외되는 이중의 패배를 맛봄으로써 황혼적 운명에 처하게 되었던 것이다.

이상에서 살펴본 것처럼 「황혼」은 부동하는 중간층 인텔리로 하여금 처절한 패배를 자각하도록 하는 방식을 통하여 노동자의 투쟁과정을 명시적으로 추적하지 않고도 역사의 방향에 관한 진실을 동향적으로 형상화할 수 있었다. 또한 이를 통해 질곡적 현실에 대한 문학적 극복방식의 하나가 입증된 셈이다.

IV

본절에서는 「황혼」의 3중구조 중 마지막으로 남은 전환구조에 대해 살펴보기로 한다. 이것은 여순의 의식구조의 변모에서 나타나는 바, 그로 인해 「황혼」은 발전소설적 면모를 띠게 되는 것이다. 여순의 의식을 중심으로 해서 볼 때 이 작품은 경재와의 사랑을 지향하는 전반부와 노동자로서 재탄생하여 동료애 속에서 살아가는 후반부로 양분된다. 전자를 애정의 길이라 한다면 후자는 우정의 길이라 불리워질 수 있는 것이다. 그러므로 「황혼」은 애정의 길을 청산하고 우정의 길에서 삶의 의의를 발견하게 되는 여순의 이야기로도 볼 수 있을 것인 바, 그 과정에서의 의식의 추이와 그 귀착지에 대한 평가를 추구해 보기로 하겠다.

여순은 조실부모하고 남동생 기순과 오촌집에서 구박을 받으며 보통학교를 겨우 마치자 고향 친구 준식과 상경하여 고학하면서 고보에 다닌다. 학교의 추천으로 Y방직 김재당 사장집에 가정교사로 들어간 여순은 졸업반이 되면서 진로에 대해 불안감을 갖는다. 그런데 졸업을 눈 앞에 두고 이제껏 가르쳐 온 경옥이가 여고보에 떨어지자 여순은 당장 거처를 찾아야 되는 곤경에 빠진다. 다행히 평소 여순에게 호의적이던 경재의 주선으로 Y방직의 새 사장 안중서의 사무실에 취직이 된 여순은 경재의 각별한 보살핌에 마음이 끌린다.

여순에게는 '친형제와 같은 유일한 동무'이자 '이성 가운데 가장 가까운 사람'인 준식이 있으나, 두 사람 다 감정을 눌러 오지 않으면 안 될 그늘에서 살아왔기 때문에 여전히 그들의 사이는 '표면의 평범한 사이'임에 지나지 않았다. 경재에게 마음을 주고 사무실에서 한가한 일을 하면서 지나는 여순은 준식에게 미안한 마음과 아울러 거리감을 느낀다. 그러나 싸늘한 세상에서 '먹는 일이란 이렇게도 힘들까!' 하면서 어렵게 살아 온 여순은 별안간 크나 큰 회사에 들어가서 자기와는 너무도 거리가 먼 듯한 사람들 틈에 끼이게 되고 보니 어쩐지 기분이 약해져서 자연히 마음이 안정되지 못한다.

그런데 이때의 여순은 비록 경재나 준식으로부터 책을 빌려 읽기도 하지만 아직 일정한 의식을 획득한 정도는 아니어서, 신분상승의 형식으로서의 진학을 꿈꾸고 직공 감원시의 공백을 이용하여 동생 기순을 취직시킬 생각이나 하고 있는 것이다. 이러한 여순이 약혼녀가 있는 경재와 사랑에 빠져 한때는 순수한 사랑을 위해 경재와의 도피행까지 생각해 보기도 하지만 자신들의 처지를 고려해 혼자 잠적해 버린다.

다시 생활상의 위기에 처하게 된 여순은 준식의 도움으로 여공 복술의 집에 기거하면서 일자리를 구해 보나 뜻대로 되지 않자, 준식의 권고대로 경재의 힘을 빌어 다시 Y방직에 직공으로 들어간다. 안사장은 여순에 대해 이루지 못한 애욕의 미련 때문에, 또 한편으로는 직공 틈에 자신의 측근을 심어 동태를 파악하려는 책략으로 여순을 다시 받아 들인다.

여기에서 우리는 '사회상의 처지가 위로 올라가기도 힘들고 그렇다고 아래로 떨어지기도 싫은 중간에 선' 여순이 어떻게 이 중간층적 속성을 벗어나서 노동자로 되어 가는지 그 과정에서의 의식의 변모를 살펴 볼 필요가 있다.

Y방직에 사표를 내고 나온 여순은 오래도록 일자리를 찾지 못하고 있는 가운데, 고급직종만 찾는 막연한 태도에 대한 준식의 비판과 자기 회사로 오라는 복술의 권고에 아무 직업이라도 좋겠다고 말은 하지만 사실인즉 대뜸 그 길을 걸어 볼 용기는 없으며 지금 자기가 가장 난처한 회전기에 처해 있는 것을 느낀다.

결국 그녀는 '안락한 생활에 대한 동경'도 있었지만 준식과 형철의 의견에 따라 직공직을 택한다. 무엇보다 경력이나 인격으로 자신보다 월등한 형철이 '군이 높은 지위를 구함이 없이 현재의 처지를 손수 구하고 또 스스로 만족해 하는 것'을 보고 교훈을 삼는다. 그녀의 의식은 다음에까지 발전하다.

> 저는 이렇게 생각합니다. 오늘날 인간 사회란 마치 높다란 탑과 같은 것이라고 ..... 그래서 사람들은 남이야 어찌됐든 저만 자꾸 더 높은 데로 올라가기 위하야 더 높이 탑을 쌓으려고 드는데 높이 쌓을수록 위험률도 따라서 높아지는 거니까 (…) 역시 안전한 곳은 땅바닥인 것 같애요. 그러기 때문에 대다수의 인간이 오히려 땅에 발을 붙이고 있는 것이 아닐는지요. 저도 이 많은 사람 중에 끼어 있는 것이 차라리 제일 안전한 처신이요. 또 제자리일까 생각합니다(하, p.135).

이러한 의식으로 직공생활을 시작한 여순은 공장에서 설을 지내게 되자 '야릇하게 서글픈' 생각도 나고, 옛 추억은 새 날에 대하여 회의를 가지게 하기도 하지만 '작업에 충실'한 것만이 '한낱 자기를 구할 길'이라 생각한다. 그러는 가운데 여순은 직공들이 '모다 직실한 사람들'이고 '좋은 사람'임을 알게 되고 그들은 사무원과는 달리 '웃사람에게 붙어살려는 것보다는 차라리 제 몸과 동료를 더 믿'는 사람들임을 발견한다. 그리하여 이전에 사무원이 되었을 때는 불안을 느꼈던 여순은 공장이 고향같이 느껴진다.

> 여순이가 직장으로 들어서자 어디서 어느새 나섰는지 복술이와 분이가 뛰어왔다.
> 그 까닭없이 반가워하며 헐떡거리는 얼굴을 보는 순간, 여순은 마치 먼 타국에서 고향으로 돌아온 것 같은 반가움을 느꼈다(하, p.248).

신분상승과 뼈저린 가난으로부터의 해방만을 일념으로 하여 살아

오던 여순은 뜻하지 않게 경재와의 애정의 늪에서 혼돈을 체험하고 직공으로서 새 출발을 하면서 비로소 고향에 돌아온 듯한 안정감을 느끼게 되는 것이다. 이때의 여순은 다시 준식과 애정관계를 가지려는 여순이 아니다. '이미 사랑의 전장에서 일대 시련을 겪어 온 무르익은 여자'인 여순은 준식에 대하여서도 우정의 차원으로 대하면서, 오히려 준식을 사모하는 분이와 그를 엮어 주려고 '은근한 공작'까지 하는 것이다.

이상에서 우리는 여순이라는 여주인공의 의식의 변모과정을 추적하면서 신분상승에의 열망과 애정의 길에서 헤매던 전반부의 불안정이, 여공으로서 새 삶을 시작하면서 동료들과의 우정의 길에서 귀향감을 느끼는 후반부의 안정감으로 전환하는 과정을 살펴 보았다.

이와 관련하여 우리는 「황혼」에는 애정지향적 인물군과 우정지향적 인물군이 나누어져 있으며, 전자가 부정적 인물임에 반하여 후자는 긍정적 인물임을 주목할 필요가 있다. 애정지향적 인물로는 경재, 현옥, 정님, 안사장, 공장주임, 개심 이전의 학수 등이 있고, 우정지향적 인물로는 사랑보다 동료애에 관심을 보이는 준식 일행이 있다.

특히 준식은 여순에 대해 평범한 관계 이상을 시도하지 않으며 분이의 짝사랑에도 범연히 대처함으로 애정의 고뇌에 빠지지 않는다. 그보다는 오히려 부상당한 학수의 치료를 위해 동료애를 발휘하고 소외감의 극치에 선 동필을 포용하는 아량을 보임으로써 그가 지향하는 바를 잘 나타낸다.

그런데 애정지향적 인물들이 부정적으로 그려져 있고 우정지향적 인물들이 긍정적으로 그려져 있다는 것은 애정보다는 우정을 높이 평가하는 작가의식의 발로로 볼 수 있다. 이러한 작가의식에 의해 크게는 작품구조가 애정의 길로부터 우정의 길로의 전환구조로 이루

어지게 되었으며, 작게는 등장인물들의 애정관계가 짝사랑의 형태로
나타나게 되었다고 볼 수 있다.
「황혼」에는 일방적인 애정형태만 있을 뿐 상호적인 것은 없다. 경
재→여순, 현옥→경재, 안사장→여순, 학수→정님, 공장주임→정님,
동필→복술, 분이→준식이처럼 반응없는 애정의 회오리가 인물들을
싸고 있어서 복잡한 그 그물망에 빠지면 난맥상을 피할 수 없게 되
어 있는 것이다. 이처럼 사랑의 방정식이 짝사랑의 불발탄으로 나타
나 있는 것은 애욕의 세계를 본질적인 것으로 간주하지 않는 작가의
식의 소산인 것이다.

V

앞 절에서 우리는 「황혼」의 작품구조를 3중구조로 파악하고 그 구
체적인 면모와 의미를 찾아 보았다. 그런데 이러한 작품구조는 그
기본 모티브를 귀향에 두고 있다. 소시민성에 귀착하는 경재의 경우
도 그렇지만 여순이 자신의 출신계층으로 돌아와 맛보는 귀향감은
더욱 그러하다. 또한 부정적인 의미이기는 하지만 신분상승에 실패
하는 정님의 전락도 일종의 귀향이다. 그러므로 본절에서는 「황혼」
에 나타난 귀향의 양상과 그 의미를 작가의식과 관련하여 찾아보고
자 한다. 이를 위하여 우리는 다같이 신분상승의 열망을 갖고 있었
으나 자신의 처지에 대한 인식과 극복방식에서 구별되어 각각 다른
운명의 길을 걷게 되는 여순과 정님을 중심으로 고찰해 보고자 한
다.
여순과 정님은 하층출신으로서 중학을 다녀본 적이 있고 신분상승

에 대한 열망을 가지고 있다는 점에서 공통점이 많다. 그러나 여순은 진학에 의해 목표에 도달하고자 하나 정님은 중퇴 당한 룸펜풍의 여자로서 자신의 여성을 수단으로 하여 목표를 달성하려 한다는 점에서 의식상의 차이점 또한 크다. 이러한 그녀들은 Y방직을 매개로 하여 함께 만나나 처음에 놓여진 상황은 여사무원 여순과 여직공 정님으로 서로 대조적이다.

  (ㄱ) 이곳에 앉아 있으면 공장이라는 생각이 나지 않는다. 요란한 소리도 들리지 않고 사람들의 내왕도 번다하지 않다. 그리고 어지러운 먼지도 뜨지 않고 직공들의 땀냄새도 상상할 수 없다(상, p.88).

  (ㄴ) 직포부 직장(織布部職場) - 이백 대의 역직기(力織機)가 네 대씩 한데 붙어서 좌우 두 줄로 기다랗게 늘어놓여 있다.
  요란한 소음(騷音)과 어지러운 먼지가 온 장내를 누르고 있다.
  거멓게 그슬린 유리창은 하나 빼지 않고 말끔 닫혀 있다. 바람이 들어오면 실이 잘 끊어지기 때문이다.
  숨이 콱콱 저리리만큼 장내는 몹시 무덥다(상, p.174).

 (ㄱ)은 여순의 환경이고 (ㄴ)은 정님의 환경이다. 정님의 눈으로 보면 (ㄱ)도 과분할 것이지만 여순은 사무실 분위기에 불안감을 느끼며 부득이 하여 취직은 하였으나 아직 상급학교 진학에의 꿈을 버리지 못하고 있다. 정님도 (ㄴ)에서 아무 의의를 찾지 못하고 벗어나고 싶어 한다. 그리하여 그녀는 시간이 나면 공상의 나래를 편다.

  그시간에 정님은 점심을 먹고 (…) 지붕 위로 올라갔다. 지금까지의 공장 안과는 전연 딴 세계가 눈앞에 펼쳐진다. (…) 그는 두 팔을 베개로 하늘을 향하고 드러누워 버렸다. (…) 파아란 하늘에는 점점한 흰구름 송이가 유유히 떠돌고 있다. 공장 굴뚝에서는 갈색 연기가 길게 떠오르고 무거운 더위에 눌린 공장은 신음소리와 같이 쿵쿵거리고 있다.
'또 저 속으로'
이렇게 생각하니 차라리 한 마리 새가 되어서 또는 한 점의 구름이 되어서 저 하늘을 훨훨 날아보고 싶었다(상, pp.210~211).

정님은 공상 속에서 이렇게 고통을 잠시 잊어 보나 '공상은 결국 세상사보다 더 헛된 것'임을 깨달으며, 그 반동으로 더 짓궂이 감도는 '애욕과 고독'에 몸부림친다. 자신이 처한 현실로부터 도피하려고 하기만 하는 정님이기에 그녀는 작업에도, 동료들에게도 호의를 갖고 있지 않으며, 공장주임과 사장의 자신에 대한 야욕을 이용하여 급사가 되고 난 후 다음처럼 직공들을 매도한다.

> 되두 않은 공장 년놈들이 딱 보기 싫어서 아직은 문턱 너머로 일시 피난 간 심이지만 ····· 아닌게 아니라 누가 점두룩 그런 데 처박혀 있단말요. 한걸음이라도 올라가는 게 낫지 누가 천대를 받고 싫은 일 해가며 그 년놈들 틈에 끼어 있단 말요(하, p.68).

그런데 경재와의 사랑의 번민을 피해 잠적했던 여순이 직공으로 재출발하게 됨으로써 여순과 정님의 처지는 처음과 정반대로 된다. 그러나 여순은 스스로 택한 그 길에서 의의를 찾으며 적응해 나간다.

> 처음 여기 들어와서 한 십여 일 동안 교습을 받고 비로소 기계 앞에 섰을 때에는 가끔 어찌할 바를 몰라서 이마에 선땀을 흘리며 쩔쩔맨 일도 있었다. 그러나 인제는 서투른 대로나마 두 대의 기계를 맡아 가지고 큰 실수 없이 해나갈 만큼 되었다. (…)
> 지금은 일하는 순서가 기계 사이로 오고가는 그의 머리에 거진 기

계적으로 떠 있다(하, pp.155~156).

　신분상승에의 열망을 갖고 있던 두 사람이지만 여순은 자신이 귀속되어 있던 계층으로 돌아와 적응하고 정님은 그대로 초월적인 상승만을 염원한다. 그러나 정님은 그녀에게서 쉽사리 만족을 얻은 안사장이 거들떠 보지도 않다가 기밀서류를 빼돌렸다는 누명을 씌워 퇴사를 강요하기에 이르게 되어 전락의 운명에 떨어진다. 복수의 일환으로 회사의 중요서류를 복사하여 준식일행에게 넘김으로써 정님도 노동자들의 투쟁에 일조를 하나 그것이 근본적으로 그녀의 삶의 전기가 되지는 못하고 뿌리의식 없는 삶의 파멸적 국면을 맞이하고 만다.
　그러나 여순은 안락을 동경하던 중간적 삶의 방식을 버리고 노동자로서 자신을 정립함으로써 '먼 타국에서 고향으로 돌아온 것 같은' 안정감을 획득하면서 자신의 처지를 토대로 삶의 개선을 추구하는 것이다.
　이렇게 볼 때 <황혼>은 노자의 본질적 대립구조 속에 상층출신의 경재, 하층출신의 여순과 정님을 뿌리없는 중간자로 설정하고 방황과 모색을 하게 한 후에 결국 자의건 타의건 자신들의 본래 계층으로 귀향하게 하고 있다는 점에서 '귀향' 모티브를 원리로 하고 있는 것이다. 그런데 작품내적 요소로서의 귀향 모티브는 작가 한설야의 귀향이라는 전기적 사실과 상응하고 있어 작가의식과 관련하여 고향의 발견은 특별한 의미가 있어 보인다.

　　　나는 고향으로 돌아왔읍니다. (…) 나는 좀 더 심각히 내 주위를
　　　응시하고 싶고 좀 더 내 발아래를 샅샅이 파보고 싶습니다. 그리고
　　　보니 평범한 고향도 하찮은 내 생활도 마치 이제부터 새로 허치어

보고 손수 씨를 뿌려 볼 가장 좋은 처녀지인 듯한 느낌을 줍니다. 나는 이 좋은 처녀지를 얼마나 오랫동안 잊고 있었든지 알 수 없읍니다. 이 잊었던 경역을 새로 발견하는 기쁨과 강개를 나는 함께 느끼고 있읍니다.[29]

한설야가 고향을 발견한 기쁨은 여순이 직장으로 돌아와 맛보는 기쁨과 동질적이다. 한설야는 더 나아가 구체적으로 "이러한 심경과 관심의 한 모퉁이는 장편「황혼」의 일부에도 나타나 있"[30]다고 토로하기까지 하는 것이다. 이러한 귀향의식은 부분적으로는 여순이 경재를 떠나면서 고향을 동경하는 순간에 나타나기도 하지만, 그것보다 더 본질적인 구조원리로서 나타나고 있음은 본절에서 살펴본 바이다.

그런데 우리는 작가 한설야의 개인사에 있어서, 또한「황혼」의 작품원리로서 그처럼 중요한 귀향의식이 어떠한 삶의 자세에서 유래되고 있는가를 작가의식과 관련하여 질문해 볼 수 있다. 이 대답은 한설야의 다음 말에서 어렵지 않게 찾아진다.

나는 괴롭고 어지러운 현실이기 때문에 즐겁고 깨끗한 세상이 따로 요구되고 무중 탄생하는 것이 아니라 괴롭고 어지러운 그것이 곧 즐겁고 깨끗한 것 맹아의 소지(素地)요 모체요 원인이라고 생각합니다. 그러기 때문에 모든 문제는 그 문제 자체 중에 이미 해결의 열쇠와 씨가 있다고 생각합니다.[31]

현실적 문제 해결의 방향과 가능성이 현실 그 자체 속에 있다는

---

29) 한설야, <고향에 돌아와서>,『조선문학』8호 (1936.8), p.102.
30) 같은 곳.
31) 위의 책, p.106.

위의 주장은, 그러므로 우리에게 문제적 현실의 도피가 아닌 극복의 자세를 역설하고 있는 것이며, 이것이 곧 정님의 패배와 여순의 승리를 통하여 「황혼」이 전달하고 있는 주제인 것이다. 그러므로 우리는 귀향의식에 있어서의 고향이란 실은 현실의 메타포로서 양자는 동의어임을 알 수 있는 것이다.

이렇게 볼 때 진리란 먼 곳이 아니라 나의 주위에 있으며 이상향은 괴로운 현실의 초월에 있지 않고 현실 그 자체 속에 내재되어 있다는 사실에의 인식이 작가에게 귀향의 메타포로 나타났고, 이것이 「황혼」의 작품 원리로 작용되었음을 알 수 있다. 그리하여 「황혼」은 현실에 뿌리를 둔 구체적 실천을 암울한 당대의 삶의 모랄로서 요구하고 있는 것이다.

VI

「황혼」은 카프 해체후의 전형기적 문단에 대하여 기교주의를 비판하고 기존 프로문학의 오류도 인정하면서 프로 리얼리즘의 가능성을 타진해 본 한설야의 장편소설이다. 그리하여 노동현장의 첨단적 국면에만 편중함으로써 도식성을 면하지 못한 기존 프로문학의 방법론을 지양하고, 변증법적 세계관을 바탕으로 하되 음양의 사회현실을 遍照할 수 있는 방법론을 모색해 본 작품이다. 그 길은 바로 양심적 인텔리의 고민을 그리는 것이었다.

노자대결이라는 현실의 본질구조에 있어서 부동하는 중간층인 인텔리는 부정적인 존재에 불과하지만 역사의 방향성에 대한 감각만은 가지고 있는 양심적 인텔리를 주인공으로 함으로써 악화된 정세를 우회하여 현실을 동향적으로 그리는 것이 가능했던 것이다.

또한 「황혼」은 귀향 모티브를 축으로 하고 인물들을 전락구조, 상승구조, 전환구조에 적절히 배치함으로써 노동운동의 승리라는 진부하기 쉬운 테마가 구조적 견고성 속에서 도식성에 빠지지 않고 생동감 있게 형상화될 수 있었다는 의미에서 한국 리얼리즘소설의 한 봉우리에 놓일 수 있을 것이다.

요컨대 이 작품은 외적 제약이 심한 시대에 있어서 작가가 진리로 확신하는 현실상을 그 질곡을 뚫고 형상화할 수 있었다는 점을 크게 평가할 수 있다. 다만 그 뒤의 역사전개 과정에 있어서의 이러한 신념의 일관성 여부가 작가의 모랄이라는 측면에서 다른 작품들과 함께 다시 논의되어야 할 것으로 본다.

심훈 소설의 미학과 과정적 유토피아

I

근대 한국의 내재적 발전과정을 왜곡시켜 놓은 일제 식민체제 하에서 한국인의 정신사적 과제는 식민체제의 청산이었다. 이 과제를 수행하는 방법론에서 개화파에 닿아 있는 실력양성주의와 위정척사파에 닿아 있는 직접투쟁론이 등장하지만[1] 문예활동이 전자와 관련된다는 사실은 부정될 수 없다.

그러므로 문학을 한다는 것이 "현실의 고통에서 도망하여" "피난 생애로 일생을 마치려는"[2] 도피행위라는 비난을 면하기 위해서는 식

---

1) 전자의 대표로 도산, 춘원을 들 수 있고, 후자의 대표로는 단재를 들 수 있다. 이에 대한 다음의 평가는 주목을 요한다. "개화파의 정신이 자기부정이란 자학적 행위로써 강력한 제국주의 침략의 단계를 극복할 수 있을 것이냐는 것은 한 마디로 말하기 어려운 것이다. 그러나 분명한 것은 자기에 대한 개별적 반문만으로는 가능성이 희박하였고, 일제의 식민지 정책에의 대결이 문제시되는 것이었다" (홍이섭, 「한국현대정신사의 과제- 1920~30년대 민족의식의 사회적 추구」, 「문학과 지성」 2호, p.278.)
2) 신채호, 「낭객의 신년만필」(안병직편, 『신채호』, 한길사, 1979), p.180.

민지 현실의 모순 참상을 노출시키고 지향점을 제시하는 작가의식이 더 한층 요청되었다고 볼 수 있다. 왜냐하면 작가의식은 기법과 관계되는 장인의식의 대타개념으로서 일상적 인간을 새로운 세계에 눈뜨게 하여 인간적 전체성에 대한 감각을 지닌 인간으로 변모시킴으로써3) 식민지시대 정신사적 과제의 일익을 담당할 수 있었겠기 때문이다.

이러한 관점에서 우리는 심훈을 문제삼을 수 있다. 심훈의 전 작품은 식민지 현실의 모순을 발견하고 그것을 극복하기 위한 모색의 과정을 보여준다. 그의 전 작품을 통하여 흐르고 있는 정신은 카알 만하임(Karl Mannheim)적 의미에서 유토피아(Utopie)이다. 바로 이 점에서 우리는 심훈을 식민지시대 정신사적 과제를 수행한 대표적 작가의 하나로 꼽을 수 있다. 그러나 이 유토피아는 선험적으로 얻어진 것도 아니고, 계속 상황에 관계없이 응고된 고정적인 것도 아니었다. 그의 작품들을 통하여 이 유토피아의 발견과정을 살펴보고 이것이 어떻게 변모되며 그 요인은 무엇인가 하는 점을 구명하기 위해 이 글은 씌어진다.

개인의 행위가 "천부적 능력과 상황의 산물"4)이라면, 결과물로서 남은 심훈의 작품들은 시대의 모순을 꿰뚫어 본 그의 재능과 그것의 표현을 제약한 시대상황과의 관련양상을 드러내고 있을 것이다. 작품을 간단히 개인의 산물로 간주하여 작가의식에 투철했다든가 작가의식의 성장을 보여 주었다고 고평하는 것은 많은 경우 추상에 머무를 염려가 있다. 반대로 작품에서 사회 역사의 발전의 반영을 보는 것도 일제시대처럼 표현의 자유가 없던 시대에서는 적용되기 힘든

---

3) Béla Király falvi, The Aesthetics of György Lukács (Princeton, 1975) p.118.
4) Arnold Hauser, The Philosophy Of Art History (Alfred A. Knopf, 1959) Preface.

관점이다.5)

 따라서 본고는 심훈의 작가의식이 어떻게 변모되어 가며, 그 원인이 어디에 있고 그것이 의미하는 바가 무엇인가 하는 점을 작가 개인사보다 사회사에 비추어 살펴보고자 한다. 이것은 작품의 궁극적 주체가 작가 개인이냐, 그 작가가 속한 사회냐 하는 해묵은 논쟁을 유발하기 위한 것이 아니고, 결국 작품도 당대의 한 사회 현상으로서 넓게 사회사의 범주에서 거시적으로 바라 볼 때 그것의 발생적 측면과 아울러 당대 사회적 의미망이 드러날 수 있으리라는 관점에서이다. 이 작업을 위해 우리는 통상적으로 작가의식을 규명하려는 논자들이 흔히 분석하는 소설 뿐만 아니라 시 작품까지도 함께 분석하여 보다 다면적으로 조명해 보기로 하겠다.

II

 심훈의 시는 시집 「그날이 오면」에 수록된 66수 외에 미발표 초고 등을 합하면 70여 수 이상이 된다.6) 그럼에도 불구하고 이제까지 심훈의 시에 대해 관심을 기울인 연구는 전무한 형편인데,7) 아마도 정제되지 못한 시어와 미숙한 기교 등이 관심을 배제하지 않았나 한다. 그러면 이러한 심훈의 시에 접근하는 데 있어서 기본적인 시각을 어떻게 잡을 것인가? 심훈 자신의 다음 말은 이에 하나의 시사를

---

5) Balzac에서 '리얼리즘의 승리(der Sieg des Realismus)'을 보는 것은 순조로운 발전과정을 거친 프랑스에서의 일이다.
6) 심훈의 시에는 제작 연월일이 부기되어 있어 그의 의식의 변모과정을 살피는 것이 용이하다.
7) 유양선, 「심훈론」(『관악어문연구』 5집, 서울대 국어국문학과, 1980), p.46에도 이 점이 지적되어 있다.

던져 줄 것이다.

나는 쓰기를 위해서 시를 써 본 적이 없읍니다. 더구나 시인이 되려는 생각도 해보지 아니하였읍니다. 다만 닫다가 미칠듯이 파도치는 열정에 마음이 부다끼면 죄수가 손톱 끝으로 감방의 벽을 긁어 낙서하듯 한 것이 그럭저럭 근 백 수가 되기에 한 곳에 묶어보다가 이 보잘것 없는 시가집이 이루어진 것입니다.[8]

위의 인용을 통해서 볼 때, 심훈시에 있어서는 마음에 부다낀 열정의 열도가 문제이지 시적 기교는 관심 밖의 문제임을 알 수 있다. 여기에서 정열은 불합리한 식민지 현실에 대한 울분이었음을 우리는 곧 확인하게 된다. 이를 두고 시 이전의 졸작이라 평하고 눈을 돌려 버릴 수도 있다. 우리는 심훈시가 위대하거나 훌륭하다고 주장하려는 것이 아니다. 다만 그의 시를 통해 표상된 식민지 현실과 이에 대한 식민지 지식인으로서의 응전의 방식을 확인하고자 할 따름이다. 기교가 미숙한 시라도 훼손된 시대에서의 정직한 몸부림이었다면 그 나름의 가치가 인정될 수 있으리라 생각된다. 따라서 우리는 심훈시를 식민지 현실에의 응전방식이라는 측면에서 3 시기로 나누어 고찰하기로 한다.

제1기의 시는 심훈이 시를 쓰기 시작한 1919년부터 중국 각지를 표랑한 1922년까지의 기간에 씌어진 것들이다. 이 시기에 심훈은 3·1 운동에 참가한 죄목으로 투옥되어 일제를 체험하고, 일본 유학의 희망이 좌절되어 중국으로 망령, 유랑하다 之江대학에 적을 두게 된다.[9] 이러한 상황에서 씌어진 제1기의 시에는 식민지 현실에서 유래

---

8) 심훈, 「그날이 오면」 (한성도서주식회사, 1951) p.5.

하는 비애를 담은 「北京의 乞人」, 「上海의 밤」, 「樓外樓」, 「杭城의 밤」과, 중국에서의 객수를 담은 「鼓樓의 三更」, 「深夜過黃河」, 「平湖秋月」, 「뻐꾹새가 운다」, 순수서정시 「三潭印月」, 「採蓮曲」, 「蘇堤春曉」, 「南屛晚鍾」, 「放鶴亭」, 「岳王墳」, 「高麗寺」, 그리고 자신의 외롭고 괴로운 현실에서 도피하고자 하는 「錢塘江上에서」, 「겨울밤에 내리는 비」, 「汽笛」, 「돌아가지이다」가 있다.

이상의 시들은 망명지 중국이라는 현실이 압도적 비중을 드러내고 있어 타국에서의 외로움과 그에 비례하여 강렬해지는 조국현실에 대한 비애, 이러한 현실에서 도피하여 과거의 행복했던 시절의 추억으로 몰입하는 심리상태를 보이고 있다. 이 시기 시를 대표할 만한 「돌아가지이다」를 통해 심훈의 초월지향성을 예시해 본다.

> 돌아가지이다, 돌아가지이다.
> 동요의 나라 동화의 세계로
> 다시 한번 이몸이 돌아가지이다.
>
> 세상 티끌에 파묻히고
> 살길에 시달린 몸은
> 선잠 깨어 고사리 같은 손으로
> 어루만지던 엄마의 젖가슴에 안기고 싶습니다, 품기고 싶습니다.
> 그 보드랍고 따뜻하던 옛날의 보금자리 속으로
> 엉금엉금 기어들고 싶습니다(1,2연)

심리학에서 말하는 소위 심리퇴행(regression) 현상이 드러나 있다. 이것은 "긴장해소와 장애극복을 위한 도피 행동"[10]이라 규정되고 있

---

9) 유병석, 「심훈의 생애 연구」(『국어 교육』 14집, 1968.12) pp.12~14.
10) 김명훈·정영윤, 『심리학』(박영사, 1972) p.204.

듯이 현실의 문제를 극복하려는 적극성이 결여되어 있는 수동적 반응에 불과하다. 이러한 수동성이 제1기의 주조음인 것이다. 따라서 심훈의 제1기시는 자신의 고난을 통하여 식민지 현실을 발견하기에 이르지만, 현실에 자아가 압도되어 초월성을 지향함으로써 결과적으로는 현실을 변혁하고 파괴하려는 유토피아 의식11)을 결여하여, 식민지시대 정신사적 과제에서 일탈된 이데올로기적 성격을 띠는 것이다.

제2기의 시는 "길로 쌓인 人類의 歷史를/첫 페지부터 살라 버리고/千萬卷 가짓말의 記錄을/모조리 깡그리 태워 버려라"하고 절규하는 「狂瀾의 꿈」(1923)으로부터 시작된다. 여기에서 우리는 금방 제1기 시와는 다른 강한 반항성을 읽을 수 있다. 이처럼 1923년부터 1931년까지에 걸쳐 있는 제2기의 시는 현실의 파멸을 열망하고 강렬한 유토피아 의식에 의해 점철되어 있다. 이 시기는 심훈의 전기에 의하면 "생활이나 문학에 정착하지 못하고 서울에서 허둥댔던 방황기"12)로써 요약된다.

이 사실은 심훈 개인의 불행을 의미할지도 모르지만 그의 문학에 어떤 역할을 한 것으로 볼 수 있다. 왜냐하면 "인간은 자기가 그 속에 살고 있는 현실의 상황을 자기가 그것에 잘 적응하고 있는 동안에는 이론적으로 파악하지 않는다. 그러한 존재 조건의 터전에서는

---

11) 카알 만하임에 의하면, 현실을 초월한 관념의 두 방향 설정 중에서 그것이 실현되면 현존 질서의 부분적 혹은 전체적 파괴를 가져올 만한 것을 유토피아라 하고, 그 관념들이 그 시대의 세계상 속에 유기적으로(즉 변혁작용을 하지 않은 채) 조직되어 있을 때 이데올로기라고 한다. 현존질서(토피아)가 유토피아에 의해 새로와지는 과정이 역사과정이다. (Karl Mannheim, Ideologie und Utopie, 황성모역, 삼성출판사 pp.422~3)
12) 유병석, op. cit. p.11.

인간은 자기의 환경을 아무런 문제도 제기하지 않는 자명한 세계 질서의 일부로 볼 따름이다"13)라고 말해지기 때문이다. 그러므로 심훈이 이 기간 중에 정착되지 못하고 적응되지 못한 삶을 살았다는 것은 이 기간을 이론적으로 파악할 소지를 부여받았다는 것을 의미하며, 이 파악의 표출이 제2기 시인 것이다.

이 시기 시를 몇 개의 유형으로 분류하여 보면, 먼저 식민지 현실을 형상화한 「玄海灘」, 「輓歌」, 「봄비」, 「밤」, 「조선은 술을 먹인다」, 「풀밭에 누워서」가 있다. 여기에는 '밤'으로 표상되는 식민지 현실에서 속출되는 비극과 술로써 이성을 마비시키는 현상 등이 폭로되어 있다.

이러한 암흑의 세계, 비정상적인 세계에서 광명의 세계, 신성의 세계는 허위에 불과하므로 타기되어야 하며 이 어둠의 세계 자체도 사라져야 한다. 「狂瀾의 꿈」, 「나의 江山이여」, 「痛哭 속에서」, 「잘 있거라 서울이여」, 「冬雨」, 「태양의 임종」에 나타나는 파멸에의 기구는 이러한 의식선상에서 파악될 수 있다. 그러나 이러한 파멸에의 열망은 조직적 논리적인 응전방식이 갖추어지기 이전의 심정적 반응에 불과하므로 비이성적인 식민지 현실을 극복하기 위한 구체적 대응책이 요구된다.

피의 항쟁을 각오하는 「너에게 무엇을 주랴」와 동태복수법(talion)을 역설하는 「朴君의 얼굴」, 「筆耕」, 「봄의 序曲」이 식민지 현실을 타개하는 길로서 제시된다. 이 투쟁에 있어 이정표는 「거리의 봄」, 「피리」, 「어린이 날」, 「가배절」, 「그날이 오면」, 「秋夜長」 속에 봄으로 표상되어 나타나는 유토피아 의식이다. 한편, 이 선열한 유토피아 의식의 현실과의 괴리감은 「獨白」, 「선생님 생각」, 「마음의 烙印」에

---

13) Karl Mannheim, Ideology & Utopia (Routledge & Kegan Paul Ltd, 1972) p.206.

자학성으로 나타난다. 이 외에 순수 서정시라 할 만한 것이 몇 편 있지만 이 시기의 주류로서 파악되지 않는다.

이상의 양상을 띠고 있는 제2기 시는 요컨대 식민지 현실 인식, 그 현실의 파멸 회원, 직접투쟁론, 유토피아, 자학성 등이 그 내용항목으로 되어 있으며, 이것은 제1기 시와 비교하여 보면. 제1기 시의 수동적 현실구속성이 지양되고, 모순된 현실을 변혁하고 파괴하려는 강한 유토피아 의식이 고양되어 있음을 알 수 있다. 이 시기의 대표적 시 「그날이 오면」14)을 통하여 이 점을 쉽게 입증할 수 있다.

    그날이 오면 그날이 오면은
    三角山이 일어나 더덩실 춤이라도 추고
    漢江물이 뒤집혀 용솟음 칠 그날이,
    이 목숨이 끊기기 전에 와 주기만 하량이면,
    나는 밤하늘에 날으는 까마귀와 같이
    鐘路의 인경(人磬)을 머리로 드리받아 울리오리다.
    두개골(頭蓋骨)이 깨어져 散散조각이 나도
    기뻐서 죽사오매 오히려 무슨 恨이 남으오리까(1연)

제3기의 시는 1932년부터 1936년까지의 기간에 해당된다. 이 시기는 도시에서 끝내 정착하지 못하고 당진으로 낙향하여 재출발을 다짐하고 생활하다가 타계하기까지의 기간이다. 이 기간은 시보다 소설에 주력하여 시의 분량은 많지 못한데, 제2기 시의 선열한 유토피아나 저항정신이 사라지고 자연에의 몰입(「明沙十里」, 「海棠花」, 「松

---

14) C.M. Bowra는 그의 저서 『시와 정치』에서 심훈의 「그날이 오면」을 통해 잔인하고 무자비하게 수행되었던 일제의 한국지배에도 불구하고 한국시는 盛時에 비견할 만하게 부활했다는 점과 한국의 지성인과 작가들이 얼마나 자주독립을 열망했는가를 설명하고 있다. (cf. 「Poetry & Politics 1900~1960」, Cambridge University Press, 1966. p.93)

濤園」,「叢石亭」), 현실에의 비탄 (「生命의 한토막」,「曲曙海」,「故鄕은 그리워도」)이 나타나고 있어 제1기 시와 유사하다. 그러나 제3기 시에는 후세와의 연대감 획득 (「토막생각」,「어린 것에게」,「오오, 朝鮮의 男兒여!」)이라는 점이 특수하게 나타나며 이 점은 중요성을 갖는다.

> 뱃속에 꼬물거리는 조그만 生命
> 「네 代에나 기를 펴고 잘 살아라!」
> 한 마디 祝福 밖에 선사할 게 없구나.
> ……………   ……………
> 몇 百年이나 묵어 구멍 뚫린 古木에도
> 가지마다 파릇파릇 새엄이 돋네
> 뿌리마져 썩지 않은 줄이야 파보지 않은들 모르리. (「토막생각」)
>
> 내가 이루지 못한 소원을 이루고야 말 우리 집의 업둥이길래
> 남달리 네가 귀엽다 꿀딱 삼키고 싶도록 네가 귀여운 것이다.
> ……………   ……………
> 그러나 너와 같은 앞날의 일군들이 무럭무럭 자라는 생각을 하니
> 마음이 든든하구나 우리의 뿌리가 열길 스무길이나 박혀 있구나
> (「어린 것에게」)

위의 인용시에서 잘 드러나듯이 제3기 시의 이 새로운 경향, 즉 후세에의 기대, 후세와의 연대감 획득은 제1기, 제2기의 변모과정을 거쳐 온 심훈시의 종착점인 것이다. 심훈의 이러한 경향이 하나의 견강부회가 아니라는 사실은 다음의 수필에서도 드러난다.

> 이 외로운 섬 속, 쓰러져 가는 오막살이 속에서도 우리의 조그만 生命이 자라나고 있지 않은가. 그 어린 生命이 喬木과 같이 常綠樹

와 같이 **長成**하는 것을 생각할 때 **限없**이 쓸쓸한 우리의 등뒤가 든든해지는 것이 느껴지지 않는가!15)

그러면 종착점인 이 3기 시에 나타나는 이러한 후손, 어린 생명에 대한 연대감 획득이 심훈 정신사에서 가지는 의미는 무엇인가? 제1기 시가 현실에 의해서 철저히 압도된 수동성, 초월성을 보인 반면, 제2기시는 현실을 부정하고 방향성만을 강조하던, 유토피아를 기저로 하는 저항성을 보여 주었었다. 2기의 방향성이 정당했다는 것은 두말할 필요도 없다. 그러나 강포한 식민지 현실이 쉽사리 격파되지 않을 때 비애의 패배감에 떨어질 수도 있다. 이의 버팀목으로 작용한 것이 뒤를 받치고 있는 후손과의 연대감 획득이다.

여기로부터 유토피아 실현의 조급성은 사라지고 점진적 실현이라는 과정 (Prozeß)이 강조되기에 이르는 것이다. 이 과정을 중시한 결과가 파편적 체험을 속성으로 하는 시 쟝르로부터 운동하는 대상의 전체성을 속성으로 하는 소설 쟝르 속에서의 모색이라는 양상으로 나타났다. 이 점은 소설의 언급에서 후술될 것이다. 그러므로 이 3기 시는 심훈이 시를 버리고 소설에로 전념하는 계기를 보여 준다는 점에 의의가 있다.

따라서 제1기의 현실에 구속된 수동적 반응에서 벗어나 제2기에 선열한 유토피아 의식을 기저로 하여 분출되던 저항정신이 제3기에 와서는 현실과 방향성(유토피아)을 종합 지양하려는 과정을 보이고 있으며, 이것이 심훈시의 변모과정이 보여주는 의미인 것이다. 이에 대한 발생적 측면과 정신사적 의미는 결론에서 다루기로 한다.

---

15) 심훈, 「그날이 오면」, (한성도서주식회사, 1951) p.195.

III

　심훈의 소설은 장편에 영화소설「탈춤(1925)」,「東方의 愛人(1930)」,「不死鳥(1930)」,「永遠의 微笑(1933)」,「織女星(1933)」,「常綠樹(1935)」가 있고, 단편에「黃公의 最後」,「여우 목도리」가 있다. 여기에서는 장편을 중심으로 동일한 작가의식을 기반으로 하고 있는 작품들을 유형화하여 각 유형간의 관계와 그 의미를 살펴보기로 한다. 심훈의 소설은 시와 마찬가지로 작가의식의 세 단계의 변모과정에 대응하여 3유형으로 나누어진다.

　제1유형은 현실의 모순은 발견하되 그 모순의 극복 가능성이 추구되지 않는 비관적 작가의식의 소산으로서「탈춤」이 여기에 속한다.

　제2유형은 모순된 식민지 현실에 계급운동이라는 강력한 이데올로기로써 응전하는 양상을 묘사함으로써 현실을 변혁하려는 유토피아의식을 보여주고 있으며「東方의 愛人」,「不死鳥」가 여기에 속한다.

　제3유형은 강력한 일제의 금압 속에서 현실변혁의 유토피아가 가능성의 영역을 탐색하는 과정으로서 농촌의 문제를 다룬「永遠의 微笑」,「常綠樹」와 계급갈등에서 계급융화로의 모색을 시도한「직녀성」이 여기에 속한다.

　이 세 유형이 계기적 이행관계를 가지며 유토피아의 발견과정과 현실에 그것이 작용하는 실현과정을 보여준다는 점에서 본고는 심훈 소설의 변모과정을 과정적 유토피아라고 명명했다. 이것은 변모하는 식민지 상황에 대응하면서 계속 유토피아의 가능성을 추구하는 심훈의 작가의식을 역동적으로 파악하기 위함이다. 그러면 각 유형에 속하는 작품들을 통하여 그 구체적 양상을 살펴 보기로 한다.

제1유형의 작품「탈춤」을 산출한 작가의식은 이 소설의 <머릿말>에 있는 다음의 말을 통하여 추출해 낼 수 있다.

> 사람은 태고로부터 탈을 쓰고 춤추는 법을 배워왔다(……)「돈」의 탈을 쓴 놈,「권세」의 탈을 쓴 놈,「명예」「지위」의 탈을 쓴 놈(……)
> 옛날에 짐새가 한번 날아간 그늘에는 온갖 생물이 말라 죽는다 하였거니와 사람의 해골을 뒤집어 쓴 도깨비들이 함부로 장난을 하는 이면에는 순결한 처녀와 죄 없는 젊은 사람들의 몸과 영혼이 아울러 폭양에 시드는 잎과 같이 말라버리고 만다.
> 그러나 그 탈을 한 껍데기라도 더 두껍게 쓰는 자는 배가 더 불러오고 그 가면을 벗으려고 애를 쓰는 자는 점점 등이 시려올 뿐이다.16)

위의 인용문은 그대로 소설「탈춤」을 관류하는 기본 도식이다. 이 소설은 마름의 딸 이혜경을 사이에 두고 고학생 오일영과 지주의 아들 임준상이 대립한다. 혜경은 일영을 사랑하지만 결국 준상과의 결혼식장에 서지 않을 수 없게 되고 일영은 걸인으로 몰락한다. 그 결혼식장에 일영의 친구 강흥열이 나타나 진상을 밝히고 혜경을 탈취해 오나 극도로 쇠약해졌던 혜경은 숨을 거둔다. 그 시체를 묻으러 가는 길에 가해자인 준상과 마주치게 되는데, 그는 차창으로 내다보고 그냥 어느 무도회로 재촉해 간다.

이 작품은 "탈을 한 껍데기라도 더 두껍게" 쓰고 "배가 더 불러오"는 인물로 임준상을, "그 가면을 벗"고 진실하게 살려 하나 "점점 등이 시려 올 뿐"인 인물로 이혜경·오일영을 설정하고 있다. 이 대립에서 패배한 오일영은 "이놈의 세상에는 처음부터 사랑보다도 미움보다도 다만 한 술의 밥이 귀중할 따름이다! 그밖에 모든 것은 돈

---

16)『심훈문학전집』I, 탐구당, 1966, p.383.

있는 사람의 손장난이요, 색색이 빛깔의 분가루를 만들어 단작스럽게 차닥차닥 바르고 나서 얼굴을 가리고 아웅하기가 아닌가!(……) 그 밖에 모든 것은 허무다! 오직 허무라는 유일한 진리가 있을 뿐이다"[17]라고 외친다. 현실에서 패배한 자의 허무주의, 비관주의 색채가 드러나 있다.

따라서 이 작품은 이 세상을 "더럽고 괴롭고 백주에 이매망량이 날뛰"[18]는 암흑으로 파악하고 그 속에서 사악한 인간만이 지속적인 삶을 영위할 뿐, 순결한 인간들은 패배한다는 인식을 기저로 하고 있다. 여기에서 패배한 자는 현실에 철저히 대결하다가 패배하는 것이 아니고 수동적으로 패배해간다. 그러므로 이 작품의 당대적 의미는 현실을 부정적인 것으로 인식하고 있으므로 당대 식민지 현실의 부정적 측면을 드러내고 있다고 볼 수 있으나, 그 현실을 극복하여 보고자 하는 대결의식이 없이 현상의 인식에 그쳤다는 점에서, 그리고 선량한 인물이 패배하는 파멸구조[19]를 가짐으로 비관주의를 벗어나지 못했다는 점에서 식민지시대 정신사에 있어 매우 제한적인 역할만을 수행하고 있다.

제2유형의 소설 「東方의 愛人」과 「不死鳥」는 제1유형의 비관주의를 청산하고 현실을 변혁하려는 유토피아의식을 기저로 하고 있으며, 따라서 일제 식민체제와의 어떤 긴장력을 동반하고 있으므로 조선일보 연재 도중 중단되었다. 즉 이 소설들은 식민지 체제를 파괴하려는 운동과정을 보여 주려 하고 있다. 「東方의 愛人」 서두에 있는 <작가의 말>에서는 다음과 같이 이 점을 말하고 있다.

---

17) Ibid. p.426.
18) Ibid. p.443.
19) 졸고, 羅稻香小說構造와 그 背景 硏究 (서울대 석사학위논문, 1981) p.15.

남녀간에 맺어지는 연애의 결과는 조그만 보금자리를 얽어놓는데 지나지 못하고 어버이와 자녀간의 사랑은 핏줄을 이어 나아가는 한낱 情實관계에 그치고 마는 것입니다.
우리는 보다 더 크고 깊고 변함이 없는 사랑 가운데 살아야 하겠읍니다. 그러면 우리 民族과 같은 계급에 처한 남녀노소가 사랑에 겨워 껴안고 몸부림칠만한 새로운 공통된 애인을 발견치 않고는 견디지 못할 것입니다.
나는 그것을 찾아내고야 말았읍니다. -- 오랫동안 초조하게도 기다려지던 그는 우리와 지극히 가까운 거리에서 아주 평범한 사람들 속에 나타나고 있었던 것입니다. 그와 동시에 여러분에게 그의 정체를 보여드려야만 하는 義務와 感激을 아울러 느낀 것입니다.[20]

이 새로운 공통된 애인이란 식민지체제에 대한 두 대결방식인 민족주의 운동과 계급주의 운동 중 후자를 가리킨다. 작품 「東方의 愛人」은 상해를 중심으로 하여 ×라는 지도자 밑에서 식민체제를 해체하기 위하여 계급운동에 참여하여 활동하는 박진과 김동렬이라는 인물의 투쟁준비 과정까지만 그리다가 금압되었다.
이 연장선상에 놓일 수 있는 「不死鳥」도 계급운동의 과정을 서술하고자 하나, 이 작품에는 계급 이론가보다 실천가에 긍정적 평가를 보이며 국외투쟁이 아닌 국내투쟁을 다루고자 한다. "철두철미 조선의 현실을 모르고 사회의 동태를 거들떠보지도 않으려는 「부르조아」의 子息"인 계훈이 부정적 인물로 그려지고, "眼高手卑한 「쁘띠·쁘로」의 知識分子"로서 "一種의 부유層"인 정혁이 비판되며, "새로운 시대를 창조하려는 가장 투쟁적이요, 불요불굴의 성격을 가진 남녀"[21]인 홍룡과 덕순이 이 소설의 주인공으로서 긍정적으로 그려지

---

20) 『심훈문학전집』 2, p.537.
21) 『심훈문학전집』 3, p.487.

나 그 활동상을 서술하지 못하고 금지되었다.

비록 제2유형의 소설들은 중간에 금지되어 미완으로 그치고 말았지만, 이 소설들이 가지는 의미는 제1유형의 비판적 작가의식이 현실을 극복 변혁하려는 유토피아의식으로 전환되었음을 보여주고 있다는 것이다. 그러나 전술한 바와 같이 이 의식의 급진성이 일제에 의해 차단당하자 이 유토피아는 소멸된 것이 아니라 다른 가능성의 영역을 탐색하면서 계속 현실 변혁의 작용을 추구하는데 그것이 다음의 제3유형의 소설을 이룬다.

이 제3유형의 소설에는 현실 변혁의 추구를 농촌문제 해결에서 수행하고자 하는 「永遠의 微笑」, 「常綠樹」와 계급운동의 연장선상에서 계급을 초월한 이상적 공동체를 이루려는 「織女星」이 있다. 먼저 농촌문제로 이행한 작품부터 고찰해 보자. 우리는 제2유형에 나타나는 유토피아가 일제와의 마찰로 다른 가능성의 영역을 모색하지 않을 수 없었다고 앞에서 지적했다. 이 이행과정을 보이는 작품이 바로 「永遠의 微笑」이다. 계급사상에 젖어 있던 수영과 병식이라는 인텔리가 "革命家가 발붙일 곳 없는 상황"[22]에서 병식은 자살로 끝맺고 수영이 "이론이란 결국 공상일세, 우리는 인제부터 붓끝으로나 입부리로 떠들기만 하는 것을 부끄러워 할 줄 알아야 하네"[23]라고 말하면서 농촌 속에서 좀 더 차분한 실천을 모색하는 것이다.[24] 그러므로 「永遠의 微笑」는 "都市부유層 인텔리가 勞動人間으로 轉身하는 回心"[25]의 계기를 보여줄 뿐이지, 정작 농촌에 쌓여있는 구체적 문제를 해결하기 위해 투쟁하는 과정은 보여 주지 못하고 있다. 자신

---

22) 김붕구, 『작가와 사회』(일조각, 1981) p.273.
23) 『심훈문학전집』3, p.109.
24) 홍이섭, 「30년대초의 농촌과 심훈문학」, 정음문고 33, 『그날이 오면』, p.217.
25) 김붕구, op. cit. p.287.

의 애인을 되찾은 댓가로 지주의 아들 경호에게 땅을 되돌려 주는 것이 고작이다. 이 문제 해결의 구체적 과정을 그린 것이 「常綠樹」이다.

박동혁과 채영신이라는 두 남녀가 각각 한곡리와 청석골에서 벌이는 농촌 계몽운동의 과정이 「상록수」의 줄거리이다. 영신은 학원을 짓기 위해, 동혁은 마을의 궁경을 해결하기 위해 장애물과 투쟁하는 과정을 이 작품은 그리고 있다. 그러나 과로에 시달린 영신이 죽게 되고, 동혁의 노력에도 불구하고 생활은 더 나아지지 않는다. 결국 동혁은 농촌사회의 구조적 모순, 즉 고리대금업, 장릿벼, 보다 근본적인 소작관계의 모순이 농촌피폐의 근원임을 알게 되고 이것의 해결이 없는 한 농촌 진흥은 불가함을 인식하게 된다. 그리하여 새로운 결심을 가지고 재출발을 다짐하는 것이다.

이상의 두 작품과는 달리 「織女星」은 계급운동의 문제를 다루고 있다. 이 작품은 이 인숙이라는 몰락 양반의 딸이 왕실 귀족의 며느리로 들어가 남편 윤 봉환의 타락에 희생이 되어 불행에 빠지지만 계급사상을 가진 프로 출신 박복순과 시누이 윤봉희의 남편이며 역시 프로 출신인 박세철의 도움으로 갱생하여 새 삶을 개척해 나가는 이야기다. 이 소설의 결말 부분에 나오는 다음의 귀절은 작가의식과 관련하여 주목을 요한다.

> 사실로 이 집의 같은 지붕 아래서 한 솥의 밥을 먹게 된 식구들은 각인각색이언만 한 마음과 같은 주의로 뭉쳐진 것이 여러 사람에게 새삼스러이 인식되었다. 상전도 없고 종도 없고 부자도 없고 가난한 사람도 없다. 오직 옛날의 도덕과 전통과 또한 그러한 관념까지도 깨끗이 벗어버린 오직 발가벗은 사람과 사람들끼리 남녀의 구별조차 없이 똑같은 목적을 가지고 한 몸뚱이로 뭉쳤을 뿐이다.[26]

이로 볼 때 계급간의 투쟁에서 각 계급을 초월한 화합을 통해 이상적인 공동체를 지향함을 알 수 있다. 이것은 "요행수를 바라거나 관을 의례하거나 공평하고 행복한 사회가 별안간 닥쳐오기를 바라"지 않고 유토피아의 실현을 위해 계속 현실과의 교호작용을 수행해 나간 제3유형 소설의 작가정신의 소산인 것이다.

이상에서 우리는 심훈의 소설들을 그것이 기반으로 하고 있는 작가의식이라는 측면에서 三分하여 살펴 보았다. 비관주의를 기반으로 하고 있는 제1유형, 현실 변혁 의지를 기반으로 하고 있는 제2유형, 현실적 제약으로 인해 가능성의 영역을 탐구하던 제3유형이 바로 그것이다. 이들은 현실의 모순을 발견하고 그것의 극복을 급진적으로 시도하다 좌절되어 점진적인 현실의 개선을 추구하던 심훈 정신사의 변모과정을 계기적으로 보여 주고 있는 것이다. 그러면 이러한 변모과정은 앞 장에서 논의된 시의 변모와 어떤 관계에 있으며, 이러한 양상을 규정(bestimmen)한 사회존재는 무엇이며 이 변모가 지니는 식민지 시대에 있어서의 정신사적 의미는 무엇인가 하는 점을 결론으로서 다루기로 한다.

IV

앞에서 우리는 심훈의 시와 소설의 변모과정을 식민지 현실에의 응전 양상이라는 측면에서 살펴 보았다. 그 결과 심훈의 시는 식민지 현실에 수동적으로 구속된 제1기시(1919~1922)와 식민지 현실을

---

26) 沈熏文學全集 2, p.531.

부정하고 그것의 변혁을 희구한 제2기시(1923~1931), 일제에 의한 상황의 경직화에서 현실 변혁의 조급성을 버리고 후세와의 연대감 획득에 의한 점진적 변혁의 필연성을 믿은 제3기(1932~1936)로 구분될 수 있었다.

한편 소설은 제1유형에 속하는 「탈춤(1925)」이 부정적 현실의 인식에 그치고 그것의 극복 가능성이 추구되지 않은 점에서 비관주의를 드러내어 일제에의 응전력이 미약했던 반면, 제2유형의 「東方의 愛人」(1930) 「不死鳥」(1930)는 일제 식민지체제를 청산하기 위한 강한 이데올로기적 응전을 보여주고 있음을 알았다. 그러나 연재 금지라는 일제의 반격 앞에서 좌절된 현실 변혁의 의지는 다른 가능성의 영역을 탐구한 결과 제3유형의 소설 「永遠의 微笑(1933)」, 「織女星(1934)」, 「常綠樹(1935)」가 나타났던 것이다. 이 현실 변혁 의지의 상황에 따른 부단한 전개 과정을 우리는 과정적 유토피아로 규정하여 그 역동성을 부각시켰다.

그러면 먼저 시의 변모와 소설의 변모 사이의 상관관계는 어떠한가를 알아 보기로 한다. 우리는 제1기시, 제2기시, 제3기시와 제1유형, 제2유형, 제3유형의 소설이 각각 서로 식민지 현실에의 응전방식에서 대응되고 있음을 알 수 있다. 다만 제1유형의 소설 「탈춤(1925)」이 시기적으로 보아 제2기시의 시기에 속하나 경향상으로는 제1기시와 동일하다는 불일치가 발견된다.

그러나 순간적 파편적 체험을 속성으로 하는 시와 사회에 대한 전망을 필요로 하여 대상적 전체성을 속성으로 하는 소설의 쟝르상의 차이를 인정한다면, 이 시차는 크게 문제되지 않는다. 이것은 제3기시에서 선취된 유토피아의 굴절이 몇년 후에야 제3유형소설로서 나타나는 사실로도 입증된다. 따라서 심훈시는 심훈소설을 선취하고 있다고 볼 수 있으며, 이는 즉발적인 시와 시숙(時熟)하는 소설의 양식상의 차이에서 유래되는 것이다. 따라서 우리는 동일한 변모과정을 보이고 있는 심훈의 시와 소설은 식민지 현실의 모순을 발견한 이래 상황의 "도전에 대한 응전"27)의 양상을 띠고 있음을 알 수 있다.

그런데 심훈의 이러한 작가의식의 변모는 일제의 식민정책에 대응하면서 민족운동을 전개해 나간 당시의 사회사와 구조적으로 동일하다. 일제는 합방 이후 견지해 오던 무단통치방식을 3·1운동을 계기로 소위 문화정치로 전환시킨다. 그리하여 약간의 표현의 자유가 확보되는데, 이것은 1931년 만주 사변을 기점으로 1937년 중일전쟁 등 일제의 침략 정책이 시작되면서 한국의 병참기지화를 위한 탄압이 다시 자행될 때까지 지속되었다. 이러한 일제의 식민정책에 응전하면서 민족 해방을 목표로 수행된 민족운동의 양상은 다음과 같았다.

일제에 의한 강점 이후 축적되어 온 민족 역량이 3·1운동으로 결집되어 나타났으나 실패로 돌아가자 잠시의 정신적 공백기가 있은 후 다시 계급운동과 민족주의 운동이라는 양대 응전력이 형성되어 문화정치라는 약간의 완화된 상황하에서 활발한 활동을 전개해 나간다. 그러나 병참 기지화를 이룩하기 위한 탄압이 다시 시작되자 이 양대 운동은 지하화하거나 농촌운동이라는 유일한 출구로 나아가게 되었던 것이다.

위에서 이야기된 바와 같이 제1기 시와 제1유형의 소설에 나타나는 수동적 현실 구속성과 비관주의는 3·1운동 실패 후의 정신적 공백기의 문학적 표현이고, 제2기 시와 제2유형 소설의 강열한 현실변혁 의지는 그후 확립된 응전력을 형상화하고 있으며, 제3기 시와 제

---

27) Robert A. Nisbet, The Sociological Tradition (London & Edinburgh, 1967) p.9.

3유형 소설의 방향전환 즉 후손과의 연대감 획득에 의한 점진적 현실 변혁의 필연성에 대한 기대 및 농촌운동은 30년대 중반 이후의 민족운동의 양상을 나타내고 있다.

이렇게 볼 때 3기로 구분되어 변모해 온 심훈의 변모과정은 바로 근대 민족운동의 변모과정을 문학적으로 치환해 놓은 것임을 알 수 있으며, 이것은 식민지 현실을 변혁하고자 하는 그의 작가의식의 소산이었던 것이다. 그러면 이러한 변모과정이 내포하고 있는 정신사적 의미와 그 한계는 무엇인가 하는 점이 끝으로 검토되어야 될 차례이다.

제1기 시는 자아가 현실에 구속되어 초월성을 지향하고 있으며, 제1유형 소설「탈춤」은 현실의 부정적 측면은 인식되나 그것의 극복 가능성이 추구되지 않고 자아가 패배하여 가는 비관주의를 드러내고 있음을 이미 보았다. 따라서 이 시기는 식민지 현실에의 응전력이 약화되고 순응적이라는 점에서 어느 정도 이데올로기적 측면이 있는 것이다.

반면에 제2기 시와 제2유형 소설이 보여 주는 강렬한 현실 변혁의 지(유토피아)는 일제 식민체제에 대한 강한 응전력을 보여 준다. 그러나 그 급진성은 곧 일제의 반격에 직면하게 되고 공적 행위로서의 문학행위가 규제받게 된다.

여기에서 제3기 시와 제3유형 소설의 방향 전환이 나타나는 바, 이것이 심훈 변모의 종착점이자 그의 문학의 결산이므로 이 시기가 많은 문제성을 띤다고 할 수 있다. 긍정적인 측면에서 보자면 가능한 영역에서 민족운동을 전개한 것이 되는 이 시기의 농촌운동은 엄밀히 말해 물심 양면에서 한국민을 황국식민화 하려는 속셈에서 시도된[28] 일제의 농촌진흥운동과의 연계성을 부인할 수 없다.

귀농운동의 성격을 띠고 있는 이 작품들은 관주도의 진홍운동이 호응을 받지 못할 것을 우려한 일제가 자발적인 지도자의 출현을 갈망하고 있던 당시의 일제정책에 호응하는 결과가 될 수도 있었던 것이다. 일제가 이 운동을 묵인한 진정한 이유인 것이다. 「상록수」의 주인공 동혁이 진홍운동과의 차이를 주장하지만 결국 진홍회에 흡수되는 과정이나 갱생노력이 좌절되는 과정은 농촌운동의 허구성을 증명한다. 결국 동혁의 인식과 같이 소작제도 등 근본적인 정책 전환이 없는 한 농촌진홍운동은 한낱 구호에 그칠 공산이 많았다. 그러나 이런 문제는 일제의 기반 자체와 관련되므로 건드리지 않고 피상적인 근검 절약이 외쳐질 때 일제의 그 저의가 드러나는 것이다.

그리고 이나마도 결국에는 금지당하고 말게 되는 역사적 현상을 보게 될 때 일제 치하에서 전개되는 문화운동의 한계는 명백히 드러나는 것이다. 즉 일제가 허용하는 범위내에서의 문자행위란 이미 한계를 전제로 하고 있는 것이며, 다만 문제성의 소재를 파악한 것만으로 어떤 기능을 했다고 보아야 할 것이다. 이러한 한계는 실력양성을 주창하는 문화운동자들 모두에게 해당되며 결국 직접투쟁이 문제시 되었다는 홍이섭 박사의 평가를 다시금 음미하게 하는 것이다.

요컨대 심훈의 작품에 나타나는 작가의식의 변모과정은 근대 민족운동의 변모과정과 구조적으로 일치하고 있어, 비록 그것이 한계를 내포하고 있었다 할지라도, 문학이 사회·역사적 현실성과 관련되어 있으며, 그것을 지시(verweisen)하는 형식임[29]을 보여주고 있다.

---

28) 宮田節子,「일제하 한국에서의 농촌진홍운동」(돌베개 인문·사회과학 신서 7, 『한국근대민족운동사』, 1980) p.196.
29) Peter Hahn, Kunst als Ideologie und Utopie, über die theoretischen Möglichkeiten eines gesellschaftsbeyogenen Kunstbegriffs (H.A. Glaser et al, Literatzrwissenschaft und Soyialwissenschaften 1, Stuttgart, 1971) p.215.

≪참고문헌≫

1. 『심훈문학전집』1,2,3, 탐구당, 1966.
2. 심훈, 「그날이 오면」, 한성도서주식회사, 1951.
3. 김붕구, 『작가와 사회』, 일조각, 1981.
4. 『국어교육』14집, 한국국어교육연구회, 1968.
5. 『관악어문연구』5집, 서울대 국어국문학과, 1980.
6. 정음문고 33, 「그날이 오면」
7. 김명훈·정영윤, 『심리학』, 박영사, 1972.
8. 돌베개 인문 사회과학 신서 7, 『한국근대민족운동사』, 1980.
9. 안병직편, 『신채호』,한길사, 1979.
10. 「문학과 지성」 2호
11. Arnold Hauser, The Philosophy of Art History, Alfred A. Knopf, 1959.
12. Béla Királzfalvi, The Aesthetics of György Lukács, princeton, 1975.
13. C.M. Bowra, Poetry & Politics 1900~1960, Cambridge University Press, 1966.
14. Karl Mannheim, Ideology & Utopea , Routledge & Kegan Paul Ltd, 1972.
15. Robert A. Nisbet, The Sociological Tradition, Londin & Edinburggh, 1967.
16. H.A. Glaser et. al, Literaturwissenschaft und Sozialwissenschaften 1,Stuttgart, 1971.

황석영 소설과 실향의 미학

I

「立石附近」이라는 단편으로 『사상계』를 통하여 문단에 첫 발을 디딘 黃晳暎은 70년대에 「客地」, 「森浦 가는 길」 등 30여 편의 중·단편 소설을 발표하면서 독자적인 문학세계를 구축해 왔다. 또한 大河小說 『張吉山』(1974~1984)을 10년에 걸쳐 완성해냄으로써 그는 민중작가로서의 역량을 한껏 발휘해 보였을 뿐만 아니라 이제 한국문학사상 대표적인 작가로서의 위치를 확고히 해 놓았다.

우리의 현실을 "전국토적, 전민족적 실향상태"[1]라고 규정하는 황석영은 "보다 바람직한 인간의 삶에 기여해 보고 싶다"[2]는 소망을 간직한 채, 놀이개나 최음제로의 문학의 전락을 경계하고[3] "實踐의

---

1) 黃晳暎, 「미륵의 세상. 사람의 세상」, 『객지에서 고향으로』(形成社, 1985), p.101.
2) 黃晳暎, 『審判의 집』(悅話堂, 1977), 年譜, p.9.
3) 앞의 책, p.10.

튼튼한 뿌리를 내 생활 속에다 심는 것"4)을 중요한 과제로 생각한다. 이러한 작가의식의 소산인 黃晳暎의 소설들은 어떤 의미에서건 삶의 터전을 박탈당한 실향민들의 이야기로 일관되어 있다. 그 실향민들은 수동적이고 무기력한 존재로부터 실향을 극복하려는 능동적이고 활력있는 존재에 이르기까지 질적인 등차를 보이고 있기는 하지만 그 어느 것도 실향상태를 지양시키고자 하는 작가적 열망의 다른 반영방식임은 말할 것도 없다.

그러면 황석영 문학이 궁극적으로 지향하는 목표이면서 현실에서는 상실되어 있는 '고향'이란 무엇인가?

> 단순히 자신이 낳고 자라고 추억이 깃든 아늑한 정서를 일으켜 주는 장소일 뿐 아니라, 다른 무엇보다도 중요한 것은 함께 살고, 함께 일하고, 함께 나누는 곳을 의미한다. 이렇게 같이 사는 사람과 자연과의 조화스러운 혈연적인 정이 포함되어 있는 곳이 고향이다.5)

결국 고향이란 연대감으로 결속된 공동체적 삶을 표상한다고 볼 수 있는 바, 이익사회를 지향하는 근대사회에서 이의 역방향에 서서 공동체적 삶의 회복을 갈구하는 황석영의 문학적 좌표는 헤아리기 어렵지 않다. 그런데 어느 작가가 견지하고 있는 작가의식이란 일조일석에 이루어지는 것이 아닌, 점진적 발전과정의 소산이면서 또한 변화 중에 있는 것이다. 뿐만 아니라 그것은 작가가 자의적으로 선택할 수 있는 양자택일적 사항이기보다는 숙명처럼 필연적으로 그에게 주어지는 강요사항일지도 모른다. 황석영이 살아 온 과정을 살펴보노라면 오늘의 그의 작가적 입지는 오히려 당연한 귀결처럼 보인

---

4) 黃晳暎, 『客地』(創作과 批評社, 1974), 후기.
5) 「미륵의 세상. 사람의 세상」, p.101.

다. 그러나 이 말이 그의 주체적 자각과 노력을 높이 평가하지 않는 다는 의미가 아님은 새삼 말할 것도 없다. 다만 안일과 타협을 거부하는 성실한 작가라면 달리 도달할 곳이 없었을 것이라는 사실에의 확인일 따름이다.

1943년 만주에서 출생, 해방 후 평양과 신천으로 옮겼다가 남하하여 영등포에서 6·25 전후의 어수선한 분위기 가운데 소년기를 보낸 황석영은 그 뒤에도 안착하지 못하고 출세의 지름길인 경복고를 중퇴한 뒤 각종 노동, 수도 행자, 월남전 참전 등을 두루 경험하면서 8년간 방황한다.6) 본격적인 작가활동을 시작하기 이전의 이러한 체험들은 생활인인 개인으로서는 참기 힘든 고난의 연속이었음에 틀림없지만, 그것들은 작가의식의 성숙과 더불어 황석영 문학의 본질적 자산이 되어 준다.

한마디로 그의 삶의 역정은 사회에 뿌리내리지 못한 국외자의 그것이다. 어느 시대, 어느 사회건 극복해야 할 구조적 모순이 있는 법이며 그러한 모순은 사회의 중심부보다 주변부에서 더욱 첨예하게 인식될 수 있다고 볼 때, 만주에서부터 한반도 북단을 거쳐 남단으로 끊임없이 표랑하면서 이어져 온 그의 국외자적 삶은 해방 이후 전개되어 온 우리의 불구적 현대사의 문제점을 누구보다도 날카롭게 볼 수 있는 입지를 그에게 제공했다고 볼 수 있다. 이런 의미에서 작가로서의 황석영은 천혜의 시대적 문제인물인 셈이다.

---

6) 『審判의 집』, 年譜, pp.2~3.

II

 어느 작가도 작품을 쓰는 데 있어서 자신의 체험으로부터 자유로울 수는 없겠지만 특히 황석영은 자신의 소설들이 모두 체험에 의거해서 씌어진 것이라고 내세운 바 있다.[7] 황석영 소설의 이러한 自傳的 성격과 관련하여 우리가 주목해 보고자 하는 것은 그의 소년시기를 다루고 있는 작품들이다. 한 개인의 의식형성에 있어서 어린시절이 갖는 중요성을 생각해 볼 때 우리는 그 작품들을 통하여 그의 근본적 의식성향이 형성되어 가는 과정을 추적할 필요가 있다. 그럼으로써 연보가 보여주는 외적 전기적 사실들로부터 형성된 황석영의 내면의식이 조명될 수 있을 것이며, 그를 통하여 실향민에 대한 황석영의 배타적 경사의 내적 계기를 이해할 수 있을 것이기 때문이다.
 황석영에게 문단에 발을 들여놓는 계기를 준 작품「立石附近」(1962)을 비롯하여,「아우를 위하여」(1972),「노을의 빛」(1973.「雜草」로 改題),「鄕邑」(1974.「모랫말 이야기」로 改題),「熱愛」(1988)에 이르기까지 성인 이전의 체험이 다루어지고 있다.
 이 작품들에 나타난 바에 의하면 만주에서 한때 성공한 적도 있었던 부모들이 "개화된 도시의 점잖은 시민이었다"는 자부심을 지닌 채 영등포의 피난민 거주지에서 황석영을 다른 노동자의 아이들과 다르게 키우려고 애씀으로써 그의 집을 "영단주택의 노동자 구역 가운데서 섬"으로 만들어 버린다. 그리하여 "형편없는 품삯꾼의 새끼들"과 다름없는 현실적 여건과 쥐뿔도 없이 자산가의 흔적만을 가진 피난민의 허위적 의식 사이에서 그는 두 세계를 체험한다. "부모들

---

7) 앞의 책. p.10.

이 지니고 있던 과거의 자랑스런 생활들은 모두 참을 수 없는 것들 뿐"8)이라고 생각하게 되는 그는 오히려 어머니가 금기시하는 노동자의 아이들과 어울려 다니며 노는 가운데 가정부 태금이(「노을의 빛」), 상도꾼 춘근이, 상이군인 땜통, 혼혈아 귀순이(「모랫말 이야기」)등 주변인들의 인간미를 체험한다.

한편 부모들의 꿈을 실현시켜 줄 수도 있었을 세칭 일류 고등학교에서의 교육은 그를 절망케 한다. 출세하기 위해 치열하게 경쟁하는 일류고교의 "아이들은 서로간에 냉정하고 예의가 바른 편이었으며 속을 내보거나 남에게 약하게 취급당하는 것을 원치 않았다."9) 이런 분위기 속에서 그는 "매일 땅 위에 검은 그림자를 끌고다니듯, 불만과 열등감과 자의식을 어두운 생활 속에 끌고다니고 있었다."10) 결국 적응을 하지 못하고 퇴학을 하게 되어 "존경받을 장래의 모든 가능성으로부터 잘려나온"11) 그는 어느 공업학교 야간부에 들어가 겨우 졸업을 하게 된다. 그런데 영단주택의 어린 시절을 연상시키는 그 어두침침한 교실은 우애와 인간미를 느끼게 한다.

> 나는 그애들이 서로에게 갖던 끝없는 관심에 감탄했다. (……)철거된 판자촌으로 친구의 이사를 도우러 갔을 적에 그의 식구들 틈에서 브로크가 널려진 빈터에 쭈그리고 냄비밥을 먹으면서 편안했던 기억이 난다.12)

냉정한 경쟁의 세계에서 불만, 열등감, 자의식의 굴레를 벗어날 수

---

8) 黃晳暎,「熱愛」(《창작과 비평》복간호, 1988. 봄), p.80.
9) 앞의 책. p.81.
10) 黃晳暎,「立石附近」,『客地』, p.371.
11)「熱愛」, p.83.
12) 앞의 책, pp.83~4.

없었던 황석영은 절망뿐일 것 같은 뒷길 인생의 상호유대감 속에서 오히려 편안함을 느꼈던 것이다. 등반과정에서의 협력과 우애를 통해서도 확인되는 이러한 유대감은 생활의 "어두운 그림자"를 없애줌으로써 삶에 "싱싱하고 자유스러움"13)을 주었던 것이다. 이러한 체험은 국민학교 시절 부당한 횡포에 맞서 용기와 단결로 대항함으로써 승리를 거두게 되었을 때 느꼈던 "가벼운 몸서리"14)의 감격과 동질적인 것이다.

결국 피난민인 부모들이 견지하던 자산가 의식에 대한 거부감, 자신이 만난 뒷길 인생들의 인간미에의 공감, 일류고교에서의 교육현실인 성공을 위한 비정한 경쟁에의 혐오감, 삶에 활력을 주는 상호유대감의 발견 등 일련의 소년기 체험은 황석영으로 하여금 자신의 아이덴티티를 발견하고 그의 문학실천을 통하여 추구해야 될 대상세계와 윤리의식을 획득하게 했던 것인 바, 그것이 다름아닌 실향민의 세계이며 고향 회복의 추구인 것이다.

Ⅲ

실향민의 이야기로 요약될 수 있는 黃晳暎의 소설들은 질적으로 구별되는 세 유형으로 분류될 수 있다. 제1유형은 실향을 강요하는 현실 앞에서 삶을 훼손당하는 인물들의 이야기이고, 제2유형은 실향상태 속에서도 주관적 초월에 의해 인정이 넘치는 고향을 잠정적으로 실현하는 인물들의 이야기이며, 제3유형은 실향상태를 객관적으

---

13) 「立石附近」, 『객지』, p.371.
14) 黃晳暎, 「아우를 위하여」, 『客地』, p.175.

로 극복하기 위하여 적극적 행동으로 나아가는 인물들의 이야기이다. 이 세 유형은 계기적으로 반드시 이행관계가 성립하는 것은 아니지만 암묵적으로 표출된 논리의 지향성은 감지하기 어렵지 않다.

또한 제1유형은 소재에 의해서 三分될 수 있는데「假花」,「줄자」,「密殺」,「纖纖玉手」,「壯士의 꿈」,「審判의 집」등 近代化에 의한 실향;「탑」,「돌아온 사람」,「낙타누깔」,「돛」등 군대제도에 의한 실향;「韓氏年代記」,「北邙, 멀고도 고적한 곳」,「紀念寫眞」,「골짜기」등 역사상황에 의한 실향이 그것인 바, 이 가운데 근대화에 의한 실향을 다루고 있는 작품들을 중심으로 논해 보고자 한다.

이 계열의 작품들은 근대화의 추진과정에서 그 부작용으로 초래된 삶의 황폐성과 인간성 상실을 주조로 나타내고 있다. 합리주의에 바탕을 두고 추진되는 근대화는 산업화와 도시화를 촉진시킴으로써 공동체를 해체시키고, 사람들로 하여금 이해관계에 집착하게 만드는 이익사회로의 전환을 불가피하게 한다. 그리고 더 나아가 "대량생산 자본독립의 사회"를 창출해냄으로써 "우리를 찢어 발기고 내쫓고 물건을 만드는 현상"[15]을 가속화시킨다. 이러한 과정에서 개인은 타인을 이용가치에 의해서만 평가하게 되고, 그리하여 타인의 이익을 위한 도구로서 전락한 개인들은 物化되어 서로간에 소원해질 뿐만 아니라 자기 자신으로부터도 소외되어 자기 정체성을 상실하는 것이다. 이러한 근대사회의 병리현상이 집중적으로 나타나는 곳이 도시임은 두말할 필요조차 없다. 그러므로 이 계열의 작품들은 反都市性을 기저로 하여 도시문화가 산출해내는 삶의 훼손양상을 보여주고 있는 것이다.

「假花」(1971)는 개인의 죽음마저 망각 속에 묻어 버리는 도시 메

---

15) 黃晳暎,「구슬과 고리-산업사회의 인간상」,『객지에서 고향으로』, p.98.

카니즘에 의한 인간소외를,「줄자」(1971)는 인정이나 인간적 양식조차 고갈되어 버린 도시적 인간관계의 타락상을,「密殺」(1972)은 새끼 밴 암소를 처참하게 밀살하는 非情을 감수하지 않을 수 없도록 생활난을 조장하는 도시 생활에의 비판을,「纖纖玉手」(1973)는 겉멋에 들려 사랑의 감정 유희를 弄하는 주인공의 섬세한 도시적 감수성에 대한 비판을,「壯士의 꿈」(1974)은 力士를 놀이개로 전락시켜 거세까지 당하게 하는 遊樂的 도시 풍토를,「審判의 집」(1977)은 사랑이 없는 도시사회에서 자신의 立身을 위해 남을 이용하는 풍조가 도달하게 되는 자멸적 결과를 각각 그려 보이고 있다.

이상의 작품들은 대도시의 훼손양상을 그 자체로 제시하는 선에서 그치고 있지만 "대도시의 타락을 건전하게 회복해야"16) 한다는 작가의식이 그 근저에 잠복해 있음은 두말할 나위 없다. 그런데 근대화의 이러한 否定性은 도시문화의 타락에만 그치지 않고 시골 오지조차 관광개발을 빙자하여 무분별하게 파괴시킴으로써 돌아갈 마음의 고향마저 없애 버리는 것이다.

「森浦 가는 길」(1973)에는 농촌 출신의 뜨내기 노동자 영달과 정씨, 작부 백화가 등장하는데, 모두들 떠돌이 생활에 진력이 나서 어딘가에 정착하고 싶어한다. 돌아갈 고향이 있는 정씨와 백화는 막연하나마 목적지가 있지만, 그렇지 못한 영달은 새로운 일자리를 구하는 떠돌이로서 정씨와 동행하고자 한다. 그러나 귀향을 꿈꾸던 정씨도 고향 森浦가 고기 잡고 감자 심던 옛 모습을 잃은 지 오래고, 지금은 관광호텔의 공사판으로 변해 버렸다는 이야기를 듣는 순간 영달과 마찬가지로 실향민이 되어 버린다. 어차피 일자리를 구해야 하므로 삼포를 향하기는 하지만 그것은 정신의 안식처를 찾아가는 귀

---

16) 黃晳暎,「문화운동의 반성과 전망」,『객지에서 고향으로』, p.199.

향길은 아닌 것이다. 사회에서 뿌리 뽑힌 현실적 실향민이 정신적으로까지 철저히 실향민이 되도록 무분별한 근대화는 우리의 삶을 황폐화시킨 것이다.

한편 이 작품은 인물들이 길을 따라 여행하는 소위 여로형 소설로 되어 있는데, 삼포라는 남쪽지방을 지향하는 이들의 여행은 南朝鮮思想에서 남쪽이 "앞으로 실현되고야 말 이상세계"17)를 의미한다고 할 때 그러한 理想世界에 대한 갈구와 다르지 않음을 알 수 있다. 이러한 갈구는 현실의 삭막함에 비례하여 강렬해질 수밖에 없는 것이다.

이처럼 합리주의의 너울을 쓰고 진행되어 가는 근대화는 도시와 농촌을 가리지 않고 훼손시킴으로써 모두를 실향민으로 전락시켜 고향에의 향수를 질병처럼 만연시켰던 것이다. 이러한 양상을 훼손 상태 그대로 제시하고 있는 황석영의 제1유형의 작품들은 실향극복에의 열망을 역설적으로 보여주고 있는 것이라 할 수 있다.

IV

제2유형과 제3유형의 작품은 다같이 고향실현과 관련된다는 점에서 공통점을 가지기도 하지만, 제2유형은 세계상태에 대한 자아의 일방적 초월로 인하여 자아의 승화만이 있고 세계는 변함없는 데 반하여, 제3유형은 고향의 회복을 위해 자아가 세계와 대결함으로써 세계를 객관적으로 개조하는 과정을 제시하고 있다는 점에서 근본적 차이점이 있다. 훼손된 현실에서 고립된 단위로서의 개인이 도달할

---

17) 「미륵의 세상, 사람의 세상」, p.112.

수 있는 최고의 경지가 제2유형의 세계이지만 그것은 주관성의 영역
을 벗어날 수 없다는 점에서 결정적인 취약성을 지닌다. 그럼에도
불구하고 개인을 物化시키고 인간미를 상실토록 압박하는 열악한 상
황 속에서도 훼손되지 않은 건강한 삶을 꾸려 가는 인물들을 통하여
우리는 고향살이의 한 단면을 엿볼 수 있을 것이다. 제2유형에 속하
는 작품으로는 「敵手」(1972, 「苦手」로 改題), 「돼지꿈」(1973), 「몰개월
의 새」(1976), 「歌客」(1975)을 들 수 있는데 이 중 「몰개월의 새」와
「歌客」을 중심으로 살펴보기로 한다.

「몰개월의 새」는 월남파병을 위한 특교대의 훈련병인 주인공이 우
연히 부대 근처의 작부촌 몰개월에서 만취된 미자라는 작부를 구해
주게 되는 데서 사건이 발단된다. 어느 날 주위의 비웃음을 받으면
서까지 고마움을 표하기 위해 면회 온 미자는 그후에도 계속 주인공
에게 정을 보이지만 주인공은 일정한 거리를 유지한다. 출동하기 위
해 수송트럭이 떠나던 날 몰개월의 작부들은 제일 좋은 한복들을 차
려입고 길가에 서서 이별의 의식을 행해 준다. 그 가운데 있던 미자
도 조잡한 오뚜기 한 쌍을 차 속에 던져 주는데 유치하다고 생각한
주인공은 그것을 남지나해에 버린다. 그러나 월남전을 겪으며 "인생
에는 유치한 일이 없다"는 것을 깨달은 주인공은 전장에서 죽어 간
수많은 병사들과 마찬가지로 몰개월 여인들이 매달 연출해낸 이별의
연극이 "살아 가는 게 얼마나 소중한가를 아는 자들의 자기표현임"
을 발견하게 되는 것이다. 부대 주변을 전전하는 작부이지만 미자는
산다는 것이 얼마나 소중한가를 체득했고, 그리하여 나름대로 자기
표현을 하면서 사는 방식을 발견함으로써 인간미를 잃지 않고 있는
것이다.

「歌客」은 예술가의 존재이유에 대한 질문을 제기하고 있는 작품으

로서 제2유형의 여타 작품들과는 다소 구별되는 점이 있는 것도 사실이다. 예술의 완전성만을 추구하면서 민중과는 괴리되었던「歌客」의 주인공 수추는 자각을 하고 민중을 결집시키는 역할을 하게 된 후, 민중의 지배자인 장자와 대립관계에 서게 되지만 죽음을 불사하면서까지 민중을 위한 노래를 포기하지 않음으로써 민중들의 가슴 속에 영원히 살아남게 되는 것이다.

일견 이 작품은 주인공 수추가 저자거리의 분열된 삶을 "함께 살고, 함께 일하고, 함께 나누는" 고향의 삶으로 전환시키기 위한 투쟁을 전개하고 있는 것처럼 보인다. 사람들을 결속시키고 환희와 사랑의 감정으로 충만시킴으로써 더러운 문둥이 거지새끼인 話者까지 축복을 받도록 만드는 수추의 음악행위는 그러므로 고향회복을 위한 적극적 행동으로 평가받을 수도 있다.

그러나 그러한 감동적 상황은 주인공이 의도적으로 추구해 온 노력의 산물이 아닐 뿐더러 민중은 주인공과 격리된 채 기계적으로 반응만 하는 수동적 존재로 그려져 있을 뿐이어서 근본적으로 우연성, 일시성을 벗어나지 못한다. 그러기에 장자라는 완강한 세계의 장벽 앞에서는 저항조차 못하고 그러한 일체성이 무력하게 깨져 버리는 것이다. 이러한 사실을 통해 수추의 일방성, 주관성이 더욱 명백해지는 것이다. 수추의 음악행위를 통해 수추와 민중이 일체가 된 후 장자라는 세계의 횡포를 극복하여 질적으로 비약된 객관적 세계개조가 성취되거나 그 가능성이 예견되지 못하고 영웅으로 승화된 수추의 초월적 죽음만이 찬연하게 그려져 있을 뿐이다. 그러기에 주관적 당위성만이 드러나 있고 객관적 구체성이 결여되어 있는 이 작품이 알레고리의 형식을 취한 것은 어쩌면 필연적 귀결일지도 모른다. 그러므로「歌客」은 훼손된 현실 속에서 주관적 초월에 의해 고향감각을 확보하는 여타의 제2유형 작품보다는 한 걸음 나아가 민중과의 연대라는 자아의 확대를 가져옴으로써 제3유형에 접근하기도 하나 근본적으로 세계개조를 위한 행동이 제거되어 있음으로 해서 주관적 초월의 범주를 벗어나고 있지 못한 것이다.

이상에서 살펴보았듯이 제2유형의 작품들은 절망을 모르고 "자기 건강성을 고유의 생명력으로 지니고 있는 민중"[18]의 모습을 보여준다. 그러나 이들이 보여주는 훼손되지 않은 건강한 삶이란 다분히 주관적, 단편적, 일면적인 것이어서 객관적 삶의 상황과는 무관한 것이다. 따라서 소외되고 훼손된 세계 속에서의 주관의 일방적 초월 대신에 과정적으로 성취되는 객관적 세계개조가 요청되는 것이다.

V

제3유형의 작품에는 당대 현실과 관련된 「客地」(1971), 「夜勤」(1973)과 역사적 현실과 관련된 「山菊」(1975), 『張吉山』(1974~1984)이 있는데 이 중 「客地」와 『張吉山』을 통하여 그 구체적 면모를 살펴보기로 한다.

「客地」의 주인공 이동혁은 군에서 갓 제대한 신참내기 날품꾼으로 해안매립 공사장에서의 열악한 노동조건과 인부들을 착취하는 회사측의 횡포를 목격하고 이의 개선을 위해 파업을 계획한다. 국회의원들의 시찰이 있기로 되어 있는 날을 겨냥하여 그 전날 파업을 단행한 인부들은 경찰과 회사측 사람들에 밀려 합숙소 뒷산에서 농성을 벌이게 된다. 국회의원 방문일이나 무사히 넘기고 보자는 회사측의

---

[18] 黃晳暎, 『골짜기』(인동, 1987), 「작가와의 대화」.

간교한 미봉책에 대다수 인부들이 하산하지만 동혁은 국회의원 앞에서 제시된 조건이 확약되기 전에는 하산할 수 없다고 버틴다. 함께 파업을 주도했던 인부들마저 하산을 결정하기에 이르게 되지만 동혁은 혼자라도 남기로 결의한다.

회사측의 일시적 미봉책에 속아 파업현장으로부터 이탈해 하산하는 인부들의 모습을 보고 동혁이 숙부가 타고 떠난 이민선을 연상해 내는 것은 동혁의 결의와 관련하여 주목할 만하다.

"두 동강이 나서 가난이 닥찌닥찌 앉은 고국산천", "그 좁은 땅떵이에서도 헐뜯고 못살게 굴고 서로 속이면서 고통받는" 현실 앞에서 "더 넓은 곳에서 마음껏 민족의식을 발휘하야 내 자손들을 보담 더 널고 크게 활약시키고", "하루라도 맘 편하게 키우고 시픈 마음"[19]으로 이민선을 탄 숙부와 숙부의 후예들은 자신이 속한 현실을 개선해 보려는 노력 대신 환상에로의 도피를 택한 셈이다. 어찌 이민지인들 문제가 없고 시련이 없겠는가? 다만 종류가 다를 뿐일 것이리라. 그러기에 확약되지 않은 미봉책에 속아 산을 내려가는 인부들이나 이민선을 타고 떠나는 사람들은 본질적으로 동일한 도피주의자들이며 막연한 환상을 좇는 자기기만자들인 것이다.

그러므로 자신은 끝내 이민선을 타지도 않을 것이고 산을 내려가지도 않을 것이라고 결의하는 동혁은 눈앞의 일시적 현상에 대해 실망하는 대신 희망을 새로이 한다. 왜냐하면 자신이 벌인 일이 일시적으로 "원수 갚는 심정으로" 한 것이 아니고 "개선을 위한 쟁의"[20]로서 한 것이어서 하루 이틀에 끝날 유한한 것이 아니고 끝없이 지속되어야 할 과정임을 동혁은 깨달았기 때문이다. 그러기에 그 시한

---

19) 黃晳暎, 「客地」, 『客地』, p.43.
20) 앞의 책. p.29.

은 "꼭 내일이 아니어도 좋"21)은 것이며 눈앞에 무한하게 펼쳐진 바다의 수평선처럼 여유를 보일 수 있는 것이다.

「客地」에서 실향의 현실을 개선하기 위해 투쟁하는 인물을 보여준 황석영은 「張吉山」에서는 이 고향회복 운동에 역사적 전망을 제시한다. 그리하여 이 운동을 질곡이 존재했던 역사상 어느 시대에서나 줄기차게 지속되어 온 것으로 인식을 확대시킴으로써 그 성취의 역사적 필연성을 확고히 한 것이다.

「張吉山」은 광대 출신으로 무예에 뛰어난 장길산이 자신의 신분적 질곡을 통해 고통받는 백성들을 인식하고, 민중불교사상과 미륵신앙을 통해 대동사회 건설이라는 이상을 발견한 후 숙종 연간의 학정을 극복하여 그 이상을 성취하기 위해 조직적으로 활약하는 모습을 보여주고 있다.

그런데 대동사회란 어느 뛰어난 개인에 의해 일거에 이룩될 수 있는 것이 아니고 자각된 개인들의 합의와 노력 끝에 비로소 가능할 수 있는 일이다. 그러므로 작가도 언명하고 있듯이 이 작품의 주인공은 장길산 개인이 아니고 "그 시대의 각종 계층, 각종 신분의 사람 모두"22)인 것이며, 그들 모두의 갈망인 대동사회 건설이라는 이상은 개별단위를 뛰어넘어 집합성을 띠는 것이다.

또한 숙종기라는 역사상의 한 시기에 있어서 이 대동사회 실현이라는 꿈은 결국 무산되고 말았지만 그것은 장길산 개인이나 그 시대 민중만의 이상으로서 종결되고 무화되어 버린 것이 아니고, 아직까지 이루어지지 못한 그 꿈은 오늘날의 우리에게까지 이어져 그 역사성을 확보하게 되는 것이다. 그러기에 "티끌처럼 수많은 생령(生靈)

---

21) 앞의 책. p.89.
22) 황석영, 「張吉山」1권. (玄岩社, 1983), p.5.

들의 뜻이 어찌 이루어지지 않으랴"23)라는 미래적 가능성이 희망적으로 제시될 수 있는 것이다. 작품의 앞뒤에 제시되어 있는 '장산곶매' 전설과 '운주사(雲住寺)' 전설이 상징적으로 말해 주듯이 자승자박으로 귀결되는 민중의 작은 어리석음이 자각적으로 제거되는 날 대동사회라는 그 꿈은 필연적으로 이루어지고야 말 것이기 때문이다.

이상에서 살펴본 것처럼 제3유형의 작품들은 실향의 현실을 개인의 문제로서가 아니라 집단의 문제로서 이해하고 이의 개선을 위해 현실을 객관적으로 개조하려는 투쟁과정을 보여주고 있는 것이다. 비록 간단히 타파되지는 않는 견고한 세계현실 앞에서 그러한 노력이 좌절되기도 하지만 이미 개인이 아닌 집단의 문제로서 인식된 그러한 개조과정은 간단없는 지속적 미래성을 확보하는 것이다.

VI

소설의 사명을 "보여주는 데서 한 걸음 더 나아가 감동을 수반한 비판적 기능을 가지고 내일을 이야기하는 데까지 가야 한다"24)고 생각하는 황석영이 작품실천을 통해 보여주고 비판한 현실과 예견한 내일의 구체적 면모는 이제까지 우리가 보아 온 바와 같다. 한마디로 그것은, 오늘이 인간성을 박탈당한 실향의 시대이며 도래해야 할 미래는 인간성이 유지되는 고향이어야 한다는 것이다.

따라서 황석영의 소설들은 그러한 실향의 참상과 귀향을 위한 투

---

23)「장길산」10권(현암사, 1987), p.442.
24)『審判의 집』, 年譜, p.9.

쟁과정을 형상화하고 있다. 그러기에 고향으로 표상되는 "훌륭한 시대가 온다면, 나의 모든 작품과 생활은 호된 비판을 받아 마땅할 것"25)이라는 한계성을 서슴지 않고 부여할 수 있는 것이다.

「立石附近」이래 「장길산」에 이르기까지의 황석영의 일관된 작업을 통하여 우리는 그의 꿈과 우리 시대의 꿈을 확인했으며 그에 의해 제시된 해답도 들은 셈이다. 그러므로 이제 그에게 남은 문제는 당위적 해답의 되풀이에 있지 않고 더욱 더 객관적인 시각을 회복하여 그 해답에 탄력성을 부여하는 일일 것이다. 그렇지 않을 때는 주관적 알레고리를 크게 벗어날 수 없겠기 때문이다.

---

25) 앞의 책, p.14.

제2부 한국 현대소설의 역사적 지평

한국 현대소설의 지향성의 한 양상

I

 자아와 세계의 대결구조를 양식적 특징으로 하고 있는 소설은 자아와 세계의 관계양상에 따라 하위구분이 가능하리라 생각된다. 흔히 시대적 분류 기준에 의해 고대소설·신소설·근대소설 등으로 구분하지만 작품내재적 특징에 의한 보완이 요청된다. 그의 한 방편으로서 작품 속에 등장하는 자아의 변모 양상에 따라 소설사의 흐름을 조감해 볼 수 있을 듯하다.
 고대소설은 모범적이고 특정 규율개념에 입각해 있는 자아가 등장한다. 이것은 정적(靜的)인 인간상(einem statischen Bild vom Menschen)의 소산1)으로 볼 수 있다. 이때 자아는 세계와의 대결과정을 거치면서도 결코 자신의 가치 질서에 회의를 갖는 일이 없다. 그러므로 그는 주저없이 행동의 세계에 뛰어 들어 세계개조나 세계와의 화해를

---

1) Karl Migner, *Teorie des moderner Romans* (Kröner Verlag, 1970) p.69.

성취한다. 여기에서는 사고와 행동, 내면과 외면, 개체와 전체가 분리되어 있지 않다. 고대소설이 해피엔딩의 구조 속에 설명 위주로 되어 있는 행동소설적 면모2)를 보이는 이유이다.

신소설에 이르러서도 사태는 달라지지 않는다. 흔히 고대소설과 근대소설 중간의 과도기적 소설이라 말해지고 있지만, 실상 신소설은 "구소설의 핵심인 선악의 대립구성을 신구대립 구성으로 바꿔놓"3)은 데 불과하다. 따라서 소재적 측면의 '신'소설인 것이다. 신소설에 있어서 자아는 계몽사상이라는 확고한 가치질서에 근거하고 있다. 그것은 그에게 가야 하고 갈 수 있는 길을 제시해 준다. 그러므로 고대소설과 마찬가지로 신소설의 자아도 통일된 인간상을 보여주고 있다.

그러나 근대소설에 이르러서는 자아가 입각할 수 있는 확고한 지반이 상실되게 되었다. 그 과정은 흔히 여로(voyage)로 표시되는 바, 총체성을 상실한 영혼이 자기자신을 찾는 행위가 근대소설의 구조로 이해된다. 『소설의 이론』의 저자는 소설의 이런 측면을 지적하여 "소설은 생의 외연적 총체성이 더 이상 직접적으로 주어지지 않은 시대, 생의 내재적 의미가 문제로 된 시대, 그럼에도 불구하고 아직 총체성에 대해 생각하는 시대의 서사시다"4)라고 말한 바 있다.

이러한 의미의 근대소설은 대개의 문학사에서 근대소설의 시초로 기술되고 있는 이광수의 「무정」에서 찾아진다. 「무정」은 고대소설·신소설의 통일된 인간상이 붕괴되고 "분열과 통일성의 상실"5)을 노

---

2) E. 뮤어, 안용철 역, 『소설의 구조』(정음문고 89, 1977) p.19 여기서 뮤어는 로만스를 행동소설로 보고 있다.
3) 김윤식·김 현, 『한국문학사』, (민음사, 1977) p.102.
4) G. Lukács, *The Theory of the Novel* (The MIT Press, 1975) p.56.
5) 유종호 편, 『문학예술과 사회상황』(민음사, 1979) p.222.

정하는 자아의 모습을 보여 준다. 「무정」 이후의 한국근대소설은 통일성을 상실한 자아가 세계와의 관계 정립을 포기하고 현저히 자아의 내면성을 지향하는 양상으로 나타난다. 이 지향의 한 극점이 이상의 「날개」류일 것이다. 그러나 물론 한국현대소설사는 이러한 경향의 반동으로 확고한 가치 질서 아래 외부 현실을 탐구하는 프로문학 등의 작품도 보여 준다. 이 두 조류가 상황에 따라, 혹은 상호반발하면서 교체되어 나타나는 과정으로 한국근대소설사를 조망해 볼 수 있지만, 본고는 우선 내면지향성의 측면만을 「무정」과 「날개」를 통해 살펴 보고, 최인훈의 「광장」을 통하여 생의 총체성에 도달하고자 하는 자아의 한 반성적 노력을 살피고자 한다.

II

르네 지라르(R. Girard)는 "위대한 작가는 공식적으로는 아니라 하더라도 그들의 예술을 매개로 하여 직관적이면서 구체적으로 그들이 동시대인들과 함께 처해 있는 체계(system)를 감지한다"[6]고 말하고 있다. 이러한 의미에 있어 이광수는 「무정」이라는 소설을 통하여 당대의 사회를 구조적으로 조감해 놓고 있다. 앞에서 잠깐 언급한 바 있지만 「무정」의 주인공은 전대소설 주인공의 통일성을 상실하고 주자학적 가치질서와 개아의식에 입각한 근대적 가치질서 사이에서 자아의 분열을 겪는다. 주인공 형식은 구질서를 대표하는 영채와 근대적 가치질서를 대표하는 선형 사이에서 방황한다. 이들에 대해 형식

---

6) René Girard, Deceit, Desire, and the Novel (The Johns Hopkins University Press, 1976) p.3.

은 이렇게 생각한다.

> ① 영채는 나의 은사의 따님이요, 또 은사가 내 아내로 허락하였던 여자라. 설혹 운수가 기박하여 일시 더러운 곳에 몸이 **빠졌다** 하더라도 나는 그를 건져낼 책임이 있다[7].

> ② 선형과 나와 약혼한다는 말은 말만 들어도 기뻤다. ······ 게다가 미국 유학! 형식의 마음이 아니 끌리고 어찌하랴. 사랑하던 미인과 일생에 원하던 서양 유학![8]

"조선에 있어서는 가장 진보한 사상을 가진 선각자"[9]로 자처하는 동경 유학 출신 형식이가 조혼의 폐습을 버리고 자유연애라는 근대적 가치에 따라 행동하려면 선형에게로 돌아가야 할 것이다. 그러나 "영채를 대하면 영채를 사랑하는 것 같고, 선형을 대하면 선형을 사랑하는 것 같다"[10]는 딜레머에 빠져 있다. 이러한 딜레머에서 행동의 일관성을 잃게 되어 '줏대 없는 주인공'[11]이라 평가받기도 하고 '주책바가지'[12] 성격이라 명명되기도 하는 것이다. 이렇게 중간에서 방황하던 형식은 영채가 자살한 것으로 믿어지자 홀가분한 기분으로 근대적 가치질서에로 향한다.

> 자기가 지금껏 <옳다> <그르다> <슬프다> <기쁘다> 하여 온 것은 결코 자기의 지(知)의 판단과 정의 감동으로 된 것이 아니오, 온

---

7) 이광수,「무정」(상) (삼중당문고, 1982) p.61.
8) 이광수,「무정」(하), p.40.
9) ibid. p.13.
10) ibid. p.185.
11) 『김동인전집』 V.6 (삼중당, 1976), p.88.
12) 김우종, 『한국현대소설사』(성문각, 1978), p.84.

전히 전습을 따라, 사회의 관습을 따라 하여 온 것이었다. ……이것이 잘못이다. 나는 나를 죽이고 나를 버린 것이로다. 자기는 이제야 자기의 생명을 깨달았다. 자기가 있는 줄을 깨달았다[13].

 모든 가치 판단이 외부적으로 주어진 규범에 따라 행해지던 과거를 비판하고 자아의 명석판명한 이지의 작용에 따라 판단을 하겠다는 데카르트적 근대의식이 발아하고 있다. 이렇게 모든 가치판단의 중심에 개체로서의 자아를 둔다는 것은 개체와 전체가 분리되어 나가게 되는 근대사회로의 이행을 의미하고 있는 것이다. 그런 의미에서 「무정」은 개항이래의 근대적 가치관이 마지막으로 전통적 가치관과 결별하는 작품이다. 그런데 개아의식에 입각하여 가치판단을 한다는 것은 자아와 세계 사이의 선험적 공개념이 부재함을 의미하기 때문에 자아는 자신의 영혼 속에서만 문제의 해결을 추구하게 되며 이 점에서 내면성(Innerlichkeit)을 지향함이 필지(必至)이다.
 만약 영채의 자살이 사실이고 형식이 그대로 근대적 가치질서로 돌아섰다면, 작품 「무정」은 내면성을 지향하는 근대소설의 최초의 전범이 될 수 있었을 것이다. 그러나 도미유학을 위해 가던 열차에서 동경유학차 가던 영채와 다시 만나게 됨으로써 형식은 다시 처음의 딜레머로 되돌아간다. 개인으로서 남아 있는 한 형식의 이 고민은 해결의 실마리를 찾기 힘들 것이다. 이의 해결책으로서 등장한 것이 수재민 구호 활동 중에 발견하게 되는 민족애이다. 개아의식이 아닌 민족아라는 전체의식이다. 이 해결은 너무나 절묘한 부분이라서 김동인같이 이광수를 부정적으로만 보려는 근대주의자도 "춘원의 전 작품을 통하여 유일의 <적절한 삽입>이었다"[14]고 찬탄하고 있는

---

13) 「무정」(상), pp.250~1.
14) 『김동인전집』V.6, p.95.

것이다.
 그러나 이 해결은 진보한 선각자로서 자처하던 형식이 자각된 개아의식을 후퇴시킨 것이다. 주지하는 바 유교륜리는 인간간의 관계정립에 주력하고 있는 윤리체계로서 그 인간관은 사회적 존재, 유적 존재로서의 인간관이다. 여기에서 개인만의 존재가치는 강조되고 있지 않다. 그런데 개인의식을 존중하는 근대적 가치관은 상대적으로 실존적 인간관으로 기울어진다. 그러므로 형식이 전통적 가치관을 떠나 근대적 가치관으로 향했다가 민족이라는 실체를 발견함으로써 심리적 평형을 유지한다는 것은 개인주의의 모험성을 지각하고 초개인적 공개념, 개체가 전체와 더불어 유기적으로 연결되어 일체감을 느낄 수 있는 총체적 삶을 지향함을 의미하는 것이다. 바로 이 점이 「무정」이 안겨주는 서사시적 장쾌함의 본질이고, 근본적으로 자아에 집착하여 비관주의15)에 침윤된 김동인이 찬탄한 이유이다.
 그러나 본질적으로 자아와 세계의 건널 수 없는 분열로 특징지워지는 근대화가 좋건 싫건 진행되어 가는 역사과정에서 이 총체성이 유지될 수 있을까 하는 의문이 동인에 의해 제기되었다.

> 단지 우리가 그냥 의심하고 믿지 못할 것은, 이때의 순간적 심리로 인하여 네 사람이 같은 감정 아래서 행동하였다 하나, 이 감동이 언제까지나 계속될까 하는 것이다. 우리는 형식과 같은 줏대없는 인물에 있어서 이 감동이 단 일일을 갈지가 의문이다.16)

 위의 지적은 통일된 인간상이 분열되어 '줏대없는 인물'로 나타난 형식이 생의 총체성을 일시 보여주나 본질적으로 결렬된 시대에서

---

15) 김홍규, 「황폐한 삶과 영웅주의」(『문학과 지성』, 1977 봄) p.220.
16) 『김동인전집』 V.6, p.95.

그것이 지속적으로 가능할까의 의문이다. 이 문제는 단지 작가의 의도의 문제가 아니고 이 모든 것을 포괄·규정하는 삶의 상태의 문제이기 때문이다. 이 시점에서 우리는 소설이란 자아와 세계, 개체와 전체, 혼과 행동이 분리되지 않고 유기적으로 통합되어 있던 서사시 시대와 제삼의 유토피아 시대 사이의 과도기적 서사양식이라는 명제를 생각하게 된다. 그렇다면 통일된 자아의 분열을 보여 준 근대소설의 시초이자 동시에 분열을 극복하는 삶의 총체성을 보여 준「무정」은 시대를 반영하면서 동시에 시대를 앞지르는 이상을 선취(先取)하고 있는 것이다. 그러나 자아 분열의 시초를 보여 주었다는 점에서 그 뒤에 나타나는 '자아가 분열된 내면지향적 작품들'의 선구가 되기도 하는 최초의 근대소설인 것이다.

III

    이광수의「무정」에서 비롯된 통일된 자아의 분열, 내면과 외면, 사고와 행동, 개체와 전체의 분리현상은 그 후의 문학사의 전개과정에서 이에 대한 반동을 야기하면서도 점차 심화되어 이상의「날개」류의 작품에 이르면 하나의 극에 이르게 된다.「날개」에 있어서는「무정」에서 그나마 유지되고 있던 외부세계와의 접촉이 차단되고 무한한 자의식만이 범람하고 있다. 최재서는 이를 '리얼리즘의 심화와 확대'라고 평가했지만 이 심리적 리얼리즘은 주관적 내향성의 한 정점인 것이다. 이 극단적 주관성은 자아와 세계와의 대결에서 자아가 세계에의 관심을 포기하고 자아에만 집착하는 심리상태이다. 여기에서는 세계의 상태는 어떻든 상관없다. 세계는 시공을 전제로 하여 존재하는데 자아가 이 시공의 세계를 떠날 때 "박제가 되어 버린 천재"17)로 되는 것이다.

박제가 되어 버린 천재가 사는 곳은 일상성을 떠난 차원이다. "밤이나 낮이나 잠만 자"며 "아무와도 놀지 않는다. 놀지 않을 뿐만 아니라 인사도 않는다."18) 이처럼 일체의 외부적 교섭을 배제한 주인공은 "인간 사회가 스스로왔다. 생활이 스스로왔다. 모두가 서먹서먹할 뿐이었다"19) 자기가 처한 상황이 자신과 불가분하게 연결되어서 자신의 창조적 역할에 의해 전개되어 나가는 것이 아니라, 독자적으로 진행되어 나가는 사회과정 속에 낯선 존재로서 던져져 있을 뿐인「날개」의 자아는 소외되고 고립된 존재이다.

그런데 외부와의 마지막 연결의 줄로서 아내와는 약간의 관계를 맺고 있다. "나는 내 아내와 인사하는 외에 누구와도 인사하고 싶지 않았다"20). 그러나 이 관계마저도 불완전하다. "우리 부부는 이야기하는 법이 없었다. 밥을 먹은 뒤에도 나는 말이 없이 그냥 부시시 일어나서 내 방으로 건너가 버렸다"21).

이처럼 세계와 유리되어 있는, 그리하여 "사회적 사태나 사건에 대한 불가해의 감각"22)을 가진, 따라서 심지어 매춘부인 아내의 직업까지 이해 못하는 자아는 "세상이 너무나 심심"하고 "모든 일이 성가시고 귀찮"23)아 밀실에 유폐된 채 돋보기, 화장품, 거울을 가지고 권태를 벗어나기 위해 장난을 한다. 모든 상황에서 벗어나 진공

---

17) 이상,「날개」(삼중당문고, 1981), p.6.
18) ibid. p.8~9.
19) ibid. p.13.
20) ibid. p.9.
21) ibid. pp.24~5.
22) 정문길,『소외론연구』(문학과지성사, 1980), p.209.
23) 이상, op. cit. p.24.

상태에 놓인 「날개」의 주인공은 행위의 의의를 잃고 "자아분열과 허무"24)에 빠져 존재의 무게마저 견디지 못하는 것이다. 그는 세계와의 마지막 접촉 창구로서의 아내와조차도 진정한 관계정립을 할 수 없다는 생각에 도달한다. 그것은 아내가 자신을 속이고 있을지도 모른다는 의심으로 나타난다.

> 아내는 한달 동안 아달린을 아스피린이라고 속이고 내게 먹였다. 그것은 아내 방에서 아달린 갑이 발견된 것으로 미루어 증거가 너무나 확실하다.
> 무슨 목적으로 아내는 나를 밤이나 낮이나 재웠어야 됐나?
> 나를 밤이나 낮이나 재워 놓고 그리고 아내는 내가 자는 동안에 무슨 짓을 했나?
> 나를 조금씩 조금씩 죽이려던 것일까?25)

유적(類的) 본질(Gattungswesen)을 떠나 실존적 본질을 지향한 근대적 가치관이 인간을 본래적 자아와 비본래적 자아로 분리하여 타자와의 공동성(Gemeinsamkeit)의 기반을 무너뜨린 결과, 자아는 타자를 이해할 수 없는 상태에까지 이르게 된 것이다. 이렇게 철저하게 고립된 상황, 극한적 상황에서 주인공은 가식적 인연의 줄에 회의를 느낀다.

> 나는 또 회탁의 거리를 내려다 보았다. 거기서는 피곤한 생활이 똑 금붕어 지느러미처럼 흐늑흐늑 허비적거렸다. 눈에 보이지 않는 끈적끈적한 줄에 엉켜서 헤어나들을 못한다. 나는 피로와 공복때문에 무너져 들어가는 몸뚱이를 끌고 그 회탁의 거리 속으로 섞여들

---

24) 정명환, 『한국작가와 지성』(문학과지성사, 1978), p.131.
25) 이상, op. cit. p.30.

어가지 않는 수도 없다 생각하였다. ······그러나 나는 이 발길이 아내에게로 돌아가야 옳은가 이것만은 분간하기가 좀 어려웠다. 가야 하나? 그럼 어디로 가나?26)

가식적 관계인 아내와의 관계를 지속하면서 살아 가야 할까? 아니면 어떻게 할까의 미결정 상태에서 주인공은 날개를 꿈꾸는 것이다. "날개야 다시 돋아라. 날자. 날자. 한 번만 더 날자꾸나"27) 여기서 보면 날개가 한 번 돋아났던 적이 있는 것으로 되어 있다. 날개란 구속을 벗어나 자유에로 비상할 수 있는 수단이다. 그러므로 한 번 돋았던 날개란 일체의 외부적 구속을 벗어나게 해 주었던 박제상태의 생활을 의미한다고 볼 수 있다. 그러나 그 날개는 불완전했었다. 왜냐하면 아내라는 줄이 아직 있기 때문이다. 따라서 날개가 한 번 더 돋아 나기를 기원하는 것은 아내와의 가식적 관계마저 청산하고 무한한 자유에로 비상하고 싶은 소망의 표현이다.

이상에서 살펴본 것처럼 「날개」는 자아와 세계와의 관계정립에 무관하고 자아의 심연에 탐닉한 결과, 가장 가까운 타인인 아내와 마저도 관계를 맺지 못하고 주관적 초월성을 지향하는 병리학적 기괴성에 머물고 말았다. 자아와 세계, 사고와 행위, 주체와 객체, 개체와 전체가 유기적 변증법적 실체임을 잊고 전자 쪽으로 일방적으로 편향될 때 자의식의 비대로 인하여 야기되는 필연적 귀결인 것이다. 이처럼 자아 분해의 극에 도달한 한국근대소설은 다시 개체와 전체의 총체성의 탐구를 보여 주게 된다.

---

26) ibid. p.33.
27) ibid. p.34.

IV

　최인훈은 소설 「광장」에서 '밀실'과 '광장'이란 용어를 사용하여 근대인의 삶의 분열상을 나타낸다. 이는 우리가 앞에서 사용한 용어 중 개체와 전체에 각각 상응한다. 역사의 흐름에 따라 근대에 이르러 개체와 전체가 통합되어 있던 상태로부터 개체의 분리현상이 나타나게 되자 고립된 개체가 자신의 존재의의를 투사할 수 있는 전체적 공동성(共同性)을 그리게 되었는 바, 그 현상이 다음과 같이 지적되어 있다.

> 　개인의 밀실과 광장이 맞뚫렸던 시절에, 사람은 속은 편했다. 광장만이 있고 밀실이 없었던 중들과 임금들의 시절에 세상은 아무 일 없었다. 밀실과 광장이 갈라지던 날부터, 괴로움이 비롯했다. 그 속에 목숨을 묻고 싶은 광장을 끝내 찾지 못할 때, 사람은 어떻게 해야 하는가?[28]

　소설사적 측면에서 보면 통일된 자아로부터 분해된 내면적 자아로 이행된 근대소설의 주인공은 「날개」류의 자기해체라는 극점에 도달된 이후에 다시 "목숨을 묻고 싶은" 통합된 삶을 지향해야 하는 필연적 '괴로움'의 단계에 이르게 된 셈이다. 여기에서 우리는 밀실만을 지향하던 흐름을 주로 다루어 왔지만, 이의 반동으로 광장만을 지향하던 흐름도 자아를 충족시킬 수 없었음이 지적된다.

> 　人間은 廣場에 나서지 않고는 살지 못한다. ……그러면서도 한편으

---

28) 『최인훈전집』1 (문학과지성사, 1977), p.81.

로 人間은 密室로 물러서지 않고는 살지 못하는 동물이다. ……인간을
이 두 가지 공간의 어느 한 쪽에 가두어 버릴 때, 그는 살 수 없다.
그럴 때 廣場에 暴動의 피가 흐르고 밀실에서 狂亂의 부르짖음이 새
어 나온다.29)

밀실만을 지향하던 문학의 흐름이 '광란의 부르짖음'이라는 병리
학적 기괴성을 드러냈듯 광장만을 지향하던 흐름은 '폭동의 피'라는
도식적 획일성을 드러냈다. 여기에서「광장」의 주인공은 밀실과 광
장의 변증법적 지양을 위한 총체적 삶을 찾아 여로에 오르는 것이
다. 해방으로부터 6·25동란이라는 시대적 공간에서 분단된 조국의 양
편을 다 거치면서 주인공 명준은 남북의 삶의 조건이 각각 밀실과
광장의 하나만 주어져 있는 것으로 진단한다.

① 그들이 가장 아끼는 건 자기의 방, 밀실 뿐입니다 …… 개인만
있고 국민은 없읍니다. 밀실만 푸짐하고 광장은 죽었읍니다. …… 아
무도 광장에서 머물지 않아요 …… 광장이 죽은 곳, 이게 남한 아닙니
까? 광장은 비어 있읍니다30).

② 개인적인 <욕망>이 타부로 되어 있는 고장, 북조선 사회에 무
겁게 덮힌 공기는 바로 이 타부의 구름이 시키는 노릇이었다. ……<일
등을 해도 상품은 없다>는데야 누가 뛰려고 할까? 광장에는 꼭둑각
시뿐 사람은 없었다31).

①처럼 밀실만이 있는 곳에서 개체는 자아의 분열로 이르게 됨을
이미 본 바 있다. 그러나 ②처럼 개체가 없고 전체만이 강요될 때 이

---

29) ibid. pp.14~5.
30) ibid. p.57.
31) ibid. pp.129~130.

미 근대 이후 개체의식을 거쳐온 인간으로서는 감당할 수 없는 노릇이었다. 왜냐하면 변증법적으로 진행되어 나가는 역사는 중간항을 무화시키고 처음으로 돌아갈 수는 없기 때문이다. 개체가 내발적 자각을 거쳐 도달되는 전체성, 충만된 개체로 조화를 이룬 총체성이 아니면 아니 될 것이다. 그러므로 명준의 여로(voyage)의 귀결은 제3국을 가는 선상에서의 자결이었다. 생의 총체성을 찾아 헤매던 자아의 자살은 이제껏 추구된 가치의 무화가 아니라, 밀실과 광장, 개체와 전체, 사고와 행위가 조화를 이루는 총체적 생이 아직도 자아의 영혼 속에서만 가능한 분열된 시대의 반영인 것이다.

V

이상에서 우리는 한국근대소설사의 한 흐름을 자아의 지향성의 측면에서 살펴 보았다. 그 결과 개체와 전체의 유기적 통합이 분열되는 근대 사회구조의 특징이 근대소설에서는 통일된 자아의 분해로 나타나고 있음을 알았다. 이 경향은 근대가 깊어감에 따라 점점 심화되어 이상의 「날개」류의 해체된 자아에까지 이르는 한 흐름을 이루게 되었다. 이러한 흐름의 반대 지점에 개체를 제쳐놓고 전체에의 일방적 편향을 보이는 경향도 있었지만 이 양 극단의 상관관계의 규명은 별고로 넘기기로 했다. 그런데 근대소설사는 개체만을 지향하는 흐름과 전체만을 지향하는 흐름을 변증법적으로 종합 지양하려는 노력을 「광장」을 통하여 보여 주었다. '밀실'과 '광장'으로 대변되는 삶의 두 상태를 두루 거치면서 어느 것도 하나만으로는 완전한 삶이 될 수 없음을 주인공은 인식한다. 소설이, 개체와 전체의 유기적 결합이 분열된 근대에 있어 다시 그 통합성을 추구하는 이야기지만, 개아의식을 거쳐온 개체가 분열되기 이전의 전체성만으로 충족될 수 없음은 변증법적 역사과정에서 중간항을 무화시킬 수 없음에서 자명하다. 따라서 「광장」의 주인공이 여로를 자살로 끝맺은 것은 찾아 헤매던 개체와 전체의 총체적 삶이 아직 가능하지 않은 분열의 시대의 반영이다.

이상과 같이 본고는 작품내재적 측면에서 개체의 내면지향성의 흐름을 살펴 보았는 바, 전체지향성의 흐름과의 관계 규명 및 이러한 흐름들의 사회 역사적 구조와의 대비 고찰은 과제로 남아 있다.

≪참고문헌≫

이광수, 「무정」(상하), 삼중당문고, 1982.
이 상, 「날개」, 삼중당문고, 1981.
최인훈, 『최인훈전집』1, 문학과지성사, 1977.
김우종, 『한국현대소설사』, 성문각, 1978.
김윤식·김 현, 『한국문학사』, 민음사, 1977.
김동인, 『김동인전집』V.6. 삼중당, 1976.
유종호 편, 『문학예술과 사회상황』, 민음사, 1979.
정명환, 『한국작가와 지성』, 문학과지성사, 1980.
정문길, 『소외론연구』, 문학과지성사, 1978.
E. 뮤어, 안용철 역, 『소설의 구조』, 정음문고 89, 1977.
G. Lukács, The Theory of the Novel, The MIT Press, 1975.
Karl Migner, Theorie des Modernen Romans, kröner verlag, 1970.
René Girard, Deceit, Desire, and the Novel, The Johns Hopkins University Press, 1976.

한국 전후소설의 계보학과 현실인식

I. 머릿말

전후소설이란 1950년대의 한국소설을 지칭하는 관례적인 용어이다.[1] 그만큼 한국전쟁은 "해방정국과는 질적으로 다른 1950년대를 시작하는 시발점"[2]이 되었을 뿐만 아니라 "전쟁과 분단체제의 완성"이라는 50년대 한국사회의 기본성격[3]을 규정한 역사적 사건이었던 것이다. 엄밀히 말해 50년대도 '전전(戰前)', '전중(戰中)', '전후(戰後)'로 삼분되어야 하겠지만[4] 한 시대를 개괄하는 데에 그러한 세분

---

1) 한승옥교수는 전후문학과 분단문학을 같은 의미로 이해하고 있지만 필자가 보기로는 후자는 '분단극복의 시점을 전제로 한 그 이전의 문학 전체'라는 의미가 함축되어 있으므로 50년대문학을 의미하는 용어로는 전자가 보다 적절해 보인다.(한승옥,「1950년대 소설」, 한길문학편집위원회편,『한국근현대문학연구입문』, 한길사, 1990, p.210.)
2) 한국역사연구회 현대사연구반,『한국현대사 2』, 풀빛, 1991, p.17.
3) 차성수,「제1공화국 하의 사회운동의 재검토」, 김대환 외,『한국현대사를 어떻게 볼 것인가』, 열음사, 1989, p.183.
4) 신경득,『한국전후소설연구』, 일지사, 1983, p.7.

은 별 도움을 주지 못한다. 그러므로 우리는 전후소설이라는 용어로써 1950년대 소설을 총칭하면서 이 소설들이 드러내고 있는 당대현실의 인식양상을 살펴보고자 한다.

한국전쟁에 대한 역사적 평가는 아직 일관된 정리의 수준에 도달해 있지 못하지만 이 전쟁이 대외적으로는 "냉전적인 세계질서를 확립하는 역할"5)을 했고 대내적으로는 반공이데올로기가 "물리적,법적, 심리적 기반을 획득"6)하는 계기를 제공했다는 것은 여러 논자들에 의하여 지적되어 오고 있는 사실이다. 그리하여 "냉전의 허위의식에 매몰되어 한치 앞도 내다보지 못했던 50년대"7)에 있어서는 전쟁의 폐허 위에서 원조경제로 겨우 버텨 가는 극도의 궁핍된 현실보다도 다음의 지적처럼 보편주의적 관념만이 제1의적 문제로 부각되고 있었던 것이다.

> 3년간 지속된 한국전쟁은 민족재통일을 성취할 수 있으리라는 열망을 좌절시키면서 한국인의 의식에 깊은 상처를 남겼다. 한국전쟁 이후의 50년대 반공이념은 민족주의의 희생 위에 <자유세계>의 국제주의를 들여옴으로써 (…)그 후 정치사회 갈등은 반공이라는 부동의 틀 안에서 자유민주주의 체제의 규범과 현실 간의 괴리를 둘러싸고 빚어지는 갈등으로 시종하였다.8)

이처럼 50년대 한국에 있어서는 정치권력의 보편주의적 관념(자유민주주의) 지향성이 미셸 푸코의 지적대로 지적 창조력을 발휘함으

---

5) 한국역사연구회 현대사연구반, 앞 책, 같은 곳.
6) 위의 책, pp.83-4.
7) 안병영, 「6.25가 미친 정치적 영향」, 『현대사를 어떻게 볼 것인가』 2, 동아일보사, 1989, p.411.
8) 손영원, 「1950년대 반공이데올로기의 사회적성격」, 김대환 외, 앞책, pp.177-8.

로써 전후소설에 있어서도 그 가능성을 선험적으로 규정하고 있었던 것이다. 따라서 한국 전후소설이 역사의식의 철저한 무화로 나타난다거나9) "정지된 세계에 대한 표상"10)이었다는 지적은 역사주의적 생성이 없는 보편적 동일성의 원리가 50년대 지적 생산의 관념적 토대였음을 역으로 증명해 주고 있는 셈이다.11)

본고는 이러한 시대적 본질 속에서 분비된 한국 전후소설이 어떠한 양상으로 나타나고 있으며 그것이 현실과 맺고 있는 의미연관성은 무엇인가를 알아보기 위해 쓰어진다. 그런데 한 가지 부언해 두고 싶은 것은 50년대에 발표된 소설은 그 수만해도 대략 1700 여편이나 되기 때문에12) 이처럼 방대한 양을 대상으로 객관적인 엄정한 연구를 한다는 것은 많은 시간과 지면을 요구하는 지난한 작업이므로 이 소고에서는 주마간산격으로 극히 일부의 작품만을 대상으로 하지 않을 수 없었다는 사실이다. 그러므로 앞으로의 본격적 연구를 위한 하나의 시금석으로 만족하면서 전후소설의 몇 가지 계보와 거기에 나타난 작가의 현실인식 태도를 살펴보기로 한다.

---

9) 김동환, 「한국 전후소설에 나타난 현실의 추상화방법 연구」, 『한국의 전후문학』, 태학사, p.206.
10) 서준섭, 「정지된 세계의 소설-손창섭론-」, 『한국전후문학의 형성과 전개』, 태학사, 1993, p.177.
11) 한편 남한과는 다른 길을 걸었던 북한의 경우에도 문학은 '당의 정책' 구현이 유일한 사명이었기 때문에 철저히 권력의 지적 창조성을 수행해 나간 셈이 되었는 바, 북한 전후문학은 사회주의적 사실주의의 기치 밑에 전후 인민경제복구건설이라는 하나의 테마로 귀결되는 현실주의를 그 속성으로 하고 있었다.(윤세평, 「전후 복구 건설 시기의 조선 문학」, 『한국전후문학의 형성과 전개』, 태학사, 1993, p.200.)
12) 김상태, 「1950년대 소설의 문체 연구」, 『한국의 전후문학』, 태학사, p.39.

Ⅱ. 이데올로기소설과 관념적 현실인식

 식민지시대부터 시작되어 해방공간에서 가일층 격렬하게 전개되었던 좌우이념논쟁은 한국전쟁을 계기로 일단 공식적으로 종결되었다. 그리하여 50년대 남한에서는 자유주의이데올로기만이 유일하게 통용되었는 바, 이는 권력의 강제력에 의해 초래된 결과이기는 하지만 그것이 전부는 아니었고 대량학살과 동족상잔의 비극을 부른 이념대립에 대한 국민들의 심정적 거부감이 상승적으로 작용하여 더욱 강화된 측면이 있는 것도 사실이었다.
 이러한 사회적 분위기는 자연 소설에도 그대로 반영되어 자유주의이데올로기가 형상화된 많은 소설들의 출현을 가능하게 하였다. 그것은 대체로 고대소설의 선악대립구조를 자유진영과 공산진영의 대립으로 대체하면서 자유주의와 휴머니즘의 가치를 옹호하는 형식을 취하고 있는 바, 오상원의 「유예」(1954), 김동리의 「흥남철수」(1955), 선우휘의 「불꽃」(1957), 장용학의 「요한시집」(1955) 등이 이러한 소설 계보에 속한다.
 「유예」는 적의 포로가 된 수색대 소대장 '나'가 회유공작을 받고 생각을정리할 1시간의 말미를 받는데 총살이 '유예'된 그 1시간 동안에 그의 머리에 떠오르는 전투의 기억, 끝내 전향을 거부하고 총살당한 후 흐려져가는 의식을 추적, 기록하고 있는 작품이다. 이 소설은 죽음을 앞 둔 '극한상황'의 설정, "인간이 태어난 본연의 그대로 싸우다 죽는 것, 그것 뿐이다"라는 '생의 의미의 무의미성' 언급 등으로 인하여 실존주의적 성향을 강하게 보여준다. 그러나 이념전쟁을 서사의 기본축으로 하면서 총살당하는 한 국군이 최후로 남기는

"생명체는 도구와는 다른 것"이라는 유물론의 거부, '나'의 죽음 선택이 의미하는 공산주의에의 동조 거부 등이 이 소설의 자유주의이데올로기성을 강하게 말해 준다.

「흥남철수」는 점령 북한지역에서 종군문화반의 일원으로 주민선무활동을 하던 시인 '철'이 중공군의 개입으로 국군과 유엔군이 철수하게 되었을 때 흥남에서 겨우 배를 얻어타고 철수할 수 있게 되기까지 경험한 고난의 기록이다. 이 와중에서도 '철'은 군으로부터 겨우 받은 자신의 남하 승차권마저 자유를 찾아 남하하기를 갈망하는 사람에게 양보하는 휴머니즘을 발휘한다. '철'은 자신이 기거하던 집의 주인인 윤노인과 그의 두 딸 수정, 시정을 동반하고 수많은 인파 속에서 겨우 승선할 수 있게 되는데 윤노인이 발을 헛디뎌 바다 속으로 떨어지고 부친을 보고 달려간 시정조차 부두에서 바다로 떨어지는 비운을 목격하지만 그 순간 배가 출발해 버려 미친듯이 소리만 칠 뿐이다. 이처럼 이 작품은 진퇴를 거듭하던 한국전쟁의 현장을 배경으로 하고 "역사상에서 일찍이 보지 못한 가장 장엄하고 처절한 자유전선의 '교두보'" 함흥부두를 그려보임으로써 자유의 고귀함과 소중함을 일깨우고 있는 자유주의소설이다.

「불꽃」의 주인공 고현은 3·1운동에 앞장섰다가 일경의 총에 희생된 부친의 유복자로서 현실추수적인 조부와 인종적 삶을 산 모친의 영향 아래 소극적이고 방관적인 청년으로 성장한다. 일본유학 중 학병으로 중국에 끌려가기도 하고 탈출하여 좌익운동가를 만나기도 하지만 모든 것에 무의미를 느낀 그는 해방 후 3·8이남의 고향에서 교편을 잡고 꽃밭이나 가꾸면서 소박하게 살고자 한다. 그러나 6·25가 발발하고 월북했던 동네친구 연호가 나타나 동조를 요구하는데 이를 거절한 고현은 인민재판장에서 연호를 때려눕히고 보안서원의 총을 빼앗아 달아나다 부상을 당한다. 부친이 죽어간 동굴에 은신한 고현 앞에 연호는 조부를 인질로 투항을 요구하지만 자신이 갈 길을 비로소 깨달은 조부가 달아나라 외치다 사살당하자 고현은 연호와 총격을 주고받다 그를 쓰러뜨리고 자신도 총상을 당한다. 이제까지의 소극적 삶을 청산하고 적극적으로 살아갈 것을 결의하며 "다음 차원에의 비약을 약속하는 불꽃, 무수한 불꽃"을 가슴에 느낀 고현은 공산주의자라는 "청부업자들을 격리하고 주어진 땅 위에 (…) 새로운 마을을 세"울 것을 다짐하는 바, 이 부분은 이 작품의 정점이자 자유 이데올로기 소설의 한 정점을 보여주고 있다.

「요한시집」은 실존주의의 영향 아래 집필했다는 작가의 발언, 작품 전반부에 삽입된 토끼우화의 애매성, 관념어의 빈번한 등장, 주인공의 의식의 자동기술법적인 기록 등으로 인하여 난해하기로 정평이 나있는 작품이다. 이 소설은 자유는 단지 수호되고 외쳐져야 하는 목적으로서의 기성품이 아니라 미래 속에서 계속적으로 삶을 가능하게 하는 하나의 촉매제에 불과한 것이라고 주장하고 있어 일견 위에서 살펴본 작품들과는 이질적인 것으로 보일지도 모른다. 그러나 포로수용소에 수용된 동호라는 의용군과 누혜라는 인민군이 하나는 전향하고 하나는 자살을 선택하지만 그 동기는 다 같이 자유에 있다는 것으로 미루어 자유주의소설에서 크게 벗어나지 않는다. 다만 유서를 통해 드러난 누혜의 자유관은 "'자유', 그것은 진실로 그 뒤에 올 그 무슨 '진자(眞者)'를 위하여 길을 외치는 예언자, 그 신발끈을 매어 주고 칼에 맞아 길가에 쓰러질 요한에 지나지 않는다"라고 되어 있어 구호의 차원이 아니라 한 단계 진전한 자유의 해석학을 보여줌으로써 이 계열 소설을 한 단계 높은 수준으로 올려 놓고 있다는 평가가 가능하다.

이상에서 우리는 자유의 가치와 소중함을 피력하는 이데올로기적인 소설을 몇 편 살펴보았다. 이러한 소설들이 반공이념의 연장선상에 놓여 있음은 두말할 필요도 없는데 우리의 입장이 이러한 경향의 소설들을 바람직하다거나 빼어나다고 주장하려는 것이 아님은 그 반대의 주장 역시 우리의 입장이 아님과 마찬가지이다. 단지 이러한 이데올로기소설의 존재를 통하여 이념전쟁과 그 후유증으로 점철된 50년대 한국사회에서의 의식구조의 한 측면을 드러내고 그것의 관념적 성격을 이해하고자 할 뿐인 것이다.

Ⅲ. 향토적 서정소설과 낭만적 현실인식

살상과 파괴가 일상화된 참혹한 전쟁을 겪고 그 폐허 위에서 새로운 삶을 설계해야 하는 50년대의 지치고 상처받은 영혼들이 현실의 결핍을 메꿔줄 수 있는 신화적 향토성의 세계를 꿈꾸는 것은 자연스러운 일이었을 것이다. 현실이 척박하면 할수록 그에 비례하여 자아와 세계의 대결이 지양된 풍요롭고 인정이 넘치는 향토공간은 더욱 더 그리움의 대상이었을 것이다. 이러한 정신성향은 현실도피적이거나 현실을 미화하는 낭만주의로 흘러 그 한계를 이내 드러낼 수밖에 없지만 한국전쟁이 근대문물의 최첨단 장비들을 동원한 대량 파괴로 귀결되었기에 전쟁과 결부된 근대성을 거부하고 전통적 향토성을 지향한 이러한 움직임은 충분히 정신사적 근거와 의의를 확보할 수 있는 것이었다고 평가된다. 오영수의 「갯마을」(1953), 황순원의 「학」(1953), 이범선의 「학마을 사람들」(1957) 같은 작품들이 이 계열의 소설에 속하는데 아래에서 그 구체적인 양상을 살펴보기로 한다.

「갯마을」의 주인공 해순은 유독 과부가 많은 동햇가 H라는 갯마을에서 가장 젊은 스물 셋의 청상이다. 제주도 해녀의 딸인 해순은 "어머니를 따라 바위 그늘과 모래밭에서 바닷바람에 그슬리고 조개껍질을 만지작거리고 갯냄새에 절어서" 자라난, 마을에서 유일하게 잠수할 수 있는 여인이다. 성구라는 청년과 혼인하고 남편의 강요로 바닷일을 일시 떠나지만 끝내 미련을 버리지 못하던 해순은 남편이 고등어잡이 배를 탔다가 실종되자 생계를 위하여 다시 바닷일에 나선다. 바다와의 충만된 합일감 속에서 남편을 여읜 슬픔마저 잊어버린 채 살아가던 해순은 내륙출신의 상수와 재혼을 하는 바람에 갯마을을 떠나간다. 그러나 상수마저 전쟁에 끌려나가자 답답한 농사일을 견디지 못해 괴로워하던 해순은 결국 갯마을로 도망쳐 온다. 남자들이 대부분 실종되었고 잠수할 수 있는 여자조차 없어 갈수록 궁핍과 황폐화의 길을 걷던 갯마을은 때마침 실종된 남자들의 기일에 맞춰 나타난 해순으로 말미암아 갑자기 활기를 되찾는다. 그 때 멸치잡이 배가 들어옴을 알리는 꽹과리 소리가 나고 아낙네들은 후리를 당기려 달려가는데 "맨발에 식은 모래가 해순이는 오장육부에 간지럽도록 시원"하게 느껴진다. 이처럼 이 작품은 항상 죽음과 가난을 숙명처럼 전제하고 살아가야 하는 바닷가의 열악한 생존조건 속에서도 결코 굴하지 않고 건강하고 활기차게 살아가는 사람들의 원초적 생명성을 그리고 있다. 여기서의 바다는 여인들에게서 남편을 앗아가는 원망의 대상이기도 하지만 생활을 가능케 하는 감사의 대상이자 끊임없이 삶의 의지를 심어주는 위로자이기도 한 것이다. 또한 해순이로 대표되는 과부들의 존재는 한국전쟁으로 인한 수많은 미망인과의 자연스런 동일시를 유발하고 결코 굴하지 않고 낙천적으로 살아가는 그녀들의 생명력에서 우리는 한국여인들의 미래적 가능성을 보게 되는 것이다. 요컨대 이 작품은 모든 불행을 치유하고 위무하는 갯마을의 향토적 서정성을 통하여 50년대의 "상처입고 지친 영혼을 위무하는 모성성"13)을 보여준다는 점에 커다란 의의가 있다.

「학」은 이념대립의 무위성을 '학'이라는 향토적 자연성을 매개로 그려보이고 있는 작품이다. 성삼과 덕재는 38선 접경의 북쪽 마을에서 함께 자라난 친구인데 해방 전전해에 삼팔 이남 마을로 이사했던 성삼이 6·25 기간 중 남으로 피난했다가 치안대원이 되어 귀향하고 보니 농민동맹 부위원장을 지냈다는 덕재가 붙잡혀 총살당할 위기에 놓여 있었다. 이에 성삼은 포로호송을 자청하고 함께 가면서 병든 부친과 농토에 대한 애착 때문에 도망가지 못한 사연을 듣게 되는데 자신도 피난길에 같은 감정을 느꼈음을 회상한다. 또한 삼팔선 완충지대에 아직도 살고 있는 학떼들을 본 성삼은 어릴 적 잡아놓은 학이 박제감으로 총살될 것이라는 이야기를 듣고 덕재와 둘이서 살려 보낸 일을 떠올리고는 덕재의 포승줄을 풀어주며 학사냥하자고 말한다. 어안이벙벙해 하던 덕재도 무엇을 깨달은 듯 둘이서 풀숲 속을 기기 시작하는데 때마침 학 두세 마리가 하늘을 날아간다. 이처럼 이 작품은 같은 마을에서 자라난 두 친구가 6·25로 말미암아 각각 남북 양편으로 갈라져 죽고 죽이는 대립관계로 빠져들려는 순간 국경없이 날아가는 학에게서 어린 시절의 추억을 생각하고 동질성과 순수성을 회복하여 대립을 해소하고 있다. 대량 학살과 보복전의 연속이었던 6·25의 현실을 생각하면 어림도 없는 소박하고 낭만적인 감상이지만 그랬던 만큼 더욱 이러한 순진성의 회복이 아쉽고 소망스러웠다고 말할 수 있을 것이다.

「학마을 사람들」은 앞의 두 작품보다도 더욱 짙은 향토적 신비감

---

13) 김윤식·정호웅, 『한국소설사』, 예하, 1993, p.336.

을 모태로 하나의 신화적 세계를 펼쳐 보이고 있다. '학마을'은 학이 둥지를 튼 노송을 중심으로 이루어진 강원도 두메의 마을인데, 매년 봄 날아와 새끼를 쳐서 기른 후 날아가는 학은 이 마을의 길흉화복을 알려주는 전령사이다. 그리하여 학이 돌아오는 날은 학나무 밑에서 마을의 남녀노소가 어울어져 잔치를 벌이는 환희의 축제가 벌어지곤 했다. 이러한 학마을에 학이 날아오지 않게 된 것은 한일합방이 되던 해부터였는데 36년간 오지 않던 학이 날아들자 해방과 더불어 징용나갔던 덕이와 바우가 무사히 돌아오는 경사가 벌어진다. 그러나 학이 찾아들기 시작하면서 평온하게 이어지던 학마을의 삶은 봉네라는 처녀를 두고 덕이와 바우가 겨루다가 덕이와의 혼인을 비관한 바우가 잠적하는 바람에 작은 풍파가 일어난다. 그 후 학의 새끼가 떨어져 죽는 변고가 생기면서 6·25가 발발하고 인민군과 돌아온 바우는 인민위원장이 되지만 학의 흉조로 미루어 좋은 일이 없을 것이라 믿는 마을 사람들은 바우에게 호응하지 않는다. 이에 분격한 바우는 학 한마리를 사살하지만 마을사람들은 여전히 등을 돌린다. 일시 후퇴했던 인민군이 다시 내려온다는 소식에 바우네를 제외한 마을 사람들은 부산까지 피난했다가 전쟁이 끝나자 귀향하는데 학나무는 타죽고 마을은 폐허가 되어 있는 속에서 바우의 조부가 시신으로 발견된다. 마을의 지도자격인 덕이 조부도 그 밤으로 죽음을 맞이하는데 그는 유언으로 학송을 다시 키울 것을 부탁한다. 장례 후 마을 사람들은 조그마한 애송나무 하나를 가지고 돌아온다. 이상에서 살펴본 것처럼 이 작품은 학을 신화적인 존재로 처리하면서 인민군의 남침을 흉조로, 실지의 회복과 새 삶의 설계를 예정된 길조로 해석하고 있어 자유주의이데올로기의 소설로도 볼 수 있다. 그러나 여기에서는 전쟁에 대한 운명론적인 해석이나 학에 기탁하는 주술적이고 신화적인 발상법, 잃어진 향토적 공동체에 대한 향수 등에 주목하여 낭만주의적 현실인식의 소산으로 분류하였다.

이처럼 향토적 서정성을 바탕으로 하고 있는 「갯마을」, 「학」, 「학마을 사람들」 등 일련의 낭만주의적 소설은 풍요롭고 환희로 충만된 삶의 공동체를 보여줌으로써 전쟁으로 폐허화된 당대인들의 마음을 매만지고 위무하는 역할을 수행했던 것이다. 물론 이러한 낭만적 현실인식이 전후 한국사회의 본질과 고통을 외면한 피상적이고 도피적인 것이었음을 비판적으로 지적할 수도 있다. 그러나 이러한 측면에 대한 현실적 요청이 또한 엄연히 있는 법이고 그것이 이러한 소설의 생산기반임도 기억해야 할 것이다.

Ⅳ. 자연주의소설과 전망부재적 현실인식

전쟁의 폐허 속에서 미국의 경제원조에 의지하여 겨우 유지되던 50년대 사회현실은 당대인들에게 궁핍의 보편화를 강요하였다. 더우기 대부분의 생산시설이 파괴된 위에 소비재 위주의 편향된 원조경제로 인하여 기업활동조차 제대로 이루어지지 못하였으므로 일자리마저 얻을 수 없었던 것이 당대의 실정이었다. 이러한 상황 속에서 가장 고통을 당한 계층은 누구보다도 전쟁을 통하여 뿌리뽑힌 계층으로 전락한 월남난민, 고아, 미망인, 도시빈민 등이었다. 이들은 하루하루의 삶 자체가 고통이었고 더우기 그것은 전망이 보이지 않는 절망 그 자체였다. 이러한 암담한 생존조건은 손창섭의 「비오는 날」(1953), 김동리의 「실존무」(1955), 송병수의 「쑈리·킴」(1957), 이범선의 「사망보류」(1958), 「오발탄」(1959) 등 부정적이고 전망폐쇄적인 자연주의소설 속에 형상화되어 당대의 참상을 증언하고 있다.

「비오는 날」은 제목 자체의 궂은 이미지처럼 전쟁 전 영문학을 전공한 대학생 동욱과 미술을 그리는 동옥 남매가 피난지 부산에서 "언제나 비에 젖어 있는 인생들"로 뒤틀리고 궁핍하게 살아가는 모습을 그리고 있는 작품이다. 비가오면 줄줄 새는 다 쓰러져가는 외딴 집에서 미군의 초상화를 그려주면서 근근히 연명하는 동욱 남매는 궁핍보다 더한 인간적인 단절감 속에서 기괴하게 살아간다. 소아마비 불구인 동옥은 그림을 그려주고 오빠와 배분한 벌이를 간수하는 이외에는 일체 관심을 보이지 않는 자폐적인 처녀이고, 동욱은 동생을 가엾어 하면서도 자신도 모르게 거친 언행을 보이는 이중적 청년이다. 오빠가 언제 자기를 버릴지 모른다는 의심을 갖고 있는 동옥은 생존수단으로 돈에 편집증을 보이지만 초상화의 길도 막히고 집을 몰래 팔고 달아난 주인노파에게 빌려준 돈조차 떼이자 더욱 히스테릭해진다. 막막한 처지에 빠진 그들 남매는 동욱이 먼저 사라진 얼마 뒤 동옥의 행방조차 묘연해진다. 이처럼 이 작품은 불구적인 삶조차 불가능케 하는 피난민의 절망적 현실을 미래적 전망의 부재 가운데서 그려보이고 있다.

「실존무」는 작품 이름에 '실존'이라는 어사가 등장하고 자칭 실존주의의 사도라고 하는 인물이 나오고 있어 일단은 실존주의와 일정하게 관련된 소설로 볼 수도 있다. 그런데 실존주의와 찰라주의는 다른 것이라고 강변되지만 "현대철학에 와서는 과거와 미래가 없"고 "오직 있는 것은 현재 뿐"이라는 정도를 가지고는 구별이 어려워 존재의 실존성 해명이라는 깊은 차원과는 별로 관계가 없는 것도 사실이다. 이 작품은 6·25 중 단신월남한 김진억과 남편이 납북된 장계숙이 실존주의의 이름 아래 단도직입적으로 행동하는 영구를 비판적으로 보면서 신중하고 사려깊은 행동을 하고자 하는데 동거하면서 아이까지 낳고 새 삶을 설계하는 길을 선택하는 순간 뒤따라 월남한 가족들이 찾아오는 바람에 김진억은 졸도하고 장계숙은 어찌할 바를 몰라 만취상태에서 실존주의자 영구와 춤추다가 쓰러진다는 줄거리를 가지고 있다. 그러므로 결국 이 소설은 아무런 이성적 삶의 설계도 가능하지 않고 순간적이고 즉흥적인 삶의 양태만이 가능한 불안한 현실조건을 실존의 이름 아래 고발하고 있는 작품이라고 평가될 수 있을 것이다.

「쑈리·킴」은 미군부대 주변에서 기생하는 전쟁고아에 관한 이야기이다. 쑈리·킴은 양공주 따링 누나에게 미군을 소개해 주며 움막에서 함께 살고 있는데 동요도 가르쳐주고 이 다음에 돈벌면 서울가서 같이 살자고 할 정도로 모성적 사랑을 베풀어주는 따링누나다. 그런데 그녀는 불시로 단속을 펼치는 엠피와 그녀의 딸라를 호시탐탐 노리는 찔뚝이이 의해 늘 불안한 상황에 놓여 있다. 어느 날 찔뚝이의 밀고로 엠피에 의해 급습당한 따링은 서울로 압송되면서 쑈리·킴에게 구덩이 속의 팔백딸라를 가지고 서울 피엑스 앞으로 오라는 부탁하지만 그 돈은 이미 찔뚝이의 수중으로 넘어가 버린 뒤이다. 분격하여 같은 고아원출신 딱부리와 함께 찔뚝이를 상대로 싸움을 벌이던 쑈리·킴은 딱부리 칼에 찔뚝이가 쓰러지자 둘이서 달아난다. 이제 그의 유일한 소원은 "그저 따링 누나를 만나 왈칵 끌어안고 실컷, 실컷 울어나 보고, 다음에 아무데고 가서 오래 자리잡고 <저 산 넘어 햇님>을 부르며 마음놓고 살아" 보는 것이었다. 이렇게 볼 때 이 작품은 전쟁고아들과 양공주라는 전쟁 희생자들에게 생존을 위한 단 한 뼘의 터전도 허용되지 않고 있는 암담한 사회현실을 그려보임으로써 당대의 어두운 구석을 드러내 보이고 있다.

「사망보류」는 가난한 국민학교 교사 철이 폐결핵 진단을 받지만 생활난 때문에 무리하게 근무하다가 결국 죽음에까지 이르게 되는데 죽어가면서도 거리에 나앉을 가족들을 걱정하여 곗돈 탈 때까지는 사망신고를 보류하라고 유언한다는 참담한 이야기이다. 더구나 작품의 말미에서 한밤에 의사를 부르러 병원으로 달려가는 아내, 집안에서 울음바다를 이루고 있는 두 아이, 아무것도 모르는 철, 병원문을 부셔져라 두드리는 아내, 열리지 않는 병원문 등 연달아 제시되는 극한상황은 절망적 현실의 처절성을 더 한층 고조시키고 있다.

「오발탄」은 월남하여 해방촌에서 곤궁하게 살고 있는 계리사 서기 송철호일가의 몰락담이다. 전쟁의 충격으로 정신이상이 되어 고향에 "가자, 가자"고 밤낮으로 외치는 어머니, 양공주가 되어 철호를 비참하게 만드는 여동생 명숙, 군에서 제대한 후 불평불만으로 날을 보내는 무직자 동생 영호, 대학까지 나왔으나 가난에 찌들어 의욕상실된 만삭의 아내, 누더기로 몸을 감싼 어린 딸, 이들이 이 가족의 구성원이다. 그래도 성실을 신조로 치통 치료조차 못하고 참으며 살고 있던 철호에게 어느 날 동생이 강도혐의로 경찰서에 수감되고, 난산 끝에 아내는 병원에서 죽는 불행이 연이어 닥쳐오는데 때마침 치통이 엄습하자 그는 의사의 만류에도 불구하고 이를 두 개씩이나 뽑은 뒤 과도한 출혈로 의식이 몽롱해짐을 느끼며 택시 속에서 행선지를 횡설수설한다. '아들 구실. 남편 구실. 애비 구실. 형 구실. 오빠 구실. 또 계리사 사무실 서기 구실. 해야할 구실이 너무 많구나'라고 절망감을 느끼며 스스로를 조물주의 오발탄으로 규정한 철호는 "정말 갈 곳을 알 수가 없다. 그런데 지금 나는 어디건 가긴 가야 한다"고 생각하지만 의식을 잃고 옆으로 쓰러지고 만다. 이 작품은 얼핏 비본래적 자아에 대한 지적과 극한상황을 연상시키는 구성으로 인해 실존주의적인 체취를 느끼게도 하지만 존재해명과는 거리가 멀기 때문에 도저한 절망적 상황 속에서 지향성을 잃고 좌절하는 월남난민을 통하여 전망폐쇄적 현실을 고발하고 있는 것으로 보는 것이 적절할 것이다.

이상에서 우리는 손창섭의 「비오는 날」, 김동리의 「실존무」, 송병수의 「쑈리·킴」, 이범선의 「사망보류」, 「오발탄」을 살펴보았거니와 경우에 따라서는 극한상황, 비본래적 자아에 대한 비판, '실존'이란 용어 사용 등 당대의 유행사조인 실존주의적 체취를 느끼게 하는 요소들이 등장하기도 하지만 존재의 실존해명이라는 실존주의의 본령에 크게 미달되어 있어 삶의 전망부재적 암담함만을 크게 부각시키는 역할을 하는데 그치고 있다고 보는 것이 적절할 것이다. 이렇게 볼 때 이 작품들은 현상과 본질의 변증법 속에서 진실을 추구하지 못하고 전망이 막힌 암담한 현상을 현실 자체의 본질로 추상하는 자연주의를 벗어나지 못하고 있는 것이다. 그러나 무이상, 무방향적 자세를 가지고 삶의 어두운 측면을 디테일 면에서 훌륭하게 그려보인 이 자연주의소설들은 역설적으로 50년대가 미래적 전망부재의 암담한 시대이었음을 증언하고 있는 것이다.

V. 리얼리즘소설과 비판적 현실인식

눈앞에 보이는 현상의 절망적 부정성 앞에서 한치도 앞으로 나아가지 못하고 주저앉아 버린 형국이 자연주의소설이라면 리얼리즘소설은 미래적 가능성과 연관시켜 현상을 파악함으로써 부정적 현실에 대한 비판적 전망을 확보한다. 그러므로 리얼리즘소설은 자연주의처럼 현실의 암담함을 폭로함으로써 변혁의 당위성을 암시하는 소극적인 방식이 아니라 부정적 현실이란 그 자체가 지양될 수 있고 또 그러한 과정 중에 있는 것이라는 확신 아래 그 움직임을 형상화해 보이는 작품인 것이다. 시대에 따라 전망의 여건이 다를 수 있고 50년대가 기본적으로 냉전이데올로기로 인하여 관념성이 강한 시대였음을 감안하면 이 계열의 소설이 양적으로 열세에 있으리라는 것을 짐작하기 어렵지 않다. 그럼에도 불구하고 김동리의 「귀환장정」(1951), 최일남의 「쑥 이야기」(1953), 하근찬의 「수난이대」(1957)는 가혹한 현실 속에서도 그것을 돌파하고 앞으로 나아가는 민중적 예지의 단초를 열어보임으로써 50년대에 보기 드물게 비판적 전망을 제시하는 작품들이다.

「귀환장정」은 훈련제대병 의권과 상복이 피난간 가족을 찾아 부산까지 동행하면서 대조적인 삶의 행태를 드러내고 있는 이야기이다. 상복은 개인이나 특히 당국의 동정과 원조를 기대하는 반면, 의권은 남에 의지하고 남의 동정을 바라는 자세를 혐오한다. 그리하여 항상 소심하고 인색하게 행동하는 상복에 반하여 의권은 통크고 활달하게 먹고 마시는데, 돈이 떨어지자 의권은 가족을 찾아헤매다 부산동회에서 함께 밤을 보내던 상복의 제대비마저 훔쳐 달아난다. 굶주림과 좌절감에 지쳐 길에서 기절한 상복을 두고 군중들이 보건부로 가라느니 사회부로 가자느니 의견이 분분한 중에 의권이 나타나 그를 들쳐업고 간다. 의권은 "수많은 군중들을 모조리 곁눈질로 흘겨보며, 사회부 쪽도 보건부 쪽도 아닌 어느 골목으로 사라지고 말았다." 국민을 책임질 능력과 의지도 없어 보이던 당대의 국가 상황 속에서 자신만을 믿고 스스로의 삶의 길을 모색하는 작중인물의 결연한 자세는 어떠한 현실에도 결코 좌절하지 않는 강인한 민중의 생존력을 투시하고 있는 것이다.

「쑥 이야기」는 전쟁으로 인한 농촌의 궁핍상을 묘사하고 있는 혼치 않은 소설이다. 인순 아버지가 노무자로 뽑혀간 뒤 생계가 막연해진 어머니는 장사로 나섰다가 본전만 날리고 할 수 없이 만삭의 몸으로 쑥을 뜯어 연명해 나간다. "봄철 한 달 동안을 밥꼴을 못 보고 아침 저녁을 거의 쑥죽으로만 살아온 인순에게는, 어머니가 낳을 애기는 어쩌면 살결이 쑥빛을 닮아 퍼럴" 쑥애기가 아닐까 두려워한다. 그런데 아기를 낳다 힘에 부쳐 깔아 죽인 인순어머니가 앓아 눕자 인순은 혼자서 쑥을 캐 나르며 병구완까지 한다. 뜯은 쑥을 쌀가게 옆에서 팔던 중 어머니에게 쌀밥을 지어드리고 싶은 마음에 쌀을 훔치다 주인에게 들켜 허리를 크게 다친 인순은 앓아 누워서도 쑥꿈에 시달린다. 어머니의 간호를 받으며 아버지가 오시면 고운 옷을 해 주마는 어머니 말에 인순은 쑥색 같은 수박색은 싫고 분홍색 옷으로 해달라고 응석삼아 부탁하면서 "난 어머니가 지일 좋아"라고 말하자 어머니의 눈에서 눈물이 인순에게 떨어진다. 보통 실향민이나 전쟁난민의 고통은 많은 조명을 받은 편이지만 농촌의 실상에 대한 것은 희귀한데, 상대적으로 도시민에 비하여 근원적인 삶의 뿌리 뽑힘이 적었기 때문이라는 것도 한 이유가 될 수 있을 것이다. 그러나 전쟁 중 제반 생산조건의 열악화와 더불어 농지개혁 강행, 임시토지수득세법 제정 등 '전비부담의 농업전가 메카니즘'[14]의 결과로 황폐화된 농촌경제는 도시민의 생활고와 크게 다를 바 없는 실정이었다. 이러한 궁핍의 한 가운데를 가로질러 고통스러운 나날을 보내고 있는 인순이 모녀이지만 서로 위해주는 모녀간의 깊은 사랑으로

---

14) 이대근, <6.25가 미친 경제적 영향>,『현대사를 어떻게 볼 것인가』 2, 동아일보사, p.432.

인하여 그 극복의 가능성이 점쳐지는 것이다.
「수난이대」는 일제말 징용에 끌려갔다가 팔을 하나 잃은 아버지 만도와 6·25에 참전했다가 다리를 하나 잃은 아들 진수에 대한 이야기로서 부자 이대에 걸친 수난기이다. 진수의 아버지 만도는 참전했던 삼대독자 아들이 돌아온다는 통지를 받고 희망에 부풀어 외팔을 흔들며 단숨에 역으로 마중을 나간다. 병원에서 온다는 것이 어째 마음 한 구석에 걸리지 않는 바는 아니나 설마 자기처럼 불구가 되었을 리는 없다고 확신하며 기다리는데 정작 그의 앞에 나타난 것은 목발을 짚은 상이군인이다. 홧김에 앞장서 돌아오던 만도는 술집에서 술을 마시고 아들에게 국수를 사 먹인 후 마음이 좀 가라앉자 아들을 앞세우고 간다. 앞으로 살아갈 일을 아들이 걱정하자 "집에 앉아서 할 일은 니가 하고, 나 댕기메 할 일은 내가 하고 그라면 안 되겠나, 그제?"라고 위로하며 돌아보는 아들의 얼굴을 향해서 지그시 웃어 준다. 마을 앞에서 외나무다리를 만나자 양 손에 물건을 거머쥔 다리 하나 없는 아들을 외팔인 아버지가 등에 업고 건너간다. 이 작품은 부자 이대에 걸쳐 처절하게 희생된 한 가족의 이야기를 통하여 파행적인 우리의 근대사를 반성적으로 조명하는 한편 계속되는 수난과 불행에도 굴하지 않고 꿋꿋하게 살아가는 민중의 생명력과 삶의 예지를 보여줌으로써 긍정적 미래상을 보여주고 있다.
이상에서 우리는 「귀환장정」, 「쑥 이야기」, 「수난이대」를 살펴 보았는 바, 냉전체제의 고착으로 보편주의적이고 관념적인 사유방식이 강요되던 시대에 모순적 현실의 진면목을 비판적으로 보여주면서 현상에 구속되지 않고 미래적 가능성을 모색하고 있는 이 작품들은 이후 리얼리즘소설의 귀중한 자산이 되어 주고 있다고 평가할 수 있다.

Ⅵ. 맺음말

한국전후소설은 분단의 고착화와 냉전이데올로기의 확립을 시대적 본질로 하는 50년대사회를 바탕으로 하고 있다. 따라서 우리는 전후소설의 제반 양상이 당대사회의 이러한 측면과 존재구속적 관계망을 형성하고 있을 것이라는 전제하에 소설의 계보학적 유형화를 시도하고 그 인식적 기반을 살펴보았다.15) 그 결과 1)이데올로기소설 2)향토적 서정소설 3)자연주의소설 4)리얼리즘소설 등 4유형의 소설계보를 구별하고 각 소설의 현실에 대한 인식기반을 1)관념적 2)낭만적 3)전망부재적 4)비판적인 것으로 규정하였다.

이러한 소설들의 인식론적 기반은 대체로 정태적인 것이라 평가될 수 있을 것인 바, 그 원인은 50년대라는 냉전체제하의 경직된 사회성에서 찾아질 수 있을 것이다. 그럼에도 불구하고 리얼리즘소설의 비판적 전망확보는 이후 소설의 귀중한 자산으로 기억되어야 할 것이다. 끝으로 보다 일관성있는 근거에 입각한 계보학적 유형화와 인식론적 기반에 대한 보다 정합적인 체계화를 위해 여타의 많은 작품들에 대한 검토를 거친 뒤 추후 대대적인 보완이 있어야 할 것임을 지적하면서 이 글을 맺는다.

---

15) 전후소설의 유형화는 논자에 따라 여러 방식으로 시도되고 있는데 일반적으로 유형론 자체의 다소 자의적이고 편의주의적인 특성상 불가피한 일이기도 하다.(cf.한수영, 「1950년대 한국소설연구; 남한편」, 『1950년대 남북한 문학』, 평민사, 1991.; 김동환, 「한국 전후소설에 나타난 현실의 추상화 방법연구」, 『한국의 전후문학』, 태학사, 1991.; 김윤식·정호웅, 『한국소설사』, 예하, 1993.

≪참고문헌≫

김동리, 『김동리대표작선』, 책세상, 1994.
김동환, 「한국 전후소설에 나타난 현실의 추상화방법 연구」, 한국현대문학연구회, 『한국의 전후문학』, 태학사, 1991.
김상태, 「1950년대 소설의 문체 연구」, 『한국의 전후문학』, 태학사, 1991.
김성배 편, 『소설문학71선』, 청림출판, 1994.
김윤식·정호웅, 『한국소설사』, 예하, 1993.
서준섭, 「정지된 세계의 소설 - 손창섭론 -」, 『한국전후문학의 형성과 전개』, 태학사, 1993.
선우휘, 『쓸쓸한 사람』, 한국문학대표작선집5, 문학사상사, 1993.
손영원, 「1950년대 반공이데올로기의 사회적 성격」, 김대환 외, 『한국현대사를 어떻게 볼 것인가』, 열음사, 1989.
신경득, 『한국전후소설연구』, 일지사, 1983.
안병영, 「6·25가 미친 정치적 영향」, 『현대사를 어떻게 볼 것인가』2, 동아일보사, 1989.
오영수, 『오영수대표단편선집』, 책세상, 1994.
윤세평, 「전후 복구 건설 시기의 조선 문학」, 『한국전후문학의 형성과 전개』, 태학사, 1993.
이대근, 「6·25가 미친 경제적 영향」, 『현대사를 어떻게 볼 것인사』2, 동아일보사, 1989.
이범선, 『이범선대표중단편선집』, 책세상, 1994.
차성수, 「제1공화국 하의 사회운동의 재검토」, 김대환 외, 『한국현대사를 어떻게 볼 것인가』, 열음사, 1989.
최일남, 「쑥이야기」, 구인환 편, 『고교생이 알아야 할 소설』4, 신원문화사, 1993.
하근찬대표작품선, 『산울림』, 한겨레, 1988.

한국역사연구회 현대사연구반, 『한국현대사』2, 풀빛, 1991.
한수영, 「1950년대 한국소설연구; 남한편」, 『1950년대 남북한문학』, 평민
 사, 1991.
한승옥, 「1950년대소설」, 한길문학편집위원회편, 『한국근현대문학연구입
 문』, 한길사, 1990.
황순원, 『이리도·소나기』, 어문각, 1993.

90년대 소설과 자기반영성의 미학

I

90년대소설이라는 말이 단순히 편의상의 연대기적인 개념이 아니라 문학사적 용어로서 어떤 의미를 가지기 위해서는 적어도 전대소설과는 '인식론적 단절'을 보이면서 90년대의 시대적 본질을 구현하고 있는 구체적인 실체가 그에 상응하여 동반되지 않으면 안될 것이다.

그러나 시대의 본질이란 항상 논쟁적인 성격의 것이어서 쉽게 드러나지 않을 뿐더러 현상의 방식으로만 구현되기 때문에 당대에 그것을 포착하는 일은 지난한 작업이다. 또 '인식론적 단절'이란 말을 썼지만 일정한 시점을 경계로 전혀 이질적인 양상이 전면적으로 등장하는 따위의 일이란 있을 수 없기 때문에 기껏해야 우리는 주류적 양상의 교체를 주목할 수 있을 뿐이고 그것도 과정적이고 점진적인 것이어서 우리는 소설의 계보학을 시도할 수 있을 뿐이다.

범박하게 말해서 소설을 '모방의 계보'와 '극복의 계보'로 나눌 수 있다면 어느 시기에 형성되어 있는 소설의 기대지평(Erwartungshorizont)을 크게 넘어서지 않는 작품들은 모방의 계보에, 그것을 크게 이반하여 이질성이 두드러지는 작품은 극복의 계보에 속한다고 볼 수 있고 이 이질적 작품은 다음 시기 모방의 계보를 다시 구성하게 되는 것이라고 말해도 좋을 것이다.

그러므로 소설사는 모방의 계보가 극복의 계보에 의하여 끊임없이 새로워지는 과정이라고 우리는 칼 만하임의 말투를 흉내내어 말할 수도 있을 것이다. 그러나 이러한 투의 인식은 소설 자체의 양상에만 주목하고 있기 때문에 왜 그러한 일이 일어나게 되는가라는 근원적인 질문을 항상 염두에 둘 필요가 있다. 그 교체의 길목에 대한 구체적 역사성, 즉 당대의 시대적 본질에 우리가 관심을 두는 이유가 바로 여기에 있다. 그렇지 않으면 그 대답이 '끌리쉐의 진부성에 대한 염증' 정도의 기호나 취향문제로 귀결되어 추상성을 면치 못하게 될 것이기 때문이다.

그러면 과연 90년대소설은 모방의 계보에 속하는가, 아니면 극복의 계보에 속하는가?그리고 그러한 현상을 규정한 근본원인은 무엇일까?라는 질문을 우리는 자연스럽게 던져볼 수 있다. 그런데 이 질문은 바로 90년대의 시대적 본질이 무엇인가를 묻는 일과 같은 맥락에 서 있다는 것을 우리는 어렵지 않게 알 수 있다.

Ⅱ

90년대가 중반도 채 가지 않은 마당에 90년대의 시대적 본질 운운하는 것은 좀 성급한 감이 없지 않을지도 모른다. 그러나 전시대에 비하여 확실히 이질적인 새로운 경향성이 찾아진다면 그것을 단초로 현실을 진단해보는 것도 전혀 무의미한 일은 아닐 것이다. 그런데 90년대의 시대성을 이해함에 있어 가장 핵심에 놓일 수 있는 사항은 아마도 세기적 사건이라 말해지는 80년대말 이래의 동구권의 격변일 것이다.

특히 인문사회과학 분야에 진보와 발전의 신념을 심어주며 인류의 미래상에 하나의 좌표 역할을 해 온 사회주의이념이 한 순간 무너져 내렸을 때 많은 지식인들은 일종의 허탈감을 경험하게 되었다. 이것은 진보를 표방하던 진영은 물론 그와 대립관계에 서서 논쟁하던 반대 진영에도 마찬가지였는데 일방의 붕괴가 타방의 정당성을 자동 보증하는 것은 아니기 때문에 누구나 인류사의 미래 전망을 새로이 모색해야 하는 어려운 과제를 안게 되었기 때문이다.

그러나 그것이 어렵다는 것은 단순히 사회주의이념을 대신할 다른 대체 이데올로기의 발견이 어렵다는 것만을 의미하는 것은 아니고 사회주의이념의 퇴조와 더불어 발전사관을 포함한 모든 거시적 전망의 가능성에 대한 회의가 팽배하게 된 데에 더 큰 원인이 있다. 그리하여 이러한 지적 회의주의는 이제 거시적인 보편지성의 시대는 끝나고 미시적 전문지성만이 가능한 시대가 도래했다고 성급하게 진단하기도 한다.

사정이 이러하다면 대표적 보편지성인 작가들이 작금의 상황을 어떻게 인식하고 있으며 이런 와중에서 스스로의 문자행위에 어떤 의미를 부여하고 있는지를 살펴보는 것은 흥미있는 일이 될 것이다. 그것은 한편으로는 우리 문단의 구심력(모방계보)과 원심력(극복계보)의 역학관계를 보여주고, 다른 한편으로는 우리 작가들의 시대성에 대한 응전력을 설명해 줄 수 있을 것이기 때문이다. 그러나 이러한 작업은 본고와 같은 소고에서는 감당하기가 어렵기 때문에 여기에서는 새로운 징후로서 포착되는 하나의 경향을 문제삼아 시대본질과 관련된 90년대소설의 한 계보로서 상정해 보는 것으로 만족하고자 한다.

III

90년대에 들어서면서 우리는 소설가가 주인공으로 등장하여 소설 쓰기의 어려움을 고백하고 있는 일련의 무게있는 작품들을 접하게 되었는 바, 조성기의 「우리시대의 소설가」, 양귀자의 「숨은 꽃」, 최수철의 「얼음의 도가니」가 바로 그것이다. 이러한 소위 자기반영소설이 연속적으로 나타나고 있다는 것은 결코 우연이라고 보기 어려우며 따라서 우리는 그 구체적인 양상과 그 의미가 무엇인지 검토해 볼 필요를 느끼게 된다.

일반적으로 현실이 발전과정 중에 있다든가 또는 비록 현실은 결여태이지만 당위로서의 이상이 설정될 수 있는 시대의 작가는 행복할 것이라고 말해진다. 그들은 현실을 그대로 모사하거나 아니면 이상을 향해 나아가는 인물의 노력을 그리기만 해도 역사 발전의 동참자나 그것을 앞당기는 선도자로서 충분히 자신을 정립할 수 있고 또 그럼으로써 자신의 존재이유를 인정받을 수 있을 것이기 때문이다.

그러나 그렇지 못한 시대에 있어 작가란 무엇이고 그들에게 남겨진 일이란 무엇일까? 추동력을 상실하고 표류하고 있는 듯한 시대를 당하여 많은 작가들은 이러한 문제를 항상 자의식의 형태로 간직하고 있지 않을까? 그런 의미에서 제목에서부터 이런 문제의식을 강하게 암시하고 있는 조성기의 「우리시대의 소설가」는 가히 90년대소설의 첫머리에서 논의될 만한 문제적 작품이다.

「우리시대의 소설가」는 예상대로 이 시대에서 소설가가 진정한 소설가로 남는다는 것이 얼마나 어려운 일인가를 보여주는 소설이다. 작품의 구성은 오히려 간단한 편인데, 그것은 「염소의 노래」라는 소설을 쓴 소설가 강만우씨가 작품 내용에 불만을 품은 독자로부터 환불을 요구하는 전화를 받은 후 몇 차례 그를 만나 논쟁을 벌이다가 환불할 수 없다고 말하고 집으로 돌아오는데 환불을 요구하며 뒤따라 온 독자의 초인종 소리가 계속 10분 간격으로 울린다는 것이 기본골격이고, 그 사이에 강만우가 「말의 섶」이라는 중편을 집필 중이라는 것, 소설을 연재해 주는 신문의 문화부장이 재미를 요구한다는 것, 유한 부인들의 소일거리인 무의미한 창작지도를 하며 생활비를 보탠다는 것, 「염소의 배꼽」이라는 유사작품이 유행하고 있음을 발견한다는 것 등의 에피소드가 삽입되어 있다.

그런데 위에서 제시된 많은 사항들은 결국 소설가의 자발성과 진정성을 방해하는 것들로 이해될 수 있는 바, 그 중 가장 집요하고 강박적이기까지 한 것은 독자의 요구로 표상되는 '그 무엇'이다. 그러므로 독자와의 논쟁 속에서 드러난 '그 무엇'의 실체와 기타 장애요소들을 살펴보고 그것들이 어떻게 처리되는가를 알아봄으로써 자기반영소설의 한 면모를 확인할 수 있을 것이다.

「우리시대의 소설가」에서 우리시대는 소설과 소설가에 적대적인 환경을 조성하는 불모의 시대로 진단된다. 우리시대는 <소설가가 살 만한 동네> 하나 찾기 어려운 시대이고, 소설이 <영상매체의 위력에 눌려 위기론이 나올 정도로 맥을 못 쓰고 있는> 시대이며, 소설가가 <최하 수준의 임금을 받는 근로자>로 전락한 시대이기 때문이다.

그럼에도 불구하고 소설가 강만우는 한창 일할 나이, 열심히 소설을 쓸 나이라고 생각하여「염소의 노래」라는 소설 발표 이후 지방신문에 연재도 하고,「말의 섶」이라는 중편을 집필 중인데, 자신의 작품에 실망했다는 독자로부터 환불요구를 당하자 <맥이 빠지지 않을 수 없었다.> 설상가상으로 신문사로부터는 독자 취향에 영합하는 '남녀상봉지사'까지 요구당하자 마음이 더욱 흔들린다. 그 때 강만우씨는 <서로 대립되는 인물을 소재로 하여 몇 작품을 쓸 계획>을 가지고 먼저 칼빈과 세르베투스라는 인물의 대립을 그린「말의 섶」이라는 작품을 쓰고 있던 중이었다.

그러나 칼빈으로 대표되는 기존 교단의 견해에 대립하여 자신의 견해, 즉 예수는 "하느님의, 영원하신 아들"이 아니라 "영원하신 하느님의, 아들"이라는 신념을 지닌 채 주인공 세르베투스가 화형장의 연기로 사라진다는 내용으로 작품을 마친 강만우는 환불을 요구하는 독자와의 논쟁 끝에 결국 그와 자신 간에도 소설의 본질을 둘러싼 견해의 대립이 문제점의 핵심임을 확인하고는 자신의 신념을 밀고 나간다. 즉 소설에서 총체성을 요구하는 독자에 대해 강만우는 그것이 '시대착오적인 교리'임을 지적하며 파편성의 당위성을 변호한다. 그리하여 총체성이 사라진 시대의 비극성을 그리기 위해 비극과 어원이 같은 염소로 제목을 삼으면서까지 파편적 비극성을 시대적 본질로 제시한 자신이 정당하다고 주장하는 것이다.

이렇게 볼 때「우리시대의 소설가」는 우리 시대가 하나의 신념으로 통일된 외연적 총체성의 시대가 아니라 파편성만이 존재하는 비극적인 시대라는 것, 독자의 요구로 표상되는 총체성에의 향수는 이미 기존의 낡은 교리에 불과하다는 신념을 토로하는 작품임을 알 수 있다. 비록 우리시대는 소설과 소설가의 진정성을 방해하는 수많은 요인들을 가진 훼손된 시대이지만 그 중에서 소설가를 가장 강박하는 부정적 요인은 현실과 괴리된 교조적 도그마임을 설파하면서 위의 소설은 소설가나 독자의 열린 마음을 요청하고 있는 것이다.

IV

양귀자의「숨은 꽃」은 미로에 빠져 더 이상 소설을 쓸 수 없게 된 주인공 소설가가 회의하며 방황하다가 여행 중의 한 체험을 통하여 미로 탈출의 가능성을 단초적으로나마 발견하게 된다는 소위 여로형 자전소설이다. 그런데 이 작품은 소설이란 근원적으로 '미로에서의 길찾기'라는 인식을 전제하고 있어 새삼스레 빠지게 된 미로와 근원적인 미로 사이의 편차인식이 이 작품 이해의 요체임을 말해 준다.

> 미로는 사실 처음부터 미로였다. 그러나 전에는 출구를 찾을 수 있으리라고 믿었었다. 그 믿음은, 지금 생각하면, 작가에게 던져진 구명줄이었다. 차라리 안락 의자였다. 거기에 편안히(역시 지금 생각하면 편안히, 라고밖에 말할 수 없는) 앉아 밤이 새도록 쓰고 또 쓰면 언젠가는 출구에 닿는다는 가냘픈 희망이 있었다. (…)
> 지금 내 앞에 주어진 미로는 너무 교활하다. 지식과 열정을 지탱해 주던 하나의 대안(代案)이 무너지는 것을 신호로 나의 출구도 봉쇄되었다. 나는 길 찾기를 멈추었다.

소설쓰기를 근원적인 미로에서의 길찾는 행위로 비유하고 있는 윗글은 쉽게 루카치의 소설 명제를 상기시킨다. 일찌기 루카치는 소설을 삶의 외연적 총체성이 사라져버린 시대, 그럼에도 불구하고 아직 총체성을 생각하는 시대, 따라서 '생의 의미의 내재성'이 문제가 된 시대의 서사시라고 갈파하지 않았던가? 그리고 그의 후계자 골드만은 사라져버린 총체성을 『숨은 신』이라 부르면서 그러한 세계, 즉 근대사회의 무규범적 비극성을 지적하지 않았던가? 그러고 보면 이 소설의 제목 「숨은 꽃」도 위의 골드만의 저서와 무관하지 않게 붙여진 것임을 알 수 있다. 따라서 이 작품은 '총체성이라는 신이 숨은 시대에서 생의 의미를 발견하기 위한 영혼의 여행'이 바로 소설이라는 고전적 소설명제에 충실한 작품이다.

이처럼 소설의 근본과제가 미로에서의 길찾기일진대 작가에게 이제껏 소설쓰기를 가능케 했던 출구에의 신념이란 무엇이고 그것이 갑자기 사라졌다는 것은 무슨 뜻인가? 작중 작가는 일찌기 <전교조 원년의 그 치열한 투쟁의 한 자락을 그린 단편> 「슬픔도 힘이 된다」를 쓴 적이 있다는 것, 동구권의 와해 이후 그러한 진술이 아무런 감동을 주지 못하게 되자 <써야 할 것이 우글대던 머릿속도 세상을 따라 멍한 혼돈에 빠져 버렸다>는 것을 고백한다. 그렇다면 출구에의 신념은 곧 역사의 방향성에 대한 전망에 다름 아니고 새삼 미로에 빠져 버렸다는 것은 그러한 전망이 상실되어 다시 원점에 서게 된 막막함을 가리키고 있음을 알 수 있다. 따라서 작가가 할 수 있고 또 해야 하는 일은 길을 잃은 원점에 돌아가 거기에서 다시 얽힌 실타래를 풀며 미로에서의 탈출을 모색하는 일이리라.

그리하여 작가는 김제의 귀신사(歸神寺)로 여행을 떠난다. <영원을 돌아다니다 지친 신이 쉬러 돌아오는 자리>라는 귀신사에 들러 그 적요 속에 잠겨보고 싶었기 때문이다. 마치 스스로가 지친 신인양 <어쨌거나 이제 나는 좀 쉬고 싶>다는 하나의 염원을 간직하고서. 그러나 막상 찾아간 귀신사는 목하 보수 중이어서 <거기는 신이 지친 몸을 쉬기 위해 돌아오는 자리가 아니라 이제는 병들어 옴쭉달싹도 못하는 신이 마지막 숨을 거두기 위해 돌아오는 음산한 자리>로 변해 있었다. 미로에 빠져 지친 작가가 위안과 휴식을 얻기 위해 기대하며 찾은 마지막 정신적 보루마저 임종의 자리로 변해 있었다는 것은 전망이 상실된 이 시대의 도저한 절망성을 암시하고 있다.

이러한 진퇴유곡의 막힌 상황에 출구를 여는 <거인의 목소리>를 발하며 나타난 존재가 바로 김종구라는 위인이다. 소설가 '나'와는 15년 전 교사와 학부형의 관계로 만났던 김종구는 마을 사람들에게 망나니로 취급되어 따돌림을 당하던 떠돌이 노동자였는데 그 때 마침 귀신사 보수공사장에서 일하고 있었던 것이다. 김종구는 '나'의 기억에 의하건대 <사는 일에 비하면 나머지는 다 하찮고 하찮은 것>이라는 생각의 소유자, 낙조 속 파도위에 일엽편주를 띄우고 태평히 잠들 정도의 배포 큰 사나이, 남들이 꺼리는 염소골통 깨는 일마저 사람들의 기대대로 선선히 해낼 정도로 위선과 타협않는 국외자이자 삶의 비밀을 엿본 듯한 자, 안개 속 조난을 구하기 위한 마을의 구호활동에 가장 헌신적으로 일하고도 자신을 드러내지 않았던 자였다.

이러한 자에게 걸맞게 그는 떠돌이 노동을 해 왔는데 처음에는 귀신사 보수공사를 <생사를 초월한, 그런 인생 무상 같은 게> 느껴지는 제격의 모습을 없애는 '웃기는 일'로 생각하고 그만 두려다가 조금이라도 '덜 웃기게 만들기 위해' 맡아 하고 있다는 것이었다. 귀신사에 대해 같은 느낌을 받았다는 데서 그에게 흥미를 가지게 된 '나'는 그의 집에 초대되어 야만스럽다 할 정도로 위선과 가식을 벗어던지고 살아가며 선술집 출신 아내의 단소가락에 젖어들기도 하는 그의 생활을 목격한다. 먹물과는 길게 상종하지 않는 것을 신조로 삼는다는 김종구는 머릿 속에 뭐가 들어 있다는 것은 욕이며 그건 곧 쓰레기라는 것, 진짜이자 살아 있는 것이란 넓은 세상 어디든 뛰어들어 북대기 치는 것이라고 역설한다. 김종구 부부와의 만남 중에

'나'는 그들 앞에 <도덕과 긴 역사의 문화>라는 것이 하찮게 무너지며 '나'의 세상이 <아주 작은 세계>에 불과하다는 생각을 한다.

김종구와의 만남이 있은 후 서울로 돌아오는 차 속에서 '나'는 미로에서 출구를 잃은 자신, 뜸부기를 길러 식탁에 제공하며 생계를 영위하는 시인, 거인의 모습을 보이고 안개 속으로 사라진 김종구, 칼릴 지브란이라 불리던 한 천재가 시대의 권력에 희생되어 정신병자가 된 사실, 예상과는 달리 생사가 뒤바뀌는 수술 환자들의 결과 앞에서 황망한 느낌을 갖는다는 의사 친구 등을 떠올리며 이런 것들이 일사불란하게 설명되어지지 않고 꿰뚫어지지 않는 데에서 여전히 딜레마를 느낀다. 그러나 이런 것들을 모두 꽃말을 간직한 꽃, 즉 숨은 꽃으로 이해하자고 생각한다.

> 세상에 불경스럽고 추악한 꽃말을 담은 꽃은 없다. 꽃말을 모르는 꽃이 있다 해도 우리는 그것에서 당연히 사랑이나 그리움, 기다림 따위를 유추하지 않던가. (…) 그 꽃말을 알고 싶다.(…)그걸 알 수 있다면 내가 빠져 있는 이 미로에서 헤어나올 수도 있을 것 같다.

그리하여 주인공 소설가는 세상의 와해에 엄살떠는 먹물이 아니라 당당한 거인의 목소리를 지니고 거침없이 살아가는 김종구의 야성적 삶을 그리는 소설이 가능할 것 같은 예감을 지니게 되고, 더 나아가 숨은 꽃들의 꽃말 찾는 작업을 성실히 수행하는 것이 자신의 길임을 발견한다. <그러다 보면 언젠가는 이 세상살이가 돌아가는 이치의 끝자락이나마 만져 볼 수 있을지 모른다>고 믿어지기 때문이다. 결국 총체적 전망이 상실된 이 시대에서 작가의 몫은 조각난 세계의 파편성에서 성실히 숨은 의미를 천착하여 가는 길 밖에는 다른 길이 없음을 자각하게 되는 것이다. 그것은 바로 외연적 총체성이 아니라 생의 의미의 내재성을 발견하는 일이 아니겠는가!

V

최수철의 「얼음의 도가니」는 소설가 임휘경이라는 주인공이 끊임없는 자의식의 파노라마를 펼쳐보이고 있는 작품이다. 그는 소설가로서의 자신의 과거와 현재를 되돌아보며 "내가 나를 용서할 수 있을 것인가"라는 질문을 공안처럼 되뇌이고 있다. 그가 이러한 딜레머에 빠져 고뇌하며 작가의 길에 들어선 것까지 회의하게 된 것은 급변한 시대상황과 무관하지 않아 보인다.

어쩌면 나는 적어도 저 책상 위에는 아무런 비극도 드라마도 없으리라 생각했던 것인지도 모른다. 무수한 비극과 드라마가 만들어지는 그곳, 그 책상 위는 태풍의 핵 같은 곳일 수 있으니까. 그러나 그 핵의 주변이 무너졌을 때, 그 큰 기압 차로 인한 엄청난 소용돌이란.
애초에 젊은 날부터 책상 앞에서 모든 것을 해결하려 했던 것이 잘못이었다.

이러한 인식은 말하자면 <내 속에서 그동안 내가 미처 눈치채지 못하고 있던 급소>, <그 빈틈이 맥없이 스르르 벌어져서 속수무책으로 노출>되는 경험인 바 이 순간 주인공은 "나는 나 자신을 용서할 수 있는가"라는 자의식에 시달리게 된다. 그러면 그동안 '나'가 해 온 일이란 무엇인가?
현대란 <일상이 곧 신>이 되어버린 시대라고 생각하는 소설가 '나'는 <모든 일상적인 것들이 내목을 따기 위해 시퍼런 칼날을 턱

밑에 바싹 들이대고 있>다고 생각하며 <살아남기 위해서> 일상과의 치열한 대결을 벌여 왔던 것이다. 그리하여 자살로 생을 마감한 자신의 부친과 마찬가지로 일상성의 뿌리인 아비구실을 회피하고 출판사에 조종당하는 소설집필을 거부하며 죽어가는 스승이 사제관계라는 이름으로 강박하는 일상성마저 거절한다. '나'가 지향하는 유일한 진정성은 <밤중에 깨어 있으려는 성향. 삶과 죽음과 더 나아가 문학이라는 것> 뿐이었기 때문이다. 그러나 여전히 출구를 찾지 못해 방황하던 '나'는 작품의 말미에서 한 깨달음을 얻는다.

> 나는 세상과 마찰되면서 그 마찰열로 인해 항상 뜨겁게 달아올라 있었다. 나는 도가니였다. (…)그러나(…)나는 그 마찰의 순간에 생겨난 열을 감당할 수 없었다. 그런 탓에 나는 진정으로 도가니지도 못했다. (…)이를테면 나는 어처구니없게도, 그리고 비겁하게도 얼음으로 된 도가니였다. 그런 탓에 나는 스스로 도가니라고 자처하면서도 실제로는 뜨겁게 끓고 있는 것들이 내게 닿을 때마다 몸서리를 치며 달아나려 했고, 그런 와중에서 그 시뻘건 쇳물마저도 나라는 얼음에 닿아서 푸르르 진저리를 치며 제풀에 식어 버리기에 이르고 말았다.

결국 자신의 이제까지의 삶의 행적이 현실이라는 일상성에의 거짓 대결에 불과하였고 기껏해야 도피의 일종이었음을 자인하기에 이르게 된 것이다. 다시말해 '얼음의 도가니'로 은유되는 상호 모순성이야말로 자신의 본질이었음을 발견하게 된 것이다. 그러나 문제는 모순성 자체에 있는 것은 아니다. 인식된 모순을 지양하여 한 단계 앞으로 나아갈 수 있도록 해줄 전망이 보이지 않는 막막함, 이것이 더 큰 문제인 것이다. 그러기에 <아무것에도 진정으로 닿으려 하지 않았고, 그 결과로 아무것도 내게 제대로 닿을 수가 없었>었던 얼음도가니 '나'는 용서받을 수가 없는 막다른 골목에 서게 되는 것이다.

그러나 대단원에 이르러 '나'는 인식의 대회전을 이루면서 국면을 전환시킨다.

> 아마도 중요한 것은 변화가 아니라 화해다. 얼음과 도가니의 화해. 얼음으로 만들어진 도가니 속에 쇳물이 부어짐으로써 이루어지는 화해.
> 사실 모든 것과의 투쟁, 일상이나 삶 자체와의 투쟁에서 네(그)가 제대로 해낸 싸움이 무엇이 있는가. 너(나)는 너(나)를 용서할 수 있는가. 그러나 너(나)는 지금까지 너(나) 자신의 변화를 도모하기 위해 네(내) 주변의 모든 것과 투쟁을 벌인 것이 아니다. 너(나)는 세상과 화해하기 위해 모든 노력을 한 것이다. 나의 아비여, 너도 이리 와라. 나의 스승이여, 너도 이리 와라. 내 너희들을 마지막으로 안아 주마.
> 이제야 너는 그 사실을 깨닫고 있는 것이다. 그러므로 너는 너를 용서한다.
> 이제 나는 나 자신을 용서할 수 있다. 나는 나 자신을 용서한다. 그리고 나(너)는 지금부터 이 소설을 다시 써야 한다.

'용서'와 '화해'로 요약될 수 있는 이러한 돌발적인 결말은 중간 항을 생략한 비약이어서 일견 당혹스럽기까지 하다. 그러나 이러한 인식전환은 이데올로기가 약화되고 전망이 상실된 우리 시대에 한 가능한 지향성으로 제시되었기에 흥미롭다. 일찌기 한 사상가는 중요한 것은 세상의 해석이 아니고 세상의 변화라고 설파하지 않았던가! 그런데 이 작가는 지금 용서와 화해라는 종교적 언어를 구사하면서 다시 해석학으로 돌아서고 있지 않은가? 바야흐로 사회, 드라마, 객관성에서 개인, 의식, 주관성으로의 전회가 이루어지고 있는 것인가?

VI

 이제까지 우리는 90년대가 이전의 전망을 상실하고 새로운 방향성을 모색하는 과도기라는 전제 아래 그러한 시대성이 소설에 구현된 양상이야말로 90년대소설의 구성적 실체라고 보아 그 한 가능한 계보로서 일련의 자기반영소설을 살펴보았다.
 소설가가 전면에 등장하여 자신의 작품 제작과정을 보여주고 그것이 그대로 작품이 되는 자기반영 소설은 근자에 자주 눈에 띄는데 그 중에서 우리는 조성기의 「우리시대의 소설가」, 양귀자의 「숨은 꽃」, 최수철의 「얼음의 도가니」를 검토하였다.
 그리하여 「우리시대의 소설가」는 이 시대를 총체적 전망이 어려운 시대로 진단하고 파편적 비극성을 시대적 본질로 이해하여 그 파편성을 그리는 것이 작가의 양심임을 설파하고 있음을 알 수 있었다. 그리고 「숨은 꽃」은 이 시대 작가의 근원 상황이 전망부재의 미로인 바, 그것을 타개하는 방법은 '숨은 꽃'으로 은유되는 개별현상들의 꽃말찾기, 즉 성실한 의미천착이 유일한 길이라고 주장하고 있음을 알았다. 끝으로 「얼음의 도가니」는 얼음과 도가니처럼 상호 용납될 수 없는 요인들의 투쟁의 치열성이 아니라, 용서와 화해에 도달하는 것이 이 시대 소설의 모랄이자 방향성임을 제시하고 있었다.
 이처럼 우리가 검토한 자기반영 소설은 소설가가 전망부재라는 새로운 상황 속에서 소설쓰기의 어려움에 봉착하여 고뇌하고 방황을 거듭하지만 마침내는 그 가능한 돌파구를 발견하는 과정을 보여주고 있는 바, 그것은 하나로 통합된 '시대의 공동성'이 아직 발견되지 않은 시기의 새로운 글쓰기의 한 유형으로 규정될 수 있을 것으로 보이며 이러한 유형은 시대적 불확실성이 지속되는 한 하나의 계보를 형성하며 지속적으로 나타나지 않을까 생각된다.

90년대 소설과 일상성의 미학

I

 근자에 들어 우리 문단의 일각에서는 일상을 다루는 소설들이 적 잖게 나타나고 있는 바, 현대소설사상 일찍이 가치중립적 입장에서 염상섭이 그려 보인 바 있는 이러한 일상성은 문제적 개인의 퇴조라 는 90년대의 시대적 특징과 일정한 함수관계에 있어 보인다. 역사를 이끌어 가는 소수의 '문제적 개인'을 위해 그 토대가 되어주는 것으 로 만족해야 했던 소위 '보존적 개인'의 차원을 일상이라 할 때 그 것은 시대와 역사라는 성스러운 존재 앞에 입을 다물어야 했고 궁극 적으로는 초극되어야 할 통속적인 그 무엇(etwas)이었다. 그러나 주 지하다시피 더 이상 역사의 방향성이 자명한 것으로 보이지 않게 된 이 시점에서 일상성(Alltäglichkeit)은 자신의 복권을 주장하며 90년대 소설 생산의 한 기반으로 기능하고 있는 것이다.
 다시 말해 리얼리즘의 이름 아래 현실의 본질을 제시하고자 한 것 이 한동안 우리 소설의 주요한 흐름이었다면 본질 자체에 회의가 제기되면서 이것을 다시 규정하고 파악해 내야만 하는 새로운 과제 앞에서 작가들은 그 출발점으로 일상 현실을 새로이 주목하고 그 의미를 따져 보고 있는 셈이다. 말하자면 일종의 모색기 내지 과도기적 현상이라 진단될 수도 있을 이러한 일상성의 의미 천착이 언제까지 갈지 속단할 수는 없지만 공개념(公槪念)으로서의 본질에 시대적 합의가 이루어지기까지 상당 기간 지속될 것으로 보아 크게 틀리지 않으리라 본다.

최근의 소설 가운데 공선옥의 「우리 생애의 꽃」(문학사상, 1994. 5), 배수아의 「푸른 사과가 있는 국도」(소설과 사상, 1994. 여름), 신경숙의 「깊은 숨을 쉴 때마다」(문예중앙, 1994. 겨울)는 이러한 일상성을 다같이 문제삼고 있으면서도 그 일상에 부여하는 의미는 서로 다른 바 다음에서 우리는 이들 작품들이 포착해 낸 일상의 양태와 그 의미를 살펴보고자 한다.

II

「우리 생애의 꽃」의 화자 '나'는 순직한 말단 공무원의 미망인으로 몇 푼의 연금에 의지한 채 8살난 딸과 함께 살고 있다. 그 연금은 취직을 하기도 그렇고 안하기도 어려운 '위태한 일상'을 오년째 지탱해 온 취약한 기반이 되어 주지만 동시에 위태한 의식의 소유자인 '나'를 반동의 기운으로 몰고 간다.

어려서 자신을 돌보지 않고 밖으로만 나돌던 바람난 어머니에게 '일상'의 이름으로 저주를 퍼부었던 '나'는 나이들어 "딸을 향해서만 꽉 짜인 어머니의 일상"(공선옥소설집 『피어라 수선화』, 창비사,

1994, 165쪽)이 회복되자 이유없이 "모든 일상에서의 반란"을 꾀한다. "깊은 일상의 맨 속알맹이 너머로, 일탈의 한순간이 요염한 빛을 내뿜고 있음을 나는 가슴 설레게 예감"(168쪽)하게 된 것이다.

그러나 '나'의 일탈은 전면적인 것이 아니다. 대학 다닐 때는 일탈이 일상화된 데모파, 연애파도 못되고 철저히 일상지향적인 도서관파도 아니면서 서클 룸 주변을 야밤에 서성거렸듯이 미망인인 지금은 딸이 학교에서 돌아올 시간이 되면 행복에 잠겨 일상적인 어머니 노릇을 하다가도 "속의 반란기"가 "내 의지와는 상관없이" 발동하면 "바람 부는 거리를 헤매고 돌아다"니는 "치도곤을 당해도 쌀 여자"가 되는 것이다.

일상에서 도망쳐 아파트 근처 채마밭 속에 둥지 틀듯 들어앉았다가 일전에 목욕탕에서 유난히 가슴 큰 것이 눈에 띄었던 수자와 친하게 되고 그녀가 젖가슴으로 먹고 사는 사람임을 알게 되면서 '나'의 일탈관은 변화된다.

> 내가 반란이라 여기는 그것, 그것이 그녀에게는 일상이다. 반란의 날이 일상화될 때, 그것이 삶이 될 때, 그 반란은 비난받을 이유가 없다. 일상화되지 않은 나의 반란에 나는 치를 떤다. 그것이 내 삶을 지탱시켜주는 유일한 수단이 되어주기는커녕 내 평화로운 일상을 깨는 무기가 되어 일상의 잠에 빠진 나를 흔들어 깨울 때, 그래서 그것이 내 저 의식의 심저를 날선 칼이 되어 찌를 때, 나는 절망한다. (173쪽)

수자로 인해 자신 속의 반동의 기운을 도덕과 부도덕이라는 말의 단칼로 손쉽게 규정함의 부당성을 인식하게 된 '나'는 수자를 따라 카바레에 나가보지만 실패로 끝난 그녀의 사업과 대신 잡은 운전사에게 역이용당하는 불운 속에서도 끄덕없이 다음을 모색하는 그녀에 감동한다.

> 가슴 큰 여자의 일상이 된 반란 앞에, 반란하지 않으면 삶이 불가능한 한 생애 앞에 내 이유 댈 수 없는 반란, 감히 우리 생애의 꽃이라고 이름 붙여버렸던 내 허술한 반란의 나날들이 참혹하게 무릎 꿇는 것을 나는 본다.
> 수자씨는 남강매운탕집으로 갔다. 바람이 차가운 이 새벽에. (179쪽)

 그리하여 가끔씩 찾아드는 속의 반란기로 인하여 일상에서 일탈하지 않으면 일상을 유지할 수 없으면서도 한편으로는 도덕적 가책에 괴로워하던 화자는 일상과 비일상, 도덕과 부도덕의 상대성을 자각하고 가책을 버린 채 "나는 힘껏 팔을 벌려 내 그림자를 포옹"(179쪽)하면서 자신의 삶을 뜨겁게 수용하는 것이다.
 이렇게 볼 때 이 작품은 "설명되어지지 않는 것, 우리 눈에 보이는 것이 다가 아니고 보이지 않는 것도 존재하듯이 어떻게 이 세상에 이유 댈 수 있는 것만이 존재할 수 있단 말인가. 이유없는 것들의 궐기. 그것들이 일제히 반란할 때, 이유 있는 것들은 그 앞에서 얼마나 나약해지는가"(175쪽)라는 명제 아래 "애 하나 딸린 과부의 맹랑한 짓거리"(162쪽)로 요약될 수 있는 일련의 행위들을 통해서 "도대체 도덕이란 무엇이며 부도덕함이란 무엇인가. 그리고 도덕과 부도덕의 경계는 무엇인가(…)나의 설명되어질 수 없는 반동의 기운이 결코 도덕과 부도덕의 잣대로 재단될 수는 없는 성질의 것"(176쪽)임을 보여 주고 있는 것이다.
 더 나아가 이유있는 것과 이유없는 것, 도덕과 부도덕의 대치는 일상과 그로부터의 일탈로 구체화되면서 '내 속의 반란기'가 지향하는 후자야말로 「황량한 아름다움」 혹은 「빛나는 참혹」이라 할 수 있을 "우리 생애의 꽃"이요 진정성이라 주장되고 있다. 그런 의미에서 이 작품은 일상과 비일상, 도덕과 부도덕, 이유있음과 이유없음이라는 척도가 확고부동한 것이 아니고 경우에 따라서는 가변적일 수 있는 것이라는 것을 보여줌으로써 합리와 이성과 도덕의 이름으로는 포착하기 어려운 경계의 영역이 있다는 것, 그것이야말로 일상 현실의 진정한 모습이라는 푸코(Foucault)적 주제를 형상화하면서 일상성의 경계를 와해 내지는 확장시키고 있는 것이다.

III

공선옥이 도덕적 정상성과 동일시되는 협소한 일상관을 격파함으로써 일상성의 경계를 확장 내지 와해시키고 있다면, 「푸른 사과가 있는 국도」의 배수아는 일상을 지속적 동일성으로 파악하고 그러한 일상에의 편입과 안주보다는 일상 탈출과 초월에서 삶의 진정성을 찾고 있다. 그러면 동일하게 지속되는 일상의 양상이란 무엇인가?

언제나 저녁 식탁에 올려지곤 하는 된장국의 냄새가 저녁 시간의 셋집에 가득하였다. 주인집에서 뒤뜰에 놓아기르는 닭들이 꾸꾹거리는 소리도 들리고 칠이 벗겨진 회색빛 바깥벽의 십일월 덩굴장미들이 바람에 흔들리고 있다. 방 하나짜리 셋집이 가득차 있는 전철역 주변의 집으로 돌아가는 샐러리맨 가장들이 담배를 피우면서, 가게에서 종이상자에 담은 포도를 사고 있는 저녁의 거리이다. 언제나처럼 변함없는, 영원히 변할 것 같지도 않은 일상의 저녁이다. (『94 현장비평가가 뽑은 올해의 좋은 소설』, 현대문학, 137쪽)

이러한 원경(遠景)으로서의 보편적 일상이 화자 '나'에게서 특수하게 구현되는 근경(近景)은 어떠한가? 애정없는 결혼생활을 이어가며 끊임없이 다투는 부모, 아들이라고 큰소리 치며 여동생인 '나'를 함부로 대하는 오빠, 남의 호감을 사기 어려운 용모와 성격, 좋지 못한 대학성적, 이러한 환경에서 "애정 결핍으로 영원한 불치병에 걸린" '나'는 "언제쯤 이 집을 나갈 수 있을까"라는 절망감만을 안고 살고 있다.

그러기에 "여자 의사나 동시통역사, 하다못해 번듯한 오피스 걸조차도 나는 될 자신이 없"지만 그렇다고 "아버지나 오빠 같은 남자와 결혼하여서 친정에서 김치를 가져다 먹으며 끊임없이 애를 낳으면서, 시집간 사촌언니처럼 그렇게 살고 싶지"도 않은 것이다. 말하자면 일상이라는 지속적 동일성의 레벨에서 성공가도를 달릴 가망성도 없거니와 무자각적으로 평균적 일상을 반복하기도 싫은 일상성 미달의 영역에 위치해 있는 것이다.

드디어 가출을 결행하여 백화점 점원이 된 '나'는 사귀고 있는 은행원 남자와 늦가을 어느 날 조용한 서해안가로 여행을 떠난다. "내일 일어날 일이 무엇인지 전혀 알 수가 없어 항상 불안"을 느끼는 '나'는 불길한 느낌을 주는 검은 고양이가 차앞을 스쳐 지나가자 강박관념이 한층 더해지며 한적한 국도변에서 본 사과 파는 여인을 자신의 미래상으로 설정하기도 한다. 불길한 예감처럼 여행에서 돌아온 후 '그'가 자신을 편하게 해 주는 애인이 생겼다며 떠나가자 '나'는 스스로의 운명을 다음처럼 진단한다.

생은 내가 원하는 것처럼은 하나도 돼주지를 않았으니까. 부모가 사랑하지 않는 어린 시절을 보내고, 학교에서는 성적도 좋지 않고 눈에 띄지도 않는다, 는 늘 그런 식이다. 그리고 자라서는 불안한 마음으로 산부인과를 기웃거리고 남자가 약속장소에 나타나기를 한 시간이고 두 시간이고 기다리면서 연한 커피를 세 잔이나 마신 다음에 밤의 카페를 나오게 된다. 그리고 마지막으로는 어느 날의 한적한 푸른 사과가 있는 국도에서 눈앞을 지나간 고양이는 검은 고양이가 된다. (139쪽)

이러한 일상 미달의 자아가 나아간 자리는 어디인가? 그것은 자유분방한 고등학교 친구인 소영이 패거리들과 어울려 눈오는 한밤의 유원지에서 술마시며 은밀한 축제를 벌이는 것이다. 일상의 레벨에서 볼 때 하찮고 미미한 존재들이 비일상적 공간에서 서로의 정체와 진실를 은폐시킨 채 한 순간을 불사르는 것이다.

주차장에는 산경과 형준이 마치 한밤의 부랑자처럼 신문지를 태우고 있었다. 소영은 다시 명랑해져서 가을이와 깔깔거리고 있다. 소영의 하얀 팔이 형준의 어깨에 환상처럼 가서 닿는다. 불빛에 금빛 팔찌가 반짝였다. 앞으로의 일은 생각하지 않아. 죽음밖에 생각나지 않아. 나는 그때 그에게 그렇게 말하였던가. (160쪽)

이처럼 비일상적 축제공간에서만 자아를 불사를 수 있었던 일상 미달의 존재들이기에 내무부 공무원과 결혼한 소영은 결국 자살로 끝을 맺고, 훔친 차로 부잣집 아들 행세를 하던 김신오도 다른 여자와 결혼하지만 정비공을 벗어나지 못한다. 반면에 의대생과 결혼하여 유족하게 살고 있는 사촌이 "정상적인 너의 길로 돌아오는 방법"이라며 닥터와의 결혼을 강권하지만 '나'는 결혼을 전제하지 않고 만나자는 디스플레이어를 만나러 공항에 나간다. 거기서 일상에 시달리며 살아가는 옛 애인 '그'를 만나고 다시 연락해도 되느냐의 그의 제의를 묵살한다. 디스플레이어와 데이트하고 호텔에 투숙한 '나'는 그가 잠든 후 그로부터 선물받은, 소영이가 자살한 것과 같은 독일제 헹켈 주방용가위가 테이블 위에서 반짝이는 것을 본다.

> 새벽이 이제 오려고 하는 한여름의 어둠을 향해서 나는 속삭인다. 나는 아무 것도 모른다. 섹스의 기쁨도 모르고 사랑의 감동도 없다. 멀리로 나 있는 길을 바라보면서 나는 스산한 먼지 바람 속에 서 있다. 초록빛 강물냄새와 오래된 풀잎냄새가 나는 것 같다. 바다로 가는 길이 이쪽인가요, 하고 차를 멈추고 여행자들이 내게 묻는다. 바람이 나의 머리를 흩으리고 길가의 키 큰 마른 풀들을 눕게 한다. 그들의 차에서는 라흐마니노프의 피아노 음악이 요란하고 그들은 푸른 사과를 산다. (177쪽)

이처럼 소설의 첫머리에서 일상 미달의 자아가 일상 탈출을 위해 사랑의 여행길에 나섰다가 검은 고양이를 보고 예견했던 푸른 사과 행상으로의 전락의 이미지가 소설 중간중간은 물론 끝에까지 나타나 대미를 장식하고 있는 이 작품은 결국 '일상에 미달된 자아의 일상에 의한 전락의 드라마'인 것이다.

그러나 일상의 레벨에서 보면 사과행상이라는 일상미달의 존재로 떨어지지만 정상 회복의 기회마저 스스로 포기하면서 불꽃처럼 선명하게 남아있는 고양된 생의 순간적 이미지 속에 잠겨드는 자아는 지속적 일상의 상투성과 통속성에 이의를 제기하고 있는 셈이다. 그런 의미에서 이 작품은 지루한 일상성에 보내는 조소이자 하나의 비가(悲歌)로서 우리에게 진정성을 위한 의식적 초월과 승화를 촉구하는 작품으로 볼 수 있다. 진정한 승리는 이긴 자에게 있지 않고 진 자의 마음 속에 있다는 야스퍼스의 말을 빈다면 '나'의 일상 거부로 인한 전락은 안이한 의식에 대한 진정한 승리가 아니겠는가?

IV

「깊은 숨을 쉴 때마다」는 봄, 여름 내내 글 한 줄 써내지 못하고 도시의 방안에서 무력증에 시달리며 번민만 하던 여류작가가 제주도를 여행하며 몇 사람을 만나고 나서 다시 활력을 되찾아 집필에 착수하게 된다는 서사구조를 가지고 있다. 결국 주인공은 자신의 행위에 의미를 부여해 줄 수 있는 삶의 지표를 찾아낸다는 것인데, 그런 의미에서 이 작품은 '생의 내재적 의미를 찾아 떠나는 영혼의 여행'이라는 고전적 소설명제에 충실한 여로형소설이다.

서울을 떠나기 전의 주인공은 평소 글을 쓴다는 행위가 고독하기는 하지만 "오히려 그 고독 속에 놓여 있을 때 내가 하찮은 인간이 아니라는 생각이 들어 생기로워지"(「깊은 숨을 쉴 때마다」, 『'95 제40회 현대문학상수상 소설집 6』, 현대문학1995, 31쪽)는 것으로 느끼고, 따라서 "나는 내 이름을 가려도 내가 쓴 것 같은 느낌을 주는 글, 가보지 않은 곳에 발을 디뎌보는 것 같은 새로움을 원"(14쪽)한다. 그러나 평범한 자신의 용모처럼 "써놓고 보면 늘 어디서 본 듯"해서 마음에 차지 않던 중에 근자에는 실체를 알 수 없는 상실감까지 겹쳐 글을 쓰지 못하고 있는 것이다. 또 "아침에 눈뜰 때나 한밤중에 깨어났을 때, 나를 긴장시키던 그것"이 빠져나가자 '나'의 일상도 정지해 버린다.

> 나는 봄과 여름 동안 모든 것을 내버려두었다. 건전지가 다 닳아진 벽시계가 시침을 멈춰도 건전지를 갈아주지 않았고, 자동응답기가 고장이 나서 제멋대로인데도 그냥 두었고, 온수통 속에서 윙윙 소리가 나는데도 고치는 대신 켜지 않았고, 네번째 줄이 끊긴 기타

도 그냥 책 사이에 몇달째 세워두었다. (45쪽)

　이러한 무력감에서 탈출해 보고자 '나'는 추석을 앞두고 시골의 어머니에게는 외국 간다고 핑계를 댄 채 제주도 여행을 떠나지만 그 자체 비일상의 연장임은 충동적으로 변경되는 숙박지와 거기서 영위되는 궤도를 벗어난 생활이 잘 보여준다. 우연히 성산포의 호텔에 숙소를 정한 '나'는 여전한 불면에 시달리며 방관적 나날을 보내다가 절름발이 오빠로부터 힘들게 자전거 배우는 말라깽이 소녀, 베란다에 앉아 누구를 기다리는 듯한 옆방 처녀, 바닷가에 놀러 나온 칠순의 노파와 사귀면서 의식의 전환을 경험한다.
　소녀는 신장병에 걸려 두 달에 한번 씩 피를 갈아야 하는 죽음의 고통을 당하면서도 오빠가 사 준 망원경을 목에 걸고 끈질기게 자전거를 배우는 한편 새끼 밴 개를 보살피고 또 용기에 심은 새 싹들을 호텔 베란다에서 키움으로써 사랑과 희망을 잃지 않는 삶의 모습을 보여 준다. 옆방 처녀는 쌍동이 동생의 돌연한 죽음으로 인한 충격 때문에 이웃에 무심한 채 환상에 빠져 살아가다가 말라깽이 소녀의 순수함에 감동하여 이웃에 대한 관심과 사랑을 회복한다. 칠순의 노파는 생사를 초월한 것처럼 말하다가 육지여행 계획을 말하는가 하면 이젠 죽어야지 하면서도 헤어질 때 또 만나자고 인사함으로써 나를 고즈넉한 기분에 잠기게 한다.
　이러한 인물들과의 만남을 통해서 '나'는 "지난 봄과 여름 내가 잊고 있었던 것은 글쓰기가 아니라, 죽음이었다. 내가 잊고 있었던 건 새로운 형식이나, 새로운 문체가 아니라 죽음이었다. 죽음을 잊자, 일상은 무기력해졌고, 가족은 멀어졌다."(68쪽)는 인식에 도달하고 "내가 잊고 있던 사람들은 지금 어디서 어떤 인생을 살고 있을까."(69쪽)생각해 본다. 이처럼 죽음을 상정하자 영원과 대비되는 작은 우연과 사소한 일상의 가치가 증폭되면서 우연히 만나 짧은 시간이나마 같은 시공간을 점유하고 있는 '나'와 처녀, 말라깽이 소녀가 사랑의 화음 속에서 일체를 이룰 수 있게 된다.

> 처녀가 늘 세워 두고만 있던 첼로를 꺼내 엘가의 사랑의 인사를 연주했다. 바이올린 소리로만 듣던 사랑의 인사를 첼로소리로 들으니 다른 음악 같았다. 그날 밤 처녀가 연주했던 사랑의 인사는 연약한 얼굴의 처녀의 몸속에서 흘러나와 소녀와 나, 그리고 소녀가 꾸민 308호 베란다에 물처럼 스몃다가 다시 소녀의 집, 이제 갓 태어난 어미젖 밑에서 꼬물거리고 있을 여섯 마리의 강아지의 귓속으로도 흘러들었으리라. (78-9쪽)

이러한 죽음의 발견, "우리가 태어나 자라서 우연히 어느 시간과 공간 속에서 만났다가 헤어지고 언젠가는 광활한 우주의 한줌 먼지로 사라"(77쪽)지리라는 의식은 어떤 만남과 헤어짐도 우리의 기억 속에 생생하게 보존시킬 만큼 소중할 뿐 아니라, 자신의 방식대로 고향에 살면서 인생의 고비마다에서 깊은 숨을 내쉬는 부모와 '하찮은 인간이 아니라는 자부심'을 가지고 작품을 지으면서 내쉬는 '나'의 깊은 숨이 동등하다는 것에의 깨달음이다. 결국 "이미 누군가에게 잊혀졌거나 누군가를 잊어본 마음 연약한 자가 의지하는 마지막 보루"(70쪽)로서 정의되는 글쓰기란 일상성을 성화(聖化)하는 한 방식이자 죽음을 전제로 한 일상성의 영겁 회귀로 고양되는 것이다.

> 스무 몇날을 머물렀을 뿐인데 나는 아직 아침마다 여기가 성산포인 줄로 짧은 시간 착각한다. 당근밭과 목초지와 노쇠한 말 그리고 바다를 찾다가 여기는 성산포가 아니라 산밑 내 집이라는 걸 깨닫는다. 돌아와서 죽은 벽시계에 새 건전지를 갈아끼웠고, 윙윙 소리가

나는 온수통을 사람을 불러 고쳤다. 이제 여기에 있으니 성산포에서
배회하던 내가 빛이 들어간 필름처럼 떠오른다. 그래도 내 머리카락
에선 아직 갯내가 맡아지고 내 귓속에도 아직 바다새가 끼룩거리는
소리가 살고 있고, 떠나올 때 방파제를 향해 달려가던 자전거 위의
소녀가 내 눈속으로 흐르고 있다. 밭의 무성해진 당근싹 밑으로 붉
은 당근이 덩치를 키워가고 있겠지. (82-3쪽)

 이 지점에 이르면 우리는 글쓰기(문학행위)란 무엇인가, 라는 본질
적 질문과 대답에 도달한다. 엘리아데는 문학을 현대판 신화로, 문학
독서를 일종의 기도행위로 간주하고 있지만 이와 유사하게 글쓰기는
우리의 의식을 승화시켜 일상성에 신성함을 부여하는 행위로 파악되
고 있는 것이다.

V

 염상섭은 『취우』(소나기)라는 소설에서 6·25전쟁을 하나의 소나기
에 비유하고 그 갑작스런 소나기로 인한 우리네 일상의 얼룩을 그려
보이고 있다. 옷에 진 얼룩이란 지워버리면 그만이듯이 6·25라는 사
건도 도도한 일상의 흐름 속에 조만간 묻혀지리라는 일상만세주의의
선언인 셈이다. 이러한 입장은 6·25를 조국해방 전쟁이라든가 자유수
호 전쟁이라고 규정하는 입장과 얼마나 다른 것인가? 이를 두고 도
저한 중산층 보수주의라 말할 수도 있겠거니와 어쨌든 이러한 견해
는 한국문학사의 흐름에 있어 퍽 이채로운 것이었다.
 그런데 90년대에 접어든 오늘날 우리는 다시 '일상'을 문제삼는
소설들이 자주 눈에 띄는 현상에 접하게 되었다. 물론 그 배경과 문

학사적 의미는 염상섭의 경우와 다르고, 이후의 추이는 더 두고 살펴보아야 하겠지만 잠정적인 점검의 의미에서 몇 작품을 고찰해 보았다. 그리고 이러한 현상의 배경으로서 현실의 본질이니 역사의 방향성이라는 이름 아래 메타담론의 역할을 해 온 일련의 가설들의 퇴조를 꼽아 보았다. 방향과 본질이 문제되니 다시 복잡다기한 현상에서 출발하지 않을 수 없게 된 것이다.

그리하여 '일상'이라는 현상을 중심으로 그 본질적 의미를 천착하는 작업이 이 시대 작가들의 한 과제로서 떠오른 것이다. 그것이 논쟁적인 성격의 것임은 위에서 검토한 몇 작가의 작품만 봐도 알 수 있다. 공선옥의 「우리 생애의 꽃」은 일상개념의 재정립을, 배수아의 「푸른 사과가 있는 국도」는 일상매몰에의 경계를, 신경숙의 「깊은 숨을 쉴 때마다」는 일상성의 승화를 요구하고 있기 때문이다.

이들 입장의 상호 이동성(異同性)은 더 분석해 볼 문제이겠지만 중요한 것은 그 결과보다 '일상성'을 중심 좌표축으로 하여 작품을 제작하는 이들의 발상법이다. 그러므로 일상의 해석법이 고갈되지 않는 한, 그리하여 그것이 이 시대의 본질로 수렴되지 않는 한 일상의 소설적 천착은 지속될 것으로 보인다.

90년대 소설과 원형성의 미학

I

 90년대 소설이란 문학사적으로 그리 명확한 개념이 아니지만 10년을 단위로 문학적 특성을 살피는 현대문학사의 일반적 관행, 그리고 여러 가지 의미에서 80년대와 뚜렷히 구별된다고 지적되고 있는 90년대의 특성을 고려하여 일단 잠정적으로 사용하기로 한다. 그러나 그럼에도 불구하고 90년대 소설이 그리 간단하게 접근과 이해를 허용하는 것이 아님은 매년 수백 편씩 쏟아져 나오는 작품들의 절대량만 보아도 짐작하기 어렵지 않을 것이다.
 만일 90년대란 이러한 시대라고 알려주는 선험적 규정이 있다면 사태는 좀 나아질런지도 모른다. '문학은 시대의 산물'이라는 문학사회학적 명제를 굳이 들먹이지 않더라도 많은 작품들이 그러한 선험적 규정과 일정한 함수관계 하에서 씌어지고 있을 것임은 자명한 일이기 때문이다. 그러나 많은 사람들이 90년대 들어 미래적 전망과 방향성이 상실되었다고 탄식해 온 것처럼 이제 이 시대를 선험적으로 규정해 줄 단일 원리는 없는 듯하다. 특히 근대 이후 모든 사유의 초석이 되어 준 발전과 진보의 신념이 근거없는 것이었다는 회의론이 팽배해지면서 현실 <존재>는 그 <본질>을 새로이 정립해야 하는 난제에 봉착하게 되었기 때문이다.

따라서 이제 우리는 본질이 숨어버린 시대 속에서 현상적으로 나타나는 문학작품들을 우선 계보학적으로 정리하고 각 계보를 바탕으로 보편적 통일성을 추구함으로써 시대와 사회의 본질을 찾아내야 하는 과제까지 안게 된 셈이다. 그것은 마치 환자의 여러 가지 증상을 종합하여 질병을 진단해 내야 하는 의사의 위치와 같은 것이라 하겠다. 그러므로 우리는 우선 서로 변별적인 몇 개의 문학을 구별해 낼 필요가 있는 바, 이미 90년대소설에 나타나는 <자기반영적 양상>과 <일상성의 양상>에 주목한 적이 있는 필자는 이번에는 <원형적 양상>과 그 의미를 생각해 보기로 하겠다.

II

일련의 90년대 소설들은 '하늘 아래 새로운 것은 없다'는 동일성의 원리에 입각하여 우리 시대가 원리적으로 신화시대와 하등 다를 바 없다고 말하고 있는 바, 그런 의미에서 이 작품들은 일종의 '원형(archetype)'적 사고의 산물이자 신화적 상상력의 소산이라 볼 수 있다. 다시 말해 이 작품들은 눈앞의 사실을 진단하고 평가하는 척도를 오늘날이나 미래에서 가져오지 못하고 아득한 신화시대에서 가져오고 있으며 그것도 발전이나 퇴보의 맥락이 아닌 동일성의 레벨에서 논하고 있는 것이다.

물론 여기서 필자가 신화라고 말할 때 그 의미는 <신적 존재에 관련된 신성한 이야기>라는 좁은 의미에 국한하지 않고 전설과 민담까지도 아우르는 넓은 개념으로 사용된다. 그것은 신화, 전설, 민담이 단선적이고 일회적인 <역사> 개념과는 달리 비역사적이고 순환적인 특성을 지니고 있다는 점에서 발상법상 공통점이 있기 때문이다. 그러므로 '신화적 상상력'은 '동일원리의 순환'이 이 세계의 원리라고 본다는 점에서 '원형적 상상력'의 핵심을 구성한다.

일찍이 시인 박두영은 「시지푸스의 하루」(1992)라는 시에서 「시지푸스 신화」를 원용하여 우리의 삶이 신화시대와 한치도 다르지 않은 동일한 원리에 입각해 있다고 노래함으로써 신화적 상상력을 자극하고 있다.

> 온 힘을 다해 꼭대기로 밀어올렸는데 / 미처 안도의 한숨 내쉬기도 전에 / 고개 너머 저 아래로 굴러 내려가는 / 바윗덩이 //
> 주저앉아 버리고 싶은 심정으로 / 망연자실 서 있다가 / 시야에서 멀어져 간 바윗덩이를 쫓아 / 가파른 마루턱을 넘어선다. / 어디에 틀어박혀 있든지 / 내 몸의 뼈와 근육들은 / 바윗돌 굴리는 일에 기력 쏟도록 / 신탁받았기에 //
> 빈 몸으로 내려가는 길에는 / 올라올 적에 눈길 돌릴 겨를 없었던 경치를 / 찬찬히 감상할 수 있어서 좋다. / 한발씩 정상에 다가설 때보다 / 내리막에 서 있을 때가 / 행복한 순간일런지도 모른다. //
> 산꼭대기를 향해 굳은 의지로 / 무거운 짐 밀고 올라가는 것도 / 골짜기를 향해 허탈한 심정으로 / 애물덩어리를 찾아 내려가는 것도 //
> 모두가 //
> 아름다운 별 //
> 지구에서의 하루 //(전문)

원래 신화의 문맥에서는 제우스 신의 명을 어긴 죄목으로 끝없이 돌을 굴려 올려야 하는 벌을 받은 시지푸스이지만 이 시에서는 그 운명을 우리 인간의 숙명 일반으로 치환시키면서 그것을 기꺼이 감내할 뿐 아니라 주변 경치까지 감상하는 마음의 여유조차 보여주는 것이다. 일종의 "운명애"(amor fati)를 생의 모랄로 제시하고 있는 시 「시지푸스의 하루」는 소설에서 양귀자의 「곰 이야기」, 유정룡의 「아버지 장가 가시네」, 윤대녕의 「신라의 푸른 길」, 신경숙의 「전설」, 은희경의 「새의 선물」 등의 작품으로 이어지면서 하나의 신화문학적 계보를 형성하고 있는데 이들의 구체적 양상과 그 의의를 살펴보기로 한다.

III

양귀자의 「곰 이야기」는 민족설화로서 우리에게 너무나 잘 알려진 단군신화의 웅녀 이야기에 기반을 두고 씌어진 작품이다. 단군신화의 해석법은 여러가지가 있을 터이지만 「곰 이야기」의 서두에 인용된 부분이 시련을 극복하고 인간이 된 곰의 '성공적 변신담'이어서 이 작품의 중심 모티브가 무엇인지 짐작하기 어렵지 않다. 실제로 「곰 이야기」는 "술주정뱅이 폐인에서 어느 날 갑자기 유복한 예술가의 모습으로 탈바꿈한 그의 변신"을 보여주는 어느 화가의 성공적 변신담인 것이다.

　세 번의 결혼생활에 실패한 무능한 술주정뱅이 화가 '그'는 자신의 그림을 사간 재벌의 막내딸로부터 결혼제의를 받자 처음에는 망설인다. 그러면서 그의 머리에는 "연달아 과거에 낙방하는 통에 모든 것이 엉망이 되어 버린 한 선비가 마지막 과거를 보고 돌아오는 길에 마침내 목을 매 죽기로 결심을 하였다는, 그러나 아리따운 처녀의 도움으로 목숨을 건지고 재산도 얻었는데 알고 보니 그 처녀는 사람이 되기 위해 천 년을 기다려온 지네였다"는 '천 년 묵은 지네 이야기'가 떠오른다. 자신의 현재에 대하여 "욕망을 버리고 술만 구하면 되는 간단한 그 삶도 나쁘지는 않았다"는 생각도 들었지만 결국 그는 결혼제의를 수락한다.

현실의 상황을 설화로써 유형적으로 재단하고 있는 이 소설이 원형적 내지 신화적 사고의 산물임은 다시 말할 필요가 없다. 그리고 '천 년 묵은 지네 이야기' 역시 변신담이라는 면에서 웅녀 이야기와 상통하는 면이 있기는 하지만 '변신하기 위한 시련' 단락이 없다는 점에서는 차이가 난다. 그러므로 작가가, 주인공이 자동적 변신을 기대하는 대목에서는 지네 이야기를 도입하고 뒤이어 나타나는 심리적 시련과 그의 극복까지 보여주는 전체 이야기의 제목을 위해서는 웅녀 이야기를 끌어들이고 있는 것은 썩 적절해 보인다.

어쨌든 새출발을 위하여 네번째 결혼을 선택한 '그'는 재벌 막내딸인 "그녀와의 생활이 생각보다 낯설고 힘들"자 언제나 담담한 그녀의 눈빛, 잔물결 하나 없이 잔잔한 그녀의 행동을 부러워하면서 그가 저 담담함과 잔잔함에 도달할 때에야 비로소 그의 변신은 성공한 것이라고 생각한다. 그리하여 자신의 갈팡질팡하는 마음을 들켜 예전의 뒤죽박죽의 삶으로 전락할지도 모른다는 불안감을 '괜찮아', '괜찮군'이라는 유보의 언사 뒤에 숨기고 살아간다. 그리고 그는 변신하기 위하여 그녀가 내세운 금주 조건을 흔쾌히 받아들였을 뿐만 아니라 지난 관계들과의 완벽한 단절을 당연시하여 절친한 친구와의 절연도 감수한다.

그런데 그녀의 아파트에서 시작한 새 삶이 그에게 부담감을 줄 뿐 아니라 화가의 작업실로도 아파트가 부적당하다고 생각한 그녀는 새로운 저택을 마련하기 위하여 그와 집을 보러 다니게 된다. 수많은 집을 보고 나서 그 때마다 느낌을 말해 보라고 요구받은 그는 매 번 당혹감을 느끼며 적당히 얼버무리지만 자기가 어떻게 해야만 할 것인가에 대해서는 늘 자각적이다.

집을 다 보고 부동산 업자로 하여금 그녀의 신분을 짐작토록 거침없이 행동하며 돌아오던 그녀가 내일 다른 곳을 더 가 보면 어떻겠느냐고 물어 오자 그는 그녀를 천 년 묵은 지네에 비유해 보는데 그녀 역시 그가 지네가 아닌가 느껴진다고 말한다. 그러자 "그녀도 가끔은 불안한 모양이었다. 그녀도 이 삶이 제비뽑기로 얻어진 우연이 아니고 필연이기를 간절히 원하고 있는 모양이었다"는 확신과 동지애조차 느끼면서 그는 "괜찮군, 같은 애매 모호한 서성거림 말고 중심이 깃들어 있는 말, 그런 말을 찾아내야만" 한다고 생각한다. 그리하여 그녀가 내일 다시 집을 보러 가겠느냐고 재차 물어 올 때 "아니. 다른 데는 필요없어. 집을 새로 짓겠어. 내일 그 동네 다시 가서 집 지을 땅을 알아 보는 거야."라고 그는 단호하게 주체적으로 말한다. 이로써 그는 마침내 쑥과 마늘과 동굴생활이라는 웅녀적 시련으로서의 그녀와의 거리감을 극복하고 자신감과 주체의식을 회복함으로써 인간으로의 변신에 성공한 웅녀처럼 성공적 화가로의 변신에 성공할 수 있었던 것이다.

IV

유정룡의 「아버지 장가 가시네」는 '어느 종족의 장례 관습에 관한 소고'라는 부제를 달고 있는 데서도 짐작할 수 있듯이 부친상을 당한 주인공이 장례의 절차를 치뤄내면서 보고 듣고 느낀 점을 서술하고 있다. 자칫 지루하고 평이한 장례 절차에 대한 보고에 떨어질 수도 있을 법한 소재이지만 세대를 넘어 지속되어 오는 장례절차의 사회문화적 기능과 그 의미를 나름대로 따져보고 있는 이 소설은 이승과 저승의 문턱에서 삶을 다시 한번 되돌아보게 하여 독자들을 내내 긴장시킨다.

그러나 이 작품은 죽음을 통하여 삶을 신성화하고 아울러 삶에의 의욕을 재충전시킨다는 장례의례에 관한 일반론적인 관점과는 거리가 멀다. 장남으로서 마땅히 부모를 모셔야 했던 주인공은 글쟁이의 가난을 이유로 차남에게 맡긴 채 병수발도 제대로 못하다가 상을 당하자 망자에 대한 유기의 느낌을 버리지 못하며 끝까지 옆에서 간병하던 모친만이 부친에 대한 일체의 결정권과 떳떳함을 가질 수 있으리라고 느낀다. 그리하여 부친의 팔에서 링겔을 빼어버려 생명을 단축시킨 모친의 행위도 사랑의 일종으로 해석되며 그러한 그녀이기에 마음에 맺힌 것 없이 망자를 보내고 일상을 다시 건강하게 영위할 수 있다고 보는 것이다.

따라서 장례를 마치고 돌아오는 찻속에서 꿈을 꾸고 생전의 병고에서 해방된 부친의 모습을 보았을 때 주인공은 "아버지 죄송합니다. 효도를 다 못했어요. 약이라도 많이 사드렸어야 하는데. ……"라고 사죄하는 것이다. 이러한 유기의 느낌은 자연히 스스로를 뒤집힌 '기로전설'의 주인공으로 생각하고 자식으로부터의 그 응보를 당연시함으로써 죄의식의 한 부분을 덜어내고자 하는 매저키즘의 심리를 유발시킨다.

기로전설(棄老傳說). 그 전설의 뒷얘기는 그 일이 일어난 이후부터 노인을 버리는 풍습이 없어졌다고 했지만 나는 병든 아버지와 가난한 어머니를 방기했고 마침내는 아버지를 산에다 버렸다. 그런 인과를 빚은 나에게 응보가 피해갈 리 없고, 여섯 살 먹은 내 아들은 장성하여 내가 늙고 병들기를 기다려 어김없이 이승과 저승의 중간 지점인 외롭고도 한스러운 공간에 나를 패대기칠 것이었다. 나는 그리 되어도 싸다. 나는 마땅히 감수해야 한다. 어버이께 불효한 자가 어찌 자식의 효도를 기대하랴. (『'96 우수 중편소설 모음』, 도서출판 삼문, 1996, 345쪽)

이처럼 「아버지 장가 가시네」는 죽음을 저승으로 새 장가 가는 것으로 비유하고 묵묵히 최선을 다해 죽음을 예비하고 맞이하면서 살아내려온 우리 전래의 장례관습이 살아 남은 자의 마음에 주는 위무의 기능을 되새기면서 '기로전설'이야말로 아직도 지속적인 성실한 삶의 모랄임을 보여줌으로써 삶이란 그 본성에 있어 순환적이고 신화적임을 암시하고 있다.

한편 윤대녕의 「신라의 푸른 길」은 동해안 길을 따라 뻐스 여행을 하면서 옆 좌석의 여인과 잠시동안의 마음의 교감을 나누게 된 주인공이 둘의 상황을 「헌화가」의 수로부인과 어느 노옹의 연정에 비유함으로써 시공을 초월하여 존재하는 인간관계의 원형적 동일성을 상정하고 있는 셈이다. 또 신경숙의 「전설」은 제목에서부터 이미 비역사적이고 신화적인 뉘앙스를 풍기고 있지만 여타의 작품처럼 신화로써 현실을 재단하고 있지는 않다. 그러나 일제시대에 독립운동에 나가 죽은 남자의 가족관계와 6·25 때 전선에 나가 죽은 남자의 가족관계가 그 역사적 의의는 묻지 않은 채 동일한 궤적을 그으면서 되풀이되는 것으로 그려지고 있어 여타의 작품과 같은 신화적 계열 속에 분류되어도 상관없어 보인다.

V

　은희경의 장편 「새의 선물」(문학동네, 1995)은 자끄 프레베르의 시 「새의 선물」을 그대로 제목으로 삼고 "아주 늙은 앵무새 한 마리가/ 그에게 해바라기 씨앗을 갖다 주자/해는 그의 어린 시절 감옥으로 들어가버렸네"라는 부분을 서시로 인용하면서 작품의 구성법으로 기존의 작품을 차용하는, 이른바 패러디라는 포스트모더니즘 글쓰기의 한 유형을 보여준다. 고급 레스토랑에서 애인과 식사하다가 창밖으로 보게 된 쥐 한마리에 촉발되어 어린 시절이 떠오르는 것으로 시작되고 있는 이 작품에서 앵무새는 곧 쥐이고 새의 선물은 어린 시절에의 추억이라는 감옥인 것이다.
　"누구의 가슴 속에서나 유년은 결코 끝나지 않는 법이지만 어쨌든 내 삶은 유년에 이미 결정되었다"(p.13)고 화자도 선언하고 있는 것처럼 결코 우리를 풀어주지 않는 덫으로서의 유년이란 곧 감옥이 아니겠는가? 그리하여 어머니가 미쳐서 가출하는 바람에 외할머니 댁에서 철없는 이모, 엄격한 외삼촌과 함께 살면서 외할머니 댁에 세들어 있는 다양한 인간 군상을 관찰하며 눈치빠른 모범아이로서 자라난 '나'는 "내게 주어진 모든 것에 대체로 적응"(383)하여 삼십대 중년에 지방대학 교수까지 되지만 결혼도 않은 채 수많은 남성편력을 해가며 의지나 신념없는 나날을 살아가고 있는 자화상의 유년적 기원을 드러낸다.
　이러한 주인공에게 있어 인생의 시간은 동일성의 반복에 지나지 않아 "90년대가 되었어도 세상은 내가 열두 살이었던 60년대와 똑같이 흘러간다. 열두 살 이후 나는 성장할 필요가 없었다."(p.387)고 생각하게 한다. 또 "삶도 그런 것이다. 어이없고 하찮은 우연이 삶을 이끌어간다. 그러니 뜻을 캐내려고 애쓰지 마라. 삶은 농담인 것이다."(p.363)라는 말처럼 어떤 방향이나 의지도 소용없게 만들면서 그냥 흘러가는 것이 생이라고 파악된다.

> 90년대지만 지금도 세상은 나의 유년과 하나도 다를 바가 없다. 여전히 세계 어느 곳에선가는 베트남전이 일어나고 있고 아이들은 선생님에게서 위선과 악의를 배우기며 이형렬들은 군대에서 애인을 구하고 뉴스타일양장점의 계는 깨졌다가 다시 시작되며 신분상승을 위한 미스 리의 교태가 반복되는 한편에서 광진테라 아줌마는 둘째 아이를 가짐으로써 뒤웅박 팔자 속에 구덩이를 판다. 정여사의 남편들은 아직도 감옥에 있으며 유지공장의 불같은 뜻밖의 재난이 끊임없이 사람들을 떼죽음으로 몰아가고 그 사고는 이내 잊혀진 뒤 반복되며 사고가/잊혀진 뒤까지도 그때 대동병원이 번 돈처럼 돈들은 증식을 계속한다. 그때 젊은이였던 이들이 장년이 된 지금도 요즘 젊은이들이 자신의 젊은 시절과 다르다는 탄식은 변함이 없다. 그리고 사랑은 여전히 배신에서 시작한다. (pp.384-5)

이처럼 인생과 사회를 변화나 발전이 아닌 동일성의 반복으로 보고 있는 「새의 선물」도 원형적 발상을 그 기저로 하고 있음을 알 수 있다.

VI

이상에서 살펴본 것처럼 시 「시지푸스의 하루」나 소설 「곰 이야기」, 「아버지 장가 가시네」, 「신라의 푸른 길」, 「전설」, 「새의 선물」

등은 우리 시대의 이야기가 원리적으로 신화시대의 이야기와 하등 다를 바 없다고 말하고 있다. 그런 점에서 이 작품들은 '하늘 아래 새로운 것은 없다'는 동일성의 원리에 입각해 있다고 볼 수 있으며 따라서 그것은 일종의 '원형(archetype)'적 사고의 산물이자 신화적 상상력의 소산인 것이다.

그러면 오늘날의 작가들이 이처럼 신화적 발상을 토대로 하나의 소설계열을 확산시켜 가고 있는 것의 의미는 무엇일까? 「곰 이야기」에서 양귀자가 말하고 있는 "가장 첨단에 있으면서도 끊임없이 멸망이 이야기되고, 어제의 시간과 오늘의 시간을 연결한 끈이 사라져버린 아슬아슬한 오늘"이라는 귀절은 이 물음에 한 단서를 제공하는 것이 아닐까? 말하자면 근대 이후 우리를 이끌었던 진보적 역사이념이 금세기말인 오늘에 이르러 붕괴된 데에 그 원인이 있는 것이다.

그러므로 어떤 의미에서 역사주의에 대한 믿음(「슬픔도 힘이 된다」)에서 출발하여 동구 몰락 이후 미로에서 헤매던(「숨은 꽃」) 양귀자가 도달한 이러한 신화적 발상법은 그 나름의 한 대안인 셈이다. 현실이 진보하거나 발전하는 것이 아니고, 그렇다고 퇴보하는 것도 아니라면 현실은 순환할 수밖에 없는 것이 아니겠는가? 그리고 이러한 상상법은 이미 역사상 숱하게 있어온 것이었고 우리에게 그리 낯선 것도 아니지 않는가?

그러기에 문제는 그 자체의 옳고 그름이 아니라 이 시대가 그러한 발상법(에피스테메)에 충분히 공감을 표시할 만큼 전체적으로 사고의 파라다임에 전환이 이루어져 있는가의 여부일 것이리라. 어쨌든 이러한 사고 유형에 바탕을 둔 작품들이 되풀이되어 등장하고 있다는 것은 우리가 계속 주시해 보아야 할 하나의 의미있는 동향성이라 생각되며 이러한 신화적 계열의 작품군은 그것을 여타의 작품계보와 보편적 통일성 속으로 수렴시켜 이 시대의 본질을 구성해 내야 하는 시대적 과제에 한 디딤돌을 제공하고 있다고 볼 수 있는 것이다.

문학사와 정신사

I

 '문학'과 '문학연구'를 구별1)하고 있는 웰렉과 워렌은 문학이론, 문학비평, 문학사를 문학연구의 상호침투적 별개 영역으로 규정하고 있지만2) "문학연구의 최종목표 중의 하나가 아마도 문학사기술"3)이라는 명제에 우리는 대체로 동의할 수 있을 것이다. 이처럼 문학사는 개별 문학연구가 궁극적으로 돌아가야 할 귀착지로서의 성격을 지니고 있기 때문에 어느 시대에 있어서 지배적인 영향력을 발휘하는 문학사의 개념이나 기술방법론은 당대의 문학연구풍토와 밀접하게 맞물려 있음을 부인하기 어렵다.
 그러므로 이제까지 인문·사회과학 분야에 있어 지배력을 행사해 온 기존의 역사관이 대전환기를 맞이하고 있는 현 시점에서 크게 보

---

1) R.Wellek, A.Warren, Theory of Literature, Penguin Books, 1970, p.15.
2) 위의 책, pp.38-45.
3) 김윤식, 『한국문학사론고』, 법문사, 1973, p.3.

아 일반사의 일범주인 문학사가 과연 아직도 가능한가, 그렇다면 그 방법론은 어디서 찾아질 수 있는가 하는 물음은 문학연구가의 초미의 관심사가 아닐 수 없다. 본고는 이와 관련하여 그 한 가능성으로서 '정신사로서의 문학사'를 제시하고 그 타당성을 검토해 보고자 한다.

II

동양을 정체적인 동일성의 사회라고 비웃고 발전의 도정을 가고 있는 서양만이 진정한 의미의 역사를 가졌노라고 자부하던 진보사관이 그 절정에 달한 것은 의심할 여지없이 마르크시즘에 이르러서였다. 그러나 '합리주의적 낙관론'[4])에 입각해 있던 그러한 전망이 현실사회주의의 전반적인 붕괴라는 사태를 맞이하면서 이제 '역사에 있어서의 회의주의'[5])가 급격히 고개를 들고 있다. 논자에 따라 아직은 이견이 분분한 것도 사실이지만 "사회에 의한 구원이라는 신념의 종말"[6])과 더불어 "역사는 목적론을 가지고 발전해가는 단선적인 진화의 도정이고 따라서 현재의 우리는 과거의 산물이며 그러기에 역사가 해야 할 일은 과거의 역사를 재구성하는 것이라는 시각을 부정"[7])하는 작업이 설득력을 얻고 있다.

---

4) Eugene Lunn, 김병익 역, 『마르크시즘과 모더니즘』, 문학과지성사, 1986, p.80.
5) Colin Gordon ed., 홍성민 역, 『권력과 지식 - 미셸 푸코와의 대담』, 나남, 1991, p.76.
6) Peter F. Drucker, 이재규 역, 『자본주의 이후의 사회』, 한국경제신문사, 1993, p.37.
7) Colin Gordon ed., 앞의 책, 같은 곳.

더 나아가 극단적으로는 "지금 일어난 일이 과거의 일보다 반드시 개선된 것이라든지, 또는 발전된 상태만은 아니라"고 주장되기까지 하기도 한다.8) 물론 포스트모더니즘이라고 광범위하게 지칭될 수 있는 이러한 흐름에 대해 제기된 다음과 같은 비판은 상당히 공감을 불러일으키기에 족한 것도 사실이다.

> 그것이 지배하고 있는 듯이 보이는 카오스에서는 이제 어떠한 세계도 생성되어 나올 수 없다. 이미 너무 늙어버린, 허무라는 세계신은 술취한 전제군주 같다. 그 결과는 아무 보상도 없는 궁극적인 상실이다. 인식과 진리, 변화와 탈출구의 상실인 것이다. 만약 주장되는 게 있다면, 그것은 철회된 변증법을 대신하는 "해체"와 황홀경이며, 철회된 이성 대신에 비이성이고, 철회된 객관성 대신에 운명이며, 철회된 합리적인 철학적 지식 대신에 침묵일 터이다. 이런 침묵 속에서는 아련히 멀리서 들리는 성스러운 복음, 신화와 신앙의 언어만이 지각될 수 있을 것이다.9)

그럼에도 불구하고 위의 글이 몰락하는 동독의 지성에 의해 쓰어졌고 이미 동독은 역사 너머로 사라져 갔다는 사실 앞에서 우리는 위의 담론을 가능케 한 세속종교로서의 마르크시즘의 운명과 한계 또한 간과할 수 없다. 더우기 세계관에 기초적인 요소가 지배적인 시간 개념10)이라고 할 때 "시간은 서양문명의 선형적 시간보다는 고대의 순환적 시간에 가까운 성격을 가지고 있다"11)는 자연과학적 진술은 기존의 역사개념에 치명타를 가하고 있다. 그런 의미에서 다음

---

8) 위의 책, p.77.
9) 안드라스 게도 외, 김경연·윤종석 편역, 『포스트모더니즘의 도전』, 도서출판 다민, 1992, p.105.
10) Richard Morris, 정윤근·김현근 역, 『시간의 화살』, 소학사, 1990, p.117.
11) 위의 책, p.310.

진술은 발전신드롬에 붙잡혀 있던 사람들이 한번 음미해 볼 만한 점이 있어 보인다.

> 우리는 현재라는 것을 장래에 있어서의 완전한 상태를 향한 한 과정이라 생각하는데 이것은 큰 잘못이다. 가령 개화한 장미꽃을 보았을 때 우리는 그것을 먼 장래에 더욱 완전한 꽃으로 피어날 한 과정이라고 생각하지는 않는다. 우리는 눈앞의 꽃으로 대할 때 현재의 아름다움만으로 충분한 가치를 인정한다. 인간의 경우에도 같은 말을 할 수 있을 것이다. 육체적 정신적 능력이란 점에서 인간은 2백만 년 동안 거의 변화하지 않았다. 장미꽃 하나하나가 완전한 것과 마찬가지로 우리 인간 역시 그 시점의 인간으로서 완전한 것이어야 한다.
> 「인간의 의식이 서서히 발전해 나가면 먼 장래에 언젠가는 완전한 깨달음의 경지에 도달한다」 - 아이러니칼하게도 우리는 이같은 생각에 매달려 있는 것 같다. 그러나 이러한 생각을 버리지 않는다면 우리는 자신의 모든 행위 및 주위 세계와의 관계에 대해 전 책임을 지지 않게 될 것이다. 그 뿐만 아니라 우리의 잘못과 태만을 완전을 향한 한 과정에서 범한 실수로 변명해 왔던 것이다.[12]

일견 반역사주의를 지향하고 있는 듯한 위의 진술을 우리는 글자 그대로 받아들여 강조하고 싶은 생각은 추호도 없다. 다만 이제까지 한국의 제반 학문영역에 있어 진보의 이름으로 강력하게 부각되어 왔던 단선적인 역사관에 유연성과 탄력성을 부여해 보자는 것이 우리의 진정한 의도이다. 그러면 연속성, 전통, 영향, 인과성 등 기존의 역사학이 의거해 있던 개념들을 부정할 때 어떠한 역사개념이 가능할 수 있는 것일까? 미셸 푸코에 의하면 그것은 각 시대마다의 유사성보다는 차별성에, 그리하여 파괴, 비연속성, 분리 등의 개념에 관

---

[12] Jeremy Rifkin, 김용정 역, 『엔트로피』1, 원음사, 1991, p.273.

심을 두는 역사학이다.13)

　　현재를 합리화하는 강한 경향을 가지는 진화론적 진보주의를 거부할 경우, 그에 대한 합리적 대안은 모든 사회구성체들의 한계점들에 초점을 맞추는 것이다. 이러한 전략은 지배에 대립되는 비판적인 관점을 배제하지 않는다. 단지 급진적인 변화의 전망을 감소시킬 뿐이다. (…)진화론을 거부하는 것은 민주화로 향하는 변화의 가능성을 거부하는 것이 아니라 단지 목적론을 거부하려는 것일 뿐이다.(…)이성은 권력과 지배의 특수한 심급들(instances)을 지적하고 그들에 보다 더 잘 저항할 수 있도록 그들을 가지적(可知的)으로 만들 수 있을 뿐이다.14)

　이러한 역사학을 구상하는 푸코가 기대하는 미래상은「유토피아적」이라기보다는 오히려「헤테로토피아(heterotopia)(이질혼합의 장)적」이다. 그것은 보다 나은 완벽한 생의 형식을 기대하는 것이 아니라 우리 자신의 이 시대가 자의적인 것으로 보여질 정도로 더 이질적인 시대를 상상해 보는 자세이다.15) 지식의 고고학, 또는 지식의 계보학이라 불리우는 이러한 태도가 변증법적 필연성이나 점진적 진화론에 의지함이 없이 행하는 비판적 힘은 "순수한 차이의 증명"16)에 의한다.

　푸코가 주목하는 차이는 에피스테메(épistème),즉 인식의 지평과 문화적 구조를 가능케 하는 하부구조의 차원인데,여기에서도 그는

---

13) 이광래,『미셸 푸코 — 광기의 역사에서 성의 역사까지』, 민음사, 1989, p.82.
14) Mark Poster, 이정우 역,『푸꼬, 마르크시즘, 역사』, 인간사랑, 1991, p.178.
15) 존 라이크만, 심세광 역,『미셸 푸꼬, 철학의 자유』, 도서출판 인간사랑, 1990, p.64.
16) Mark Poster, 앞의 책, p.113.

인식의 변화의 이유를 찾는 것이 아니라 변화 후의 변형된 모습에 더욱 주목한다.17) 그리하여 그는 변모의 국면들 사이의 인식론적 단절,불연속을 당연시하는 듯한 태도를 취하는데 이로 인해 "푸코에게 있어 에피스테메적인 변이들은 근본적으로 임의적이다. 에피스테메들은 아무런 내적 논리없이 서로서로 이어진다"18)고 평가되는 것이다. 이러한 입장은 막바로 과학혁명이 점진적 축적적으로 이루어지는 것이 아니고 혁명적 불연속적으로 이루어진다는 토마스 쿤의 '패러다임'이론과 통한다. 쿤이 과학적 혁명의 요인으로 단지 "주장된 지식의 타당성을 평가하는 기준"인 패러다임의 위기를 제시하는 것처럼 푸코도 에피스테메의 비연속적 변화의 요인을 결핍과 약화라고 볼 뿐이다. 19)

> 각기 다른 패러다임이란 논리적으로 같은 기준을 가지고 비교할 수 있는 것이 아니다.(…) 새로운 패러다임이 근본적으로 더 낫다거나,주어진 시점에서 합리적인 정신을 소유한 사람이면 누구건간에 반드시 더 나은 것으로 받아들여야 할 이유를 제시해 보일 수도 없거니와, 또 그러한 증거도 있을 수가 없다.(…) 후속하는 패러다임과 그것의 개념체계가 이전의 그것에 비해 근원적으로 훨씬 우월하다고 생각하는 것 역시 명백한 근거가 결여되고 있는 것이다.20)

과학사에 적용되어 큰 반향을 일으킨 이상의 패러다임 이론이 분명히 함축하고 있는 '상대주의적 관점'21)은 이제 푸코역사학의 기본

---

17) 김현 편,『미셸 푸코의 문학비평』, 문학과지성사, 1990, p.21.
18) 이광래, 앞의 책, p.154.
19) 이광래, 앞의 책, p.147.
20) Barry Barnes, T.S.Kuhn and Social Science; 정창수 역,『패러다임』, 정음사, 1986, pp.142-3.
21) 위의 책, p.143.

전제가 된 셈이다. 그렇다면 20세기에 들어 모든 담론의 메타 담론으로서 기능하던 마르크시즘과 발전사관이 퇴조하고 있는 현 시점에서 "보편적이고 자명한 주제들을 분쇄"[22]하며 에피스테메의 시대적 상대성을 드러내 보인 푸코의 작업에서 우리가 배울 수 있는 것은 무엇인가? 그것은 어떤 프로그램을 상정하지 않기 때문에 무정부주의적이라 비판될 수도 있지만[23] "이성의 한없는 자기반성"[24]을 통하여 권력의 부당한 간섭과 지배에 저항할 수 있게 한다는 점에서 비판성을 획득하는 동시에 무엇보다도 진보사관과 결정론적 역사관의 진로가 막힌 현 상황에서 역사에 대해 개방적 자세를 갖게 함으로써 역사학에 새로운 탈출구를 열어 놓았다는 점을 들 수 있을 것이다. 후속되는 제반 역사상황은 전 단계와 비교하여 다를 뿐이지 더 낫다거나 또는 더 못하다고 평가할 수는 없다는 '차이의 역사관'이 바로 그것이다.

그러면 이러한 새로운 역사개념을 받아들일 때 문학의 역사인 문학사는 어떻게 가능할 수 있을 것인가? 기존의 문학사가 암묵적으로나 명시적으로 입각해 있던 문학발전의 역사라는 전제가 이제 더 이상 유지되기 힘든 진보사관의 잔재라면 앞으로의 문학사가 의지할 수 있는 대안은 무엇일 수 있는가를 우리는 다음 장에서 검토해 보기로 한다.

---

22) Diane Macdonell, 임상훈 역, 『담론이란 무엇인가』, 한울, 1992, p.100.
23) 김현, 『시칠리아의 암소』, 문학과지성사, 1990. p.175.
24) 위의 책, 같은 곳.

III

　문학사의 어려움은 문학사를 기술하는 문학사가 한결같이 토로하고 있는 바인데 일차적으로는 문학이 갖는 개별성 및 초시대적 예술성과 역사가 갖는 집단성 및 시대구속적 전제 사이의 충돌에서 연유한다. 그럼에도 불구하고 수많은 문학사가 나름대로의 방법론을 개발하면서 씌어져 왔음을 우리는 알고 있다. 그런데 그 어느 것을 보더라도 기존의 문학사는 주목하는 측면이 다를 뿐이지 문학사를 문학의 발전과정으로 이해하여 후속되는 문학현상이 앞 단계보다 진전되어야 한다는 일종의 강박관념을 가지고 그 진전양상을 찾아내고 증명하기 위해 고심하고 있음을 알 수 있다.
　그러므로 발전의 의미가 부여되기 어려운 양상이 현출되었을 때 문학사가는 당황할 수밖에 없다. 예컨대 한국근대문학의 경우 1920년대의 리얼리즘이 발전의 논리에 잘 부합되는 문학현상이라면 그 뒤에 후속되는 30년대 모더니즘은 발전의 논리에 어긋나서 문학사가를 괴롭히는 문학현상이다. 발전의 논리에 맞으려면 리얼리즘이 축적된 결과로서 모더니즘이 출현되어야 하기 때문이다. 고육지책으로 상황론을 전개하여 그나마 악화된 상황에서 일정한 역할을 한 것으로 위안을 삼지만 마음이 편치 못한 것은 어찌할 수가 없다. 상황에 따라 달라진다면 발전의 지속성이란 자칫 환상적 허구로 전락할 우려가 있고 오히려 모든 것을 "그 시대에 특유한 권력 — 지식 연계의 생산물"[25]로 파악하는 관점이 실상에 부합될 듯하기 때문이다.
　더구나 그 정도라도 가능할 수 있었던 것은 과거보다 현재가, 현

---

25) 윤평중,『푸코와 하버마스를 넘어서』, 교보문고, 1993, p.221.

재보다 미래가 더 낫다는 당위론적 발전사관이 인식론적 근거로서 작동하고 있었기 때문이다. 그리하여 미래와 연계된 당위론적 입장이 강하면 강할 수록 발전의 논리에 맞는 것만이 강조되고 여타의 것은 희미해지다가 결국에는 흔적조차 찾아보기가 어렵게 되는 것을 보게 되는 바, 다음의 진술은 그 극단적 예이다.

> 사회주의의 더욱 높은 봉우리를 향하여 내달리고 있는 오늘, 우리 문학 앞에는 우수한 사회주의적 사실주의 작품을 더욱 많이 창작함으로써 근로자들을 공산주의 사상으로 교양할 데 대한 영예로운 과업이 제기되여 있다.
> 우리 문예학자 집단은 이 간절한 현실적 과업에 이바지하고저 오늘 우리의 사회주의적 사실주의 문학의 찬란한 개화 발전을 이루기까지에 우리 문학이 인민과 함께 걸어 온 영광스러운 력사를 맑스 - 레닌주의적 방법으로 간명하게 서술하여 이에 『조선문학통사』를 상, 하권으로 나누어 내여 놓는 바이다. 26)

이 인용문에서 우리는 우리나라 문학사를 사실주의 발달사로 규정하고 그 미래적 지점을 사회주의 사실주의로 설정하는 선명한 태도를 볼 수 있거니와 이러한 자리에 저 모더니즘 따위가 끼어들 틈은 없다. 그러나 그 선명성만큼 문학적 실상과는 멀어질 수밖에 없음을 몇 페이지만 넘겨봐도 금방 알 수 있다.

이처럼 진보사관의 시대에서도 지속적 발전의 논리는 현실적 실상 앞에서 어려움에 봉착하는 일이 많았고 더구나 오늘날은 모든 진보적 전망조차 퇴조의 길에 들어서 있기 때문에 우리로 하여금 문학사의 새로운 가능성을 타진해 보지 않을 수 없게 한다. 그 한 가능성으

---

26) 사회과학원 문학연구소, 『조선문학통사』(1959) 현대문학편, 북한문예연구자료3, 인동, 1988, 머리말.

로 우리는 지금 일어난 일이 과거의 일보다 반드시 개선된 것이라든지 또는 발전된 상태만은 아니라는 전제하에 "우리의 발전이 어떻게 가능한가"라는 문제제기 대신 "어떻게 그런 일이 일어났는가"라고 질문방식을 바꾼 푸코류의 '차이의 역사학'을 생각해 볼 수 있다.27)

물론 푸코가 추적하는 '차이'의 단위는 한 시대의 언설들을 가능하게 해준 조건들의 체계라는 '에피스테메'28)로서 문학사에 그대로 적용하기는 지나치게 거시적인 것도 사실이다. 그러나 각 시대에 우리가 가지고 있는 스스로에 대한 개념은 그 시대에 특유한 권력-지식 연계의 생산물에 지나지 않는다는 것,29) 진리 또는 지식 그 자체가 이미 권력이라는 것, 진리는 발견되고 수용되어야 할 일련의 명제라기보다는, 참과 거짓, 정상과 비정상, 이성과 비이성이 구별되면서 권력의 특수한 효과가 참과 이성, 정상적인 것으로 집중되는 한 무리의 규칙을 뜻할 뿐이라는 것, 모든 사회는 나름대로 진리의 체계를 지니며 따라서 각 진리의 유효성을 비교하는 것은 부질없는 시도라는 것30) 등 그의 발상법을 적절히 원용만 한다면 이 막막한 전환기에 막무가내로 지난 관행에 매달리는 딜레마의 짐을 벗고 문학사에 새로운 숨길을 열 수가 있지 않을까 생각된다.

그럴 경우 연대기적 의미에서 면면히 이어져 있는 문학작품들은 유사성과 차별성에 따라 경계가 정해지고 그 달라진 양상과 관여적 요인들이 기술, 추적되어야 하지만 그것이 꼭 발전의 맥락에서 파악될 필요는 없다. 천동설과 지동설이, 뉴턴의 역학과 아인쉬타인의 상

---

27) Colin Gordon ed., 앞의 책, p.77.
28) 이정우,「에피스테메의 변환」, 과학사상연구회 편,『과학과 철학』제3집, 통나무, 1992, 10, p.87.
29) 윤평중, 앞의 책, p.221.
30) 위의 책, p.234.

대성이론이 단절되어 있듯이 문학사의 단위 시대들도 당대의 제반 여건에 따른 인식론적 단절 속에서 작품을 생산해 냈을 뿐이다. 그러므로 문학사란 그 생산 메카니즘의 교체과정에 지나지 않는다. 그런 의미에서 근자에 나온 한 소설사의 기술방법론에 우리는 특히 주목하고자 한다.

> 소설사의 그물을 엮는 데 있어 벼리가 되는 것은 작가가 아니라 작품이다. 소설사의 의미망은 작품을 중심으로, 작품들이 형성하는 관계의 총체로 구성된다. 전에는 없던 새로움을 지닌 작품이 나타나면, 그 작품은 모방과 극복의 대상이 된다. 아류작이 생겨나 그 작품을 중심으로 계열체를 형성하고, 한편으로는 그것을 극복하는 작품들이 솟아나 다른 성격의 계열체를 구축한다. 중심작품과 그 아류로 구성되는 '모방의 계열체'는 한 시대 문학의 공통된 성격을 담고 있다는 점에서, 앞선 작품에 새로움을 더해 주는 작품들로 구성되는 '극복의 계열체'는 소설사의 진전하는 궤도를 드러내 보여준다는 점에서 소설사 구성의 중심항이다. [31]

이렇게 본다면 소설사(문학사)는 '모방의 계열체'가 '극복의 계열체'에 의하여 계속 새로와지는 교체과정이다. 물론 그러한 교체가 일어나는 계기에 대해서는 지속적인 천착이 이루어져야 하겠지만 간단히 시대의 발전이니 소설(문학)의 발전이니 하는 식이 되어서는 안 될 것이다. 고대소설은 신소설에, 신소설은 「무정」류의 준비론소설에, 준비론소설은 비극소설에, 비극소설은 리얼리즘소설에[32], 리얼리즘소설은 모더니즘소설에, 모더니즘소설은 해방공간소설에…하는 식으로 일련의 소설들은 모방의 계열과 극복의 계열을 이루면서 교체

---

[31] 김윤식·정호웅,『한국소설사』, 예하, 1993, p.4.
[32] 졸저,『한국근대소설의 정신사적 이해』, 국학자료원, 1993. 참조.

되어간 것이다.

그러면 이러한 문학사서술 방법과 문학연구 방법을 무엇이라 부를 수 있을 것인가? 이제까지 논의된 것이 푸코식의 '차이'의 역사관에 힘입어 모색해 본 문학사 기술방법론이라 할 때 푸코의 에피스테메 이론을 '문화사조론의 변형'[33)]으로 규정한 김현의 지적은 우리에게 시사해 주는 바가 크다. 일찌기 최초의 근대문학사를 시도해 본 임화는 문학사방법론을 논구하는 가운데 문예사조를 시대적 양식이라 부르면서 문학사의 임무란 시대적 양식과 그 저류에 있는 시대정신을 발견해 내는 것임을 갈파한 바 있다.

> 문학사는 여러가지 시대를 연속적으로 일관한 것으로 연구하는 것이다. 거기에서는 필연적으로 한 작품 한 작품이 문제가 아니요, 한 작가 한 작가가 문제가 아니다. 모든 역사 연구가 다 그러한 것처럼 문예사에서 있어서도 시대란 것이 단위가 된다. 시대란 것이 연구의 단위가 될 때에는 또한 자연히 개개의 작품, 개개의 작가는 각 시대 가운데로 편입되며 그들의 개성이란 것은 또한 시대의 특색이란 가운데로 해소되지 아니할 수 없다. 그러므로 자연히 한 작품의 형식이든지 한 작가의 형식상 개성이란 것은 시대의 그러한 특색 가운데로 들어가서 그 시대의 고유한 어떤 문예상의 개성이란 것으로 재생되지 아니할 수 없다.
> 문예학에서는 이러한 것은 형식이라고 부르기를 피하야, 예하면 고전주의, 혹은 낭만주의라 한듯이 그것은 문학에 있어서는 시대적 양식이란 개념으로 불러온 것으로, 문학사는 이러한 몇 개의 특색있는 양식을 발견하는 게 언제나 큰 임무다. (…)
> 그러나 시대의 양식이란 것은 단순히 그것이 하나의 특이한 양식에 그치는 것이 아니라, 그 시대인의 고유한 체험과 생활에서 형성된 시대정신이 자기를 표현하는 형식에 지내지 않는 것이다.(…)

---

33) 김현 편,『미셸 푸코의 문학비평』, 문학과지성사, 1990, p.23.

문학사는 외면적으로는 언제나 이 양식의 역사다. 모든 통속적 문학사가 이 양식의 역사를 기술하고 있다. 그러나 양식의 역사는 그실 정신의 역사의 형식에 지나지 않는다. 양식의 역사를 뚫고 들어가 정신의 역사를 발견하고 못하는 것이 언제나 과학적 문학사와 속류문학사와의 분기점이다. 34)

문학사를 외면은 양식사이지만 기실은 정신사라고 규정한 임화는 문학사의 성패여부는 모든 문학적 양식적 운동과 변천의 근원인 "개성적인 차이를 초과한 어떤 보편적 동일성"35)으로서의 정신의 역사를 발견하느냐, 못하느냐에 달려 있다고 보고 있는 것이다. 요컨대 문학사란 시대양식의 역사요, 나아가 시대정신의 역사라는 것이다.

그러나 임화에게 있어 단위 시대양식을 규정하는 시대정신간의 관계에 대한 인식은 철저하지 못한 감이 있다. 그것은 그가 발전사관인 유물사관의 신봉자였다는 데에서 그 이유의 일단을 찾아볼 수 있겠거니와 정신의 발전과정을 소박하게 믿을 수 없게 된 현재의 우리로서는 이 점에 대한 명확한 입장을 표명할 필요가 있다. 그것은 문학사를 정신사로 이해하되 그 개념의 재정립과정을 통하여 연구방법을 보다 구체화하고 위에서 논의된 새로운 역사개념으로 단위시대간의 관계를 설정하는 것이다.

원래 정신사는 모든 역사사실을 정신의 작용으로 본 헤겔의 역사철학에서 그 정점에 도달했지만 유물변증법에 의해 관념론으로 치부되고 정신이 오히려 물질의 규정을 받는 것으로 비판되면서 심각한 타격을 받은 바 있다.36) 그러나 딜타이가 종교, 과학, 문학 등의 내적 조화를 성립시키는 것은 정신사라고 하면서 괴테 시대의 모든 창

---

34) 임화, 「신문학사의 방법」, 『문학의 논리』, 학예사, 1940, pp.835-7.
35) 위의 책, p.839.
36) 황성모, 『한국사회사론』, 심설당, 1984, pp.92-3.

조적인 활동을 추진시킨 동인을 정신사적 힘의 통일적인 작용이라고 본 이래[37] 정신사는 문학연구방법론의 한 분야로서 정착되고 있다.

그리하여 지금은 이념적 상부구조의 내적 역사의 흐름 속에는 보편적 정신이 작용하고 있다는 전제하에 "모든 정신적 실재화의 통일성"[38]을 추구하는 것을 그 연구영역으로 삼고 있다. 결국 상부구조를 규율하는 통일성으로서의 이러한 보편적 정신을 찾아내는 것이 정신사적 문학연구의 관건이라 할 수 있는 바, 쉽게 말하면 문학작품을 하나의 유기적 전체로서 관찰[39]하고 그것을 시대정신의 기록[40]으로 간주하는 것이다.

그런데 시대정신을 발견해 내는 것은 한 시대 문학작품을 보편성의 레벨에서 통일적으로 파악하는 것이기 때문에 그리 용이한 작업이 아니다. 그럼에도 불구하고 문학작품들을 작품구성의 제 층위에서의 유사성과 차이성에 따라 계보적으로 분류하고 그것이 입각하고 있는 인식론적 하부구조[41]를 식별하고자 한다면 꼭 어려운 일만도 아니다. 이렇게 하여 찾아진 보편적 통일성의 단위들은 문학사기술에 기본단위로 기능하게 될 것이다.

이러한 정신사적 문학연구에 대해서는 비판적인 시각도 만만치 않은 것이 사실인데 그 중 대표적인 것이 작가나 작품의 개성의 경시 문제와 시대정신 간의 가치론적 상대주의에 관한 것이다. 그러나 개

---

37) Wilhelm Dilthey, 한일섭 역, 『체험과 문학』, 중앙일보, 1979, p.51.
38) Maren-Grisebach, 장영태 역, 『문학연구의 방법론』, 홍성사, 1982, pp.41-4.
39) D.Gutzen, N.Oellers, J.H.Petersen, Einführung in die neuere deutsche Literaturwissenschaft, Erich Schmidt Verlag, 1977, p.162.
40) J.M.Metzler, Literatur Lexikon, 1984, p.162.
41) 엄밀히 말하면 서로 다른 내포를 갖는 용어들이지만 메타포적으로 사용하면 에피스테메, 세계관 혹은 파라다임 등으로 불리우는 것들이 이에 해당한다.

성의 경시문제는 문학사의 특성상 어느 정도 감수할 수밖에 없는 것이라고 한다면 결국 정신사가 지닌 최대의 문제점과 한계로서 지적되고 있는 것은 상대주의의 문제이다. 그런데 앞에서 우리는 이미 현재의 역사상황이 진보나 발전을 운위하기 힘든 사정에 놓여 있다는 점과 그의 한 돌파구로서 푸코류의 불연속과 차이의 역사관을 도입할 것을 제언해 놓은 상태이기 때문에 그 비판은 표적을 잃은 셈이라 할 수 있다. 왜냐하면 불연속과 차이의 역사관이란 상대주의 역사관의 다른 이름이고 따라서 우리가 지향하는 정신사적 문학사는 명백히 단위시대 사이의 가치론적 상대성을 천명하고 있는 것이기 때문이다.

요컨대 정신사적 문학사는 상대주의적 문학사로서 그것은 단위시대간의 문학의 파라다임과 그 교체양상을 가치론적 선입견없이 기술하고 이의 관여사항들을 천착하는 객관적인 문학사인 것이다. 이러한 문학사는 문학담론(지식)의 구성적 임의성과 권력연계성을 확인시켜 줌으로써 궁극적으로는 도구적 이성의 한계와 억압의 메카니즘을 밝히고 현실 비판의 힘을 극대화하는 이성의 한없는 자기반성의 일환으로서의 의의가 확보될 수 있을 것이다.[42]

IV

20세기가 저물어가고 있는 지금 인류는 미증유의 전환기적 상황을 맞이하고 있다. 그것은 근대 이후 인식론적 기초로서 작용해 온 발전사관이 세기말에 이르면서 그 낙관적 근거를 상실했을 뿐만 아니

---

[42] 김현, 『시칠리아의 암소』, 문학과지성사, 1990, pp.174-5.

라 그 대체 전망의 확보마저 용이하지 않은 사태에 직면해 있기 때문이다.
 이러한 무방향적 와중에서 제일 치명타를 받은 것은 거시적 보편지성을 지향하는 인문사회과학 분야이다. 이제 역사법칙이니 발전방향이니 하는 메타담론이 불가능해져 기존의 담론들은 더 이상 설득력을 가지기 어렵게 되었을 뿐 아니라 계속 새로운 담론을 만들어낼 생산력을 상실해 버렸기 때문이다.
 그러면 이제 인문사회과학은 사양길에 들어서야 하는가? 또 그 한 분야인 문학과 문학연구도 같은 운명에 처할 수밖에 없는가? 이러한 암울한 상황에 한 탈출구를 모색해 보고자 하는 의미에서 본고는 '발전의 역사학' 대신 '차이의 역사학'을 시도해 온 미셸 푸코의 새로운 역사개념을 도입해 볼 것을 제언하였다.
 그리고 문학연구의 제 성과는 궁극적으로 문학사로 수렴되므로 문학도에게 있어 초미의 관심사는 문학사방법론이라 보아 기존의 발전사적 문학사가 아닌, 푸코류의 역사개념에 입각한 문학사의 가능성을 타진해 보았다. 그것은 단위시대들을 발전과 연속의 논리로 파악하는 것이 아니라 불연속과 단절로 파악하는 상대주의적 문학사로 귀결되었고, 우리는 그것을 정신사적 문학사로 이해하게 되었다.
 이전에는 그것이 지향하는 보편주의적 통일성 때문에 미숙하다고 비판되었고, 단위시대 간에 상대주의를 가정한다고 몰역사성을 비난받던 정신사적 문학연구는 이제 발전의 논리가 벽에 부딪힌 현 상황에서 '차이의 역사학'에 힘입어 새로운 문학연구의 가능성으로 부상될 수 있게 되었다.
 이제 문학의 언어적인 조건[43]을 포함하여 여러 층위에서의 '차이'

---

43) 우한용, 「소설사 서술방법에 대한 연구」, 한국현대문학이론연구회, 『현대문

의 식별력을 천착하는 방법론만 계속해서 보완된다면 문학의 유사성과 차별성을 가능케 한 에피스테메로서의 시대정신과 그 교체과정에 주목하는 정신사는 미래의 가능한 문학사 서술방법으로 기능할 수 있을 것이다.

≪참 고 문 헌≫

김윤식,『한국문학사론고』, 법문사, 1973.
김윤식·정호웅,『한국소설사』, 예하, 1993.
김현,『미셸 푸코의 문학비평』, 문학과지성사, 1990.
김현,『시칠리아의 암소』, 문학과지성사, 1990.
사회과학원 문학연구소,『조선문학통사, 현대문학편』, 인동, 1988.
윤평중,『푸코와 하버마스를 넘어서』, 교보문고, 1993.
이광래,『미셸 푸코-광기의 역사에서 성의 역사까지』, 민음사, 1989.
이정우,「에피스테메의 변환」, 과학사상연구회 편,『과학과 철학』, 제3집,
　　　통나무, 1992.10.
임화,『문학의 논리』, 학예사, 1940.
안드라스 게도 외, 김경연·윤종석 편역,『포스트모더니즘의 도전』, 도서
　　　출판 다민, 1992.
우한용,「소설사 서술방법에 대한 연구」, 한국현대문학이론연구회,『현대
　　　문학이론연구』제1집, 도서출판 신아, 1992.
한점돌,『한국근대소설의 정신사적 이해』, 국학자료원, 1993.
황성모,『한국사회사론』, 심설당, 1984.
존 라이크만, 심세광 역,『미셸 푸꼬, 철학의 자유』, 도서출판 인간사랑,
　　　1990.

　　　학이론연구』제1집, 도서출판 신아, 1992, p.11.

Barnes, Barry., 정창수 역, 『패러다임』, 정음사, 1986.
Dilthey, Wilhelm., 한일섭 역, 『체험과 문학』, 중앙일보, 1979.
Drucker, Peter F., 이재규 역, 『자본주의 이후의 사회』, 한국경제신문사, 1993.
Gordon, Colin.ed., 홍성민 역, 『권력과 지식 - 미셸 푸코와의 대담』, 나남, 1991.
Gutzen, D., Oellers, N., Petersen, J.H., Einführung in die neuere deutsche Literaturwissenschaft, Erich Schmidt Verlag, 1977.
Lunn, Eugene., 김병익 역, 『마르크시즘과 모더니즘』, 문학과지성사, 1986.
Macdonell, Diane., 임상훈 역, 『담론이란 무엇인가』, 한울, 1992.
Maren-Grisebach, 장영태 역, 『문학연구의 방법론』, 홍성사, 1982.
Metzler, J.M., Literatur Lexikon, 1984.
Morris, Richard., 정윤근·김현근 역, 『시간의 화살』, 소학사, 1990.
Poster, Mark., 이정우 역, 『푸꼬, 마르크시즘, 역사』, 인간사랑, 1991.
Rifkin, Jeremy., 김용정 역, 『엔트로피』1, 원음사, 1991.
Wellek, R.& Warren, A., Theory of Literature, Penguin Books, 1970.

부록

〈서평〉
급변하는 시대와 소설 쓰기의 의미
— 최인훈, 「화두」 1·2

"이 침묵의 우주공간 속을 기어가는 <인류>라는 이름의 이 공룡의, <역사>라는 이름의 이 운동방식이 나를 전율시킨다"

「광장」이라는 소설로 60년대 문학의 새 장을 열었던 문제적 작가 최인훈이 20여 년의 침묵을 깨고 「화두」라는 장장 천여 페이지에 이르는 장편소설을 내놓으면서 발한 첫소리이다.

"무한한 창공의 영원한 침묵이 나를 전율케 한다"는 명제가 17세기의 철학자 파스칼이 진단한 근대인의 내면풍경이라면, 이를 변형한 위의 명제는 20세기 말 급변하는 상황 속에 놓인 현대인의 내면진단이라 말해 볼 수 있으리라.

일찌기 헝가리의 철학자 루카치는 근대인의 이러한 내면상을 '초월적 고향 상실성'이라 규정하고 그러한 근대사회에서 '삶의 내재적 의미'를 추구하기 위해 나타난 문학이 소설이라 설파한 바 있다. 그러나 어찌 소설뿐이겠는가?

어떤 의미에서 근대사회의 모든 정신활동의 근간은 삶의 의미를 천착하기 위한 해석학이 아니었겠는가? 그렇다면 새삼스럽게 이 시점에서 근대 초기의 내면풍경을 환기시키는 진단이 내려지면서 소설의 가능성이 새로이 모색되어야만 하는 무슨 필연적인 소이연이 있는 것일까?

그동안 근대의 문제성을 비판하며 근대 이후의 세계상을 제시함으로써 많은 사람들에게 거의 중세적 보편원리에 버금가는 영향력을 행사했던 이념이 한 순간 맥없이 허물어지는 것을 목격한 오늘날 그 이유를 짐작하기는 그리 어렵지 않을 것이다.

휘황하던 광휘가 사라졌기에 눈앞은 갑자기 더 어두워졌으리라. 더구나 그 이념 때문에 역사적으로 가장 고통을 받아 온 우리 나라의 경우 그 위치가 어디였건 개인의 자기정체성과 민족의 자기정체성에 누구보다도 더 심각한 타격이 될 수밖에 없을 것이리라.

우리는 지금 이러한 시점에 서 있는 것이다. 역사의 이름으로 행해진 그 동안의 민족 수난사나 개인 수난사, 그것은 어떻게 규정지워져야 할 것인가?

소설 「화두」는 이러한 문제를 거의 등신대로 등장하는 작가가 개인의 내면적 체험을 바탕으로 그 의미를 음미하고 있다. 그러나 가지가지의 테마에 대해 피력되는 소설 속의 이야기가 그대로 결론으로 수용되는 수동적인 자세는 이 작품을 읽는 올바른 자세라 볼 수 없다. 제목에서도 암시되듯이 그것은 두고두고 음미되어야 할 '사유의 출발'로서의 화두이지 확고한 인식으로서의 귀결은 아니기 때문이다.

한 때는 「광장」이라는 소설을 써서 새 시대를 열었던 작가 최인훈, 그는 당대를 "역사의 조명탄이 크게 밝히고 있는 시간"이었다고 보고 그러한 시기에는 "집단적 이성이 환히 밝히는 사물을 보이는 대로 적으면 그만"이기 때문에 "글을 쓴다는 것은 어려운 일만은 아니었다"고 회고한다.

그러나 이제 우리 시대 자체가 다시 '생의 의미의 내재성'을 추구해야 하는 원점으로 회귀되었지 않은가? 그러니 "<앞>에 무엇이 있다는 약속은 사라지고, 법칙이나 <예언>의 신빙성도 떨어진 시대에 인간은 어디에 의지해야 하는가. 오직 <뒤>밖에 더 무엇이 있겠는가. <뒤돌아보는 것>만이 이 암흑에서 그가 의지할 수 있는 힘의 근원이다. 그 뒤돌아봄이 그의 이성의 방식이다."

이 '뒤돌아보기', 다시 말해 "기억의 밀림 속에 옳은 맥락을 찾아내어 그 맥락이 기억들 사이에 옳은 연대를 만들어 내게 함으로써만 나는 나 자신의 주인이 될 수 있"는 바, 일제의, 미소의, 기타 어떤 권력의 상흔으로서의 기억에서 이 자기정체성을 찾는 일, 이것이 이 시대의 소설쓰기의 한 방식이 아니겠는가? 그러므로 「화두」는 우리나라의 현대판 「잃어버린 시간을 찾아서」이고 이 시대는 백낙청의 화두적 명제처럼 '지혜의 시대'가 아닐 것인가?

〈서평〉

에로스의 생리와 윤리
―신경숙, 「깊은 슬픔」(상하, 문학동네, 1994)

I

　예로부터 문학의 지속적인 주제 가운데 하나가 '사랑'이었음은 굳이 췌언을 요하지 않는다. 그리고 그동안 천착된 사랑의 유형학만 해도 매거하기 어려울 정도로 다양하게 축적되어 있는 실정이다. 그럼에도 불구하고 사랑을 다루는 소설이 계속 쏟아져 나오고 있다는 사실은 인간에 있어 사랑은 여전히 미지의 신비한 영역이자 끊임없이 흥미를 자아내는 무한한 창조성의 지대임을 알게 한다.
　근자에 발표된 신경숙의 「깊은 슬픔」 역시 사랑을 테마로 하고 있다는 점에서 그것이 사랑의 소설임은 명백하다. 그런데 사랑하는 사람들이 제반 방해요소를 극복하고 사랑을 성취하거나, 사랑으로 인하여 파멸한다 해도 그 방해요소의 정당성에 의문을 제기함으로써 사랑의 진정성을 입증하고자 하는 것이 일반적인 사랑 소설의 문법이었다면 신경숙의 「깊은 슬픔」은 이들 문법과는 아주 이질적인 작품으로 보인다.
 물론 「깊은 슬픔」에서도 부차적 모티프를 구성하기는 하지만 미용사 화연과 그 사촌과의 사랑, 주인공 은서와 그 남동생 이수 사이의 지나친 밀착, 화연과 은서 두 여성 사이의 깊은 교감 등은 근친상간이라든가 동성애에 대한 사회적 통념에 여지없이 부딪힘으로써 사랑의 유형학과 그 가능성을 탐색하는 기존의 소설문법과 궤를 같이 하는 부분이 있는 것은 사실이다.
 그러나 이 작품의 중심 모티프이자 두 남성 '완'과 '세' 사이에서 펼쳐지는 은서의 심리의 드라마는 외부적 방해요소와 결부된 사랑의 이야기가 아니라, '사랑'이라는 인간심리 자체의 원형적 생리를 탐구하고 그로 인한 인간의 파멸과 구원의 가능성을 타진하고 있다는 점에서 가히 획기적인 또 하나의 '사랑의 형이상학'이라 할 만하다.

II

 '이슬어지'라는 시골에서 함께 자라난 은서, 완, 세는 서로 절친한 사이인데 어느 가뭄 때 물싸움으로 아버지를 잃고 도시로 떠났던 완은 원한의 이슬어지를 의식적으로 잊으려 하고 세는 마음의 안식처로서 이슬어지를 그리워한다. 방송 스크립터로 일하고 있는 은서는 기획사를 하고 있는 완에게 마음을 온통 빼앗기고 있지만 완은 항상 무심하고 심드렁하게 대하여 그녀를 가슴 아프게 한다. 한편 화가이자 교사인 세는 은서의 마음이 자신에게 돌아오기를 고대하며 그림자처럼 따라 다니지만 은서는 완이 그녀에게 해주는 것과 똑같이 세를 대한다. 이처럼 서로 비껴가기만 하는 사랑의 무정한 속성을 은서 자신 알아채고는 있지만 그녀도 어쩌지 못한다.

"날 사랑해?"
". ......"
"응?"
"......"
"나는 사랑해. 네 예측할 수 없음, 네 조심성, 네 단호함. 내 눈에 이제 너보다 더 아름다운 건 없어. 이렇게 말하면 안 되겠지. 그러면 너는 저만큼 더 물러서겠지. 너의 마음을 내게 붙들어 놓으려면 너를 사랑한다고 말할 게 아니라 세를 사랑한다고 말해야 될 거야. 그게 너의 마음을 얻어내는 길일 거야. 새삼스러운 일도 아니야. 넌 어려서부터 그랬어, 넌. 내가 세 곁에 있어야 내게 다정했지. 세가 옥수숫대를 두 대 꺾어주면 넌 세 대를 줬어. 그게 너였어.(……)"(「깊은 슬픔」상, p.119.)

완의 마음을 확인하고 있는 위의 질문에서 은서는 완의 마음이 그녀에게서 떠나 있는 이유를 간파하고 있다. 그것은 그녀가 세와 완 사이에서 사랑의 줄타기를 하여 서로의 욕망을 자극하지 않고 일방적으로 완에게만 경도 되어 있기 때문인 것이다. 그러나 완은 그의 마음이 은서에게 온전히 향하지 않는 진정한 이유를 아직 깨닫지 못하고 있다. 그리하여 이슬어지가 아닌 이 세상에서 "사랑으로 살기엔 이미 늦었"고 무엇보다 일을 해야 한다면서(상, pp. 213-4.)사업의 후원자 박효선이라는 선배와 결혼해 버린다.

그러나 절망에 빠져 있던 은서가 세와 결혼하여 방송일에 몰두하며 겨우 균형을 찾아갈 즈음 예식장에서 우연히 은서를 본 완은 그녀에게로 향하는 자신의 마음을 주체하지 못한다.

완은 다시 담배에 불을 붙였다. 그날 예식장에서 세와 함께 서 있는 은서를 보고, 완은 아, 저 여자가 머리를 잘라버렸구나, 라는 생각을 맨 먼저 했었다. 내가 그렇게 좋아했던 머리를 짧게 잘라 버렸구나. 그 다음에 든 생각은 <u>세 곁에 서 있는 은서가 너무나 아름답다는 것이었다. 질투라고 밖에 할 수 없는 감정이 복잡하게 들끓었다. 저 여자가 저렇게 아름다웠었나.</u> 손을 뻗으면 손을 내 줄 것 같은 편안함, 어느 상황 속에서라도 내 편이 돼 줄 것 같은 고향 같음, 그런 것.

그 편안함과 고향 같음을 잃었다는 걸 완은 느꼈다. 박효선과 결혼을 하는 순간 바로 느낀 것이었다. 신혼여행지에서 박효선을 안으면서 나는 이제 더이상 편안할 수 없으리라, 생각했다.

은서와 재회하는 순간 완은 마치 총알이 가슴을 꿰뚫고 지나가듯, 세 곁에 서 있는 은서가 너무나 아름답구나, 생각했다. 그리고 불현듯이 이제 저 여자는 내게서 완전히 떠났구나, 느꼈다. 그래서였을 것이다. 그날 이후 은서의 얼굴이 밟혀 무엇도 제대로 할 수가 없었다. 제대로 무엇도 할 수 없는 어느 와중에 완은 깨달았다. 그건 상실이었다. (하, p. 127.)

세를 전제하고 바라본 은서는, 그리하여 더 이상 손이 닿지 않는 곳에 있다는 것을 깨닫고 바라본 은서는 완에게 질투심을 유발하여 새삼 아름다움을 발견하게 하였고, 그리하여 완으로 하여금 "나는 다시 시작하고 싶다, 너와. 그렇게만 된다면 나는 어떻게 돼도 좋을 것 같다."(하, p.132)고 생각하게 하는 것이다. 그러나 이러한 완의 심리변화에 응전이라도 하듯 세 또한 계속하여 은서를 의심하고 시험함으로써 그녀를 완전히 정신적 폐인이 되게 할 뿐 아니라 은서로부터 마음을 거두어 버림으로써 그녀를 죽음으로 몰고 간다. 이러한 일련의 드라마를 겪으면서 은서는 사랑의 생리학을 터득하게 된다.

나는 어떤 사람이었느냐고.
여자가 남자에게 남자가 여자에게 사랑이라는 이름으로 묻는 이런 질문은 소용없단다. 시간이 지나면 형편없이 낯설어져 있거든. 나를 바라봤던 사람은 다른 곳을 보고, 나 또한 내가 바라봤던 사람을 버리고 다른 곳을 보고, 나를 보지 않던 사람은 나를 보지. 서로 등만 보지. 내가 참을 수 없는 것은 이것이야. 그렇게 변할 수밖에 없는 관계 속의 사람에게 내가 어떤 사람인가, 묻는다는 건 부질없는 일이지. (하, pp. 271-2.)

위의 밑줄 친 부분을 「깊은 슬픔」의 인물들과 대응시켜 본다면, "나(은서)를 바라봤던 사람(완)은 다른 곳(효선)을 보고, 나(은서) 또한 내가 바라봤던 사람(완)을 버리고 다른 곳(세)을 보고, 나(은서)를 보지 않던 사람(완)은 나(은서)를 보"게 되어 결국 이러한 사랑의 생리학에 맹목적으로 몸을 맡기다 보면 결국 개체의 파멸이 초래되고 마는 것이다.

III

그러면 계속 빗나가기만 하는 이러한 사랑의 생리 앞에서 개체가 할 수 있는 일은 무엇인가? 사랑이라는 미망에 끌려 다니다가 자아를 훼손시키고 더 나아가 궁극적 파멸에 이르는 것을 막기 위해서는 사랑의 생리를 제어할 수 있는 일종의 윤리가 요청되지 않을 수 없는 것이다.

너는 너 이외의 다른 것에 닿으려고 하지 말아라. 오로지 너에게로 가는 일에 길을 내렴. 큰 길로 못 가면 작은 길로, 그것도 안되면

그 밑으로라도 가서 너를 믿고 살거라. 누군가를 사랑한다 해도 그
가 떠나기를 원하면 손을 놓아주렴. 떠났다가 다시 돌아오는 것, 그
것을 받아들여. 돌아오지 않으면 그건 처음부터 너의 것이 아니었다
고 잊어버리며 살거라.(하, p.274.)

 이 지점에 이르면 우리는 신경숙의 '사랑의 윤리학'을 넘어 르네
지라르의 이름을 떠올리게 된다. 흔히 '욕망의 삼각형'을 발견해 낸
소설이론가로 기억되는 지라르이지만 실상 인류학자이자 폭력의 이
론가인 그는 인간을 모방욕망을 본질로 하는 존재로 보고 인간의 구
원의 가능성을 '남의 욕망을 모방 안하기'에서 찾고 있는 사람이다.
주체가 스스로 욕망의 대상을 향하여 나아가지 못하고 타자의 욕망
을 모방하면서 질투에 불타는 것을 낭만적 허위라 명명하고, 진정한
구원은 가짜 욕망의 중개자인 타자를 버리고 대상을 향해 주체적으
로 나아가는 데 있다는 것이 그의 요지이다. 이렇게 볼때 우리 소설
사는 신경숙을 통하여 이상 이래 삼각형적 욕망을 기본 원리로 삼고
있는 사랑의 소설을 한 편 더 가지게 되었을 뿐 아니라 사랑의 생리
와 윤리에 대해 한 발짝 더 나아간 셈이라 할 것이다.

소설의 역할

I

　소설의 역할이 무엇인가 하는 문제는 결국 소설이라는 문학장치를 존재 가능하게 하는 세 가지 요소, 즉 작가, 작품, 독자에 있어서의 효용이나 기능의 문제로 수렴될 수 있을 것이다. 다시말해 작가는 왜 소설을 쓰는가, 소설작품은 어떠한 기능을 수행하고 있는가, 독자는 왜 소설을 읽는가 하는 질문과 그에 대한 대답이 소설역할론의 요체라고 일단 말해 볼 수 있을 듯하다.
　얼핏 보면 소설의 역할에 대한 문제는 M.H.Abrams가 말하는 이른바 작품과 독자 사이의 이론(효용론)의 범주에 국한되는 것으로, 작가와 작품사이의 이론(표현론)이나 작품과 세계 사이의 이론(모방론), 작품 자체에 대한 이론(존재론) 등과는 구분되어야 할 것처럼 생각될 지도 모른다. 그러나 독자가 소설을 통하여 얻게 되는 효용 못지않게 소설 작품이 작가 개인에게 가져다주는 주관적 효용이나, 작품 자체가 객관적으로 드러내는 세계상태에 대한 인식론적 효용도 중요하기 때문에 작가, 작품, 독자에 대해 다같이 관심을 갖는 것이 필요하리라고 본다.

II

작가에게 왜 소설을 쓰느냐고 묻는다면 그 대답은 아마도 작가에 따라 천차만별이어서 일반화하기가 어려울지 모른다. 더우기 작가에게 실제적으로 명백히 작용하고 있는 기능이면서도 내세우기를 꺼리는 부분, 즉 생활의 방편이라는 경제적 요인[1]이나 사회적 신분상승을 위한 명예지향적 요인 등까지 감안하면 그 어려움은 더욱 배가될 것이다. 그러므로 우리는 소설이라는 문학양식이 근대사회의 전개과정과 궤를 같이 해왔다는 가정 아래 작가에 있어서 소설쓰기가 갖는 의미를 작가의 실제의식보다는 가능의식이라는 차원에서 생각해 보고자 한다.

쟝르사회학을 굳이 들추지 않더라도 소설이라는 서사양식이 근대사회를 배경으로 하고 있다는 사실은 소설쟝르의 특성 내지 가능성을 결정적으로 규정하고 있다고 흔히 말해진다. 그렇다면 작가에게 미리 선험적 창작조건으로 주어져 있는 근대의 작가상황은 무엇일까? 그것은 근대의 역사철학적 성격, 즉 고대의 민족적 공동체의식이나 중세의 종교적 보편성을 상실한 근대의 아노미적 무규범상황이

---

[1] 이광수는 원고료라는 경제적 요인이 창작의 한 동인임을 실토한 바 있다. ("나의 문학적 생활에 또 하나 부끄러운 목적을 아니 들 수 없으니, 그것은 곧 원고료를 위함이다.(…) 이 원고료라는 것은 참으로 나의 이른바 창작의 아마 가장 중대한 동력일는지도 모른다.", 「여의 작가적 태도」, 『동광』, 1931.4, 『전집』10, p.460.)

다. 이러한 상황은 작가를 포함하여 모든 근대인으로 하여금 생의 의미를 찾아 헤매도록 강박하고 있는 것이다.

　일찌기 파스칼이 '무한한 창공의 영원한 침묵이 나를 전율케 한다'고 갈파했을 때 그 공포심의 핵심이 결국은 근대인의 이 '선험적 고향상실성'(루카치)이 아니고 무엇이었겠는가? 그러므로 근대인에게 이제는 외부적으로 담보되어 있는 생의 의미는 없는 것이고 다만 은폐되어 있는 생의 의미를 발견해 내는 것이 그의 정신적 과제로 남겨져 있을 뿐인 것이다. 그런데 이 과제를 수행하겠다고 자처하고 나선 것이 바로 소설이고 소설가인 것이다. 인류사상 유례없는 휴머니즘의 구가시대라는 근대를 문제삼으며 이의를 제기하였다는 점에서 소설가는 확실히 문제적 개인이다. 문제적 개인인 소설가는 자신의 분신인 주인공을 통하여 내재된 생의 의미를 찾아 헤매는 영혼의 방황과정을 보여 주고 있는 바 이로 인해 소설의 근원형식이 여행구조로 나타나게 된 것이다.

　그러면 이 여행의 끝에 이르러 작가는 마침내 생의 의미를 발견하는가? 「여행이 끝나자 길이 시작되었다」는 함축적 명제가 말해 주듯이 개별 작품들은 대단원의 원리로서 하나의 결말을 제시한다. 그러나 이것이 무규범적 근대성을 넘어서게 할 정도로 전면적이고 총체적인 것이 되지는 못하여 작가들은 「시지프스 신화」의 주인공처럼 끊임없이 생의 의미라는 돌을 언덕을 향하여 굴리지 않으면 안되는 것이다. 비록 정상에 도달하는 즉시 돌이 다시 굴러떨어지는 한이 있더라도 근대 자체가 초극되어 무규범적 상황이라는 비극성이 사라지기 전까지는 이러한 생의 의미탐색은 지속될 수밖에 없는 것이다.

　그러기에 소설의 역사는 어떤 의미에서 생의 의미에 대한 이러한 해석학의 역사였으며 이러한 상황은 「중요한 것은 세계를 해석하는

것이 아니라 변혁하는 것이다」라는 마르크스적 명제 이전까지 지속
되었다고 말할 수 있다. 물론 마르크시즘이 근대의 진정한 초극이
되지 못한다는 것이 현실에서 입증된 지금 소설의 근원상황은 다시
원점으로 회귀되어 해석학을 지향하는 양상이 되풀이되고 있기 때문
에 소설가의 역할이 '내재된 생의 의미를 발견하는 것'이라는 견해
는 아직도 유효해 보인다.

 그러면 작가는 왜 이러한 일을 하고자 하는 것일까? 그것은 물론
가치론의 영역에 속하는 질문이다. 무의미한 이 세상에서 우둔한 수
인(囚人)으로 맹목적으로 살아간다면 더 이상 문제될 것이 없을지도
모른다. 그러나 문제적 개인인 작가는 그러기를 거부하고 있는 셈인
데 그 이유는 자신의 글쓰는 행위를 통하여 삶의 의미를 탐구하는
것이 근대에 남겨진 몇 안되는 창조적 활동의 하나이기에 그것은 교
환가치로 훼손된 현실에서 낭만적 허위를 거부하고 진실성을 추구하
는 진정한 삶을 가능케 하기 때문이다.

 한국 근대소설의 첫머리에 흔히 놓이는 「무정」의 작가 이광수도
이 점에 대해서는 대단히 자각적이었음을 알 수 있는데 그는 현대소
설의 관건이 현대인의 여실한 초상이어야 하는 바 그 현대인이란 가
치론적 상대주의 속에서 '우유부단'을 그 속성으로 한다고 진단하고
있는 것이다.[2] 그러므로 김동인 등이 「무정」의 주인공 이형식을 "바
람에 기울거리는 갈대"[3]와 같다고 부정적으로 비판한 것은 현상은
정확히 포착했지만 그 의미를 제대로 읽어내는 데는 실패한 사례인
것이다. 이렇게 볼 때 「무정」은 결국 어느 여성의 구애에 갈팡질팡
하고, 길을 가다가도 갈까말까 망설이는 때가 있으며 김선형과 박영

---

2) 이광수, 「현상소설고선여언」, 『이광수전집』10, 우신사, pp.571-2.
3) 김동인, 「춘원연구」, 『김동인전집』6, 삼중당, p.88.

채라는 두 여성 사이에서 방황하는 등 우유부단을 속성으로 하던 주인공 이형식이 민족의식이라는 행위의 규범을 발견하고 삶의 방향과 의미를 찾게 되는 과정을 보여 주는 전형적인 여로형 근대소설인 것이다.

그리고 최근 마르크시즘의 퇴조와 함께 근대의 초극가능성에 대한 회의가 다시 일어나면서 작가가 주인공으로 등장하여 소설쓰기의 의미를 탐색하는 소위 자기반영소설이 많이 등장하고 있는 바, 소설가의 문자행위가 근원적으로 행위규범의 상실이라는 근대의 역사철학적 상황 속에서 생의 내재적 의미를 탐구하는 해석학적 행위였다는 점을 상기할 때 시사해 주는 바가 많다. 이러한 소설의 한 예로 우리는 양귀자의 「숨은 꽃」을 들어 볼 수 있다.

「숨은 꽃」은 미로에 빠져 더 이상 소설을 쓸 수 없게 된 소설가 '나'가 회의하며 방황하다가 여행 중 거침없이 야성적인 삶을 살아가는 뜨내기 노동자의 삶을 목도하고 미로탈출의 가능성을 단초적으로나마 발견하게 되는 여로형 자전소설이다. 이 작품은 소설쓰기란 근원적으로 미로에서의 길찾기 행위라는 것, 그러나 그동안 자신은 길의 발견의 가능성(변혁의 논리)에 의지하여 어렵지 않게 글을 쓸 수 있었다는 것, 그러나 동구권의 와해 이후 완전한 혼돈에 빠져 한 줄도 쓸 수 없었다는 것을 고백하고 있어 소설의 본질과 소설가에 있어서의 소설쓰기의 의미를 새삼 일깨워주고 있다.

> 미로에서 출구를 잃은 나, 아침 저녁으로 먹히고 아침 저녁으로 우는 시인의 뜸부기, 안개 속으로 사라진 김종구, 자신의 꽃말을 암호로 만든 지브란, 그리고 의사의 바느질, 설명되어지지 않는 이 모든 것들을 어떻게 뚫으라는 것인가.
> 어디서부터 어디를. 나는 짓밟힌 귀신사에서 본, 모래 더미에 파묻

힌 이름 모를 꽃을 생각한다. 그 숨어 버린 꽃 속으로 삼투해 들어간다..........
　　기차는 자꾸 달린다. 아직 부옇기는 하지만, 서울에 닿으면 그래도 나는 기계 앞에 앉기는 할 것이다. 나는 아마도 한 거인을 그리려고 덤빌지도 모르겠다. 와해된 세계의 폐허 어딘가에 숨어 사는 거인, 결코 세상에 출몰하지는 않는 거인의 초상, 그리고 숨어 있는 꽃들의 꽃말 찾기.
　　그러다 보면 언젠가는 이 세상살이가 돌아가는 이치의 끝자락이 나마 만져 볼 수 있을지 모른다.4)

　근대 이후 보편적이고 총체적인 삶의 해석학이 사라지자 무수한 작가들이 소설 속에서 은폐된 삶의 의미를 찾아 영혼의 방황을 계속하였으나 그것은 계속 다시 찾아져야 하는 숙명을 벗어나지 못하였다. 한때는 변혁의 논리와 더불어 어느 정도 총체적인 방향성이 잡혀가는 듯하기도 하였으나 그것도 완전하지 못한 것으로 드러나자 작가의 상황은 다시 원점회귀한 것이다. 어찌 보면 확실한 듯하던 방향성이 상실된 직후여서 방향감각이 일시 더욱 무뎌진 듯이 보이는 것인지도 모른다. 그리하여 「숨은 꽃」의 주인공은 세상의 변화에 엄살떠는 먹물이 아니라 상호 무관하고 더우기 상호 모순되는 듯한 수많은 현상들을 하나하나 천착해 나가는 과정을 통하여 삶의 이치의 한 자락에 도달하겠다는 겸허한 생의 자세를 획득하고 있는 것이다. 이 자체가 다시 발견된 소설쓰기의 의미이자 삶의 내재적 의미가 아니겠는가?

---

4) 양귀자, 『숨은 꽃』 1992 이상문학상 수상작품집, 문학사상사, 1992, pp.84-5.

III

　소설쓰기란 근원적으로 미로에서의 길찾기로 비유될 수 있겠지만 그 길은 어디에나 아무렇게나 널려있는 것은 아니어서 소설가가 자의적으로 선택하고 제시하는 길은 공감력을 획득하기가 어려운 법이다. 소설가는 쓰고 싶은 것을 쓰는 것이 아니라 쓸 수 있는 것을 쓸 뿐이라고 말해지는 소이가 여기에 있다. 따라서 당대에 쓸 수 있는 것을 정확히 포착해 낸 위대한 작가는 어떤 방식으로든 당대사회의 문제의식이나 정신적 흐름을 보여주고 있는 것이다. 다시말해 비록 근대사회가 선험적 총체성을 상실한 무규범의 사회라 할지라도 시대에 따라 어느 정도 공감대가 형성되어 집중 조명되는 삶의 측면이 있고 그것이 소설에 반영되어 있기에 소설의 역사는 사회사나 정신사를 이해 가능하게 하는 인식론적 역할을 한다.

　예컨대 한국근대소설사에서 각 시대를 대표하는 작품으로 1900년대의 「혈의 루」, 10년대의 「무정」, 20년대의 「낙동강」을 비롯한 일련의 경향소설, 30년대 「날개」 등의 모더니즘소설, 50년대의 전후소설, 60년대의 「광장」, 70년대의 「객지」, 70-80년대의 「장길산」, 90년대의 「샤갈의 마을에 내리는 눈」을 들 수 있다고 해 보자. 작품 선택의 적절성 여부는 논외로 하고 우리는 일단 이렇게는 말할 수 있다. 「무정」과 「객지」 또는 어떠한 작품을 불문하고 그들은 서로 순서를 바꾸어 언제 어디서나 나타날 수 있는 것은 아니라는 것, 그들은 그 때에 나타날 수밖에 없었다는 의미에서 필연적 현상이었다는 것, 이들의 의미연관을 적절히 파악한다면 우리는 한국근대정신사나 사회사를 이해하는 하나의 시금석을 얻을 수 있으리라고.

　그러므로 모든 소설은 전적으로 작가 개인이 창안해내는 것은 아니라고 말할 수 있다. 「혈의 루」는 개화사상이라는 당대적 삶의 방향성을, 「무정」은 실력양성적 준비론을, 경향소설은 계급주의적 방향성을, 모더니즘소설은 인간의 실존적 본질을, 전후소설은 전쟁의 문제성을, 「광장」은 분단의식을, 「객지」는 노동운동을, 「장길산」은 대동사상을, 「샤갈의 마을에 내리는 눈」은 총체성의 상실감을 바탕으로 하여 당대사회를 구상적으로 그려보이고 있는 것이다. 작품에 따라서는 내재된 삶의 의미가 이것이라고 명백히 드러내기도 하고 무방향의 방랑이야말로 생의 의미라고 상정하기도 하여 서로 용납할 수 없는 관계에 있는 것도 사실이지만 모두 당대의 현실조건 하에서의 가능의식의 형상화였다는 점에서는 공통적이다.

이 가운데 우리 시대와 가까이 있는 작품 「객지」와 「샤갈의 마을에 내리는 눈」을 통하여 소설이 당대사회에 대한 인식론적 효용에 어떠한 기여를 하고 있는지를 예시해 보기로 한다. 「객지」(1971)는 70년대에 들어서면서 나타난 작품인데 우리 사회가 이 때부터 본격적으로 산업사회로 진입하면서 노사문제가 사회의 중심문제로 부각되기 시작하였다는 점을 감안하면 노동쟁의를 다루고 있는 이 작품의 등장은 상당히 시사적이다.

「객지」의 주인공 이동혁은 군에서 갓 제대한 신참내기 날품꾼인데, 해안매립 공사장에서의 열악한 노동조건과 인부들을 착취하는 회사측의 횡포를 목격한 그는 이것들을 개선하기 위한 파업을 계획한다. 그리하여 국회의원들의 시찰이 있기로 되어 있는 날을 겨냥하여 그 전날 파업을 단행한 인부들은 경찰과 회사측 사람들에 밀려 합숙소 뒷산에서 농성을 벌이게 된다. 국회의원 방문일이나 무사히 넘기고 보자는 회사측의 간교한 미봉책에 인부들이 모두 하산하지만 동혁은 국회의원 앞에서 제시된 조건이 확약되기 전에는 하산할 수 없다고 버틴다.

　그는 바위를 등지고 함바를 향해 앉았는데, 독산을 내려가는 인부들의 모습이 몇 명씩 그의 눈앞에 아른거리곤 했다. 제방이 보였고, 그 너머로 무한하게 펼쳐진 바다의 수평선이 보였다. 숙부가 타고 있던 이민선이 바다 바깥을 다시 지나가고 있을지도 몰랐다.
　그는 자기의 결의가 헛되지 않으리라는 것을 믿었으며, 거의 텅비어 버린 듯한 마음에 대하여 스스로 놀랐다. 알 수 없는 강렬한 희망이 어디선가 솟아올라 그를 가득 채우는 것 같았다. 동혁은 상대편 사람들과 동료 인부들 모두에게 알려 주고 싶었다.
　「꼭 내일이 아니어도 좋다.」
　그는 혼자서 다짐했다.5)

　여기서 현실에 쉽게 타협하고 내려가는 인부들과 오버랩되어 나타나는 숙부란 누구인가? "두 동강이가 나서 가난이 닥찌닥찌 안즌 고국산천", "그 좁은 땅떵이에서도 헐뜯고 못살게 굴고 서로 속이면서 고통받는" 현실 앞에서 "더 넓은 곳에서 마음껏 민족의식을 발휘하야 내 자손들을 보담 더 널고 크게 활약시키고", "하루라도 맘 편하게 키우고 시픈 마음"으로 이민선을 타고 떠난 이가 바로 그의 숙부였던 것이다. 그러기에 확약되지 않은 미봉책에 속아 농성을 풀고 산을 내려가는 인부들이나 이민선을 타고 떠나는 숙부같은 사람들은 하나같이 도피주의자들이며 막연한 환상을 좇는 자기기만자들일 뿐인 것이다.
　그러므로 동혁은 끝내 자신은 이민선을 타지 않을 것이고 산을 내려가지도 않을 것이라고 결의하며 눈앞의 일시적 현상에 실망하는 대신 새로운 희망을 품는다. 그것은 자신이 벌인 일이 "원수 갚는

---

5) 황석영소설집, 『객지』, 창비신서3, 창작과비평사, p.89.

심정"으로 한 것이 아니고 "개선을 위한 쟁의"로서 끝없이 지속되어야 할 과제임을 그가 깨달았기 때문이다. 그리하여 그 시한은 "꼭 내일이 아니어도 좋"은 것이며 미래에 대해 수평선 같은 여유를 가질 수 있는 것이다. 이러한 여유는 그가 도달하게 된 미래 전망이 상승기류를 타고 있음을 암시하는 것이며 이후 20여년 복잡한 전개과정을 거치면서도 우리 문학의 한 중심축을 받치게 될 것임을 예견할 수 있게 한다.

그러나 우리 문단의 주류를 이루며 개인과 사회에 대하여 삶의 방향타 역할을 해 온 위의 민중사관이 90년대를 전후한 상황변화로 설득력이 약화되자 많은 사람들이 방향감을 상실하고 표류하기에 이르게 되는 바, 박상우의 「샤갈의 마을에 내리는 눈」은 이에 대한 하나의 기념비적 증언이다.

> 지난 연대 내내 우리는 형언할 수 없는 환상에 뜨겁게 사로잡혀 있었고, 이제 그것은 빈틈없이 깨져버린 것이었다. 그 깨어진 환상 속에 우리들의 현실, 우리들의 새로운 연대라는 게 던져져 있을 뿐이었다. 그게 아니면 새로운 연대라는 또다른 환상 속에 우리 모두가 다시 한번 던져져 있는 건지도 혹은 모를 일이었다. 그러나 그런 건 아무래도 좋았다. 새로운 연대라는 게 도대체 무슨 의미가 있단 말인가. 이제 우리들에게 있어 정치란 그저 혐오의 대상 이외에 다른 아무것도 아닌 것으로 취급당하고 있었으니까[6]

이처럼 이 작품은 지난 연대에 변혁의 가능성을 믿으며 함께 활동해 온 '우리'라는 공동체가 새로운 연대의 변화된 상황 앞에서 어떤 의미도 찾아내지 못하고 좌절해 있는 정신적 초상을 형상화하고 있

---

[6] 박상우, 「샤갈의 마을에 내리는 눈」, 『90년대작가들』, 도서출판 진화, 1991, p.221.

다. 그리하여 습관적으로 다시 모여 보지만 별로이 할 것도 없어 무기력하게 시간이나 때우다 하나하나 떨어져 나가고 결국 마지막 남은 두 사람이 취기와 여성의 유혹 아래서 끝까지 혼자가 아니라 '우리'로 남으려고 필사의 발버둥을 치는 것이 고작인 것이다.

이상에서 살펴본 것처럼 소설작품은 당대사회의 기류를 포착하는 예민한 안테나여서 이를 통하여 우리는 어느 시대의 사회사나 정신사를 이해할 수 있는 바 이러한 인식론적 효용 역시 소설의 중요한 역할이라 아니할 수 없다. 물론 이 밖에도 실존주의소설은 보편적 인간조건을 인식시키고 심리주의소설은 인간심리의 원형을 보여주는 등 소설의 계보에 따라 그 인식론적 효용이나 역할이 다양할 수 있겠지만 여기서는 그 가능성만 지적하고 더 이상 논의를 확대하지는 않기로 하겠다.

그러나 마지막으로 우리는 소설작품이 작가의 의도나 정치적 성향을 배반하여 그와는 전혀 무관하거나 경우에 따라서는 그와 정반대의 결과를 드러내면서 당대사회에 대한 정확한 인식을 드러내는 경우를 언급하고자 한다. 일찌기 엥겔스는 이를 가리켜 '리얼리즘의 승리'라는 용어로 불렀거니와, 프랑스의 작가 발자크의 소설이 바로 이에 해당한다. 발자크는 왕당파요, 귀족주의적 보수주의자로 신흥하는 부르주아계급에 대하여 호의를 가지고 있지 않았다. 그리하여 그는 귀족계급을 옹호하고 부르주아계급을 비판하기 위해 「인간희극」이라는 소설을 집필하였던 것이다.

그러나 그 결과는 작가의 의도와는 반대로 나타나서 귀족은 조만간 역사의 무대 뒤로 사라져야 할 슬픈 존재로, 부르주아계급은 새로운 역사의 주역으로서 역동적으로 형상화되었던 것이다. 마치 헤겔에 있어 역사의 원동력인 절대정신이 역사현상을 조정하는 것처럼 현실을 규정하는 힘이 작가도 의식하지 못하는 사이에 그로 하여금 발전적으로 현실을 형상화하게 하였던 것이다. 그리하여 발자크의 「인간희극」은 당대의 어떠한 사회학 서적보다도 더욱 정확하게 당대의 프랑스사회를 묘사하고 있다고까지 격찬되고 있는 것이다.

이러한 사유방식을 우리 소설논의에도 적용할 수 있다면 식민지시대와 궤를 함께 해오면서 전개된 우리의 근대소설사였기에 작가들의 지조나 정치의식이 작품논의에서 알게 모르게 부담으로 작용해 온 저간의 고충에서 벗어날 수 있는 돌파구가 마련되리라고 기대한다. 그럴 때 친일파라는 이인직, 이광수, 최남선, 진학문 등이 이룩한 문학적 성과도 그들의 정치적 행적과 무관하게 당대 리얼리티의 문학적 소산으로 이해될 수 있고 골수 친일분자라는 백대진의 소설 「절교의 서한」(1916)[7]이 비판적 사실주의의 작품이라 고평될 수 있는 논리적 근거가 마련되리라 본다.

> 그는 몇푼 못되는 월급으로써 그의 가족 - 다섯 식구를 길렀다. 그러므로 그는 시시각각으로 물질상, 생활상 고통이 극도에 이르렀다. 이럼으로써 그는 매양 구복에 대한 불평이며 이 사회의 공변되지 못함을 크게 부르짖으지 아니치 못하게 되었다(…)생활상 곤란은 시시각각으로 그의 마음을 못 견디게 군다. 그의 앞길을 암혹하게 한다. 그의 정신을 희미하게 한다.[8]

이처럼 이 작품은 작가의 정치적 성향이나 친일행위라는 부정적 요인에도 불구하고 근대소설 초창기에 당대의 궁핍상을 증언함으로써 이후의 신경향소설을 선도하는 역할을 하고 있을 뿐 아니라 당대

---

[7] 김복순,「1910년대 단편소설 연구」, 연세대 박사논문, 1990, p.195.
[8] 걱정없을이(백대진),「절교의 서한」, 김현실,『한국근대단편소설론』, 공동체, 1991, p.319.

에 대한 인식론적 효용을 충분히 담보하고 있다고 말할 수 있다.

IV

문학효용론의 본래의 영역이 특히 독자와 관련되어 있다는 것은 일찍부터 익히 알려져 온 사실이다. 우리나라의 전통적 문학관에서 소위 재도론(載道論)이라 일컬어진 것, 또는 공자의 유명한 "詩三百이면 思無邪라"는 언급, 문학당의정설 등 이러한 견해들은 모두 문학이 독자에게 유익함을 주어야 하고 독자는 그 때문에 문학을 읽어야 한다는 효용론적 견해인 것이다. 물론 이렇게 말하면 유익함이라는 어사가 지나치게 윤리적이고 설교적으로 느껴져 현대의 독자들에게는 다소 진부하게 들리고 거리감이 느껴질는지도 모른다. 그러나 '독자는 왜 문학(소설)을 읽는가'라는 질문에 답을 구하다 보면 궁극적으로 윤리성의 차원에까지 가는 것은 피하기 어려운 것이 사실이다.

그러나 우선 소박한 차원에서 독자에 대한 소설의 역할을 찾아본다면 그것은 소설이 제공하는 재미일 것이다. 소설의 독자는 뭐니뭐니해도 결국 재미있고 즐겁기 때문에 그것을 읽는다.[9] 물론 독자에 따라 추구하는 재미의 종류나 주목하는 흥미점이 다를 수 있고 거기에 상응하는 소설의 유형도 다양할 것이다. 스토리 자체가 재미있는 경우도 있고 탐정소설처럼 플롯의 묘미에서 오는 서스펜스가 흥미를 유발하는가 하면 심각한 인생담이 고상한 취향에 어필하기도 할 것이다. 그러나 독자가 소설에서 구하는 재미가 무엇이든간에 그것은

---

9) 송면, 『소설미학』, 문학과지성사, 1985, P.290.

독자에게 심리적인 카타르시스의 효과를 일으킬 것이다. 오락의 본질이 골치 아픈 일상사에서의 일시적인 해방감을 만끽하는 데 있다면 한 편의 소설도 확실히 그런 기능을 할 수 있고 더 나아가 보통의 오락이 주지 못하는 정신적 고양감까지 얻을 수 있다면 이야말로 일석이조가 아닐 수 없는 것이다.

그런데 보통의 독자라면 소설에서 이 정도의 기대감을 성취하는 것으로 만족하겠지만 보다 고급의 독자는 그 이상을 추구하려고 할 것이다. 그것은 소설에서 표현미나 조화미 등 어떤 예술적 성취감을 맛보려고 하는 경우이다. 소설이 예술이 될 수 있는가 없는가 하는 문제는 확실히 논쟁거리에 속하는 것이지만 상대적으로 기법이 중시되는 단편소설이 장편소설보다는 구성적 측면에서 예술성을 조명받는다. 예술에서 내용과 형식을 분리한다는 것은 이미 낡은 생각이고 '내용과 형식의 동일성'이 많이 얘기되지만 작품을 가장 효과적으로 형상화한다는 측면에서 기법에 대한 문제는 아직도 관심거리이다.

한국근대문학사상 소설을 예술로 만들려고 노력한 작가 가운데 앞자리에 서는 사람은 김동인일 것이다. 그는 소설이 현실과는 상관없는 예술품이고 그러기에 가짜 인생을 보여주는 것이지만 작가가 인형조종술사처럼 작품세계를 지배한다면 예술성이 확보되는 것이라고 주장하였던 것이다. 그러기에 김동인에 있어 제일의 관심사는 플롯이었고 당대의 다른 작가와는 다르게 작품을 써가는 창작과정을 담은 소설을 써서 소설이 인위적 가공품임을 천명했던 것이다. 그것이 결과적으로 예술성을 확보했느냐는 물론 다른 문제이지만 소설에서 예술미를 추구했다는 점에서 일단 주목할 만하다.

한편 기교를 표나게 내세우지는 않았지만 작품에서 '반전'의 기법을 구사하여 독자들로 하여금 소설의 완벽한 구성미를 느끼게 해주는 작가로 우리는 현진건을 들 수 있다. 이러한 반전의 기법이 적절히 사용되어 세계인들의 가슴 속에 강한 감동을 남긴 작품 예로 우리는 모파쌍의 「진주 목걸이」를 잊지 못할 것이다. 이와 마찬가지로 현진건의 「피아노」, 「까막잡기」, 「운수 좋은 날」, 「B사감과 러브레타」 등은 사건진행이 결말 부분에 이르러 독자들의 상식적인 상상을 초월하는 반전을 이룩함으로써 놀라움과 동시에 예술적인 심미감을 느끼게 만들고 있는 것이다.

　이러한 심미감은 플롯의 구성미 이외에 문장의 표현미나 배경의 묘사미 등 얼마든지 찾아낼 수 있을 것이다. 이효석의 「메밀꽃 필 무렵」에 나오는 달빛 속의 메밀꽃 묘사는 아직도 많은 이들의 뇌리에 감동으로 남아 있음이 이를 단적으로 증명한다. 이처럼 소설은 독자에게 무엇인가 예술적인 아름다움을 제공하여 미적으로 승화된 섬세한 삶의 감각을 제공하기도 한다. 그런데 질적인 차이는 있다 하더라도 통속적 재미나 미학적 감동이 작품의 향수라는 측면에서 일종의 오락적 기능과 결부될 수 있는 것이라면 이러한 오락적 측면은 곧 한계에 부딪힐 수밖에 없음을 한 비평가가 날카롭게 지적하고 있어 인상적이다.

　　오늘날처럼 오락의 종류가 많고 또 풍성한 마당에 소설이 오락거리 행세를 과연 할 수 있겠는가. 어떤 소설이 저 정감록 사상이나 백두산 도술에 따를 수 있겠는가. 저 인간시장에 맞설 수 있겠는가. 저 텔레비전에, 저 비디오에 맞서겠는가. 저 풍요로운 주간지 앞에 나설 수 있겠는가. 문학이란 상품가치 면에서는 다른 읽을거리, 볼거리에 도저히 미칠 수 없고 앞으로 더욱 그러할 것임은 불을 보듯 훤한 일이지요. 이런 판국에 문학이 생존할 수 있는 영역은 무엇인가. 이런 물음 앞에 우리는 노출되어 있지요. 방법은 하나, 소수 정예화가 아니겠는가. 소수이기에 영악하고 날카로워질 수밖에 없지요. '영악하고 날카롭기'이지요.즐겁고도 유익하다(dulce et utile)는 고전적인 문학관과 맞설 수밖에 없지 않겠습니까.10)

일견 호라티우스의 문학당의정설을 비판하고 있는 듯한 위의 글은 실은 즐거움이라는 오락적 기능만을 지향하는 독자나 작가가 있다면 문학의 존속을 위해 다시 생각해야 할 것임을 경고하고 있으므로 '영악하고 날카롭기'로 표상되는 소설의 기능은 유익함 쪽, 다시말해 윤리적 차원을 지향하라고 권고하고 있는 것으로 볼 수 있다. 사실 여러 각도에서 소설의 위기가 점쳐지는 요즈음이다. 금기가 사라지고 모든 것이 허여되는 현대에서 소설보다 더 풍요로운 현실이 있는데 굳이 오락이나 즐거움이나 진기함을 소설에서 구할 필요가 있겠는가? 현실보다도 빈약하다고 질타되는 것이 요즈음 소설이 아니던가? 그러므로 소설에서 오락을 찾고 작가가 이에 영합함으로써 작품이 단순한 오락물로 전락하든가 소설의 질적 저하와 상업주의로 귀결되는 일은 문학의 존속을 위해서도 바람직한 일이 아니라 할 것이다.

그렇다면 단순한 오락을 지양한 소위 영악하고 날카로운 소설이란 무엇이고 그것의 역할은 무엇일까? 그것은 일단 재미라는 차원이 희생되더라도 날카로운 통찰력으로 우리들이 살고 있는 현실의 근원적 문제성을 짚어낼 수 있는 소설로 이해될 수 있을 것이다. 문제가 없는 시대나 문제가 없는 사회란 있을 수 없겠지만 현실의 일상성에 파묻혀 살아가다 보면 그러한 문제성을 의식하지 못하거나 당연한 것쯤으로 치부하기 쉬운 법이다. 그러므로 안이한 영혼이 발견하기 어려운 그러한 문제성을 폭로함으로써 소설은 당대 사회의 본질을

---

10) 김윤식, 「작가의 질서, 독자의 질서」, 『80년대 우리소설의 흐름(Ⅰ)』, 서울대학교출판부, 1989, PP.91-2.

이해시키고 바람직한 삶의 모랄을 제시한다는 교육적 기능을 담당하게 되는 것이다.

이러한 소설의 일례로 우리는 일상현실을 낯설게 하여 일상성에 함몰되어 문제의식없이 상식적으로 살아가는 속물근성을 비판하는 소설을 생각해 볼 수 있다. 이러한 소설은 우리문학사에서 하나의 계열을 형성할 정도로 연원이 오래이고 작품도 많겠지만 채만식의 「치숙」(1938)을 통하여 그 양상의 일단을 살펴보기로 한다.

> 우리 아저씨 말이지요, 아따 저 거시키, 한참 당년에 무엇이냐 그 놈의 것, 사회주의라더냐, 막걸리라더냐, 그걸 하다, 징역 살고 나와서 폐병으로 시방 앓고 누웠는 우리 오촌 고모부(姑母夫) 그 양반…
> 머, 말두 마시오. 대체 사람이 어쩌면 글쎄… 내 원!
> 신세 간 데 없지요.
> 자, 십 년 적공, 대학교까지 공부한 것 풀어 먹지도 못했지요, 좋은 청춘 어영부영 다 보냈지요, 신분(身分)에는 전과자(前科者)라는 붉은 도장 찍혔지요, 몸에는 몹쓸 병까지 들었지요, 이 신세를 해 가지굴 랑은 굴속 같은 오두막집 단간 셋방 구석에서 사시장철 밤이나 낮이나 눈 따악 감고 드러누웠군요.
> 재산이 어디 집 터전인들 있을 턱이 있나요.
> 서발 막대 내저어서야 짚검불 하나 걸리는 것 없는 철빈(鐵貧)인데.11)

이렇게 대학을 나와 사회주의운동을 하다가 폐인이 된 화자의 오촌 고모부는 화자의 눈에 온통 부정적으로 비치고 있다. 그래서 보통학교도 제대로 마치지 못하고 일인 밑에서 점원으로 있는 화자는 집안이 망하여 대학공부 못한 것을 천만다행으로 여긴다. 그의 이상

---

11) 염무웅 편, 『채만식』, 문예총서4, 지학사, 1985, p.73.

은 독립하여 재산을 모으고 일인 아내를 얻어 일본인 식으로 살아보는 것이다. 그 가능성이 눈 앞에 가까이 있는데 날불한당같은 사회주의자들이 부자의 재산을 뺏으려 한다니 용서할 수가 없다고 분개한다. 그리하여 그 아저씨와의 논쟁 끝에 "그저 어디루 대나 손톱 만큼도 쓸모는 없고 남한테 사폐만 끼치고 해독만 끼칠 사람이니, 뭐 하루바삐 죽어야 해요. 죽어야 하고 또 죽어서 마땅해요"라고 결론을 내리지만 화자의 이야기를 듣다 보면 누가 비판되어야 할 부정적이고 현실추수적인 속물인지가 드러난다.

 이처럼 「치숙」은 겉으로는 현명하고 약은 듯한 화자가 실은 식민지현실에 순응하고 통치질서를 강화하는 반민족적 행위자이고 어리석은 실패자 「치숙」이야말로 시대와 민족의 양심을 대변하는 사람임을 역설적으로 드러내면서 '낯설게 하기'의 기법으로 당대의 몰지각한 속물들을 날카롭게 비판하고 있는 것이다. 이러한 현실비판적 작품은 명확한 현실인식을 넘어서서 경우에 따라 바람직한 대안이나 미래적 전망을 제시하는 데까지 나아가기도 하는데 시대와 상황에 따라 구체적 양상은 다르다 할지라도 현실에 타협하지 않고 진지한 자세로 대결해 나아간다는 점에서 깨어 있는 지성인상을 구현하며 독자들에게 귀감이 되고 있는 것이다.

 이제 마지막으로 수용미학의 보급에 힘입어 독자 쪽에서 창조적으로 작품을 수용하며 주체적 인식의 기쁨을 누리는 측면을 살펴보기로 한다. 일반적으로 우리는 작품이란 작가가 자신의 어떠한 의도를 독자에게 전달하기 위하여 쓰는 것이라고 상정한다. 그러나 신비평가들이 '의도의 오류'라는 용어로 잘 지적했듯이 작품의 의미란 작가의 의도가 아닌 것이다. 작가의 의도가 작품에 잘 나타났는지도 의심스러운 것이지만 그렇다 하더라도 그것이 독자에게 제대로 전달

될는지 여부도 불투명한 것이다. 그러기에 모든 문제는 작품을 받아들이는 독자에게 위임되는 것이다.

작가가 어떠한 의도를 가지고 썼든지간에 하나의 객관적 실체로서 작품이 나타나는 순간 그것은 독자들이 읽고 의미를 부여해 주기를 기다리는 하나의 기호(시니피앙)로 화한다. 그러나 언어수행에 있어서 기호(시니피앙)와 의미(시니피에)가 항상 일치하지 않듯이 소설작품도 언제나 같은 의미만을 갖는 것은 아니다. 같은 작품도 시대에 따라, 독자의 수준에 따라, 같은 독자라도 감정이나 지식의 상태에 따라 각각 의미가 다르게 받아들여지는 것이다. 그렇다면 한 작품이 단 하나의 의미만을 가지고 있다는 가정은 실상과 어긋나는 것이다.

그러므로 독자는 하나의 의미방출체로서의 소설을 자료로 하여 무한한 의미망을 엮어낼 자유와 권리를 가지고 있는 것이라 말해도 좋을 것이다. 물론 얼마나 수미일관하고 정합적인 의미를 찾아내느냐가 그 정당성 여부를 가늠하는 잣대가 될 것임은 물론이다. 이처럼 작품을 독자에게 개방함으로써 이제 독자는 수동적인 소설의 소비자가 아니라 능동적인 의미의 산출자이자 작가와 대등한 입장에서 창조적인 지적 활동을 하는 존재로 격상되게 되었다. 물론 이러한 독자의 지위향상이 긍정적으로 기능하게 하기 위해서는 독자는 보다 진지하고 폭넓은 독서체험을 바탕으로 푸코의 '도서관 환상'에 상응하는 풍요로운 지적능력을 소유할 수 있도록 노력해야 할 것이다.

V

이상에서 우리는 소설의 몇 가지 역할을 두서없이 살펴 보았으나 빙산의 일각도 지적하지 못한 감이 든다. 이제까지 나와 있는 소설론만 해도 결코 그 수가 적지는 않은데 아직 이러한 문제에 대해서 본격적으로 다루고 있는 것은 보기 어렵다. 말 안해도 다 알 수 있는 상식쯤으로 치부되는지는 알 수 없으나 졸고를 시발로 가감첨삭을 거쳐 보다 완전하고 알찬 소설역할론이 나오기를 기대해 본다.

찾아보기

(ㄱ)

「歌客」 277
「假花」 274
「갈등」 170
「같은 길을 밟는 사람들」 167
「개성과 예술」 76
「개척자」 22, 34,,37
「客地」 279, 281, 398
「갯마을」 307, 308
「거꾸로 맨 성경」 209
결여성 123
「계집하인」 147
「故國」 158
고대소설 287
고리끼 55
「고향」 119, 187
「곰」 194
「곰 이야기」 353
공선옥 338

「광장」 289, 297, 398
굴절된 사랑 109
「귀환장정」 316
「그날이 오면」 248
「그는 망하지 않았다」 211
「그립은 흘긴 눈」 126
「그믐밤」 160
극복의 계보 322
극빈 하층민 소설 157
근대성 18
근대소설 21, 288
「금붕어」 201
기독교적 재생의 미학 205, 213
「棄兒」 159
「飢餓와 殺戮」 159
김동리 304, 311, 316
김동인 32, 62, 402
「김탄실과 그 아들」 201
「깊은 숨을 쉴 때마다」 345
「깊은 슬픔」 386

찾아보기 413

「까막잡기」 114, 115
「꿈」 148
「K와 그 어머니의 죽음」 194

(ㄴ)

「나나」 90
「나는 참으로 몰랐다」 142
나도향 139
「낙동강」 398
「낙백불우」 166
「날개」 289, 293, 296, 398
「남매」 200
南朝鮮思想 276
내재성 20
「노교수」 202
「노을의 빛」 271
「누가 망하나」 170
「누이동생을 따라」 171
「눈 내리는 오후」 209
뉴턴 371

(ㄷ)

「담요」 160
「당착」 145
도서관 환상 410
「도야지 주둥이」 57
「독약을 마시는 여인」 193
「돌아가는 날」 161

「돌팔이와 그 아내」 195
「東方의 愛人」 256
「동정」 124
동키호테 17
딜타이 374

(ㄹ)

라블레 18
루카치 17, 19, 328, 383
르네 지라르 289
리얼리즘 337
리얼리즘소설 315

(ㅁ)

마르크스 219
「마리아」 206
「마음이 옅은 자여!」 63
「만두」 160
「말없는 사람」 210
「梅月」 158
맹목적 사랑 109
「먼동이 틀 때」 167
「메밀꽃 필 무렵」 406
메타담론 377
「모든 것을 바치고」 210
「모랫말 이야기」 271
모방의 계보 322
모순 47

모순의 미학 56, 60
모파쌍 87, 98, 406
「목숨」 72
「몰개월의 새」 277
몽몽 55
무규범성 65
「무명초」 167
「무서운 印象」 161
「무심」 200
「무정」 9, 16, 21, 35, 288, 398
문학당의정설 407
문학사 369
「물레방아」 147
미셸 푸코 365
「미의 몽」 50, 51
「密殺」 275

(ㅂ)
「바람부는 저녁」 199
바흐찐 18
「朴乭의 죽음」 159
박두영 352
「발」 108, 109, 136
발자크 75, 403
발전사관 368
배수아 338
「白琴」 160
백대진 403

「버려진 장미꽃」 206
「법의」 76
「벙어리 삼룡이」 147
「별을 안거든 우지나 말걸」 143
「보리고개」 202
「보석반지」 164
부르 민족운동 177
「부르짖음」 22
「부부」 166
「불」 113
「불꽃」 304, 305
「不死鳥」 256
「B사감과 러브레타」 116
「비오는 날」 311, 312
비판적 사실주의 41, 56
「빈처」 128
「뽕」 148

(ㅅ)
「사립정신병원장」 120
「사망보류」 311, 314
「사진」 199
「삼대」 187
「森浦 가는 길」 275
「常綠樹」 256
「새의 선물」 353, 358
「새 출발」 201
「생명의 봄」 198

「샤갈의 마을에 내리는 눈」 398
「서막」 166
「서투른 도적」 133
「석사자상」 48
선우휘 304
「설날밤」 159
「纖纖玉手」 275
「소」 200
손창섭 311
송병수 311
「수난이대」 316, 318
「순복이 소식」 194
「숨은 꽃」 325, 328, 335, 396
「슬픈 모순」 40, 52
「시지푸스의 하루」 352
신경숙 338, 353, 386
신경향문학 154
「신라의 푸른 길」 353
「신문지와 철창」 130
신소설 13, 288
「신화적 상상력」 351
「실존무」 311, 312
심파다이저 소설 169
「審判의 집」 275
심훈 247
「十參圓」 158
「쏘리·킴」 311, 313
「쑥 이야기」 316, 317

(ㅇ)

「아내의 자는 얼굴」 165
「아버지와 아들」 207
「아버지 장가 가시네」 353, 355
「아우를 위하여」 271
아인쉬타인 371
「암야」 83
「암흑과 광명」 210
「약한 자의 슬픔」 63
양귀자 325, 335, 353
양백화 40
「어린 벗에게」 32
「얼음의 도가니」 325, 332, 335
에밀 졸라 86
에피스테메 360, 366
엘리아데 348
엥겔스 9
여로 288
여로형 소설 276
「여이발사」 145
「여자도 사람인가」 206
「熱愛」 271
염상섭 75, 348
「永遠의 微笑」 256
「옛날 꿈은 창백하더이다」 143
「오무니」 195
「오발탄」 311, 314

오상원 304
오영수 307
「5원75전」 164
「외로움」 207
「요죠오한」 55
「요한시집」 304, 306
「용신난」 166
「우리 생애의 꽃」 338
「우리시대의 소설가」 325, 326, 327, 335
우유부단 12, 29
「우정」 200
「우편국에서」 122
「운명」 198
「운수 좋은 날」 117
「유린」 105
「유예」 304
유전론 90
유정룡 353
유토피아 247
윤대녕 353
「은화·백동화」 144
은희경 353
「음악공부」 72
「의사」 170
이광수 9, 395
이기성 123
이기영 187
이데올로기소설 304

이범선 307, 311
이상 289
「異域冤魂」 160
이효석 406
「인간희극」 403
인식론적 단절 322
「인정」 171
「인형의 집」 94
일상성 337
입센 87

(ㅈ)

「자기를 찾기 전」 147
자기반영소설 325
자연주의 86
자연주의소설 311
「雜草」 271
「張吉山」 281, 398
「壯士의 꿈」 275
장용학 304
「低流」 160
「저수하에서」 76
「적도」 187
「전기」 167
전략의 미학 197
「전설」 353, 357
「전아사」 165
전영택 188

「전제자」 72
「전차차장의 일기 몇 절」 147
전후소설 301
「절교의 서한」 403
「젊은이의 시절」 142
정신사 363
「정조와 약가」 132
「제야」 83, 90, 94
조성기 325, 335
「좁은 문」 211
「주인아씨」 171
죽음의 현상학 193, 197
준비론 10, 22
「줄자」 275
「쥐 이야기」 201
「쥐죽인 뒤」 165
지동설 371
「지상선을 위하여」 76
「지새는 안개」 106
「지형근」 148
「織女星」 260
「진주 목걸이」 406
진화론 22
「집」 208

(ㅊ)

「차돌멩이」 196
『창조』 62

채만식 408
천동설 371
「천치? 천재?」 193
「첫미움」 207
초월적 파멸구조 144
총체성 19, 67, 288
최서해 154
최수철 325, 335
최인훈 289, 383
최일남 316
추억 144
「춘성」 145
「출학」 142
「忠婦怨」 195
『취우』 348
「치숙」 408

(ㅋ)

카알 만하임 247, 323
카프 216
「크리스마스 새벽」 207
「크리스마스 전야의 풍경」 196
「큰물진 뒤」 159

(ㅌ)

「타락자」 103
「脫出記」 158
「吐血」 158

(ㅍ)

「8개월」 165
파멸구조 143
파멸의 미학 151
파스칼 394
평면적 인물 35
「평양성을 바라보며」 198
포스트모더니즘 364
「暴君」 159
「표본실의 청개구리」 83
「푸른 사과가 있는 국도」 341
프로 리얼리즘 219
프로 민족운동 177
프로이드 103
프로 인텔리겐챠 소설 163
「피아노」 121

(ㅎ)

하근찬 316
「하늘을 바라보는 여인」 195
「학」 307, 309
「학마을 사람들」 307, 309
「한 마리 양」 208
한설야 187, 216
「할머니의 죽음」 123
「해돋이」 164
「해바라기」 208

「행랑자식」 147
「鄕愁」 159
「鄕邑」 271
향토적 서정소설 307
헌신적 사랑 128
「헌화가」 357
헤겔 17, 19, 374
현실적 역전구조 146
현실적 파멸구조 148
현진건 98, 187
「혈의 루」 23, 398
「혜선의 사」 193
호라티우스 407
「호외시대」 169, 173, 177
「홍련과 백련」 199
「紅焰」 161
「화두」 383
「화수분」 194
환경론 90
환멸 79
환멸의 미학 80
「환희」 143
황석영 268
황순원 307
「황혼」 187, 216
「후회」 199
「흥남철수」 304, 305
「희생화」 99, 110
「흰 닭」 198

한국현대소설의 형이상학

인쇄일 초판 1쇄   1997년 12월 26일
　　　　2쇄　2015년 06월 15일
발행일 초판 1쇄   1997년 12월 30일
　　　　2쇄　2015년 06월 25일

지은이 한점돌
발행인 정진이
발행처 새미
등록일 2005.03.15. 제17-423호

서울시 강동구 성내동 447-11 현영빌딩 2층
Tel : 442-4623~4 Fax : 442-4625
www.kookhak.co.kr
E- mail : kookhak2001@hanmail.net
ISBN 978-89-8206-194-3 *03810
가 격 18,000원

*저자와의 협의 하에 인지는 생략합니다.